Aufbruch der zweiten Generation

Der Druck dieses Buchs wurde durch Fördermittel der Stiftung Menschenwürde und Arbeitswelt möglich.

Pun Ngai • Ching Kwan Lee • u.a.

Aufbruch der zweiten Generation

Wanderarbeit, Gender und Klassenzusammensetzung in China

Assoziation A
Berlin • Hamburg

Übersetzung, Bearbeitung und Herausgabe:
Ralf Ruckus, Frido Wenten und Daniel Fuchs

Umschlaggestaltung und Typografie: Walburga Fichtner, Köln
Titelbild: StraßenkehrerInnen in Wuhan, 2010

Gneisenaustr. 2a, 10961 Berlin
Tel.: 030-69582971 / Fax 030-69582973
berlin@assoziation-a.de / hamburg@assoziation-a.de
& by gongchao (工潮) – www.gongchao.org

Druck und Bindung: Strauss GmbH, Mörlenbach
Printed in Germany

ISBN 978-3-935936-93-4

Inhalt

Teil 2
Prozesse der Klassenzusammensetzung

FreundInnen von gongchao

Vorwort – Aufbruch der zweiten Generation

ArbeiterInnen des Getriebewerks des japanischen Konzerns Honda in Foshan in Südchina traten Ende Mai 2010 in den Streik und verlangten höhere Löhne und das Recht, ihre eigenen VertreterInnen wählen zu können. Gegen den Widerstand des transnationalen Unternehmens, der örtlichen Behörden und der offiziellen Gewerkschaft hielten sie zwei Wochen lang durch und stoppten die gesamte Fahrzeugproduktion Hondas in China. So setzten sie schließlich um mehr als 30 Prozent höhere Löhne durch. Angespornt durch die Entschlossenheit und den Erfolg der ArbeiterInnen in Foshan legten in den folgenden sechs Wochen Tausende die Arbeit nieder, vor allem in Fabriken der Automobilindustrie.

Eine massive Streikwelle im Herzen der „Fabrik der Welt", in dem Land, das mit seiner staatlich gelenkten Industrialisierung und seinem riesigen Arbeitskräftereservoir wie kein anderes die Globalisierung der kapitalistischen Produktionsketten ermöglicht hatte, und in der Schlüsselindustrie, die weiterhin im Zentrum der kapitalistischen Produktionsmaschine steht – kein Wunder, dass es in China und in der ganzen Welt zu lebhaften Diskussionen kam. Als sich die Streiks in anderen Sektoren, wie den Weltmarktfabriken der Elektronikindustrie, fortsetzten, griffen sich viele BeobachterInnen an den Kopf: War das etwa der Anfang vom Ende des chinesischen Billiglohnmodells? Werden jetzt alle chinesischen Waren auf den Auslandsmärkten teurer, und wie würden die ProletarierInnen in anderen Regionen der Welt auf höhere Preise reagieren? Wird der Kapitalismus in China „von unten" zersetzt, und schlägt das autoritär-sozialistische Parteiregime zurück? Die Stabilität in China und auf der Welt scheint gefährdet – oder: Endlich ist etwas in Bewegung geraten!

Wer sind diese ArbeiterInnen, die Forderungen stellen und wilde Streiks organisieren? Im Internet und in Zeitungen zirkulierende Bilder zeigen junge Frauen und Männer in Arbeitsuniformen, die sich in Fabrikhöfen versammeln, auf der Straße demonstrieren, Parolen skandieren und über die im Kampf notwendige Arbeitersolidarität sprechen – sowie vom Elend der Fabrikarbeit. Warum rebellieren sie (erst) jetzt?

Vor dreißig Jahren begannen die Reformen der Kommunistischen Partei Chinas, die das Land von einer „sozialistischen Planwirtschaft" in eine „sozialistische Marktwirtschaft" verwandelten, und zwanzig Jahre schon dauert der atemberaubende Industrialisierungsprozess, der Millionen WanderarbeiterInnen in die Fabriken, auf die Baustellen, in die Geschäfte, privaten Haushalte und Bordelle gezogen hat, wo sie als billige Arbeitskräfte schuften.

Die *erste* Generation der ländlichen WanderarbeiterInnen, die in den 1980er und 1990er Jahren in die Städte zog, um Arbeit zu finden, fand noch wenige offensive Antworten auf ihr elendes Schicksal und bediente sich weitgehend individueller Widerstandsformen. Sie wollte vor allem Geld verdienen, um die Armut ihrer Familien auf dem Land zu lindern. Eine Politik sozialer Apartheid, die sich der Meldegesetze (*hukou*) bedient, teilt die chinesische Bevölkerung in Stadt- und in LandbewohnerInnen und enthält denen vom Land die besseren Sozialleistungen und Rechte in der Stadt vor. Die WanderarbeiterInnen dürfen sich nicht in der Stadt niederlassen und behalten dort einen prekären, vorübergehenden Status. Nach harten Jahren in der Stadt, ausgelaugt und oft krank von der Arbeit, sollen sie wieder in die Dörfer zurückkehren und durch neue ländliche Arbeitskräfte ersetzt werden.

Die *zweite* Generation, die in den 2000er Jahren erwachsen wurde und mit der Lohnarbeit begann, lässt sich das immer weniger gefallen. Sie findet sich in der urbanen Umgebung und den Fabriken besser zurecht und verlangt, dauerhaft in der Stadt bleiben und am produzierten Reichtum teilhaben zu können. Was sich im Honda-Getriebewerk in Foshan und in der Streikwelle ab Mai 2010 zeigte, ist der vorläufige Höhepunkt einer jahrelangen Entwicklung. Schon seit 2003 nehmen die offenen und kollektiven sozialen Kämpfe der WanderarbeiterInnen zu; Streiks und Arbeiterunruhen sind heute in China weiter verbreitet, als viele erwarten. Die zweite Generation der WanderarbeiterInnen ist im Aufbruch, und noch ist nicht abzusehen, wohin ihr Weg sie führen wird.

* * *

Vor drei Jahren haben einige von uns eine Sammlung von Texten zu den sozialen Konflikten in China veröffentlicht. „Unruhen in China", als Beilage der Zeitschrift *Wildcat* erschienen, schildert Hintergründe und Zusammenhänge der Kämpfe der städtischen ArbeiterInnen, der Bauern und Bäuerinnen sowie der WanderarbeiterInnen in China. Es ist eine erste Annäherung an die sozialen Umwälzungen als Folge der massiven Industrialisierung und des Umbaus der chinesischen Gesellschaft. Vor zwei Jahren haben wir dann ein erstes Buch über die WanderarbeiterInnen herausgebracht: „*dagongmei*. Arbeiterinnen aus Chinas Weltmarktfabriken erzählen" von Pun Ngai und Li Wanwei enthält Geschichten von Frauen, die aus den Dörfern des chinesischen Hinterlandes in die Industriezonen von Shenzhen und Dongguan zogen, um an den Fließbändern und Werkbänken zu arbeiten. Die *dagongmei* („arbeitende Schwestern") beschreiben ihre Probleme in den patriarchalen Familien im Dorf, ihre Hoffnungen auf ein besseres Leben in der Stadt, den Arbeitsstress, die gefährliche und giftige Arbeitsumgebung in den Fabriken und den Widerstand, den sie gegen die Ausbeutung und Unterdrückung organisieren. Uns war „der subjektive Blick der ArbeiterInnen" wichtig, „der ihre Welt erst greifbar macht und zeigt, welche Chancen auf Veränderungen sie selbst sehen" (aus dem Vorwort).[1]

Danach wollten wir die Perspektive in zwei Richtungen öffnen. Zum einen interessierte uns, welche proletarischen Subjekte außer den *dagongmei* der Weltmarktfabriken noch entstanden sind. Wie sieht zum Beispiel der Alltag der Millionen migrantischen BauarbeiterInnen, Hausangestellten und SexarbeiterInnen aus, und wie wehren sie sich gegen Ausbeutung und Unterdrückung? Zum anderen wollten wir uns die Entwicklung der sozialen Kämpfe in China genauer ansehen. Welche Auseinandersetzungen fanden in den Reformjahren seit 1978 statt? Welche Tendenzen lassen sich beobachten? Sind wir ZeugInnen des Zusammensetzungsprozesses einer neuen Arbeiterklasse? In welchem Maße wird diese nicht nur China sondern die Welt verändern? Von diesen Fragen ausgehend haben wir Texte von vorwiegend chinesischen AutorInnen gesucht, die wir hier im nunmehr zweiten Buch zu den WanderarbeiterInnen auf Deutsch veröffentlichen.

Mit „Aufstand der zweiten Generation" wollen wir deutschsprachigen LeserInnen das Schicksal und die Kämpfe verschiedener Teile des neuen Proletariats in China näher bringen. Angesichts der zunehmenden Verflechtung der Weltwirtschaft und insbesondere des intensiven Waren- und Kapitalaustauschs zwischen der EU und China haben die Klassenauseinandersetzungen in China auch für die Bedingungen und Perspektiven von ArbeiterInnen in Europa eine große Bedeutung. „Aufbruch der zweiten Generation" bietet Material, mit dem wir uns auf einen Kampfzyklus der chinesischen WanderarbeiterInnen vorbereiten und mögliche Formen des solidarischen Bezugs diskutieren wollen.

Neue Klassensubjekte

Das Buch ist in zwei Teile mit insgesamt neun Kapiteln aufgeteilt. Im ersten Teil haben wir sechs Beiträge chinesischer SozialwissenschaftlerInnen zusammengetragen, die sich jeweils die Lage und die Kämpfe einer bestimmten migrantischen Arbeiterfigur anschauen.

Pun Ngai und *Lu Huilin* haben in den letzten Jahren die Lage der *BauarbeiterInnen* in und um Beijing erforscht. Sie sind mit ihrem Team auf die Baustellen gegangen, haben die ArbeiterInnen befragt und sind mit ihnen in ihre Heimatdörfer auf dem Land gefahren. Ihr Beitrag gibt ein Bild davon, wie die auf Verwandtschafts- und Herkunftsbeziehungen beruhenden Subunternehmerketten in der Bauindustrie die sozialen Strukturen in den Dörfern zerstören und eine gnadenlose Ausbeutung der ArbeiterInnen ermöglichen, die oft nicht mal ihren (vollen) Lohn bekommen. Auch der individuelle und kollektive Widerstand konnte die Situation auf den Baustellen nicht entscheidend verbessern, aber er gibt einem Klassenempfinden Ausdruck, das laut Pun und Lu die Haltung der ArbeiterInnen gegenüber dem staatlichen und privaten Baukapital charakterisiert: Hass.

Zhang Lu hat sich intensiv mit der Situation der chinesischen *AutomobilarbeiterInnen* beschäftigt und in mehreren Fabriken in ganz China Interviews geführt. Sie beschreibt die tayloristische Arbeitsorganisation und schlanke Produktion, die langen Arbeitszeiten und die Eintönigkeit an den Fließbändern. Die Unternehmen spalten die Belegschaften mithilfe einer dualen Beschäftigungspolitik in eine abgesicherte Kernbelegschaft, die mit dem Management kooperiert, und prekär beschäftigte LeiharbeiterInnen oder PraktikantInnen. Relativ hohe Löhne, die Relikte paternalistisch-sozialistischer Betriebsleitung und die Kollaboration der parteinahen Gewerkschaften führten dazu, dass es im letzten Jahrzehnt wenig offene Proteste gab. Zhang Lu zeigt aber, dass auch in der chinesischen Automobilindustrie die integrierten Produktionssysteme und Just-in-Time-Zulieferketten die Störanfälligkeit der Industrie erhöht haben, was bereits vereinzelte Arbeitsniederlegungen in der Mitte des Jahrzehnts deutlich machten. Sie konnte noch nicht wissen, dass die ArbeiterInnen von Honda und anderen Automobilunternehmen diese Störanfälligkeit – und ihre gewachsene Verhandlungsmacht – im Frühsommer 2010 nutzen und eine Streikwelle lostreten würden.

Xue Hong hat sich mit den *ElektronikarbeiterInnen* in Dongguan, Knotenpunkt der weltweiten Elektronikindustrie, auseinandergesetzt. Auf der Grundlage der Ergebnisse ihrer Interviews mit WanderarbeiterInnen und Managern und ihrer Beobachtungen in den Betrieben, Leiharbeitsfirmen und Wohnheimen analysiert sie die Lage in drei Fabriken, die zur selben Zulieferkette gehören, aber im Produktionsablauf unterschiedliche Aufgaben übernehmen: als Fertigungszentrum transnationaler Konzerne, als Zulieferbetrieb mittlerer Größe, und als einfache Produktionsklitsche. Alle drei setzen auf eine Form des despotischen Kontrollregimes am und neben dem Arbeitsplatz, und sie benutzen die Geschlechtertrennung und die über einen gemeinsamen Heimatort hergestellten sozialen Netzwerke, um die ArbeiterInnen zu spalten und die Kontrolle aufrecht zu erhalten. Die große Arbeitsbelastung, das hohe Arbeitstempo, die strikt durchgesetzte Disziplin und die Nichteinhaltung der gesetzlichen Mindestlöhne und Arbeitsbestimmungen sind einige der Gründe für die hohe Fluktuation und eine wiederkehrende Arbeitskräfteknappheit in der Region. Dieser Beitrag zur Elektronikindustrie in Dongguan hilft, die Geschehnisse beim taiwanesischen Auftragshersteller Foxconn im benachbarten Shenzhen im Frühjahr 2010 zu verstehen. Nachdem sich mehr als zehn Foxconn-ArbeiterInnen vom Dach der Fabrikgebäude in den Tod gestürzt hatten, setzte in China und weltweit eine Debatte über die Arbeitsbedingungen und das militärische Fabrikregime bei Foxconn ein.[2]

Zhang Xia hat die Situation der *bangbang*, *LastenträgerInnen* in Chongqing im Westen Chinas untersucht. Mit Bambusstöcken und daran befestigten Schnüren transportieren sie alle möglichen Güter auf Märkten, in Einkaufszonen und auf der Straße – als Selbständige, alleine oder in Gruppen. Im Rahmen ihrer ethnografischen Beobachtungen der Arbeits- und Lebensbedingungen sowie der Verhaltensweisen der LastenträgerInnen geht es Zhang Xia vor allem um die Frage, wie herrschaftliche Diskurse von Freiheit und Eigenverantwortlichkeit das Leben der *bangbang* bestimmen. Für die Berufswahl dieser ländlichen WanderarbeiterInnen ist der neoliberale staatliche Diskurs über *ziyou* (Freiheit) entscheidend, der sie zu selbstregulierten, unternehmerischen – und ausgebeuteten – Subjekten macht. Die *bangbang* greifen den Diskurs auf und schätzen ihre größere Freiheit im Vergleich zur Kontrolle und Disziplinierung in der Fabrik sowie die Möglichkeit, ihr Leben selbst organisieren und zum Beispiel auch die saisonale Landarbeit im Heimatdorf erledigen zu können. Aber ihr Verhältnis zu dieser Freiheit bleibt widersprüchlich, weil sie ein hohes Maß an Unsicherheit mit sich bringt. Ohne Arbeitsvertrag und Sozialleistungen sind die *bangbang* finanziell von ihren Kunden abhängig, werden von diesen übervorteilt, kontrolliert und zuweilen gar physisch angegriffen. Ihre Autonomie oder Freiheit ist Grundlage ihrer Ausbeutung und Beherrschung, und die tatsächlichen Ausbeutungsverhältnisse sind durch den *ziyou*-Diskurs verschleiert.

Zheng Tiantian hat in Dalian, Provinz Liaoning in Nordchina, in Karaoke-Bars gearbeitet, um die Situation der *Sexarbeiterinnen* zu verstehen. Ein großer Teil der ländlichen Wanderarbeiterinnen Dalians ist in der Sexindustrie beschäftigt – oft nach schlechten Erfahrungen mit niedrigen Löhnen in anderen Sektoren, nach finanziellen Notlagen oder aufgrund schrecklicher Erfahrungen mit Vergewaltigungen oder dem Alleingelassenwerden in der fremden Stadt. Viele arbeiten in Karaoke-Bars, die im letzten Jahrzehnt zu einem wichtigen Ort nicht nur männlichen Zeitvertreibs, sondern auch von Ritualen der Politik- und Geschäftswelt geworden sind. Der Staat kriminalisiert die „unsozialistische" Sexarbeit und führt regelmäßige Kampagnen und Razzien durch, gleichzeitig verdienen staatliche Funktionäre über Bestechungsgelder und Geldstrafen kräftig mit. Die Kriminalisierung wird von den Barbesitzern genutzt, um die Arbeitsbedingungen zu verschlechtern, und führt zu einer weiteren Brutalisierung im Alltag der Hostessen. Diese versuchen, die Ausbeutung zu unterlaufen, indem sie sich außerhalb der Bars, und ohne Wissen der Barbesitzer, mit Kunden treffen und Geld verdienen. Für sie bietet die vergleichsweise gut bezahlte Hostessarbeit die Möglichkeit, den Status armer Landbewohnerinnen (wenigstens für eine Zeit) hinter sich zu lassen, am modernen Stadtleben und Konsum teilzuhaben und ihre Familien finanziell zu unterstützen.

Yan Hairong konzentriert sich in ihrem Beitrag auf migrantische *Hausangestellte*. In der Mao-Ära vor 1978 gab es nur relativ wenige Hausangestellte, und diese arbeiteten in der Regel für hohe Parteikader oder andere Führungskräfte in Großstädten. Mit den Marktreformen Anfang der 1980er Jahre entstand dann rasch ein großer Sektor für Haushaltsarbeit mit vorwiegend ländlichen WanderarbeiterInnen, die für städtische Familien arbeiten. Sie übernehmen die Betreuung kleiner Kinder, versorgen alte oder kranke Menschen und machen allgemeine Hausarbeit. Yan vergleicht die Arbeitsbedingungen, insbesondere das Ausmaß der Kontrolle der Arbeiterinnen über den Arbeitsprozess, in den beiden Epochen vor und nach Beginn der Reformen. Bei gleichen oder ähnlichen Arbeitsaufgaben verfügten die vorwiegend älteren ländlichen Hausangestellten der Mao-Ära über eine relativ große Autonomie im Arbeitsprozess, während sich die jungen ländlichen Hausangestellten der Reform-Ära einer strengen Überwachung und Disziplinierung durch die Arbeitgeberfamilien unterworfen sehen. Yan führt das zum einen auf die stärkere Kommodifizierung der Hausarbeit zurück – in der Mao-Ära lag die Erziehung der Kinder weitgehend in der Hand von Verwandten und nicht LohnarbeiterInnen –, vor allem aber auf die Abwertung von Ruralität. In der Mao-Ära war diese positiv belegt, aber mit den Reformen und dem am kapitalistischen Westen orientierten Modernitäts- und Fortschrittsdiskurs traten die Stadt und die industriellen Entwicklungszentren in den Mittelpunkt. Alles Ländliche wurde nun als rückständig betrachtet. Ländliche Arbeitskräfte galten fortan als ungebildet und unmodern und sollten ihre niedrige *suzhi* (Qualität) erhöhen. Im Arbeitsprozess werden sie folglich streng kontrolliert und zugerichtet, um den Anforderungen moderner Haushaltsführung gewachsen zu sein.

Unruhen und Klassenneuzusammensetzung

Im zweiten Teil des Buches haben wir drei Beiträge zusammengestellt, die sich der Lage in China aus der Perspektive der Arbeiterunruhen und der Neuzusammensetzung der Arbeiterklasse nähern. *Ching Kwan Lee* analysiert in ihrem Beitrag die *Entwicklung des Arbeiteraufruhrs in China*, sowohl den der städtischen Arbeiterschaft als auch den der WanderarbeiterInnen. In der maoistischen Periode von 1949 bis 1978 wurden die städtischen ArbeiterInnen festen Arbeitseinheiten zugeordnet und von der Betriebs- und Parteihierarchie kontrolliert, waren aber keineswegs bloß gefügige Objekte. Die politischen Fraktionskämpfe und die im sozialistisch-bürokratischen System wurzelnde wirtschaftliche Ungleichheit ließ Teile der Arbeiterschaft immer wieder Forderungen nach einer Verbesserung ihrer Lage stellen, materielle wir politische. Höhepunkte waren die Streikwelle 1956–57, die Arbeiterproteste am Anfang der Kulturrevolution 1966–67 und die Beteiligung der ArbeiterInnen an der „Bewegung vom 5. April 1976“. Die Reformen ab 1978 führten zur Ausbreitung der Marktwirtschaft und zur Integration Chinas in den Weltmarkt. Beides hatte einschneidende Folgen sowohl für die städtischen ArbeiterInnen als auch für die ländlichen WanderarbeiterInnen, die nun in die industriellen Zentren zogen. Das unternehmensbasierte Sozialleistungssystem der Staatsbeschäftigten wurde nach und nach abgeschafft, und das paternalistische System der Arbeitskontrolle durch einen neuen Despotismus ersetzt. Die WanderarbeiterInnen konnten ihre materiellen Bedingungen zwar im Vergleich zum Leben auf den Dörfern etwas verbessern, wurden in den Jobs in der Stadt aber gnadenlos ausgebeutet. Während der dreißig Reformjahre gab es ständig Kämpfe und Streiks von unterschiedlicher Intensität und Dauer. Als Höhepunkte der Kämpfe der städtischen ArbeiterInnen macht Lee die Mobilisierung im Rahmen der Tian'anmen-Bewegung 1989 und die Proteste gegen die Umstrukturierung und Entlassungen bei staatlichen Unternehmen um das Jahr 2002 aus. Schon in den 1980er und 1990er Jahren kam es zudem zu ersten Streiks der WanderarbeiterInnen. Die Unterdrückung überbetrieblicher Organisierungsversuche und größerer Bewegungen sorgte dafür, dass die meisten Arbeiterproteste in einem zellularen und lokalen Rahmen blieben. Den materiellen Forderungen der Arbeiteraktionen wurde dagegen oft entgegengekommen. Proteste für Verbesserungen sah die Regierung auch als „Sicherheitsventile“, die Druck abließen und die herrschende Kommunistische Partei aus der Schusslinie nahmen. Sie schuf Schlichtungsinstanzen, die den ArbeiterInnen legale Formen der Konfliktlösung anbieten. Bisher hat diese Strategie dazu beigetragen, eine Eskalation der Konflikte zu verhindern, selbst als sich mit dem globalen wirtschaftlichen Abschwung 2008 die Situation in den industriellen Zentren zuspitzte und es zu wütenden Streiks der WanderarbeiterInnen kam. Lee meint, dass das „Gespenst der Arbeiterunruhen“ den Herrschenden zwar weiterhin Angst einflößt, diese aber bereits ein ganzes Jahrzehnt zunehmender Arbeiterkämpfe – und ebenso die Stabilität gefährdender Revolten auf dem Land – hinter sich haben.

Im Beitrag der *FreundInnen von gongchao* zur *Streikwelle von Mai bis Juli 2010 in China* beschreiben wir die aktuelle Lage, nach dem Kriseneinbruch 2008/2009 und dem anschließenden, von einem staatlichen Förderprogramm angeschobenen Aufschwung. Der Streik im Getriebewerk des japanischen Automobilunternehmens Honda in Foshan (Guangdong) war Ausgangspunkt einer Welle von Protesten der WanderarbeiterInnen in vielen anderen Fabriken in den drei wichtigsten Industriezonen Perlfluss-Delta, Yangtse-Delta und Beijing/Tianjin, aber auch darüber hinaus. Niedrige Löhne und das despotische Ausbeutungsregime waren Auslöser der Streiks, die, was die Lohnforderungen angeht, weitgehend erfolgreich waren und die gewachsene Verhandlungsmacht der ArbeiterInnen, vor allem in der Automobilindustrie, zeigen. Die neue Generation von WanderarbeiterInnen stellt Forderungen und lässt sich weniger gefallen, als ihre VorgängerInnen vor zehn oder zwanzig Jahren. Ihre in den Streiks offenbarte Selbsttätigkeit und ihre Forderungen nach Kontrolle über betriebliche Vertretungsstrukturen setzen das Regime, das wieder eine Destabilisierung seiner Herrschaft fürchtet, unter Druck. Der Boom und die Arbeitskräfteknappheit in einigen Regionen spielen den ArbeiterInnen momentan in die Hände. Die Streiks haben eine Debatte über das Ende des Billiglohnmodells angestoßen, und die Regierung diskutiert, wie sie die Konflikte und Kampfbereitschaft der ArbeiterInnen wieder in den Griff bekommt. Die trägen Staatsgewerkschaften, die sich bisher offen auf die Seite der Betriebsleitungen stellen, sollen reformiert und als vermittelnde Kraft im Klassenkampf funktionsfähig gemacht werden. Der Erfolg dieser Strategie ist offen und hängt vor allem davon ab, ob die Streiks weiter eskalieren und Staat und

Kapital in China zu Zugeständnissen zwingen können, oder ob sie sich integrieren lassen und abebben.

Pun Ngai und *Chris King-Chi Chan* diskutieren in ihrem Text die *Subsumtion des Klassendiskurses in China*. China war 1949 ein Agrarland mit wenig Industrie und die Befreiung wurde von einer Bauernarmee erfochten. Deswegen musste der Maoismus erst eine Arbeiterklasse schaffen, um die Macht der Kommunistischen Partei als Avantgarde dieser Klasse legitimieren und festigen zu können. Dabei wurde chinesischen Arbeitern von oben ein symbolischer Klassenstatus zugewiesen, ohne dass es zu einer selbstständigen Klassenformierung gekommen wäre. Der Abstand zwischen Symbolismus und tatsächlicher Lage der Klassensubjekte war groß und erforderte regelmäßige Massenmobilisierungen, um diese Diskrepanz zu verschleiern. In der Reform-Ära wurde der maoistische Klassendiskurs verurteilt und entsorgt – in gewisser Weise auch ein Echo auf das Ableben der Klassenanalyse in der westlichen Linken Anfang der 1980er Jahre. In China machte er Platz für einen neoliberalen Diskurs gepaart mit einer Weber'schen Schichtenanalyse der Gesellschaft. Die „sozialen Probleme" und „Spannungen" werden thematisiert und gleichzeitig der Reformkurs eines Parteiregimes bestätigt, das diese „lösen" will. Mit der Zunahme der Streiks und Proteste der Staats- wie der WanderarbeiterInnen – den Formierungsprozessen einer neuen Arbeiterklasse – nahm dann das Interesse chinesischer Intellektueller an der Analyse sozialer Konflikte wieder zu. Pun und Chan weisen aber darauf hin, dass deren Untersuchungen im Beklagen der sozialen Ungleichheit hängen bleiben und den Staat zur Lösung der Probleme auffordern. So tragen diese Intellektuellen zum Verbergen von Klassenpositionen und zum Erhalt sozialer Privilegien bei. Auch die wenigen Studien zur neuen Konfliktualität, die einen Begriff von Klasse verwenden, vermeiden eine Kritik an der Integration Chinas in den globalen Kapitalismus und führen die Analyse so in den hegemonialen Diskurs des Neoliberalismus zurück. Derweil tut das Regime alles, um das Gespenst des Klassenkampfes zu vertreiben und jeden neuen Klassendiskurs abzuwürgen, indem es die „harmonische Gesellschaft" ausruft und den ArbeiterInnen gesetzlichen Schutz anbietet. In dieser Situation geht es laut Pun und Chan darum, an der Klassenerfahrung von unten anzusetzen, „der täglichen Mikropolitik des Wohnheim-Arbeitsregimes" und den Kämpfen der WanderarbeiterInnen. Diese machen eine Klassenanalyse notwendig – ohne Rückkehr zum verdrehten maoistischen Begriff des „Klassenkampfs" –, um die Neuordnung der Klassenstrukturen und -beziehungen im heutigen China und die Klassenerfahrungen der neuen Subjekte verstehen zu können.

Einordnung und Einflüsse

Die Beiträge in diesem Buch sind von einer neuen Generation chinesischer kritischer SozialwissenschaftlerInnen geschrieben, die in den 1990er Jahren angefangen hat, sich auf die neuen Arbeitersubjekte in China zu beziehen. Besonders die aus Hongkong stammenden Forscherinnen Ching Kwan Lee und Pun Ngai prägten die Diskussion über das Schicksal der neuen proletarischen und semi-proletarischen Subjekte. Ching Kwan Lee eröffnete die Reihe fundierter Untersuchungen mit ihrer Studie der unterschiedlichen Kontrollregime der Arbeit in zwei Fabriken in Hongkong und in Shenzhen (Lee 1998) und legte später einen Vergleich der Arbeiterproteste in den staatlichen Kombinaten des nördlichen *rustbelts* mit denen der ArbeiterInnen in den neuen Fabriken im Süden vor (Lee 2007). Pun Ngai konzentrierte sich auf die Situation und die Kämpfe der ländlichen Arbeitsmigrantinnen in den Weltmarktfabriken Südchinas (Pun 2005; Pun/Li 2008). An diesen Studien konnten Forscherinnen wie Xue Hong und Zhang Lu bei ihren Untersuchungen der Elektronik- bzw. Automobilindustrie ansetzen (Xue 2009; Zhang Lu 2010), und andere wie die hier vertretenen Yan Hairong, Zheng Tiantian und Zhang Xia erweiterten das Blickfeld auf ArbeiterInnen außerhalb der Fabrik, in diesen Fällen auf Hausangestellte, Sexarbeiterinnen und LastenträgerInnen (Yan Hairong 2008; Zheng Tiantian 2009; Zhang Xia 2010).

Die in diesem Buch versammelten chinesischen WissenschaftlerInnen greifen in ihren Untersuchungen auf ethnografische Methoden zurück, insbesondere Interviews und teilnehmende Beobachtung, um konkrete Lebenssituationen verstehen zu können. Sie nehmen eine Perspektive „von unten" ein und wollen die Situation vom Standpunkt der Beobachteten aus verstehen. Dahinter steht die von E.P. Thompson geprägte Vorstellung, dass ein Verständnis des Arbeiterwiderstandes und der Klassenbildung die Auseinandersetzung mit den konkreten Alltagserfahrungen der ArbeiterInnen voraussetzt (Thompson 1963). Die AutorInnen beziehen sich in ihren Untersuchungen auf eine Reihe analytischer Begriffe, wie etwa Michael Buraways Konzept despotischer und hegemonialer Fabrikregime zur Erklärung der Techniken der Kontrolle, Dominanz und Ausbeutung im Arbeitsprozess und darüber hinaus (Burawoy 1985), und die Ansätze kritischer Genderforschung mit ihrem Fokus auf die Rolle der geschlechtlichen Arbeitsteilung für die Herausbildung und Aufrechterhaltung des Kontrollregimes sowie auf die Bedeutung von Gender für den Widerstand der ArbeiterInnen.

Das Ergebnis ist ein Lichtfächer, der verschiedene Aspekte, Brüche und Potentiale der Neuzusammensetzung der Arbeiterklasse beleuchtet: die Subunternehmerpyramide und der Lohnraub auf den Baustellen, die Spaltung der Fabrikbelegschaften durch das duale Arbeitssystem von LeiharbeiterInnen und Festangestellten, die vergeschlechtlichten Kontroll- und Unterdrückungstechniken, mit denen weibliche Hausangestellte und Sexarbeiterinnen in Schach gehalten und ausgebeutet werden, bis zu den Herrschaftsdiskursen über *suzhi* (Qualität) und *ziyou* (Freiheit), die an den Bedürfnissen nach Befreiung und sozialem Aufstieg der ProletarierInnen ansetzen und daraus kapitalistische Waffen der ideologischen Kontrolle und Zurichtung schmieden.

Die Stärke dieser Analysen liegt in der Erzählung konkreter Klassenerfahrungen und der dahinter stehenden Ausbeutungsbedingungen. Stellenweise haben sie aber auch Schwächen, wie eine überbordende postmoderne Diskursanalyse, die anklingende Verharmlosung der maoistischen Klassenherrschaft und die Einordnung der Analyse in die reformistische Konfliktlösungs- und Rechtsstaatsdebatte – alles drei wiederkehrende Defizite der kritischen Sozialwissenschaft in China. Diese Defizite und Grenzen der hier vorgestellten kritischen Wissenschaft sind auch ein Spiegel der Schwäche und Perspektivlosigkeit der politischen „Linken" in China und stehen im Widerspruch zu den dort aufflammenden sozialen Kämpfen und Klassenneuzusammensetzungsprozessen. Wenn die Welle von Arbeiterunruhen weitergeht und eine politische Debatte über die Perspektiven einer Klassenbewegung befeuert, die gegen die kapitalistische Ausbeutung und den Parteistaat agiert, könnte das zum einen Raum schaffen für eine Klassenlinke, die sich abseits der sozialistisch-nationalistischen und staatsfixierten Positionen neo-maoistischer Gruppen und des Sozialreformismus linker AkademikerInnen und Arbeits-NGOs formiert. Zum anderen könnte es die kritischen SozialforscherInnen anspornen, die Grenze des Beobachtens zu überschreiten, und zu „aufrührerischen Subjektivitäten" führen, „die bereit sind, der gegenwärtigen Praxis der Soziologie zu widerstehen" (Pun 2006).

FreundInnen von gongchao, *August 2010*

Endnoten

1 Alle Texte aus „Unruhen in China" sowie ergänzendes Material zu Pun Ngai/Li Wanwei: „*dagongmei*. Arbeiterinnen aus Chinas Weltmarktfabriken erzählen" und zum hier vorliegenden Buch „Aufbruch der zweiten Generation" finden sich im Internet auf der Seite www.gongchao.org.

2 Mehr Informationen zur Auseinandersetzung um die Ereignisse bei Foxconn im Beitrag zu den Streiks 2010 in diesem Buch.

Literatur

Burawoy, Michael (1985): *The Politics of Production*. London.

Chan, Chris King-Chi (2008): *The Challenge of Labour in China. Strikes and the Changing Labour Regime in Global Factories*. Dissertation. Universität von Warwick.

Lee, Ching Kwan (2007): *Against the Law. Labor Protests in China's Rustbelt and Sunbelt.* Berkeley.

Lee, Ching Kwan (1998): *Gender and the South China Miracle: Two Worlds of Factory Women*. Berkeley.

Pun Ngai (2006): „A Will to Public Sociology (Vortrag für das Symposium Public Sociology in China)". *Social Transformations in Chinese Societies*: 67–71.

Pun Ngai (2005): *Made in China. Women Factory Workers in a Global Workplace*. Durham/London.

Pun Ngai/Li Wanwei (2008): *dagongmei – Arbeiterinnen aus Chinas Weltmarktfabriken erzählen*. Berlin (Informationen und Texte zum Buch: http://www.gongchao.org/de/dagongmei-buch).

Silver, Beverly J. (2005): *Forces of Labor. Arbeiterbewegungen und Globalisierung seit 1870*. Berlin (Informationen und Texte zum Buch: http://www.wildcat-www.de/dossiers/forcesoflabor/fol_dossier.htm).

Thompson, Edward P. (1963): *The Making of the English Working Class.* London.

Wildcat (2007): „Unruhen in China". Beilage der Zeitschrift *Wildcat* #80, Dezember 2007. (Online unter: http://www.gongchao.org/de/unruhen-heft).

Xue Hong (2009): *Manufacturing Uncertainty: The Politics of Flexible Production in China's High-Tech Electronics Industry in the Age of Globalization.* Dissertation. Chinesische Universität von Hongkong.

Yan Hairong (2008): *New Masters, New Servants: Migration, Development, and Women Workers in China.* Durham.

Zhang Lu (2010): *From Detroit to Shanghai? Globalization, Market Reform, and Dynamics of Labor Unrest in the Chinese Automobile Industry, 1980 to the Present*. Dissertation. Johns Hopkins Universität, Baltimore.

Zhang Xia (2010): *Carrying out Modernity: Migration, Work, and Masculinity in China*. Dissertation. Universität von Pittsburgh.

Zheng Tiantian (2009): *Red Lights: The Lives of Sex Workers in Postsocialist China*. Minneapolis.

TEIL 1

Untersuchung der neuen Klassensubjekte

Pun Ngai • Lu Huilin

Klassenerfahrung und Klassenempfinden der BauarbeiterInnen in Chinas Subunternehmersystem[1]

Von weitem gleicht eine Baustelle dem Paradies,
von nahem sieht sie aus wie eine Bank,
wenn du sie betrittst, glaubst du dich im Gefängnis,
und es wäre besser, nach Hause zurückzukehren und das Vieh zu hüten.

Der Betonmischer zermischt meine Jugend,
der Bagger vergräbt meine Träume,
die Walze zermalmt meine Hoffnungen,
und auch das Schweißgerät kann diese Wunden nicht verschließen.

(Auszug aus dem Wanderarbeitergedicht „Wohin führt unser Weg?")

Dieses Gedicht ist im Internet weit verbreitet. Sein komischer Ton kann das Gefühl der Trostlosigkeit nicht verdecken. Es mag außergewöhnlich erscheinen, dass Baustellen mit Gefängnissen verglichen werden, aber in den zwei Jahren, die wir auf den Baustellen verbrachten, haben wir diesen Vergleich von BauarbeiterInnen wiederholt gehört. Ihr Schutzhelm hat den über 40 Millionen BauarbeiterInnen keine Sicherheit gebracht, und schon gar kein Gefühl von Stolz oder Selbstwert. Im Gegenteil, sie empfinden ihre Lage als äußerst beschwerlich. Um ihr Überleben zu sichern, müssen sie ein ums andere Mal Abschied nehmen von EhepartnerInnen und Kindern, von der Wärme spendenden Familie. Sie kommen auf die öden Baustellen und müssen die harten Arbeits- und Lebensbedingungen ertragen. Sie vergeuden ihre Jugend und vergießen ihren Schweiß, um in der Stadt Hochhäuser zu bauen, ernten im Gegenzug aber nur Enttäuschung und Kummer. Dies ist das kollektive Schicksal der BauarbeiterInnen in der heutigen, von einem vielschichtigen Subunternehmersystem geprägten Bauindustrie.

Klassenerfahrung und Klassenempfinden

Nach E.P. Thompson sind alle Erfahrungen, die die BauarbeiterInnen heute machen, von den Produktionsverhältnissen bestimmt, die sie umgeben. In den dreißig Jahren der Reformen hat sich die soziale und wirtschaftliche Struktur Chinas enorm verändert. Die Privatwirtschaft hat immer mehr an Bedeutung gewonnen und die fortlaufende Ausbreitung der kapitalistischen Produktionsweise hat eine neue Arbeiterklasse entstehen lassen. BauarbeiterInnen sind ein Teil dieser neuen chinesischen Arbeiterklasse. Sie besitzen keine Produktionsmittel und sind vollkommen auf den Verkauf ihrer Arbeitskraft angewiesen, um Geld zu verdienen. Sie haben sich schon als *Klasse an sich* formiert, aber wie nehmen sie ihre eigene, prekäre Situation wahr? Können sie von einer *Klasse an sich* zu einer *Klasse für sich* werden?

Während die Klassenerfahrungen in erster Linie von den Produktionsverhältnissen bestimmt werden, ist die Beziehung zwischen Klassenbewusstsein und Produktionsverhältnissen viel komplexer. Thompson schrieb dazu:

> „Die Klassenerfahrung ist weitgehend durch die Produktionsverhältnisse bestimmt, in die man hineingeboren wird – oder in die man gegen seinen Willen eintritt. Klassenbewusstsein ist die Art und Weise, wie man diese Erfahrungen kulturell interpretiert und vermittelt: verkörpert in Traditionen, Wertsystemen, Ideen und institutionellen Formen. Im Gegensatz zum Klassenbewusstsein ist die Erfahrung allem Anschein nach determiniert." (Thompson 1987 [1963]: 8)

Thompson strich heraus, dass die Arbeiterklasse nicht abstrakt existiert. ArbeiterInnen sind Menschen aus Fleisch und Blut. Die Entstehung der Arbeiterklasse lässt sich nicht logisch-abstrakt ableiten, sondern ist das Ergebnis der konkreten Erfahrungen unzähliger ArbeiterInnen. Thompson stand dem traditionellen Marxismus mit seiner starren, essentialistischen Haltung zur Klasse äußerst kritisch gegenüber. Er trat dafür ein, zu den ArbeiterInnen und ihren konkreten Erfahrungen zurückzukehren, um ein Verständnis von der Entstehung der Arbeiterklasse zu erlangen. Seine berühmte Feststellung lautet: Das Klassenbewusstsein der ArbeiterInnen entsteht mit ihren Erfahrungen; wenn sie zusammenkommen, verwandelt sich *Klasse an sich* in eine *Klasse für sich*.

> „Eine Klasse formiert sich, wenn Menschen aufgrund gemeinsamer Erfahrungen – seien sie von den Vorfahren weitergegeben oder zusammen erworben – die Identität ihrer Interessen empfinden und artikulieren, und zwar sowohl untereinander als auch gegenüber anderen, deren Interessen von ihren eigenen verschieden (und diesen gewöhnlich entgegengesetzt) sind." (Thompson 1987 [1963]: 8)

Thompson betonte die Bedeutung der Erfahrungen und zeigte, dass die ArbeiterInnen mit ihren Erfahrungen Klassenbewusstsein bilden, wurde aber kritisiert, weil er die Beziehung zwischen Klassenerfahrungen und Klassenbewusstsein theoretisch nicht gut herausarbeitete. Strukturalismus und Poststrukturalismus unterstreichen die Zentralität der Sprache und die Dezentrierung des Subjekts. Aus Sicht der PoststrukturalistInnen haben die ArbeiterInnen keine Möglichkeit, ihre eigenen Erlebnisse als „Klassen"-Erfahrungen wahrzunehmen, wenn sie keine Klassensprache haben, die als diskursiver Mittler fungiert (Somers 1994: 623; Cabrera 2008). Seit Beginn der Reformen steht für China der wirtschaftliche Aufbau im Zentrum. Die politischen und ideologischen Auseinandersetzungen weit hinter sich lassend, werden Klasse und Klassenkampf dem vergangenen Linksradikalismus zugeordnet und als Themen betrachtet, die vom Staat und den breiten Massen über Bord geworfen wurden. Der Klassendiskurs findet im heutigen China keinen Zufluchtsort mehr, und das Klassensubjekt befindet sich in einem Zustand der Sprachlosigkeit (Pun 2005: 96–7; Pun/Chan 2008: 53–9). Der herrschende Diskurs dreht sich um Entwicklung, Fortschritt und den Anschluss an die Welt, und er wird von der Logik der Modernisierung und der Ideologie des Neoliberalismus dominiert. Es ist fraglich, ob die BauarbeiterInnen – angesichts der Sprachlosigkeit der Klassensubjekte – ihre eigene „Klassen"-Identität wahrnehmen können. Wenn wir aber zum realen Leben der BauarbeiterInnen zurückkehren, ihren besonderen Alltag genau untersuchen, ihre täglichen Erfahrungen im Einzelnen überprüfen und uns ihre verborgenen Gefühle ansehen, können wir entdecken, dass sie trotz Fehlens einer angemessenen Klassensprache in den Trivialitäten des Alltags die Klassenverhältnisse erkennen und Klassenbewusstsein entwickeln können.

„Auf der Baustelle lebst du wie im Gefängnis"

Anfang Frühjahr 2006 raste ein weißer Jinbei-Lieferwagen auf einer Autobahn in der Provinz Hebei in Richtung Beijing. Der Wagen war vollbeladen mit großen und kleinen Taschen. Dajun und seine Dorfgenossen saßen auf ihrem Gepäck herum und redeten wild durcheinander – über das Leben und die Arbeit, die sie in Beijing erwarteten. Dajun war noch keine 18 Jahre alt. Er kommt aus einem Dorf in Hebei, und das war das erste Mal, dass er den anderen auf eine Baustelle in Beijing folgte. Bald wurde es im Wageninneren still, und plötzlich sagte irgendjemand: „Wieder fahren wir nach Beijing und werden in Gefängniszellen wohnen!" Daraufhin schlug die Stimmung um, und Beklemmung machte sich breit. In diesem Moment konnte Dajun die Bedeutung des Ausspruchs noch nicht verstehen. Aber nur ein paar Stunden später begann es ihm zu dämmern. Beijing ist gewiss eine große und schöne Stadt, aber diese Pracht gehörte ihm nicht. Er streifte die Stadt lediglich, sah von weitem das Glitzern der Häuser. Für genauere Eindrücke reichte es nicht, denn sie wurden gleich zur Baustelle gebracht. Der Platz, den die Stadt für ihn vorgesehen hatte, war draußen in einem öden Außenbezirk. Die Bedingungen auf der Baustelle waren noch schlechter, als er sich das vorgestellt hatte. Dajun schrieb in sein Tagebuch:

> „Beijing hat wirklich viele Hochhäuser. Da steht eins neben dem anderen. Als ich sie aus dem Bus raus betrachtete, wurde mir ganz schwindelig. Dann wurden es immer weniger Hochhäuser und mehr einfache Ziegelhäuser, die Straße war nun schlechter. Es war sogar schlimmer als in unserem Dorf! Kurz darauf hielt der Bus, ließ uns einfach an diesem Ort hier raus und fuhr gleich weiter! Wir nahmen unser Gepäck auf die Schultern und liefen zu einem kleinen weißen Haus. Das Haus war nicht groß, aber wir sollten da tatsächlich mit mehr fünfzig Leuten einziehen. Ich hörte, dass dies der Ort war, an dem wir in Beijing wohnen sollten. Ich war durstig, aber es gab kein heißes Wasser. Ich wünschte mir, einen Apfel zu essen, wie wir sie zu Hause haben, aber es sah so aus, als wäre das schwierig."

Dajun hat im Vergleich zu anderen BauarbeiterInnen ein gewisses Bildungsniveau und ist in der Lage, seine Eindrücke schriftlich festzuhalten. Dadurch können wir uns besser in ihn hineinversetzen, und seine persönlichen Erfahrungen helfen uns, die Gefühle der BauarbeiterInnen nachzuvollziehen. Dajun ging in der zweiten Klasse von der Unteren Mittelschule ab. Da er noch so jung war, wollten seine Eltern nicht, dass er zu weit von zuhause weg geht. Deshalb arbeitete er zuerst in der Kreisstadt als Bedienung, machte dann kleine Geschäfte und fing schließlich in einer kleinen Fabrik an. Nach zwei Jahren hatte er aber immer noch kein Geld verdient. Da hörte er, dass auf den Baustellen gute Löhne gezahlt werden, und entschied sich, dort zu arbeiten.

Viele Leute vom Dorf arbeiten auf dem Bau, und jedes Jahr um die Zeit des chinesischen Neujahrsfestes sind die kleinen und großen Subunternehmer und Kolonnenführer[2] eifrig in den Dörfern unterwegs und suchen nach BauarbeiterInnen. Die BauarbeiterInnen wiederum suchen sich neue Subunternehmer. Dajun fiel es Anfang des Jahres 2006 leicht, Arbeit auf dem Bau zu finden. Ein Subunternehmer war bereit, ihn für 35 Yuan am Tag als ungelernten Arbeiter einzustellen. Dajun lief aufgeregt nach Hause und erzählte es seiner Familie. Seine Verwandten sagten: „Geh nur! Verdiene genug Geld, damit du dir ein Haus bauen und heiraten kannst." Die nächsten Tage war Dajun aufgeregt und konnte es kaum erwarten, nach Beijing zu fahren. Er wollte die große Stadt endlich sehen. Den ganzen Weg über freute er sich auf das schöne Leben dort und dachte nicht im Traum daran, dass die Stadt doch ganz anders aussehen könnte. Als er dann auf der Baustelle ankam, war er gleich enttäuscht. Die Wohnbedingungen waren wirklich sehr schlecht. Zehn Arbeiter wurden in ein Zimmer gezwängt, und irgendeine Holzplatte diente als Bett. Überall lagen Dreck und Müll. Die anderen Arbeiter waren offenbar schon an die Umgebung gewöhnt, denn niemand beschwerte sich oder machte sauber. Dajun sollte nun gründlich lernen, was es heißt, in einem Gefängnis zu leben.

Am nächsten Tag ging die Arbeit offiziell los. Sie bauten eine Waschanlage für Eisenbahnen. Die Baustelle war klein und ganz von Eisenbahnschienen umgeben. Zuerst sollten sie das Fundament ausheben. Der Frühling hatte gerade erst begonnen, aber es war tagsüber schon sehr warm. Dajun spürte den heißen Boden unter seinen Füßen. Er und zwanzig bis dreißig seiner Dorfgenossen standen in der prallen Sonne und schwangen Schaufeln und große Hämmer. Für ihn glich die Arbeit einer Schlacht mit der Erde, ohne Pulverdampf, aber mit viel Staub. Gleichzeitig war es ein Kampf gegen sich selbst:

> „Da wir in der Nähe der Eisenbahnschienen arbeiteten, gab es überall kleine Steine, Schlacke und so was. Der Boden war sehr hart, sodass das Graben schwer fiel. Doch der Subunternehmer stand hinter uns, also hatten wir keine andere Wahl als ranzuklotzen und uns nichts anmerken zu lassen! Die Sonne knallte gnadenlos und verbrannte unsere Haut, der Schweiß tropfte uns in Strömen von der Stirn, aber ich gab nicht auf. Ich wusste, was es heißt, mit Schweiß und Blut Geld zu verdienen, also tat ich es. Ich durfte nicht aufgeben!"

Noch nie hatte Dajun eine solche Schinderei erlebt. Der vom Unternehmer bestimmte Aufpasser beobachtete die Arbeiter sehr genau, und wenn sie unachtsam waren, wurden sie beschimpft. Vom Alter her war Dajun fast noch ein Kind, aber auf der

Baustelle wurde darauf keine Rücksicht genommen. Alle mussten ranklotzen oder sollten verschwinden. Dajun sah, was es heißt, mit Schweiß und Blut Geld zu verdienen, aber die harten Bedingungen konnten ihn nicht schrecken. Sein unbeugsamer Charakter gab seinem noch unreifen Körper die Kraft, Tag um Tag durchzuhalten. Nach etwa zehn Tagen hatten sie einen Graben ausgehoben. Auf ihren Händen hatten sich dicke Schwielen gebildet. Dajuns ganzer Körper schmerzte, seine Arme gehorchten seinen Anweisungen nicht mehr und beim Essen konnte er das Zittern der Essstäbchen in seiner Hand nicht unterdrücken.

Nachdem sie das Fundament ausgehoben hatten, begann der eigentliche Bau. Für das Betongießen waren viele Leute nötig, und es durfte nicht unterbrochen werden, sonst litt die Qualität. Dajun und seine Dorfgenossen arbeiteten von nun an unter vollem Einsatz, Tag und Nacht. Nachdem sie mehrere aufeinander folgende Tage und Nächte gearbeitet und Überstunden gemacht hatten, konnte Dajun einfach nicht mehr. Er dachte, er könne sich etwas ausruhen, hatte die Baustelle aber noch nicht ganz verlassen, als ihn der Subunternehmer abpasste: „Komm, heute Abend gibt es Überstunden!" Dajun wagte erst nicht, etwas zu erwidern. Auf der Baustelle zählte nur, was der Unternehmer sagte. Es war zwecklos zu feilschen und zu verhandeln, das hatte er in den wenigen Tagen, in denen er da war, schon erkannt. Aber er war so erschöpft, dass er einfach nicht mehr arbeiten konnte. Die Müdigkeit gab ihm den Mut, seinen Chef zu fragen, ob er sich etwas ausruhen dürfe. Der Chef war unbarmherzig und stutzte ihn zurecht:

> „Es gibt Arbeit! Wenn ich sage, ihr sollt arbeiten, dann arbeitet ihr. Wisst ihr nicht, wer euch bezahlt? Ich hole gleich was zu essen, das könnt ihr auf der Baustelle verzehren. Wem das nicht passt, der soll gar nicht erst wiederkommen. Falls jemand geht und seinen Lohn will, ich habe kein Geld hier!"

Kaum hatte der Subunternehmer fertig geredet, drehte er sich um und ging fort. Dajun und einige andere Arbeiter fluchten ihm leise hinterher, aber keiner wagte, zurück ins Wohnheim zu gehen und sich auszuruhen. Nun war ihnen sogar noch das Recht auf Schlaf genommen worden. Dajun erlebte und spürte nun, was sein Dorfgenosse im Auto gemeint hatte, als er sagte: „Das hier ist wirklich genau wie in einem Gefängnis!"

Dajun war das erste Mal in der Stadt und dachte immer daran, mal rauszugehen und etwas vom Leben dort mitzubekommen, aber er schaffte es nicht. Die Baustelle war weit draußen in einem Außenbezirk, und er wohnte und aß auch dort. Um Fertigstellungstermine einzuhalten, musste Tag und Nacht, rund um die Uhr gearbeitet werden. Es war nicht mal Zeit zum Schlafen, von Spazierengehen ganz zu schweigen. Selbst wenn mal Zeit war, hatten sie kein Geld. Eigentlich war ausgemacht, dass sie jeden Monat ihren Lohn bekommen sollten, aber nach anderthalb Monaten hatten Dajun und seine Dorfgenossen noch keinen vollen Lohn gesehen. Ihnen wurden lediglich 100 bis 200 Yuan als Abschlag für Lebenshaltungskosten ausgezahlt. Das hatten sie schnell ausgegeben, und auch das Taschengeld, das sie von Zuhause mitgebracht hatten, war aufgebraucht. Dajun hatte nicht mal Geld, um sich Zigaretten zu kaufen.

Nach insgesamt mehr als zwei Monaten war der Bau schließlich fertig. Dajun nahm sich seine Arbeitsstundenzettel und schaute, wie viel Lohn er bekommen musste. Am 3. und 4. hatte es geregnet und die Arbeit ruhte: 0 Yuan; am 7. den ganzen Tag und abends bis in die Nacht gearbeitet: 2 Arbeitstage; am 8. den ganzen Tag und abends bis in die Nacht gearbeitet: 2 Arbeitstage, und so weiter. Insgesamt kam er auf 54 Arbeitstage und einen Verdienst von über 1.000 Yuan. Der Subunternehmer gab ihnen allen aber lediglich je 300 Yuan. Sie sollten bis zum Chinesischen Neujahrsfest warten, dann würde er abrechnen und den Rest auszahlen. Der Kolonnenführer (ein Dorfgenosse von Dajun) würde es ihnen zu Hause im Dorf geben. Dajun und einige andere Arbeiter wollten das nicht, hatten aber nicht den Mut, mit dem Chef zu streiten. Dajun wollte so schnell wie möglich nach Hause fahren. Er wusste nicht, wann er genug Geld verdient haben würde, um ein Haus zu bauen und zu heiraten. Er wusste nicht mal, ob überhaupt Hoffnung bestand, das in diesem Leben zu realisieren.

Leben ohne Würde

Dajuns Schicksal steht für jenes der vielen Millionen BauarbeiterInnen in China. Seine Erlebnisse und Erfahrungen geben uns wichtige Einblicke in die Lebensbedingungen und Empfindungen der großen Masse der BauarbeiterInnen. In zwei Jahren Untersuchung führten wir Interviews auf fünf oder sechs Baustellen durch und hatten Kontakt mit etwa 1.000 ArbeiterInnen. Ihre Lebensbedingungen waren so erbärmlich, man konnte den Anblick kaum ertragen.

Alle BauarbeiterInnen lebten in Massenunterkünften, die meist gleich neben der Baustelle lagen. Manche wohnten sogar in gerade fertiggestellten Hochhauskellern. Dieses System der Massenunterkünfte dient der maximalen Überwachung und Kontrolle der Arbeitskraft durch das Kapital (Ren/Pun 2006b: 124–34). Alle ArbeiterInnen eines Subunternehmer-Teams wohnten zusammen, sodass der Subunternehmer seine Leute quasi militärisch kontrollieren und die Einhaltung der angeordneten Arbeitszeiten leichter durchsetzen konnte.

Um Kosten zu sparen, stellen die Baufirmen den ArbeiterInnen nur karge Unterkünfte bereit. Die Wohnbedingungen in einfachen Häusern oder in Baubaracken sind äußerst schlecht. Als besser gelten die Wohnheime, die in leeren Fabrikgebäuden oder Lagerhallen eingerichtet werden. Manchmal müssen 100 ArbeiterInnen in einer aus Asbestziegeln errichteten kargen Baracke wohnen. Auf einer Baustelle in Beijing befand sich zwischen den Arbeiterquartieren gar eine Hühnerfarm. Diese Unterkünfte schützen weder gegen Wind noch Regen. Im Winter pfeift die Kälte durch die Ritzen, im Sommer kommen Schwärme von Mücken und Fliegen herein. Sie sind vollkommen überfüllt. Auf einer anderen Baustelle in Beijing wurde eine Lagerhalle mit Holzbrettern in Reihen kleiner Zellen aufgeteilt, um als Arbeiterunterkunft zu dienen. Die Lagerhalle war etwa 400 Quadratmeter groß und musste in Spitzenzeiten 600 ArbeiterInnen aufnehmen. In der heißen Bauphase wurden viele ArbeiterInnen gebraucht, aber die ursprünglichen Etagenbetten in den Zimmern konnten nicht so viele Menschen aufnehmen. Die Baufirma ließ also die Holzbetten rausreißen und mit Stahlrohr und Holzlatten zwei große Schlafebenen bauen, auf denen sich die ArbeiterInnen zusammendrängen sollten. In den beengten Zellen mussten sie sich auf ihrem Liegeplatz klein machen, und wenn sie sich beim Schlafen umdrehen wollten, mussten sie vorsichtig sein, um die Danebenliegenden nicht zu wecken. In manchen Räumen wurden Frauen und Männer zusammen eingepfercht. Von Privatsphäre konnte man nicht mehr sprechen.

Die Wohnbedingungen waren schon schlecht, aber die Verpflegung war noch schlechter. Auf der Baustelle konnten die ArbeiterInnen nur in der Kantine des Subunternehmers essen. Da die ArbeiterInnen nur einen monatlichen Abschlag von 100 oder 200 Yuan bekamen, konnten sie hier nur die internen Lebensmittelmarken benutzen. Den ArbeiterInnen stand normalerweise ein Verpflegungssatz von 10 Yuan pro Tag zur Verfügung. Dies zählte als Teil vom Lohn, und alles was über dem Satz lag, wurde noch zusätzlich abgezogen. Die Preise in der Kantine waren hoch, die Qualität des Essens war schlecht. Es gab kein Fleisch und kein Speiseöl. Im Grunde entsprach das Essen nie dem Tagessatz von 10 Yuan. Auf einer Baustelle in der Gegend von Malianwa in Beijing waren die ArbeiterInnen wütend und beschwerten sich bei uns. Bei ihnen zu Hause würde so ein Essen nicht mal den Schweinen oder Hunden vorgesetzt. Der Chef sammelte auf dem Markt das faule Gemüse, wusch es nicht mal richtig, sondern spülte es nur kurz ab und schmiss es dann in den Topf zum Kochen.

Auf jeder Baustelle waren einige hundert bis zu über eintausend ArbeiterInnen versammelt. Diese gewaltige Zahl wurde auf beengtem Raum zusammengepfercht, und die sanitären Einrichtungen waren überlaufen. Die Baustelle war staubig, die ArbeiterInnen daher dreckig, aber nach einem Tag schweißtreibender Arbeit hatten sie nicht mal die Gelegenheit, sich richtig zu waschen. An anstrengenden Arbeitstagen bekamen sie oft nicht mal heißes Wasser zum Trinken. Auf der Baustelle in Malianwa mussten mehr als eintausend ArbeiterInnen mit einem einzigen Wasserboiler auskommen. Um genug heißes Wasser trinken zu können, mussten sie lange anstehen. Oft gab es Rangeleien oder gar fliegende Fäuste um das Wasser.

Anfang 2009 machte die gemeinnützige Organisation SACOM aus Hongkong eine Untersuchung auf den Baustellen der an der Börse in Hongkong notierten Firma New World China Land und zählte zehn Gesetzesverstöße des Unternehmens. SACOM benutzte für die BauarbeiterInnen den Begriff der „FronarbeiterInnen“[3] des 21. Jahrhundert (SACOM 2009: 6–9). Nach unserer Untersuchung ist diese Bezeichnung keineswegs überzogen. Der chinesische Schriftsteller Xia Yan beschrieb, wie die FronarbeiterInnen von ihren Herren wie Schweine behandelt, willkürlich beschimpft und geschlagen wurden. Es blieb ihnen kein bisschen Würde. Xia Yan nannte sie die SklavInnen des 16. Jahrhunderts. Die heutigen BauarbeiterInnen beklagen sich ebenfalls, dass sie wie Schweine leben müssen und die Chefs sie nicht wie Menschen behandeln.

Nichts ist, wie es war: Wer ist ein Modellarbeiter?

Die wandelnde Geschichte des Modellarbeiters

BauarbeiterInnen waren zweifellos noch nie in einer so schlechten Situation wie heute. Der Subunternehmer Lao Li erzählte uns, dass sich auf den Baustellen immer weniger junge Leute finden lassen, weil sie nach anderen Wegen suchen, ihren Lebensunterhalt zu verdienen. Kein Mensch will mehr Bauarbeiter werden. Auch wenn der chinesische Staat sie als wichtigen Teil der Arbeiterklasse anerkannt hat, an ihrer miserablen Situation hat sich bisher nichts geändert. Auf den Baustellen haben wir die ArbeiterInnen häufig klagen hören, sie wären „ungebildet“ und könnten sich nur „als Ungelernte verdingen“. Sie setzten ihre Jugend aufs Spiel und arbeiteten hart, um ein Hochhaus nach dem anderen hochzuziehen und prächtige Städte zu schaffen, erhielten dafür aber keine gesellschaftliche Anerkennung.

Gemäß der sozialistischen Ideologie in den dreißig Jahren vor der Reformperiode waren die Werktätigen die „Herren des Landes“, und den ArbeiterInnen wurde höchste Ehre zuteil. Der Staat bemühte sich, die „drei Unterschiede" zu beseitigen, vor allem jenen zwischen körperlicher und geistiger Arbeit,[4] und den feudalen Berufsständen ihre Legitimation zu nehmen. In den 1960er Jahren wurde sogar Kadern und Intellektuellen das richtige Klassenempfinden beigebracht. Sie sollten von den unteren Schichten arbeitender Menschen lernen und sich selbst verändern. Nach der damals herrschenden Ideologie leisteten alle BürgerInnen des Staates – unabhängig von der Arbeit, die sie verrichteten – einen Beitrag zum Aufbau und der sozialistischen Modernisierung. Der Staat versuchte, das Bewusstsein der Menschen neu zu formen, und verkündete, dass die Revolution zwar Arbeitsteilung verlange, aber keine Einteilung in oben und unten, wichtig und unwichtig. Je anstrengender und schwerer die Arbeit, desto ehrenvoller sei sie. Deshalb wurde in dieser Zeit Shi Chuanxiang, ein Arbeiter, der Toilettengruben reinigte, als Vorbild dargestellt, von dem man lernen sollte.

In der alten Gesellschaft litt Shi Chuanxiang als einfacher Toilettenreiniger lange unter den Schikanen der Herren der Fäkaliengruben und hatte keinen nennenswerten sozialen Status. Nach der Befreiung (1949) aber entledigte sich Shi Chuanxiang seiner Herren, und Partei und Staat zollten den Toilettenreinigern großen Respekt. Die Regierung gab ihnen einen höheren Lohn und entwarf einen neuen Fäkalienwagen, um ihre Arbeitsbelastung zu reduzieren. In der neuen Gesellschaft ließ Shi Chuanxiang die Kolonne fleißig arbeiten, was die Arbeitsproduktivität enorm steigerte und in der Hauptstadt für mehr Sauberkeit sorgte. Heldenhaft zog er unter dem Motto „Mir ist es egal, ob ich dreckig werde, solange dafür die Welt sauberer wird!" mit dem Scheißkübel auf dem Rücken von Haus zu Haus, beseitigte selbst an Feiertagen die Fäkalien von Haushalten, Behörden und Schulen und hielt ihre Toiletten instand. Im Jahr 1955 wurde er zum „fortgeschrittenen Reinigungsarbeiter" ernannt und 1956 zum Volksvertreter des Bezirkes Chongwen in Beijing gewählt. Im Juni desselben Jahres trat er der Kommunistischen Partei Chinas bei. 1958 wurde er Mitglied des Politischen Konsultativkomitees für die Stadt Beijing und ein Jahr später „Modellarbeiter" für ganz China. 1959 nahm er auch an der in Beijing zusammengerufenen „Heldenversammlung" teil. Staatspräsident Liu Shaoqi schüttelte ihm in der Großen Halle des Volkes die Hand und sagte freundlich: „Du bist Toilettenreiniger und dienst dem Volk, ich bin Präsident und diene dem Volk. Damit arbeiten wir beide auf unterschiedliche Weise für die Revolution." Shi Chuanxiang erwiderte glücklich: „Ich werde immer auf die Partei hören und mein ganzes Leben lang Toiletten reinigen" (Xie 2006: 19–20).

Von da an war Shi Chuanxiang ein im ganzen Land berühmter Modellarbeiter. Die „Volkszeitung" und andere Nachrichtenmedien berichteten über seine Taten. Sie würdigten seine großartige Einstellung und seine Bereitschaft, hart zu arbeiten und Strapazen zu ertragen. Im Jahr 1964 wurde Shi Chuanxiang in den dritten Nationalen Volkskongress gewählt und vor dem Nationalfeiertag 1966 zum stellvertretenden Leiter der Beijing-Delegation für die Feierlichkeiten gekürt. Mao Zedong lud ihn eigens für ein paar Tage nach Zhongnanhai ein.[5] Am Nationalfeiertag wurde Shi Chuanxiang als besonderer Gast auf das Tian'anmen-Tor gebeten, um an den Feierlichkeiten teilzunehmen. Als er hörte, dass Shi keine Bildung genossen hatte, schenkte der Genosse Liu Shaoqi ihm einen Füller und forderte ihn auf, fleißig zu lernen. Wan Li, zu dieser Zeit Vizebürgermeister, lernte gar von Shi Chuanxiang, wie man die Scheißkübel auf dem Rücken trägt, und spornte die ReinigungsarbeiterInnen an – eine Geschichte, die damals in Beijing in aller Munde war.

Shi Chuanxiang wurde als gewöhnlichem Toilettenreiniger von ganz unten eine einzigartige Ehre zuteil. Er wurde zum Modellarbeiter, zum Vorbild, von dem das ganze Volk lernen konnte. Das entsprach der ideologischen Ausrichtung des Staates und sollte zur Schaffung eines neuen sozialistischen Subjekts beitragen. Shi Chuanxiang war keineswegs ein Einzelfall. In der Zeit des sozialistischen Aufbaus gab es im ganzen Land viele ModellarbeiterInnen, einfache Leute, die meistens manuelle Arbeiten verrichteten und sich an der Produktionsfront tapfer schlugen. Shi Chuanxiang war Toilettenreiniger, Wang Jinxi Erdölarbeiter, Meng Tai Stahlarbeiter. Sie hatten ausnahmslos die widrigsten Arbeitsstellen und erledigten die härtesten und anstrengendsten Aufgaben. Der Staat machte sie zu Modellarbeitern, als Anerkennung ihrer selbst und der untersten Arbeiterschichten. Nach den damals herrschenden Wertvorstellungen war physische Arbeit äußerst ehrenvoll. Es wäre zwar naiv zu glauben, dass sich diese Wertvorstellungen tief im Bewusstsein der Massen verankert hätten, sie bestimmten aber zweifellos die Windrichtung, trugen zur Erhöhung der sozialen Stellung der ArbeiterInnen bei und stärkten ihr Selbstwertgefühl.

Die BauarbeiterInnen hatten zu Zeiten des sozialistischen Aufbaus trotz der harten Arbeitsbedingungen im Bausektor keinen so niedrigen Status wie heute. Weder der Ausbau der Städte noch die Entwicklung der Industrie wäre ohne den Bausektor realisierbar gewesen. Die BauarbeiterInnen betrachteten sich als Herren des Staates und zeigten eine sehr hohe Leistungsbereitschaft. Li Ruihuan war einst Bauarbeiter und stieg bis in die Staatsführung auf. Zhang Baifa brachte es als Bauarbeiter bis zum

Beijinger Bürgermeister. Nicht nur wurden einige aus den Reihen der ArbeiterInnen vom Staat ausgebildet und zu Führungskadern befördert, der Staat legte auch großen Wert auf die ideologische Umerziehung der amtierenden Kader, indem diese bei der Arbeit helfen mussten und ArbeiterInnen wiederum an der Leitung und Verwaltung beteiligt wurden. Durch das gemeinsame Essen, Wohnen und Arbeiten sollte die Bürokratisierung und die Privilegierung der Kader bekämpft und ihnen ein proletarisches Empfinden beigebracht werden. Kurzum, in der gesamten sozialistischen Periode wurde einfachen ArbeiterInnen besondere Hochachtung zuteil.

Heute, nach dreißig Jahren Reformen und einer massiven Ausweitung der Marktwirtschaft, haben sich die herrschenden gesellschaftlichen Wertvorstellungen ins Gegenteil verkehrt. Die Arbeit erfährt immer weniger Wertschätzung, und die Arbeitskraft wird zur reinen Ware, noch dazu zu einer äußerst billigen. Der Titel ModellarbeiterInnen wird heute noch vergeben und gilt weiterhin als ehrenvoll, aber die Kriterien für die Auswahl haben sich geändert. 1997 wurden auch Privatunternehmer in die Reihe der potentiellen ModellarbeiterInnen aufgenommen.[6] Danach erhielten immer mehr Privatunternehmer, staatliche Führungskräfte und Stars aus der Unterhaltungsbranche oder dem Sport den Titel eines Modellarbeiters. Das Ansehen der einfachen ArbeiterInnen sank dagegen rapide. Ihre harte Arbeit war nun deutlich abgewertet, und sie wurden von der Gesellschaft fallengelassen.

Mit dem Titel „Modellarbeiter" sollte die Bedeutung der Arbeiterklasse hervorgehoben werden, die Wahl von Privatunternehmern zu „Modellarbeitern" ist dagegen vollkommen absurd. Der Reichtum, den die Privatunternehmer angehäuft haben, geht zum großen Teil auf den Mehrwert zurück, der durch die Ausbeutung der ArbeiterInnen geschaffen wird. Einige etablierte Ökonomen predigen, dass die Unternehmer der Gesellschaft durch die Schaffung von Reichtum einen enormen Dienst erweisen. Dem bekannten Ökonomen Xiao Zhuoji (2009: 6) zufolge eignen sich die Privatunternehmer den Wert nicht an, sondern überführen den von den ArbeiterInnen geschaffenen Mehrwert in die Gesellschaft und leisten so einen Beitrag für die Allgemeinheit. Die Unternehmer haben die Aufgabe, die Arbeit zu organisieren und zu managen, eine komplexe Tätigkeit, die zehn, hundert oder sogar tausend Mal wertvoller sein kann als einfache Arbeit. Um wie viel wertvoller die komplexe Tätigkeit eines Kapitalisten ist, entscheidet sich auf dem Markt. Je mehr Geld er auf dem Markt realisiert, desto wichtiger ist seine Tätigkeit im Vergleich zur einfachen Arbeit. Nach dieser Logik bestimmt sich der Wert einer Arbeit oder Tätigkeit einzig über das Geld, und die Arbeit einfacher ArbeiterInnen verliert jeden Wert. Zhang Weiying (2007: 11) vertritt dieselbe Meinung. Er behauptet, dass die knappste und wertvollste Ressource eines jeden Landes die Tüchtigkeit seiner Unternehmer ist. China habe seit Anfang der Reformen enormen gesellschaftlichen Reichtum geschaffen, weil eine Gruppe von Unternehmern herangewachsen sei, die die wirtschaftliche Entwicklung des Landes vorantreibe. Sie seien das wertvollste Humankapital der Gesellschaft, leisteten einen wichtigen gesellschaftlichen Beitrag und müssten deswegen gut behandelt werden. In den Augen dieser Ökonomen ist das chinesische „Wirtschaftswunder" ausschließlich den reichen Unternehmern zu verdanken. Einfache ArbeiterInnen haben keinen Wert, sie sind nichts weiter als eine Arbeitskraftressource. Ohne die „Fähigkeiten" der Unternehmer können sie sich nur „als Ungelernte verdingen", und ihre unqualifizierte Arbeit kann kaum gesellschaftlichen Wert schaffen. Deshalb verdienen sie natürlich auch keine gesellschaftliche Wertschätzung.

Das heutige Klassenempfinden

Nach unserem langen Kontakt mit den BauarbeiterInnen haben wir den Eindruck, dass ihr häufigstes Gefühl „Hass" ist: Hass gegen den Boss, der niederträchtig ist und sie nicht wie Menschen behandelt; Hass gegen die Beamten, die sich nicht um das Elend und die Schwierigkeiten des einfachen Volkes scheren; Hass gegen die schlechten Eltern, die sie nicht in der Stadt zur Welt gebracht haben; Hass gegen sich selbst, weil sie in der Schule nicht fleißig waren und ihnen nichts anderes übrig bleibt, als sich als ungelernte Arbeiter zu verdingen. Dieses starke Gefühl von „Hass" ist ein gutes Stück entfernt von Thompsons Verständnis von Klassenbewusstsein, aber wir können es sicher als Ausdruck eines gewissen Klassenempfindens betrachten. Ira Katznelson (1986: 12–20) ist der Meinung, dass Klassenempfinden ein wesentlicher Bestandteil von Klasse ist. Er unterscheidet beim Konzept „Klasse" zwischen vier Ebenen: Struktur, Lebensweisen, Dispositionen und kollektives Handeln. Darunter ist die Klassendisposition – oder anders gesagt: das Klassenempfinden – der größte Katalysator für die Herausbildung von Klassenbewusstsein und Klassenhandeln. „Hass" ist das am häufigsten zu beobachtende Klassenempfinden und bildet den Keim des Klassenbewusstseins. Ju Haigen (2004: 170) formulierte das bei der Analyse des Klassenbewusstseins der südkoreanischen ArbeiterInnen sehr präzise:

> „Hass ist kein Ausdruck von Klasse und zeugt nicht von einem eindeutig strukturierten Bewusstsein, aber er stärkt die moralische Sprache über Unrecht und Widerstand. Hass ist Ausdruck geistigen Widerstands, denn wenn ein Mensch in eine besondere Lage gerät, die er als natürlich und moralisch akzeptabel begreift, wird er keinen Hass empfinden. Der Hass ist der Keim des Klassenbewusstseins."

Auf den Baustellen stammen viele ArbeiterInnen, Unternehmer und Manager aus demselben Dorf und sind über freundschaftliche Beziehungen verbunden. Diese Beziehungen wirken wie ein beschönigender Schleier und verbergen die Beschäftigungsbeziehung zwischen Kapital und ArbeiterInnen. Einige WissenschaftlerInnen sind der Meinung, dass diese „Beziehungen" eine Form der Hegemonie darstellen – zwischen ArbeiterInnen und Unternehmern entsteht eine loyale und schützende Beziehung, wodurch die Entstehung von *sweatshop*-Verhältnissen verhindert wird (Shen 2006a; Zhou 2007). Tatsächlich bestehen zwischen ArbeiterInnen und Unternehmern aber eindeutige Trennungslinien, und beide können diese deutlich sehen. Die Unternehmer der untersten Ebene sind vertraglich nur für die Bauausführung zuständig, und nur die Arbeit ihrer Beschäftigten bringt ihnen Profit. Die ArbeiterInnen sind ihr einziges Produktionsmittel, und ihr einziges Ziel ist, den Körpern der ArbeiterInnen noch mehr Mehrwert abzupressen. Auf dieser Ebene sind die kapitalistischen Produktionsverhältnisse bis ins letzte Detail zu erkennen. Egal wie gut die Beziehungen zwischen Kapitalisten und ArbeiterInnen sind, sie können doch die sie trennende Klassengrenze nicht überwinden. Kapitalisten und ArbeiterInnen werden sich immer unversöhnlich gegenüberstehen, egal wie einzelne von ihnen miteinander auskommen.

Lao Liu kommt aus der Provinz Henan und war früher Arbeiter in einem staatlichen Kombinat. Später wurde das Kombinat umstrukturiert und sein Beschäftigungsverhältnis gegen Zahlung einer Abfindung aufgelöst. Lao Liu sah keine andere Möglichkeit, als auf dem Bau anzufangen. Über einen Freund fand er einen Subunternehmer, und er nahm an, dass dieser sich aufgrund der Freundschaft auf jeden Fall gut um ihn kümmern würde, doch diese Illusion wurde bald darauf gnadenlos zerstört. Einmal arbeitete er auf einer Baustelle in Malianwa zwei Tage und eine Nacht durch und konnte seinen Körper kaum noch aufrecht halten. Er suchte also einen Ort, an dem er sich etwas ausruhen konnte. Unerwartet tauchte der Chef auf, beschimpfte ihn laut und gab ihm keine Chance, sein Gesicht zu wahren. In diesem Moment erkannte er deutlich den Unterschied zwischen ArbeiterInnen und

Unternehmern. Da Lao Liu in einem staatlichen Kombinat gearbeitet hatte, konnte er diese Angelegenheit besser einschätzen. Mit Bedauern stellte er fest, dass sich die Sitten und Regeln mit der Zeit tatsächlich geändert hatten. In der sozialistischen Periode hatte der Staat der Klassenfrage viel Beachtung geschenkt und den leitenden Kadern das Klassenempfinden eingeimpft. Er hatte versucht, die Institutionen zur Erziehung der Kader einzusetzen und hielt die Kader an, mit den Massen eins zu werden. Zu jener Zeit war der Unterschied zwischen ArbeiterInnen und Chefs bei weitem nicht so groß wie heute.

Physische Schranken

Alle Bauarbeiten sind körperlich äußerst anstrengend. Die BauarbeiterInnen arbeiten jeden Tag mehr als zehn Stunden, bis ihnen Rücken und Beine weh tun und sie sich kaum noch bewegen können. Morgens müssen sie vor Sonnenaufgang aufstehen. Sie sind lange Zeit müde und abgespannt und können sich kaum noch erholen. Ein etwa dreißig Jahre alter Bauarbeiter erzählte uns, dass die Bauarbeit so anstrengend und ermüdend ist, dass der Körper sie mit vierzig Jahren kaum noch erträgt. Tatsächlich sind viele Bauarbeiter aber über vierzig Jahre alt. In dieser Phase ihres Lebens müssen sie mehr Lasten tragen als sonst. Zu Hause bilden sie die Hauptstütze und tragen die Verantwortung für eine ganze Familie. Bei der Arbeit mobilisieren sie alle Kräfte, setzen ihren ganzen Willen ein, um den Körper zu bezwingen, verausgaben sich Tag um Tag, Jahr um Jahr, gehen an ihre physischen Grenzen, holen das Letzte aus sich heraus. Alle BauarbeiterInnen könnten als „Modellarbeiter" bezeichnet werden. Ihre tägliche, wöchentliche und monatliche Arbeitszeit liegt nicht nur weit über den vom Arbeitsrecht festgesetzten Obergrenzen, sondern auch über dem, was der Körper aushalten kann. Karl Marx hat nach der Untersuchung des englischen Kapitalismus des 19. Jahrhunderts darauf hingewiesen, dass die Ausbeutung der ArbeiterInnen durch das Kapital immer an Schranken stoßen kann, einerseits an die physische Schranke der Arbeitskraft, andererseits an moralische Schranken (Marx 1983 [1867]: 245–7). Die Ausbeutung der chinesischen BauarbeiterInnen durch die Unternehmer scheint dagegen keine Grenzen zu kennen, sie überschreitet nicht nur die moralischen Schranken, sondern auch die physischen Grenzen der ArbeiterInnen.

Auf einer Baustelle in Beijing schlug am 20. März 2009 der 57-jährige Bauarbeiter Xue Fugui mit einem großen Hammer auf große Steine ein, um sie in kleine zu zerlegen. Der Chef hatte die Arbeit so bemessen, dass Xue Fugui am selben Tag fertig werden musste, um sie angerechnet zu bekommen. Wenn er erst am nächsten Tag fertig würde, bekäme er diese Arbeit erst dann angerechnet und hätte den Tag vorher umsonst gearbeitet. Xue Fugui wagte nicht, sich auch nur kurz auszuruhen. Er war schon dankbar, dass er in seinem Alter noch eine Arbeit gefunden hatte, und wagte auch nicht zu feilschen. Ihm blieb nichts anderes übrig als durchzuhalten. Im frühlingshaften Beijing war es noch kalt, er aber triefte vor Schweiß und zog sich die Jacke aus und legte sie neben sich. Den ganzen Tag, von sechs Uhr morgens bis sechs Uhr abends zerschlug Xue Fugui Steine. Abends war er extrem erschöpft und so müde, dass er nichts mehr sagen konnte und nach dem Abendessen gleich schlafen ging.

Am nächsten Morgen um fünf Uhr standen nach und nach alle ArbeiterInnen auf und machten sich für den Arbeitstag bereit. Xue Fugui kam aber nicht hoch, und sein jüngerer Bruder Xue Fuqiang, der auch dort arbeitete, fragte ihn, was los sei. Xue Fugui sagte, er fühle sich nicht wohl, und bat seinen Bruder, ihn beim Chef zu entschuldigen. In der Mittagspause kam Xue Fuqiang zurück ins Wohnheim, um nach seinem Bruder zu schauen, aber zu dieser Zeit konnte Xue Fugui schon nicht mehr sprechen und krümmte sich vor Schmerzen. Xue Fuqiang verlor keine Zeit und suchte den Kolonnenführer, der gerade beim Essen war. Er forderte ihn auf, zum Laden auf der Baustelle zu gehen, und den dortigen Lieferwagen zu holen. Es dauerte eine halbe Stunde, bis das Auto gefunden war. Bis dahin hatte Xue Fugui schon das Bewusstsein verloren. Nachdem sie ihn ins nächstgelegene Krankenhaus gebracht hatten, wurde eine Stunde lang versucht, sein Leben zu retten, aber es war schon zu spät.

Xue Fuguis Tod wirbelte kaum Staub auf. Die Maschinen auf der Baustelle dröhnten weiter, und wenige ArbeiterInnen hatten mitbekommen, dass Xue Fugui plötzlich gestorben war. Selbst wenn sie es gehört hatten, ließen sie es nicht an sich heran. Das Leben eines Bauernarbeiters (*nongmingong*) ist in dieser Gesellschaft nicht viel wert, die Familie dagegen hat einen Verwandten verloren – und ihre Hauptstütze.

Xue Fuguis Tochter Xue Xiaofang erzählte uns, dass ihr Vater ein sorgfältiger Mensch gewesen war, der jeden Tag nach Arbeitsschluss notierte, was er am Tage gemacht hatte. In seiner Hinterlassenschaft fand sich ein kleines Arbeitsbuch, in dem er genaue Einträge zu seinen täglichen Arbeitszeiten und Arbeitsaufgaben gemacht hatte. Alle Bauarbeiten sind körperlich anstrengend, und ältere Arbeiter spüren, dass sie überfordert sind. Das Arbeitsbuch des 57-jährigen Xue Fugui zeigt, dass er trotzdem mehr als einen Monat lang durchgearbeitet hatte.

Um fünf Uhr morgens Aufstehen, um halb sechs Versammeln zum Appell, um sechs Uhr Arbeitsbeginn, um halb zwölf Pause und eine Stunde Zeit fürs Mittagessen, um halb eins Arbeitsbeginn und Durcharbeiten bis sechs Uhr abends – so sieht der normale Arbeitstag eines Bauarbeiters im Winter aus. Im Sommer sind die Tage und damit auch die Arbeitszeiten länger. Im Durchschnitt liegt die tägliche Arbeitszeit bei elf oder zwölf Stunden, Überstunden nicht eingerechnet. Für Xue Fugui gab es keine Sonntage und keine Feiertage, er arbeitete tagein, tagaus, dreißig Tage lang. Es ist klar, dass er sich völlig verausgabt hatte und seinen Körper dennoch nötigte, immer wieder auf die Baustelle zu gehen. Mit all dem setzte er sein Leben aufs Spiel. Schließlich brach er zusammen und konnte nicht mehr aufstehen. Für ihn selbst war der Tod womöglich die größte Erlösung.

An einer Stelle des „Kapital" von Marx findet sich eine Beschreibung, die besonders gut zur Situation der BauarbeiterInnen passt:

> „Das Kapital fragt nicht nach der Lebensdauer der Arbeitskraft. Was es interessiert, ist einzig und allein das Maximum von Arbeitskraft, das in einem Arbeitstag flüssig gemacht werden kann. Es erreicht das Ziel durch Verkürzung der Dauer der Arbeitskraft, wie ein habgieriger Landwirt gesteigerten Bodenertrag durch Beraubung der Bodenfruchtbarkeit erreicht." (Marx 1983 [1867]: 281)

Entfremdung erleben

> „Die Entfremdung des Arbeiters in seinem Gegenstand drückt sich nach nationalökonomischen Gesetzen so aus, dass, je mehr der Arbeiter produziert, er um so weniger zu konsumieren hat, dass, je mehr Werte er schafft, er um so wertloser, um so unwürdiger wird, dass, je geformter sein Produkt, um so missförmiger der Arbeiter, dass, je zivilisierter sein Gegenstand, um so barbarischer der Arbeiter, dass, um so mächtiger die Arbeit, um so ohnmächtiger der Arbeiter wird, dass, je geistreicher die Arbeit, um so mehr geistloser und Naturknecht der Arbeiter wird." (Marx 1968 [1844]: 513)

Heute ist der Bausektor in hohem Maße mechanisiert und industrialisiert. Der technologische Fortschritt hat die Menschen aber keinesfalls von der harten Arbeit befreit, sondern ihre Belastung sogar noch weiter erhöht. Die Arbeit ist in immer kleinere Schritte zerlegt worden, und die in großem Umfang angewandte Fließproduktion hat die Abhängigkeit von der Qualifikation einzelner ArbeiterInnen immer weiter verringert. Wo früher sorgfältig gearbeitet wurde, geht es den Bauträgern heute vor allem um Geschwindigkeit. Je schneller der Bau fertiggestellt ist, desto früher bringt er Gewinn. Der Subunternehmer Lao Li hat schon mehr als zehn Jahre im Bausektor gearbeitet und kennt den Sektor wie seine Westentasche. Lao Li beklagt, dass heutzutage die Menschen in China nicht einmal die Naturgesetze achten. Wenn ein Bauprojekt im Ausland fünf Jahre in Anspruch nimmt, wollen sie im Inland nicht mal ein Jahr auf die Fertigstellung warten. Der Bau eines Hochhausstockwerks dauert heute durchschnittlich fünf Tage. Der gerade gegossene Beton hat noch gar nicht richtig abgebunden, schon wird das nächste Stockwerk aufgesetzt. Schon beim Baubeginn hat es der Bauträger besonders eilig und will, dass alles am nächsten Tag fertig gebaut ist. Fast jeden Tag drückt ein Fertigstellungstermin. Von oben wird der Druck nach unten weitergegeben, von einer Stufe zur nächsten, bis schließlich alle den ArbeiterInnen einheizen. Die Chefs würden am liebsten die Peitsche herausholen, um die ArbeiterInnen anzutreiben. Aufgrund der hohen Arbeitsteilung führen die ArbeiterInnen nur einfache, repetitive Arbeiten aus, die keine technischen Anforderungen stellen. Die Konkurrenz der Arbeitskräfte verlagerte sich von der technischen Ebene auf die körperliche.

Das Buch „Die Waffen der Schwachen" von James C. Scott (1985) inspirierte WissenschaftlerInnen dazu, dem alltäglichen Arbeiterwiderstand mehr Aufmerksamkeit zu schenken. Bummeln und Faulenzen sind die am häufigsten zu beobachtenden Widerstandsformen. ArbeiterInnen sind schlau. Um ihre überanstrengten Körper ausruhen zu können, versuchen sie, sich zu verdrücken. Dies ist eine geräuschlose Variante des Widerstands, die aber nicht übertrieben werden darf. Das Kapital ist in der Tat noch trickreicher als die ArbeiterInnen. Es versucht mit allen Mitteln, die ArbeiterInnen bis zum letzten Blutstropfen auszupressen. Die BauarbeiterInnen werden in der Regel nach Arbeitstagen entlohnt. Für jeden gearbeiteten Tag bekommen sie einen Tageslohn. Aber die Unternehmer können rechnen und setzen auf die Kolonnenführer (*daigong*), die den ArbeiterInnen die Arbeitsaufgaben zuweisen. Die ArbeiterInnen wollen alle so früh wie möglich Feierabend machen und mehr Ruhezeiten herausholen, sie beeilen sich also auf Teufel komm raus und beginnen das „Schneller-Arbeiten-Spiel". Sie wissen schon, dass sie alle erschöpft sein werden, wenn sie so arbeiten, aber:

> „Wer früher Feierabend haben will, kann – einmal mit der Arbeit angefangen – nicht mehr aufhören."

> „Heute werden drei ArbeiterInnen für eine bestimmte Aufgabe eingeteilt. Du denkst, ihr könnt das nicht fertig kriegen, also legt ihr euch ins Zeug und um vier oder fünf Uhr seid ihr damit fertig. Der Kolonnenführer sieht das und stellt für die gleiche Arbeit am nächsten Tag nur noch zwei Arbeiter ab. Du fragst, wie das zwei fertigmachen sollen? Aber du arbeitest erneut wie der Teufel und kriegt es wieder fertig."

Auf diese Weise holen die Unternehmer das Äußerste aus den ArbeiterInnen heraus. Sie schaffen Dinge, bringen Aufgaben zu Ende, die nicht mal sie selbst für möglich gehalten hatten. Auf der Baustelle hilft der Kolonnenführer dem Unternehmer bei der Verteilung der Aufgaben an die einzelnen ArbeiterInnen. Ein Eisenflechter erzählte uns, erfahrene Kolonnenführer hätten den größtmöglichen Umfang eines jeden Bauvorgangs bereits durchgerechnet und könnten sicherstellen, dass jeder Arbeiter ans Leistungslimit ginge. Die ArbeiterInnen wagen bei der Arbeit nicht mal, Luft zu holen. Sie denken nur daran, wie sie mit der Arbeit fertig werden, damit sie sich früher ausruhen können. Für die Älteren unter ihnen bilden die Jüngeren eine enorme Herausforderung. Das technische Können der älteren ArbeiterInnen hat schon an Wert verloren, und sie müssen sich mit den Jüngeren körperlich messen. Die ArbeiterInnen sind so beschäftigt, dass sie nicht mitbekommen, was sie eigentlich tun. Sie können nur ihrem Instinkt folgen und jede Arbeit zu Ende machen. Dem Arbeitsprozess sind sie schon völlig entfremdet. Aber nicht nur das, sie sind auch dem Produkt, das sie herstellen, entfremdet.

Viele BauarbeiterInnen in Beijing sind schon vor mehr als zehn Jahren in die Stadt gekommen und haben deren Wachstum selbst mitbekommen. Als sie ankamen, war die Dritte Ringstraße noch nicht fertiggestellt, heute ist schon die Vierte Ringstraße durchgehend befahrbar. Sie holen tief Luft, wenn sie an die Geschwindigkeit der Entwicklung denken – sie selbst mittendrin –, und sie sind auch irgendwie stolz. Dieser Stolz verfliegt aber schnell. Wie sehr die Stadt auch prosperiert, sie können sich nur in ihren Außenbezirken herumdrücken, innerhalb der Stadt ist schon lange kein Platz mehr für sie. Wir trafen auch viele ArbeiterInnen, die beim Bau der Olympiastadien dabei waren. Sie freuten sich über ihre Teilnahme am olympischen Schauspiel, aber nach Fertigstellung der Bauten wurden sie alle aussortiert. Während der Olympischen Spiele wurden sie zur Absicherung der Stadien noch strikter beobachtet und kontrolliert als sonst. Ein Arbeiter war durch eine Polizeiabsperrung von seinem Arbeitsplatz abgeschnitten. Ein Schritt hätte genügt, um sie zu übersteigen, aber er musste eine halbe Stunde um sie herumgehen. Diese ArbeiterInnen waren stolz, beim Aufbau der olympischen Stadien dabei gewesen zu sein, aber sie konnten sich die Gebäude, die sie mit ihren eigenen Händen errichtet hatten, nicht einmal anschauen. Viele Leute behalten die schöne Eröffnungszeremonie, die ausgezeichneten AthletInnen und die leidenschaftlichen ZuschauerInnen in Erinnerung, aber niemand wird an die BauarbeiterInnen denken. Wir hatten die Gelegenheit, die Fotosammlung eines Konstrukteurs des „Vogelnestes" [Olympiastadion in Beijing] zu sehen. Er hat mehrere Jahre lang jede Phase des Baus mit seinem Fotoapparat festgehalten. Er konnte das „Vogelnest" jeden Tag beobachten, wie man sein Kind heranwachsen sieht. In dieser Fotosammlung gibt es kein einziges Bild, das einen Arbeiter zeigt. Vielleicht hinterlässt die Konstruktion des „Vogelnestes" mit seinem modernen Design in der Architektur- und Kunstgeschichte starke Spuren; vielleicht waren die Olympischen Spiele tatsächlich ein einzigartiges Ereignis, wie es in den Medienberichten dargestellt wurde, über das die Menschen noch viele Jahre später gerne reden werden – aber es gibt keine Bilder der BauarbeiterInnen. Dieses Gebäude, diese Stadt hat mit ihnen nichts zu tun, und nicht mal dieses Schauspiel hatte viel mit ihnen zu tun.

Im Mittelpunkt des herrschenden Diskurses stehen im heutigen China die Entwicklung und das Streben nach Modernität. Schließlich hat der jetzige rasante Aufschwung die in hundert Jahren der neueren Geschichte erfahrene nationale Schande und die in der wechselvollen Geschichte erlittene Verletzung des Nationalstolzes größtenteils wettgemacht. Das seit über zehn Jahren anhaltende hohe Wachstum weckte nationale, lange im Winterschlaf liegende Großmachtgefühle. Unter der Ägide von Staat und Kapital wurde jedes große Projekt zu einem Ausdruck nationaler Emotionen. Beim Ausbau der Städte ging es immer mehr darum, Macht zu demonstrieren. Sie sollten moderner oder gar postmodern werden. Gleichzeitig orientierte sich dieser Ausbau immer weniger am Alltagsleben und schuf ein Terrain, das einfache Sterbliche nur noch von weitem betrachten durften. Darauf passt wieder eine klassische Beschreibung von Marx:

> „Die Arbeit produziert Wunderwerke für die Reichen, aber sie produziert Entblößung für den Arbeiter. Sie produziert Paläste, aber Höhlen für den Arbeiter. Sie produziert Schönheit, aber Verkrüppelung für den Arbeiter. Sie ersetzt die Arbeit durch Maschinen, aber sie wirft einen Teil der Arbeiter zu einer barbarischen Arbeit zurück und macht den andren Teil zur Maschine. Sie produziert Geist, aber sie produziert Blödsinn, Kretinismus für den Arbeiter." (Marx 1968 [1844]: 513)

„Abgeschöpft werden": Ein unvermeidliches Schicksal[7]

„Wir haben schon seit vier Tagen nichts mehr gegessen und auch nicht schlafen können. Wir wollten schon oft nach Hause zurückkehren, aber wir haben kein Geld…Wenn wir unser Geld hätten, würde es keinen Sinn machen, hier zu warten bis wir sterben. Wir haben 35 Tage gearbeitet und keinen Cent Lohn dafür bekommen. Wir erhielten lediglich 200 Yuan in Lebensmittelmarken. Wir essen in ihrer Kantine, wir kaufen in ihren Läden ein, und alles ist 50 Cent teurer als draußen. Wir haben kein Geld mehr zum Leben und keine Möglichkeit mehr, was zu kaufen... Zusammen waren wir 60 bis 70 Leute, und viele sind schon weggegangen. 27 oder 28 sind noch geblieben. Die anderen haben zu Hause angerufen, und die Familie hat ihnen Geld geschickt, damit sie die Heimreise bezahlen können. Wir aber wollen nicht anrufen und nach Hause zurückfahren. Wir warten hier weiter auf unseren Lohn!"

Das sagten ArbeiterInnen, die aus Xue Fuguis Dorf in der Provinz Hubei stammen und auf derselben Baustelle in Malianwa, Beijing, arbeiteten. Sie sind schon über 50 Jahre alt und gerieten nach Xues Tod in eine schwierige Lage. Es war das erste Mal gewesen, dass sie zum Arbeiten loszogen, und sie hatten nicht erwartet, dass die Welt da draußen so gefährlich ist. Der Subunternehmer hatte ihnen auf Ehre und Gewissen versichert, dass er für sie sorgen würde. Er wollte für die Hin- und Rückfahrt aufkommen und jeden Monat den Lohn auszahlen. Nach mehr als einem Monat hatten sie aber noch keinen Cent bekommen, ganz zu schweigen vom Geld für die Reisekosten. Nach Xue Fuguis Tod wurden sie alle ohne Grund entlassen und bekamen weder ihren Lohn noch Geld für die Rückreise. So saßen sie auf der Baustelle fest und wussten nicht, was sie machen sollten. Einer von ihnen beschrieb ihre Situation:

„Bevor wir herkamen, hatte uns niemand gesagt, dass sie keine Leute wollen, die 57 Jahre alt sind. Jetzt sind wir alle hier, und sie sagen, dass sie keine Leute über 55 wollen. Die wären zu alt. Ich bin dieses Jahr zum ersten Mal losgezogen. Mit dem Ackerbau können wir kein Geld verdienen, also ist es besser wegzugehen... Hier sind jetzt so viele Leute, weil sie (die Firma) ursprünglich drei Baustellen hatte. Auf zwei Baustellen wird nicht gearbeitet. Die Aufträge sind noch nicht mal vergeben. Also kamen die Arbeiter der beiden Baustellen hierher. Solange hier nur wenige Leute waren, sagten sie nichts, aber jetzt sind es viele, und sie sagen, dass 57- und über 60-Jährige nicht mehr arbeiten dürften. Sie wollen uns keine Arbeit mehr geben. Nicht zu arbeiten, das geht ja noch. Sie sollen uns aber unseren Lohn geben, dann hauen wir ab. Sie geben uns aber weder Arbeit noch Lohn, sondern sagen, wir sollen hier bleiben und noch einige Tage warten. Wir brauchen hier aber jeden Tag mindestens 14 Yuan für das Essen, und wir haben schon kein Geld mehr!"

Der jüngere Bruder Xue Fuguis, Xue Fuqiang, ist auch schon über 50 Jahre alt und von kleiner und schmächtiger Gestalt. Eins seiner Augen ist geschädigt. Als sein großer Bruder starb, verhielt sich die Firma herzlos und rüde. Sie war nicht bereit, eine Entschädigung zu zahlen, und auch den Lohn gaben sie nicht heraus. Xue Fuqiang wurde sehr wütend und bereute, dass sie überhaupt losgezogen waren. Sie waren hereingelegt und betrogen worden. Er dachte, was ist das bloß für eine düstere Welt. Jetzt wollte er so früh wie möglich den Lohn bekommen und in die Heimat zurückfahren, um „diesen verfluchten Ort für immer [zu] verlassen."

Auf den Baustellen haben viele die gleichen Erfahrungen gemacht. Hereingelegt und betrogen zu werden, gehört zu den Standardlektionen eines jeden Bauarbeiters. Als Bauernarbeiter (*nongmingong*) sind sie vom regulären Arbeitsmarkt ausgeschlossen. Die einzige Ressource, auf die sie sich stützen können, sind die Beziehungen zu Leuten aus ihrer Heimat. Nicht nur bei der Arbeitsfindung sind sie auf dieses Netzwerk angewiesen. Im vielschichtigen Subunternehmersystem gibt ihnen nur der unterste Subunternehmer, der *baogongtou*, Arbeit. Es existiert kein unterschriebener Arbeitsvertrag, und sie sind in keiner Weise durch das offizielle System abgesichert. Bedingungen wie Lohn, Arbeitszeiten, Arbeitsaufgaben und so weiter vereinbaren sie lediglich mündlich mit dem Subunternehmer, und deren Einhaltung hängt schlussendlich ganz von dessen Verlässlichkeit ab. Im Bausektor können die ArbeiterInnen nur auf die angestammten Herkunfts- und Freundschaftsbeziehungen zurückgreifen und müssen anderen Leuten aus ihrer Gegend wohl oder übel Vertrauen schenken. Der Subunternehmer ist ja einer von ihnen, und „der Mönch kann weglaufen, der Tempel nicht".[8] Wenn man für einen Dorfgenossen arbeitet, braucht man sich keine Sorgen zu machen. Während sich die ArbeiterInnen bei der Arbeitssuche auf diese Herkunftsbeziehungen verlassen, nutzt der Subunternehmer diese, um überhaupt ArbeiterInnen zu finden. Ohne solche Beziehungen trauen sich nur wenige Leute, bei ihm zu arbeiten, selbst wenn er höhere Löhne bieten sollte. Bei den Bauprojekten, die der Subunternehmer übernimmt, besteht nämlich immer ein Risiko, und das Vertrauen, das auf den traditionellen zwischenmenschlichen Beziehungen gründet, hält einer Risikoprüfung oft nicht stand. Wenn das Bauprojekt Verluste macht oder nur vergleichsweise wenig Profit abwirft, sind einige Subunternehmer nicht bereit, ihren ursprünglichen Zusagen nachzukommen. Sie setzen dann alles daran, die Arbeiterlöhne zu unterschlagen. Diese Subunternehmer schwingen bei der Anwerbung von ArbeiterInnen oft wohlklingende Reden, verteilen ungedeckte Schecks und machen alle möglichen Versprechen, aber wenn er einmal die ArbeiterInnen am Haken hat, zeigt er sein wahres, grausames Gesicht. Nur wenige BauarbeiterInnen arbeiten längere Zeit bei ein und demselben Unternehmer. Bei jedem neuen Bauprojekt setzen die Unternehmer die Zahl der ArbeiterInnen neu fest. Die ArbeiterInnen wiederum können jederzeit den Ort wechseln und sind in hohem Maße mobil. Egal für welchen Unternehmer sie arbeiten, es besteht immer das Risiko, dass sie betrogen werden. Die ArbeiterInnen sagen dazu: „Alle Krähen unter dem Himmel sind schwarz".[9]

Im Dorf Yaocun in der Provinz Hebei haben die Menschen einen Begriff für den Betrug: „abgeschöpft werden". Betrogen zu werden, das ist die häufigste Lektion der Menschen auf dem ungeregelten Markt. „Abgeschöpft werden" ist zum „Initiationsritus" geworden, den die transformierten Arbeitersubjekte durchlaufen müssen. Mit Profit als oberstem Ziel erreicht die Ausbeutung auf allen Ebenen des Bausektors extreme Formen. Sie führen zu einem blanken Überlebenskampf nach dem Prinzip: „Die großen Vertragsfirmen fressen die kleinen, und die kleinen Vertragsfirmen fressen die ArbeiterInnen." In Yaocun konnten wir beobachten, dass die sozialen Beziehungen schon in vieler Hinsicht durch wirtschaftliche ersetzt wurden. Durch die Kommodifizierung des Sozialen wird Geld zum alles bestimmenden Maß. Die Menschen scheuen sich nicht, zur Erlangung wirtschaftlichen Profits gesellschaftliche Moralvorstellungen zu verletzen. Die Subunternehmer „schöpfen" die ArbeiterInnen „ab", um mehr Geld zu verdienen. Die Kleinkriege um die Eintreibung von Lohnschulden haben die früheren Vertrauensbeziehungen in der dörflichen Gesellschaft nach und nach zerstört (Huang 2009).

Der Kolonnenführer Zhang Dashu sitzt in Yaocun neben seinem warmen Kang[10] und erinnert sich mit ernster Miene an die vielen Male, die er betrogen wurde. Das letzte Mal war das im Jahr 2008. Er nahm sechs oder sieben ArbeiterInnen aus seinem Dorf mit und folgte zwei Subunternehmern aus dem Nachbardorf auf eine Baustelle. Die Löhne wurden nicht abgerechnet, und die beiden Subunternehmer schrieben gemeinsam einen Schuldschein aus. Er nahm den Schuldschein, aber als er den Lohn später eintreiben wollte, schoben sich die beiden gegenseitig die Schuld zu, und die Sache wurde nie geregelt. Die ArbeiterInnen, die er mitgenommen hatte, verlangten immerzu ihren Lohn und stahlen schließlich den Esel seiner Familie als Ausgleich für die „Schulden". Obwohl Zhang Dashu mit den Subunternehmern, die ihm das Geld schulden, verwandt ist, kann er nichts tun, um die Situation zu ändern.

Wohin führt der Weg?

Die BauarbeiterInnen machen eine enorm anstrengende und ermüdende Arbeit. Die Arbeits- und Lebensbedingungen sind schlimmer, als sich das die meisten Menschen vorstellen können. Weil sie ihre Familien ernähren müssen, halten die ArbeiterInnen durch. In ihren Worten klingt das so: „Wir ziehen los, um Geld zu verdienen, und nicht, um uns zu vergnügen. Solange wir unser Geld bekommen, ist alles andere erträglich." Normalerweise sind die BauarbeiterInnen die wichtigste Stütze der Familie. Ihr Lohn ist die Haupteinnahmequelle, und daran hängt die Existenz der ganzen Familie, von Alt und Jung. Er sichert – im wahrsten Sinne des Wortes – ihr Überleben. Die BauarbeiterInnen verdienen im Vergleich zu FabrikarbeiterInnen relativ viel, aber es ist in Wind und Wetter und mit Schweiß und Blut verdientes Geld. Sie geben gewöhnlich nur ungern Geld für Essen und Kleidung aus und hoffen, dass sie so früh wie möglich mit ihrem Lohn nach Hause zurückfahren können. Oft arbeiten sie ein ganzes Jahr hart und bekommen am Ende nicht einmal den Lohn. Die Bösartigkeit der Unternehmer treibt sie ins Unglück, und die Gleichgültigkeit der Gesellschaft enttäuscht sie bitter. In ihrer ausweglosen Situation klettern viele ArbeiterInnen auf den Baukran und drohen mit Selbstmord. Dazu sagte Dajun seufzend:

> „In allen Winkeln der Stadt findest du Leute, die schuften. Gelegentlich siehst du jemanden, der von einem gerade fertiggestellten Hochhaus runterspringen will. Das ist kein Akrobat, sondern jemand, der seinen mühsam mit Schweiß und Blut verdienten Jahreslohn bekommen will und nicht weiß, an wen er sich wenden soll. Die ArbeiterInnen gehen ein ums andere Mal zur Firma, und die schickt sie ein ums andere Mal wieder weg. Im ganzen Land gibt es unzählige Gewerbe, aber nirgendwo ist es wie auf dem Bau. Die ArbeiterInnen machen ihre Arbeit, ohne dafür Lohn zu kriegen, und dann werden auch noch blöde Ausreden vorgeschoben. Heute kommt es in den kalten Wintermonaten häufig vor, dass Firmen den Lohn schuldig bleiben und die ArbeiterInnen ihn einfordern müssen. Die BauarbeiterInnen bauen anderen Leuten beheizte Hochhäuser, werden selbst aber davongejagt, wenn sie ihr über das Jahr schwer verdiente

> Geld verlangen. Die Gleichgültigkeit der Unternehmer setzt den ArbeiterInnen mehr zu als der kalte Wind!"

Der junge Gaofei arbeitet schon seit sechs Jahren als Eisenflechter auf dem Bau. Er hat am eigenen Leib verfahren, wie es ist, dem Lohn hinterherzulaufen:

> „Ich bin schon vor ein paar Jahren losgezogen und war auf einigen Dutzend kleinen und großen Baustellen beschäftigt. Die Lebensbedingungen waren mal gut, mal schlecht. Das kann man irgendwie aushalten. Aber dann arbeitest du eine Saison oder ein Jahr und bekommst keinen Lohn dafür. Ich glaube, das erträgt niemand. Wenn du zur Arbeitsbehörde gehst, sagen sie dir, dass sie nichts machen können, da du keinen Arbeitsvertrag unterschrieben hast. Wenn du dann eine Demonstration organisierst, wenn du auf die Straße oder zur Regierung gehst, greifen Arbeitsbehörde und Polizei ein und sagen: ‚Das dürft ihr nicht machen, das ist illegal. Ihr müsst legale Mittel anwenden, um euren Lohn einzufordern.' Die Arbeitsbehörde hält sich doch raus, mit der Begründung dass wir keine Arbeitsverträge unterschrieben haben. Du bist also vollkommen aufgeschmissen![11] Wir fragen uns, wann unsere Firma endlich – wie bei formalen Beschäftigten – rechtzeitig den Lohn auszahlt?"

* * *

Nach dem Chinesischen Neujahrsfest 2009 schulterte Dajun erneut sein Reisegepäck, verließ die Heimat in der Provinz Hebei und schlug wieder den selben Weg nach Beijing ein. Jedes Jahr spielen sich in China die gleichen Szenen ab, mit den vielen BauarbeiterInnen als HauptdarstellerInnen. Einmal in der Stadt, treffen Dajun und die anderen BauarbeiterInnen auf den Baustellen auf immer dieselben harten Arbeits- und Lebensbedingungen. Lange nach dem Ende des Sozialismus und der Propagierung des Klassenempfindens, werden sie als neu geformtes Klassensubjekt überall diskriminiert und erfahren schmerzlich Geringschätzung und Ablehnung. Wir sehen deutlich, dass die BauarbeiterInnen ständig alle möglichen Erfahrungen sammeln, die zwar verschieden sind, aber insgesamt als konkrete Klassenerfahrungen verstanden werden können. Aus diesen Erfahrungen entsteht ein mal klares, mal verschwommenes Klassenempfinden.

Wieder einige Monate später steht erneut ein kalter Winter bevor. Dajun und Millionen andere BauarbeiterInnen kehren in ihre Heimatdörfer zurück. Niemand weiß, wie sie in ihre Heimat fahren werden, sicher ist aber, dass sie nicht nur schweres

Gepäck mit zurücknehmen, sondern auch Erschöpfung und Unzufriedenheit, die sich nur schwer beseitigen lassen. Sicher ist auch, dass viele von ihnen kaum größere Mengen Geldes bei sich tragen, sondern eher die erschufteten Schuldscheine des vergangenen Jahres – und auch die Gefühle von Enttäuschung, Schmerz, Wut und Hass, die sie unablässig angehäuft haben, aber nicht artikulieren konnten. Wir wissen auch, dass einige BauarbeiterInnen lange keine Möglichkeit haben werden, die Heimatreise anzutreten. Sie sind aus der Heimat in die Städte gezogen, um schließlich auf einen Kran zu klettern. Wohin führt ihr Weg?

Aus dem Chinesischen von Ralf Ruckus

Endnoten

1 Die AutorInnen danken allen, die an der Herausgabe dieser Forschungsergebnisse beteiligt waren, insbesondere Lian Jiajia, Liu Jing, Li Dajun, Liu Xiaohong, Zhou Lijuan, Li Qingsu, Xiao Qiang, Li Ding und Zhang Jieying. Die Untersuchung wurde von folgenden Forschungsprojekten unterstützt: Projekt des staatlichen Soziologiefonds „Schichtenbildung und kulturelle Identität der arbeitsmigrantischen Bevölkerung“, Forschungsprojekt des Ausschusses für Forschungsförderung Hongkong „Die Entstehung einer neuen Arbeiterklasse: Untersuchung der kollektiven Aktionen unter dem Wohnheim-Arbeitssystem in Südchina“, Schwerpunkt des Forschungszentrums für Arbeit in der Chinesischen Gesellschaft der Beijing Universität und der Polytechnischen Universität Hongkong „Lebensraum der neuen Generation der BauernarbeiterInnen: Entdeckung von Klassen- und Bürgerbewusstsein“.

2 Anm. d. Übers.: *baogongtou* und *daigong*. Der *baogongtou* wirbt die Arbeiterkolonnen an und fungiert als Subunternehmer, *daigong* ist der Vorarbeiter einer Kolonne, der mit dem *baogongtou* verhandelt und die Löhne an die ArbeiterInnen auszahlt.

3 Anm. d. Übers.: *baoshengong*, wörtlich: vertraglich gebundene, fast völlig rechtlose ArbeiterInnen.

4 Anm. d. Übers.: Die beiden anderen Unterschiede waren jener zwischen ArbeiterInnen und Bauern und jener zwischen StadtbewohnerInnen und LandbewohnerInnen.

5 Anm. d. Übers.: Zhongnanhai: Wohn- und Regierungsviertel der Partei- und Staatsführung westlich der Verbotenen Stadt im Zentrum Beijings.

6 In der Provinz Shaanxi waren im Jahr 1997 fünf Privatunternehmer unter den Modellarbeitern, darunter einer, der der Zeitschrift „Forbes“ zufolge zu den zehn reichsten Personen der Volksrepublik China gehört. Im Jahr 2002 prämierte der Gesamtchinesi-

sche Gewerkschaftsverband das erste Mal seit der Staatsgründung vier Privatunternehmer mit der „Erster-Mai-Medaille“ und der „Erster-Mai-Urkunde“.

7 Anm. d. Übers.: *ai lao*: wörtlich abgefischt oder ausgebaggert werden.

8 Anm. d. Übers.: *pao de liao heshang, pao bu liao miao*, chinesisches Sprichwort.

9 Anm. d. Übers.: *tianxia wuya yiban hei*. Zitat aus Cao Xueqin: „Der Traum der Roten Kammer“.

10 Anm. d. Übers.: *kang*: aus Ziegeln gemauerte, beheizbare Schlafstätte.

11 Anm. d. Übers.: *jiao tian tian bu ling, jiao di di bu ying*, chinesische Redewendung, etwa: Zum Himmel schreien, ohne Erfolg, zur Erde schreien, aber die Erde macht dicht.

Literatur

Barbalet, Jack M. (1998): *Emotion, Social Theory, and Social Structure*. Cambridge/New York.

Bourdieu, Pierre/Wacquant, Loïc (1996): *Reflexive Anthropologie*. Frankfurt/Main.

Cabrera, Miguel A. (2004): *Postsocial History: An Introduction*. Lanham.

Chakrabarty, Dipesh (1983): „Conditions for Knowledge of Working-Class Conditions: Employers, Government and the Jute Workers of Calcutta, 1890–1940“. *Subaltern Studies* 2: 259–310.

Huang Haoyi (2009): *Cong Shuxi Dao Mosheng: Xiangyuan Guanxi Zai Jianzhuye Zhong De Yunyong Yu Baihuai* (Von bekannt bis unbekannt: Einsatz und Nachteile ländlicher Herkunftsbeziehungen in der Bauindustrie). Beijing.

Ju Haigen (2004): *Hanguo Gongren: Jieji Xingcheng De Wenhua Yu Zhengzhi* (Südkoreanische ArbeiterInnen: Kulturelle und politische Aspekte der Klassenformierung). Beijing.

Katznelson, Ira (1986): „Working-Class Formation: Constructing Cases and Comparisons“. In: Katznelson, Ira/Zolberg, Aristide R., Hg. (1986): *Working-Class Formation: Nineteenth-Century Patterns In Western Europe and The United States*. New Jersey.

Marx, Karl (1983) [1867]: *Das Kapital, Erster Band*. MEW 23. Berlin.

Marx, Karl (1968) [1844]: *Ökonomisch-philosophische Manuskripte aus dem Jahre 1844*. MEW Ergänzungsband, 1. Teil. Berlin: 465–588.

Polanyi, Karl (1977) [1944]: *The Great Transformation. Politische und ökonomische Ursprünge von Gesellschaften und Wirtschaftssystemen*. Frankfurt/Main.

Pun Ngai (2005): „Jieji De Shiyu Yu Fasheng: Zhongguo Dagongmei Yanjiu De Yizhong Lilun Shijiao“ (Sprache und Sprachlosigkeit der Klasse: Eine theoretische Perspektive zur Untersuchung der jungen Wanderarbeiterinnen Chinas). *Kaifang Shidai* (Open Times) 2.

Pun Ngai/Chan Chris King-Chi (2008): „Jijie Huayu de Xiaoshi“ (Das Verschwinden des Klassendiskurses). *Kaifang Shidai* (Open Times) 5.

Pun Ngai/Lu Huilin (2010a): „Unfinished Proletarianization: Self, Anger, and Class Action among the Second Generation of Peasant-Workers in Present-Day China“. *Modern China* 36: 493-519.

Pun Ngai/Lu Huilin (2010b): „A Culture of Violence: The Labor Subcontracting System and Collective Action by Construction Workers in Post-Socialist China“. *The China Journal* 64: 143–158.

Pun Ngai/Lu Huilin (2009): „Shei Geng Xuyao Baogongtou“ (Wer braucht noch Subunternehmer). *Nanfengchuang*.

Ren Yan/Pun Ngai (2006a): „Gongren Zhutixing De Shijian – Chongshu Zhongguo Jindai Gongren Jieji De Xingcheng“ (Die Subjektwerdung der ArbeiterInnen – Auf den Spuren der Formierung der modernen Arbeiterklasse in China). *Kaifang Shidai* (Open Times) 3.

Ren Yan/Pun Ngai (2006b): „Sushe Laodong Tizhi: Laodong Kongzhi Yu Kangzheng de Linglei Kongjian“ (Das Wohnheim-Arbeitsregime: Kontrolle der Arbeit und Räume des Widerstands). *Kaifang Shidai* (Open Times) 3.

Rofel, Lisa (1999): *Other Modernities. Gendered Yearnings in China after Socialism*. Berkeley.

SACOM (2009): „Jianzhuye Nongmingong: Ershiyi Shiji De Baoshengong.“ (BauernarbeiterInnen in der Bauindustrie: Die FronarbeiterInnen des 21. Jahrhunderts). Forschungsbericht, http://sacom.hk/zh/category/campaigns/new-world-development-construction-workers (aufgerufen am 27. Juli 2010).

Scott, James C. (1985): *Weapons of the Weak: Everyday Forms of Peasant Resistance*. New Haven/London.

Shen Yuan (2006a): „Shehui Zhuanxing Yu Gongren Jieji De Zaixingcheng“ (Soziale Transformation und die Neuformierung der Arbeiterklasse). *Shehuixue Yanjiu* 2.

Shen Yuan (2006b): „‚Guanxi Baquan‘: Dui Jianzhugong Laodong Guocheng De Yi Xiang Yanjiu“ („Hegemoniale Beziehungen“: Untersuchung des Arbeitsprozesses der Bauarbeit). In: Shen Yuan, Hg. (2006): *Shichang, Jieji Yu Shehui: Zhuanxing Shehuixue de Guanjian Yiti*. (Markt, Klasse und Gesellschaft: Schlüsselthemen einer Soziologie der Transformation). Beijing.

Somers, Margaret R. (1994): „The Narrative Constitution of Identity: A relational and network approach“. *Theory and Society*, 23, 5: 605–649.

Thompson, Edward P. (1963): *The Making of the English Working Class*. Harmondsworth.

Wang Hui (2007): „Qu Zhengzhihua De Zhengzhi, Baquan De Duochong Goucheng Yu

Liushi Niandai De Xiaoshi“ (Die Politisierung der Politik, die mehrfache Herstellung der Hegemonie und das Verschwinden in den 1960er Jahren). *Kaifang Shidai* (Open Times) 2.

Wu Qingjun (2006): „Xifang Gongren Jieji Xingcheng Lilun Shuping – Lizu Zhongguo Zhuanxing Shiqi De Sikao“ (Theoretische Erörterung der Formierung der Arbeiterklasse im Westen – Überlegungen zur Transformationsphase Chinas). *Shehuixue Yanjiu* 2.

Xiao Zhuoji (2001): „Guanli Chuangzao Jiazhi: Rencai Xuyao Shichang“ (Das Management schafft Wert: Talente brauchen Märkte). *Zhongguo Shipin Gongye* 12.

Xie Tao (2006): „Laomo Shi Chuanxiang De Kanke Rensheng“ (Das bewegte Leben des Modellarbeiters Shi Chuanxiang), *Wenshi Yuekan* 7.

Yan Hairong (2001): „‚Suzhi‘, ‚Ziwo Fazhan‘ He Jieji De Youling“ („Qualität“, „Selbstentfaltung“ und das Gespenst der Klasse). *Dushu* (Lesen) 3.

Zhang Weiying (2007): „Qishi Minying Qiye Shi Dui Guojia Liyi De Sunhai“ (Die Diskriminierung privater Unternehmen schadet den Interessen des Landes). *Dangdai Jingji* 2.1.

Zhongguo Haiyuan Jianshe Gonghui (Seefahrer- und Bauarbeitergewerkschaft Chinas) (2005): „Zhimian Nongmingong – Jianzhuye Nongmingong Xianzhuang Diaocha Baogao“ (Sich den BauernarbeiterInnen zuwenden – Untersuchungsbericht zur gegenwärtigen Situation der BauernarbeiterInnen in der Bauindustrie). *Jianzhu* 2.

Zhou Xiao (2007): *„Guanxi Baquan“: Dui Jianzhugong Laodong Guocheng De Yi Xiang Yanjiu* („Hegemoniale Beziehungen“: Untersuchung des Arbeitsprozesses der Bauarbeit). Beijing.

Zhang Lu

Chinas Automobilindustrie – Schlanke Produktion und Kontrolle der ArbeiterInnen in einem Zeitalter der Globalisierung[1]

Die chinesische Automobilindustrie ist in den letzten beiden Jahrzehnten dramatisch gewachsen, angetrieben vor allem durch massive ausländische Investitionen in Joint Ventures. Als erste kamen in den Jahren 1983 und 1984 A.M.C./Chrysler und Volkswagen, in den 1990er Jahren folgten dann Citroën, Honda, Toyota, General Motors und andere. Innerhalb von 15 Jahren verzehnfachte sich die Produktion, von 0,7 Millionen Einheiten im Jahr 1991 auf 7,28 Millionen Einheiten im Jahre 2006. Das machte China zum drittgrößten Automobilhersteller und zweitgrößten Automobilverkäufer der Welt.

Die chinesische Automobilindustrie ist aber nicht nur schnell gewachsen, sie hat ihre Produktion auch radikal umgestellt. Die ausländischen Firmen brachten die tayloristische „wissenschaftliche Betriebsführung", japanische kostenreduzierende Methoden der schlanken Produktion und verwandte Techniken zur Maximierung des Profits mit. Darüber hinaus förderte die chinesische Regierung seit Mitte der 1990er Jahre die Verschlankung der Industrie, um die Arbeitsproduktivität auf den durch internationale Märkte gesetzten Standard zu bringen. In der Folge ging die Beschäftigung allgemein zurück, weil das Wachstum von Produktion und Personal in einigen Automobilfabriken Hand in Hand ging mit massiven Entlassungen vieler staatlicher Automobilfirmen. Im Ergebnis ist die Automobilproduktion zwischen 1997 und 2006 zwar von 1,6 Millionen auf 7,28 Millionen Fahrzeuge gestiegen, die Zahl der Beschäftigten im Automobilsektor ist aber von 2 Millionen auf 1,65 Millionen gesunken (CATRC 2006: 502–4). Diese einschneidende Veränderung hatte – davon können wir ausgehen – große Auswirkungen auf die Beziehungen zwischen Management und Arbeiterschaft der chinesischen Automobilindustrie.

Chinas große Automobilhersteller haben es trotz der massiven Entlassungen und großen Veränderungen am Arbeitsplatz geschafft, weiter zu expandieren, ohne dass es zu größeren Arbeiterunruhen kam -- anders als in anderen Fällen schneller Expansion der Automobilindustrie wie in Brasilien und Südkorea (Silver 2003). Dieser relative Mangel an offenen Protesten chinesischer AutomobilarbeiterInnen ist besonders rätselhaft, weil die ArbeiterInnen anderer Sektoren Chinas in den letzten Jahren in vermehrter Zahl und immer häufiger an Streiks und Demonstrationen teilgenommen haben (u.a. Eckholm 2001; China Labour Bulletin 2005; Lee 2000: 41–6; Pan 2002; Solinger 2005: 11). Warum sind die chinesischen AutomobilarbeiterInnen bisher so ruhig geblieben? Wie sehen die Arbeitsbeziehungen in der chinesischen Automobilindustrie aus? Wie werden sie sich im kommenden Jahrzehnt weiter entwickeln?

In diesem Beitrag will ich diese Fragen anhand eingehender Fallstudien in sieben großen Automobilmontage-Unternehmen in sechs Städten Chinas behandeln.[2] Im zweiten Abschnitt schildere ich den Alltag der chinesischen AutomobilarbeiterInnen an den Produktionslinien und schaue mir Arbeitsbedingungen, Löhne und Beschäftigungssituationen an, einschließlich der Arbeitsverträge, der Lage auf dem örtlichen Arbeitsmarkt, der Fluktuation und der Beziehungen zwischen ArbeiterInnen und Managern sowie zwischen verschiedenen Arbeitergruppen. Im dritten Abschnitt beschreibe und vergleiche ich zwei Kontrollregimes der Arbeit, „*lean-and-dual*" (schlank und dual) und „*lean-and-mean*" (schlank und gemein). Im vierten Abschnitt untersuche ich die Rollen der Führungskräfte, der Betriebsgewerkschaften und der betrieblichen Parteikomitees bei der Hegemoniebildung auf Betriebsebene. Im fünften und letzten Abschnitt diskutiere ich die Möglichkeiten und Grenzen der Verhandlungsmacht der chinesischen AutomobilarbeiterInnen und die Rolle, die sie angesichts der Wettbewerbsdynamik in der globalen Automobilindustrie in der weiteren Entwicklung der Arbeitsbeziehungen spielen könnten.

Die Veränderung der Arbeitsbeziehungen im China der Reformen

Der Veränderung der Arbeitsbeziehungen in China seit Beginn der Marktreformen ist einige Beachtung geschenkt worden (u.a. Feng 2002; Gallagher 2001). Zwei wichtige Herangehensweisen sind hier zu nennen. Die erste setzt an Andrew Walders Konzept des Neotraditionalismus an (Walder 1986). Walders klassischer Aufsatz zu den Arbeitsbeziehungen im *danwei*-System, der chinesischen Arbeitseinheit, und zum kommunistischen Neotraditionalismus beschreibt in stichhaltiger Weise ein System „organisierter Abhängigkeit". Vor den Reformen wurde die chinesische Arbeiterschaft durch diese „organisierte Abhängigkeit" vom Management und die aktive Kooptierung der ArbeiteraktivistInnen atomisiert, und hier liegt laut Walder die Ursache des Mangels an Arbeitermilitanz im chinesischen *danwei*-System.

Die Marktreformen haben das *danwei*-System, die institutionelle Basis des Neotraditionalismus, nach allgemeiner Einschätzung stark erodiert und die Beziehung zwischen Unternehmen und ihren ArbeiterInnen entscheidend verändert (Lu/Perry 1997). Die lebenslange Beschäftigung wurde durch kurze, befristete Verträge ersetzt, und die Unternehmen entledigten sich systematisch aller Aufgaben der Arbeitseinheiten. Sie wollen als Arbeitgeber nur noch für die Lohnauszahlung verantwortlich sein. Die Betriebsführungen sind viel unabhängiger vom Staat und seiner Kontrolle über Produktion und Beschäftigung geworden, während die Marktreformen die chinesische Arbeiterschaft in ihren Auseinandersetzungen mit dem Management weiter geschwächt haben.

Die zweite Herangehensweise basiert auf Michael Burawoys Begriff des „Fabrikregimes" (Burawoy 1985; Lee 1998; Nicols et al. 2004). Laut Burawoy gibt es zwei Typen: *despotische* und *hegemoniale* Fabrikregimes. Unter einem *despotischen* Fabrikregime sind die ArbeiterInnen aller anderen Überlebensmittel beraubt (frei zu arbeiten und frei zu hungern), und sie sind unfähig, gegen Willkür und Zwang des Managements wirksam Widerstand zu leisten, vor allem weil sie über keine Formen kollektiver Organisierung verfügen. Unter einem *hegemonialen* Fabrikregime mindern Sozialversicherungen und staatliche Arbeitsgesetze die Abhängigkeit der ArbeiterInnen vom Kapital, was den Widerstand gegen Willkür und Zwang erleichtert. Unter diesem Regime überwiegt der Konsens,[3] was aber nicht heißt, dass es keinen Zwang gibt. Burawoy erkennt auch die Herausbildung eines *hegemonialen Despotismus*. Die Verwundbarkeit der ArbeiterInnen gegenüber der inländischen und internationalen Mobilität des Kapitals führt zu einem neuen Despotismus, der auf den Fundamenten des hegemonialen Regimes entsteht.[4] Burawoys Begriff des „Fabrikregimes" beruhte jedoch hauptsächlich auf seinen Untersuchungen west- und osteuropäischer Fabriken, und es ist unklar, in welchem Maße seine Konzepte auf chinesische und andere asiatische Fabriken übertragen werden können.

In seiner Untersuchung asiatischer Fabriken entwickelte Theo Nichols Burawoys Begriff des *hegemonialen Despotismus* weiter. Unter diesem Regime, so Nichols, sehen die ArbeiterInnen ihre Jobs in Gefahr, nicht als Einzelne, sondern weil die Lebensfähigkeit der Firma bedroht ist. Das Management wendet das hegemoniale Regime gegen die ArbeiterInnen, indem es die Mechanismen der Interessenkoordination einsetzt, um das Erbringen von Opfern ohne Widerspruch durchzusetzen.

Mit anderen Worten, wenn den ArbeiterInnen bisher auf Basis wachsender Profite Zugeständnisse gewährt wurden, bekommen sie nun Zugeständnisse auf der Basis der relativ höheren Profitabilität eines Kapitalisten im Vergleich zu einem anderen (Nichols 2004: 664–5).

WissenschaftlerInnen sind sich darüber einig, dass die Fabrikregimes in China neu gestaltet wurden, aber sie charakterisieren sie unterschiedlich. Einige BeobachterInnen vertreten die Ansicht, dass ökonomische Reformen ohne politischen Wandel unweigerlich in despotische Fabrikregimes münden. Den ArbeiterInnen wurden ihr politischer Einfluss und ihre ökonomischen Privilegien genommen, und ihnen bleibt nichts als Unzufriedenheit und Klage (O'Leary 1998; Chan/Zhu 2003). Ching Kwan Lee nennt drei Gründe für den Übergang von der „organisierten Abhängigkeit“ zum „desorganisierten Despotismus“ in der Reformära: das neue „System der Verantwortlichkeit des Fabrikdirektors“[5], den übersättigten Arbeitsmarkt und das Versagen des Staates, die Schwachen auf dem Markt zu schützen (Lee 1999). Für Lee spielt der Staat die Schlüsselrolle bei der Eindämmung und Demoralisierung des kollektiven Arbeiteraktivismus, und ihrer Meinung nach besteht nur eine geringe Aussicht auf eine große und schlagkräftige Arbeiterbewegung in China. Lees Untersuchungen basieren jedoch vor allem auf Feldstudien in kleinen oder mittleren Unternehmen in den südöstlichen Küstenregionen Chinas und exportorientierten und arbeitsintensiven *lowtech* Industrien.[6]

Gregory Chin fand im Gegensatz dazu heraus, dass in zwei Modell-Joint-Ventures der Automobilindustrie in Nordchina ein *hegemoniales* Fabrikregime existiert. Dieses baut Chin zufolge auf den Leistungen und Privilegien auf, die die AutomobilarbeiterInnen als Beschäftigte in einer Schlüsselindustrie genießen: höhere Löhne, relativ großzügige Sozialleistungen, ein stärker reguliertes System der Einstellung, Entlassung und Beförderung sowie bessere Arbeitsbedingungen. Diese Leistungen und Privilegien sorgen für die Konsenshaltung der ArbeiterInnen gegenüber dem Management. Hintergrund dessen ist, dass große Modell-Joint-Ventures eine hochqualifizierte und stabile Arbeitskraft brauchen. Um die Zustimmung der ArbeiterInnen zu ihrer eigenen Subordination zu sichern, muss ein raffinierteres Regime der Kontrolle der ArbeiterInnen eingesetzt werden als das „despotische“. Der Mangel an Arbeitermilitanz unter chinesischen AutomobilarbeiterInnen kann laut Chin auf das subtilere und nachhaltigere Regime der Kontrolle der ArbeiterInnen zurückgeführt werden, das für einen kleinen Teil der Arbeitskraft in dieser Schlüsselindustrie gilt (Chin 2003).

Chin befasste sich jedoch lediglich mit einem besonderen Firmentypus – großen

Joint Ventures in Nordchina. Zudem schenkte er weder dem zunehmenden Einsatz von LeiharbeiterInnen an den Automobilmontagebändern noch den Anstrengungen großer Automobilfirmen, bisher im Unternehmen ausgeführte Arbeiten auszulagern, große Beachtung. Meine empirischen Untersuchungen zeigen ein viel komplexeres Bild des Fabrikregimes in den großen Automobilwerken Chinas. Im folgenden Abschnitt werde ich dies genauer skizzieren.

Leben am Band: Schlanke Produktion in den chinesischen Automobilwerken

Trotz des phänomenalen Wachstums der chinesischen Automobilindustrie im letzten Jahrzehnt und des schnellen Aufstiegs zu einem der drei größten Automobilhersteller der Welt, wird den chinesischen AutomobilarbeiterInnen überraschenderweise nur geringe Aufmerksamkeit gezollt. Obwohl wir wenig über ihre Arbeitsbedingungen, Löhne und Beschäftigungsverhältnisse wissen, scheint sich jeder sicher zu sein, dass chinesische AutomobilarbeiterInnen höhere Löhne bekommen als andere ArbeiterInnen in der verarbeitenden Industrie. Um mehr über die chinesischen AutomobilarbeiterInnen herauszufinden, geht man am besten in die Fabriken und untersucht dort deren Arbeitsalltag. Glücklicherweise bekam ich Zugang zu sieben Automobilmontagewerken in China. Ich verbrachte zehn Monate mit teilnehmender Beobachtung und machte intensive Interviews mit ProduktionsarbeiterInnen, Führungskräften und Gewerkschaftsvertretern. Die Informationen aus erster Hand, die ich in den Fabrikhallen sammelte, sind eine solide Basis für die Analyse der Arbeitsbeziehungen in der chinesischen Automobilindustrie.

Ich fand heraus, dass die Methoden fordistischer Massenproduktion, wie das Fließband, ein zügiges Arbeitstempo und eine hohe Arbeitsbelastung, in den großen Automobilmontagefirmen Chinas allgemein angewandt werden. Die Formen schlanker Produktion,[7] bekannt als toyotistisches Produktionssystem, wie *just-in-time*, Qualitätszirkel, Mitarbeiterbeteiligung und Gruppenarbeit, sind mittlerweile in den großen Automobilfirmen Chinas ebenfalls verbreitet. Die chinesischen Manager sprachen wiederholt von der wachsenden Notwendigkeit, Methoden der schlanken Produktion einzuführen, um die Produktqualität zu verbessern, Kosten zu senken und die Flexibilität des Unternehmens zu erhöhen, um so im härteren Wettbewerb auf inländischen und internationalen Märkten bestehen zu können.

Tabelle 1 zeigt die in meinen Feldstudien ermittelten Produktionsgeschwindigkeiten der ausgewählten Automobilfirmen. Sie sind ausgesprochen hoch. Selbst die jungen ArbeiterInnen, mit denen ich sprach, konnten sich kaum vorstellen, die hohe Arbeitsbelastung und Geschwindigkeit noch ertragen zu können, wenn sie mal über 40 Jahre alt sind.[8]

Die Arbeitszeiten sind gewöhnlich lang und obligatorische Überstunden allgemein üblich. An den Produktionslinien wird normalerweise in zwei Schichten von jeweils acht oder zehn Stunden gearbeitet, in der Maschinenwartung und -reparatur in drei Schichten mit jeweils acht Stunden. In auftragsstarken Zeiten fahren viele Werke zwei Schichten von je zwölf Stunden. Die meisten ArbeiterInnen sind deswegen erschöpft. „Normalerweise arbeiten wir hier zwölf Stunden am Tag, sieben Tage die Woche. Du hast kein Familienleben. Nein, du hast kein Leben!", beklagte sich ein direktbeschäftigter Arbeiter[9] in einer der Automobilfabriken (AF4). Andere beschwerten sich bitter über die Überstunden, die das Management ohne Vorankündigung anordnen konnte. „Ich wusste an keinem Tag, wann genau ich Feierabend haben würde. Das Band lief so lange, bis die täglichen Produktionsziele erreicht waren. Alle wussten, dass die Quote innerhalb der regulären Arbeitszeit nicht zu erreichen war. Die Chefs sagten dir dann einfach, heute ist erst um sieben Uhr Schluss. So einfach war das!", erinnerte sich ein Praktikant, der neun Monate lang am Band für Getriebemontage in der AF4 gearbeitet hatte. Die langen Arbeitszeiten und obligatorischen Überstunden zerrissen das Alltagsleben der ArbeiterInnen, sowohl körperlich wie sozial.

Tabelle 1: Produktionsgeschwindigkeit in ausgewählten Automobilfirmen Chinas (2006)

Firma	Produktionsgeschwindigkeit (Sek./Einheit)*	Besitzer**
AF6	51,7	JV
AF7	56	JV
AF1	85	JV
AF5	90	JV
AF4	120	SU
AF2	144	JV

* Die Produktionsgeschwindigkeit bezeichnet die Zeit (in Sekunden), die für den Bau einer Automobil-Einheit gebraucht wird. Die Originaldaten für die Produktionsgeschwindigkeit stammen aus den Interviews der Autorin mit Führungskräften der ausgewählten Automobilfirmen in den Jahren 2006 und 2007.
** JV: Joint Venture, SU: Staatsunternehmen

Nach dem chinesischen Arbeitsgesetz werden Beschäftigten, die effektiv länger als die gesetzliche Regelarbeitszeit von 40 Stunden pro Woche und 2008 Stunden im Jahr arbeiten, die mehr gearbeiteten Stunden als verlängerte Arbeitszeit angerechnet. Diese Überstunden müssen mit 150 Prozent des normalen Stundenlohns vergütet werden (Artikel 44, Punkt 1). Wenn die Überstunden an einem gesetzlichen Feiertag geleistet werden, müssen 300 Prozent des Stundenlohns gezahlt werden (Artikel 44, Punkt 3). Die Gesamtarbeitszeit (einschließlich Überstunden) darf 48 Stunden pro Woche nicht übersteigen. Bei meinen Feldstudien fand ich jedoch heraus, dass die meisten chinesischen Automobilhersteller ein Arbeitszeitsystem anwenden, das die Überstunden auf der Grundlage der im ganzen Jahr geleisteten Arbeitsstunden berechnet. Das bedeutet, dass einer Arbeiterin, die innerhalb eines Jahres nicht mehr als 2008 Stunden gearbeitet hat, keine Überstunden angerechnet werden, auch wenn sie bestimmte Tage (Wochen, Monate, saisonal) mehr als die gesetzliche Regelarbeitszeit gearbeitet hat. Aufgrund der Markt- und Produktionsschwankungen in der chinesischen Automobilindustrie werden die ArbeiterInnen kaum für die vielen Überstunden entlohnt, die sie in auftragsstarken Zeiten leisten. Die Firmen finden immer Mittel und Wege, diese Überstunden in auftragsschwachen Zeiten auszugleichen und so sicherzustellen, dass niemand über der Jahresgrenze von 2008 Stunden liegt.[10]

Gemeinhin verabscheuen die ArbeiterInnen den physischen Aspekt ihrer Arbeit, die Eintönigkeit und die langen Arbeitszeiten, es ist ihnen aber praktisch unmöglich, etwas an den bestehenden Fließbändern oder dem unerbittlichen Zwang, so schnell wie möglich zu arbeiten, zu ändern. Die ArbeiterInnen sind jedoch sowohl der Firmenstrategie und -praxis insgesamt als auch ihren unmittelbaren Vorgesetzten gegenüber äußerst kritisch eingestellt. Ihre häufigsten Klagen betreffen die militärische Reglementierung und die unmenschliche Behandlung: „Hier bist du nur eine Maschine, ein Teil der Ausrüstung… Sie betrachten dich nicht als menschliches Individuum".[11]

Die Arbeitsbedingungen der großen Automobilmontagewerke sind im Großen und Ganzen gut. Die Werkhallen erscheinen sauber, und die Produktionslinien sind neu und in hohem Maße automatisiert. Flexible Montagevorrichtungen ermöglichen den ArbeiterInnen, bequeme Arbeitshaltungen einzunehmen. In AF7 können die ArbeiterInnen zum Beispiel die Fahrgestelle montieren, während sie bequem auf verstellbaren mobilen Stationen sitzen. Bestimmte Teile der Automobilproduktion sind aber weiter dreckig, anstrengend und gesundheitsschädlich. ArbeiterInnen aus der

Karosserie-Werkstatt – der schlimmsten Abteilung, in der die Fahrzeugkarosserien zusammengeschweißt werden – klagten zum Beispiel häufig über die schlechte Luftqualität und den gehörschädigenden Lärm.

Die chinesischen AutomobilarbeiterInnen, vor allem die der großen Firmen, sind für den Bezug hoher Löhne und großzügiger Sozialleistungen bekannt. Darum werden sie von anderen ArbeiterInnen in der verarbeitenden Industrie beneidet. Chin geht davon aus, dass die hohen Löhne ein Hauptgrund für den „hegemonialen Konsens" von AutomobilarbeiterInnen und Management sind (Chin 2003). Meine Interviews mit AutomobilarbeiterInnen zeigen aber, dass ihre Löhne in den letzten drei Jahren gesunken sind, während die Durchschnittslöhne von ArbeiterInnen in der verarbeitenden Industrie stiegen. Obwohl AutomobilarbeiterInnen immer noch mehr als den Durchschnittslohn der ArbeiterInnen in der gesamten verarbeitenden Industrie verdienen, ist der Abstand zwischen diesen beiden Gruppen also geringer geworden. Allerdings halten sich sogar diejenigen AutomobilarbeiterInnen für unterbezahlt, deren Löhne weiter gestiegen sind. Die Gründe dafür liegen in ihrem Arbeitsalltag: das hohe Arbeitstempo, die hohe Arbeitsbelastung und die enormen Überstunden. Tabelle 2 zeigt deutlich die allgemeine Entwicklung der Monatslöhne der AutomobilarbeiterInnen im Vergleich zu anderen ArbeiterInnen in der verarbeitenden Industrie.[12]

Die ArbeiterInnen empörten sich mehr noch über den wachsenden Einkommensunterschied zwischen Führungspersonal und ArbeiterInnen. Zwei alte Arbeiter in AF3 beklagten zum Beispiel, dass die Arbeiterlöhne gedeckelt wurden, die der Manager aber nicht. Die Löhne in AF3 sind in 10 Lohngruppen mit 36 Lohnstufen eingeteilt. Der höchste Lohn beläuft sich auf das Zehnfache des niedrigsten. Da die Zulagen auf Grundlage der Löhne berechnet werden, kann die Gesamtdifferenz zwischen den Einkommen von Managern und ArbeiterInnen sogar noch größer ausfallen.

Kurz gesagt, wissenschaftliche Betriebsführung, schlanke Produktion und verwandte Methoden zur Maximierung des Profits werden mittlerweile in den wichtigen Automobilunternehmen Chinas allgemein angewandt. Dem Wesen nach ist die aufreibende Produktionsarbeit weitgehend mit der traditionellen fordistischen Massenproduktion vergleichbar. Die Beschwerden chinesischer AutomobilarbeiterInnen über die Langeweile und die Intensität der Arbeit, die Willkür der Manager und die fallenden Löhne nehmen zu.

Tabelle 2: Vergleich der Durchschnittslöhne der ArbeiterInnen in der Automobilindustrie und in anderen verarbeitenden Industrien (Yuan (RMB)/Monat)

Firma	AF2		AF5		AF1			AF3		
Jahr	Direkt-besch.*	Leih-arbeit.**		Lokaler Dur.***	Direkt-besch.*	Leih-arbeit.**	Lokaler Dur.***	Direkt-besch.*	Leih-arbeit.**	Lokaler Dur.***
2004	5.000	2.500	5.000	2.250	3.000	1.500	600	2.917	2.200	1.000
2005	3.500	2.000	3.500	2.300	2.500	1.500	800	2.583	1.600	1.100
2006	4.000	1.700	4.000	2.500	3.000	1.800	1.000	2.667	2.000	1.200

* Direktbeschäftigte sind vertraglich direkt an die Automobilfirmen gebunden.

** LeiharbeiterInnen werden über Leiharbeitsagenturen beschäftigt. Sie unterschreiben einen Arbeitsvertrag mit der Agentur, die sie zur Arbeit ins Automobilwerk schickt, wenn dort mehr Helfer gebraucht werden. Sobald sie nicht mehr benötigt werden, müssen sie wieder gehen. Siehe den folgenden Abschnitt mit Informationen zur Zweiteilung der Belegschaften und den Unterschieden zwischen Direktbeschäftigten und LeiharbeiterInnen.

*** Lokaler Durchschnitt: Die Durchschnittslöhne der ArbeiterInnen der lokalen verarbeitenden Industrie entsprechen dem Median der Schätzungen der InterviewpartnerInnen.

Lean-and-Dual versus *Lean-and-Mean*: Kontrolle über die ArbeiterInnen in chinesischen Automobilwerken

Die Methoden der schlanken Produktion werden allgemein zur Maximierung der Profite und Minimierung der (Arbeits-)Kosten angewandt, in den großen chinesischen Automobilmontagewerken sind aber zwei unterschiedliche Regime der Kontrolle der ArbeiterInnen entstanden. Sie entsprechen Beverly Silvers Unterscheidung zwischen „*lean-and-dual*“ und „*lean-and-mean*“ (Silver 2003: Kapitel 2; Harrison 1997). Das *lean-and-dual*-Modell ist von seinem „toyotistischen“ Original abgeleitet, in dem einer Kernbelegschaft im Austausch gegen ihre Kooperationsbereitschaft die Sicherheit ihrer Beschäftigung zugestanden wird, während gleichzeitig ein großer Puffer aus weniger privilegierten ArbeiterInnen entsteht, die nicht dieselben Rechte und Leistungen bekommen. Das *lean-and-mean*-Modell stammt von US-amerikanischen und westeuropäischen Automobilfirmen, die die kostenreduzierenden Maßnahmen der japanischen schlanken Produktion nachahmten, ohne die damit zusammenhängende Beschäftigungspolitik zu übernehmen.

Ich fand zum einen heraus, dass einige große chinesische Automobilfirmen die *lean-and-dual*-Version der Kontrolle über die ArbeiterInnen praktizieren und sowohl

ArbeiterInnen mit direkten Arbeitsverträgen als auch LeiharbeiterInnen beschäftigen. Die hegemonialen Beziehungen zwischen Management und Direktbeschäftigten beruhen auf hohen Löhnen, großzügigen Sozialleistungen, besseren Arbeitsbedingungen und relativ sicherer Beschäftigung. Die Bedingungen der LeiharbeiterInnen werden von einer despotischen Form der Kontrolle, von niedrigen Löhnen und hoher Fluktuation bestimmt. Ich fand zum anderen aber auch Firmen, die für ihre gesamten Belegschaften eine despotische Form der Kontrolle anwenden und auf Massenproduktion mit Niedriglöhnen, hoher Fluktuation und ohne sichere Beschäftigungsverhältnisse setzen. Daran ist die *lean-and-mean*-Form der Kontrolle über die ArbeiterInnen zu erkennen. Der entscheidende Unterschied zwischen diesen beiden Formen der Kontrolle der ArbeiterInnen, *lean-and-dual* und *lean-and-mean*, liegt darin, ob ein Unternehmer das duale Belegschaftssystem übernimmt und in welchem Ausmaß er seiner Kernbelegschaft Beschäftigungssicherheit garantiert.

Tabelle 3 zeigt uns, dass die Belegschaft von AF2 im Jahr 2006 aus ungefähr 9.000 Direktbeschäftigten (*zhengshi gong*) und etwa 3.200 LeiharbeiterInnen (*laowu gong*) bestand.[13] Letztere machten fast die Hälfte aller ProduktionsarbeiterInnen aus. In den auftragsstarken Zeiten des Jahres 2003 stellte die Firma für die Arbeit an den Montagebändern über 6.000 LeiharbeiterInnen ein, die zu der Zeit 66 Prozent aller ProduktionsarbeiterInnen ausmachten. Schon 1992 hatte AF2 mit der Einstellung von LeiharbeiterInnen für die Montagebänder über lokale Leiharbeitsagenturen begonnen. AF1 setzte seit dem Produktionsbeginn im Jahr 1996 LeiharbeiterInnen ein. Es wird geschätzt, dass im Jahr 2003 etwa 50 Prozent der ProduktionsarbeiterInnen in AF1 LeiharbeiterInnen waren. Sie kamen mehrheitlich aus den Vorstädten der Umgebung oder vom Land, ihr Alter lag bei Anfang 20 und im Durchschnitt hatten sie neun bis zwölf Jahre lang die Schule besucht.

LeiharbeiterInnen schließen zunächst mit der Leiharbeitsagentur Arbeitsverträge ab und werden dann von der Agentur in die Automobilwerke geschickt, um für kurze Zeitabschnitte von drei Monaten bis zu einem Jahr an den Montagebändern zu arbeiten. Ihre Arbeitseinsätze in den Automobilwerken können zwar verlängert werden, aber genauso ist es möglich, dass sie ohne Abfindung oder Entschädigung zu den Agenturen „zurückgeschickt“ werden, sobald die Automobilfirmen sie nicht mehr brauchen. Schließlich haben die LeiharbeiterInnen keine direkten Arbeitsverträge mit den Automobilwerken, bei denen sie eigentlich arbeiten.

Für dieselbe Arbeit bekommen LeiharbeiterInnen normalerweise die Hälfte oder zwei Drittel des Lohns eines Direktbeschäftigten, und sie haben keinen Anspruch auf die Sozialleistungen, die die Automobilwerke ihren Direktbeschäftigten bieten.[14] Erst vor Kurzem ist LeiharbeiterInnen erlaubt worden, den Betriebsgewerkschaften der Fabriken, in denen sie arbeiten, beizutreten.

Nach Angaben des Führungspersonals der AF2 können sie für den Jahreslohn eines Direktbeschäftigten vier LeiharbeiterInnen einstellen. Die Firmen sind also in der Lage, ihre Personalkosten deutlich zu senken, indem sie an den Produktionslinien statt Direktbeschäftigten LeiharbeiterInnen einsetzen, auch weil viele Fließbandjobs leicht zu erlernen sind und kaum Schulung erfordern.

Tabelle 3 Vergleich des Systems dualer Belegschaften und der Arbeitsvertragsbedingungen der ProduktionsarbeiterInnen ausgewählter Automobilfirmen (2006)

				Direktbeschäftigte*		LeiharbeiterInnen**	
Firma	Gründung	Dual-system	Eigentums-typus****	Anzahl	Arbeitsvertragsbedingungen für ProduktionsarbeiterInnen (Jahr)	Anzahl	Vertragsdauer (erneuerbar)
AF1	1991	Ja	JV	10.000	2-2-2-2-2-unbefristet***	3.000	1 Jahr
AF2	1985	Ja	JV	9.050	2-2-3-3-unbefristet	3.219	3 Monate
AF3	1993	Ja	SU	3.170	1-1-2-3-3-unbefristet	400	1 Jahr
AF4	1997	Ja	SU	18.000	1-1-1-1-3-3-unbefristet	6.000	3 Mon.-1 Jahr
AF5	1997	Nein	JV	6.767	1 Jahr	n/a	n/a
AF6	2002	Nein	JV	4.000	1 Jahr	n/a	n/a
AF7	1998	Nein	JV	5.000	1 Jahr	n/a	n/a

* Direktbeschäftigte sind ProduktionsarbeiterInnen, Techniker und Manager sowie weiteres in der Produktion beschäftigtes Hilfspersonal. Der Prozentanteil der ProduktionsarbeiterInnen an der Gesamtzahl der Direktbeschäftigten liegt in den ausgewählten Automobilfirmen bei 50 bis 80 Prozent. Der Anteil der direkt beschäftigten ProduktionsarbeiterInnen ist in den letzten Jahren aufgrund des immer größeren Einsatzes von LeiharbeiterInnen zurückgegangen.

** LeiharbeiterInnen werden über Leiharbeitsagenturen eingestellt und unterschreiben einen Arbeitsvertrag mit der Agentur. Die Agentur schickt sie für bestimmte befristete und verlängerbare Zeitabschnitte zur Arbeit in die Automobilwerke.

*** Nach dem Arbeitsgesetz können Arbeitnehmer einen unbefristeten Vertrag bekommen, wenn sie zehn Jahre lang ununterbrochen für denselben Arbeitgeber gearbeitet haben. Das bedeutet, dass dann ihre Beschäftigung garantiert ist, bis sie das Rentenalter erreichen.

**** JV: Joint Venture, SU: Staatsunternehmen.

Die Direktbeschäftigten kommen als ArbeiterInnen einer Schlüsselindustrie dagegen in den Genuss materieller Vorteile und Privilegien: höhere Löhne, relativ großzügige Sozialleistungen, ein stärker reguliertes System der Einstellung, Entlassung und Beförderung sowie bessere Arbeitsbedingungen. Diese materiellen Vorteile und Privilegien bilden die Grundlage des Konsenses zwischen ArbeiterInnen und Management und der hegemonialen Arbeitsbeziehungen, wie sie Chin für Chinas „Modell-Joint-Ventures" beschreibt (Chin 2003: 196–202).

AF1, AF2 und AF3 wurden in den 1980er und frühen 1990er Jahren von Firmen gebaut, die die *lean-and-dual*-Version der Kontrolle über die ArbeiterInnen übernahmen. Sie beschäftigen eine große Zahl „alter" ArbeiterInnen, die zwischen 30 und 50 Jahre alt sind und unbefristete Arbeitsverträge haben.[15] Mit der Einführung des dualen Belegschaftssystems und der Anpassung der Zahl von LeiharbeiterInnen, die meist in ungelernten Positionen beschäftigt sind, reagieren die Unternehmen auf den schwankenden chinesischen Automobilbinnenmarkt. Sie können so Entlassungen von Direktbeschäftigten vermeiden und trotzdem ihre Arbeitskosten reduzieren und ihre Flexibilität erhöhen.

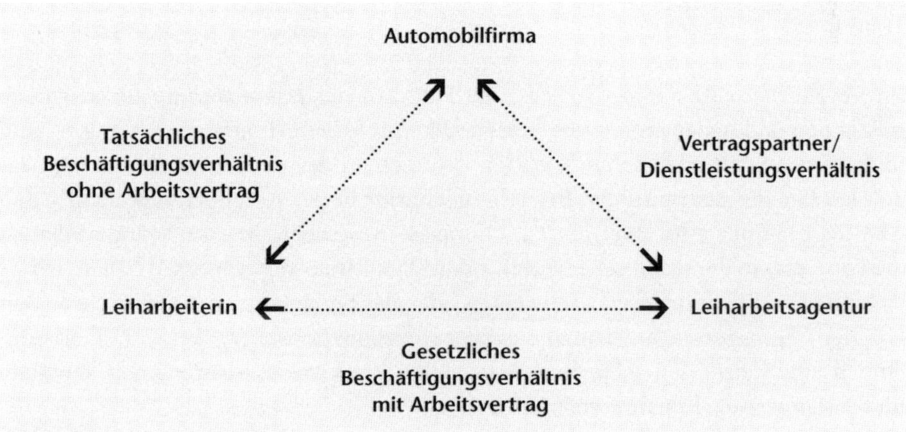

Die Einführung dualer Belegschaften und der steigende Einsatz von LeiharbeiterInnen an den Produktionslinien hat jedoch auch negative Auswirkungen für die Unternehmen. Die ungleiche Behandlung der Beschäftigtengruppen ruft das Gefühl von Ungerechtigkeit und Unmut unter den LeiharbeiterInnen hervor und führt zu Problemen mit der Kontrolle über die ArbeiterInnen. Die Betriebsleitungen erleben eine Zunahme von Sabotage, Absentismus und Arbeitsniederlegungen von LeiharbeiterInnen, die mit Nachdruck Lohnerhöhungen, Gleichbehandlung und dieselben

Sozialleistungen wie die Direktbeschäftigten fordern. Die *lean-and-dual*-Firmen sind infolgedessen bei der Einstellung von LeiharbeiterInnen für die Produktionsabteilungen vorsichtiger geworden (siehe Tabelle 4). Einige Unternehmen folgen einer „15-Prozent-Regel" für LeiharbeiterInnen, nach welcher der Anteil der LeiharbeiterInnen an der gesamten Belegschaft in der Produktion 15 Prozent nicht übersteigen darf. Zudem dürfen LeiharbeiterInnen ausschließlich ungelernte Arbeiten ausführen, sodass sie leicht ausgetauscht werden können.

Tabelle 4: Anzahl der Direktbeschäftigten und LeiharbeiterInnen in den ausgewählten Automobilfirmen

Firma	AF1		AF2	
Jahr	Direktbeschäftigte	LeiharbeiterInnen	Direktbeschäftigte	LeiharbeiterInnen
2003	6.806	3.000	7.089	6.280
2004	8.270	2.000	8.849	5.000
2005	9.284	2.500	9.531	3.000
2006	10.000	3.000	9.050	3.219

Im Vergleich zu AF1 und AF2 sind die Fabriken der *lean-and-mean*-Firmen noch relativ neu und haben eine junge Belegschaft von ArbeiterInnen, die Anfang 20 sind und aus der Stadt oder deren Vororten kommen, in der ihr Unternehmen angesiedelt ist. Die durchschnittliche Betriebszugehörigkeit der ArbeiterInnen in AF5 und AF6 liegt bei nur etwa zwei Jahren. Die meisten Beschäftigten sind junge Männer, die vor Kurzem die technische Mittel- oder Oberschule abgeschlossen haben, wo sie einfache Qualifikationen wie Schweißen oder die Bedienung einer Stanze erlernen konnten. *Lean-and-mean*-Firmen setzen auf Produktionsebene keine LeiharbeiterInnen ein. Stattdessen schließen sie mit allen ProduktionsarbeiterInnen befristete und verlängerbare Einjahresverträge ab.

Auch wenn Unternehmen in China aus ökonomischen Gründen und in Übereinstimmung mit den traditionellen fordistischen Techniken[16] stärkere Betonung auf konkurrenzfähige Löhne und eine ersetzbare junge Belegschaft legen, erkennen die Manager nichtsdestotrotz, dass langfristig Kostenreduzierungen und Produktivitätserhöhungen am besten mit der Kooperation der ArbeiterInnen zu realisieren sind. Andernfalls wirken sich die hohe Fluktuation negativ auf die Qualitätszirkel und andere Techniken der schlanken Produktion aus. Ohne Arbeitsplatzgarantien ist es jedoch schwierig, eine enge Unternehmensbindung und die Loyalität der ProduktionsarbeiterInnen zu erreichen. In Unternehmen, die so gut dastehen, dass sie ihren Belegschaften großzügigere Arbeitsverträge anbieten können – wie AF5 und AF6 –, kann das Management die Konfrontation entschärfen, indem es die Löhne erhöht, die Arbeitsbedingungen verbessert und den ArbeiterInnen mehr Autonomie am Arbeitsplatz zugesteht. Wenn die Löhne der ArbeiterInnen aber sinken, wie in AF5 passiert, nehmen Arbeiterproteste und Sabotage sofort zu.[17] Beide Versionen der schlanken Produktion haben also ihre Widersprüche und Grenzen.

Wie werden sich die hybriden Arbeitsbeziehungen in der chinesischen Automobilindustrie weiter auswirken und entwickeln? Hier hilft ein Vergleich der Dynamik von Belegschaftsdualismus und Arbeiterunruhen in China und Japan. Laut Beverly Silver haben die japanischen Automobilhersteller, als sie mit den Wellen von Arbeitermilitanz nach dem Krieg zurechtkommen mussten, ein mehrstufiges Subunternehmersystem aufgebaut, das ihnen erlaubte, einer Kernarbeitskraft Beschäftigungsgarantien zu geben (und mit ihr kooperative Beziehungen herzustellen), während gleichzeitig die unteren Stufen der Subunternehmerleiter für Flexibilität und kostengünstige Produktionsinputs sorgten. In Firmen der oberen Stufen wurde zwischen Festangestellten mit lebenslanger Beschäftigung und „zeitlich befristeten" ArbeiterInnen unterschieden. Das Subunternehmersystem und der Belegschaftsdualismus erlaubten Toyota zwischen 1952 und 1957, den Produktionsausstoß zu verfünffachen, während die Belegschaft nur um 15 Prozent zunahm. Noch wichtiger ist, dass es Toyota und anderen Automobilherstellern möglich war, Entlassungen (und in deren Folge mögliche Konfrontationen mit militanten ArbeiterInnen) zu vermeiden. Der Belegschaftsdualismus und die Beschäftigungssicherheit für eine Kernbelegschaft ist somit der Schlüssel zum Verständnis des „hegemonialen Konsenses" in der japanischen Automobilindustrie und Grund dafür, dass die immense Expansion der Automobilindustrie nach dem Krieg – anders als in anderen Fällen schneller Expansion – *nicht* zu einer großen Welle von Arbeitermilitanz führte (Silver 2003: 69–73). Sollte der Dualismus in der chinesischen Automobilindustrie etwa dazu führen, dass China am Ende der japanischen, anormalen Entwicklung folgt?

Um diese Frage zu beantworten, müssen wir das Wesen des Dualismus in den chinesischen Automobilfirmen untersuchen und der Frage nachgehen, in welchem Ausmaß Direktbeschäftigte tatsächlich von hegemonialen Beziehungen mit dem Management und Beschäftigungssicherheit profitieren. In Tabelle 3 ist zu erkennen, dass Vertragsbedingungen und Beschäftigungssicherheit der direkt beschäftigten (Kern-)Arbeiterschaft der vier *lean-and-dual*-Automobilfirmen stark variieren. Die besten Aussichten auf eine garantierte Beschäftigung haben die Kernbelegschaften von AF1 und AF2. Neu eingestellte, nicht auf Basis von Leiharbeit beschäftigte ProduktionsarbeiterInnen bekommen als Direktbeschäftigte einen Zweijahresvertrag. Nach Ablauf schließt das Unternehmen mit ihnen einen weiteren Zweijahresvertrag ab, gefolgt von zwei Dreijahresverträgen (insgesamt also zehn Jahre). Erst danach können sie eine Beschäftigungsgarantie bis zum Rentenalter bekommen.[18]

In AF3 dagegen erhalten alle ArbeiterInnen lediglich erneuerbare Einjahresverträge. Die Verträge sind in der Regel jedes Jahr verlängert worden (zumindest seit dem großen Personalabbau im Jahr 2000). Da AF3 ein staatliches Unternehmen ist und gegenwärtig nach einem ausländischen Partner sucht, kann es derzeit kaum glaubhaft die Sicherheit der Arbeitsplätze versprechen.[19]

AF4 hat zwar eine duale Belegschaft, liegt aber näher am *lean-and-mean*-Modell mit begrenzter Arbeitsplatzsicherheit für Direktbeschäftigte (erneuerbare Einjahresverträge für die ersten vier Jahre). Als einer der am schnellsten wachsenden staatlichen Automobilhersteller Chinas produziert AF4 für das untere Marktsegment. Aufgrund der „Niedrigpreis“-Strategie versucht das Unternehmen aggressiv, die Arbeitskosten zu drücken. In meinen Interviews in AF4 wurde deutlich, dass sich sowohl LeiharbeiterInnen als auch Direktbeschäftigte an niedrigen Löhnen, starker Arbeitsbelastung, langen Arbeitszeiten und übermäßigen unbezahlten Überstunden stießen.[20] In dieser Hinsicht ähnelt AF4 den Firmen der arbeitsintensiven Sektoren, in denen intensive Ausbeutung und harte Arbeitsbedingungen üblich sind.

Seit 2004 stellt AF4 keine Direktbeschäftigten mehr für die Montagebänder ein. Stattdessen arbeiten dort seitdem nur noch LeiharbeiterInnen mit erneuerbaren Einjahresverträgen. Außerdem beschäftigte das Unternehmen viele PraktikantInnen von technischen Mittel- und Oberschulen aus allen Teilen des Landes für jeweils ein Jahr. Die PraktikantInnen sind noch billiger als die LeiharbeiterInnen, weil sie nicht als Vollzeitbeschäftigte betrachtet werden, obwohl sie in der Tat Vollzeit arbeiten. Nach Schätzungen waren im März 2007 fast die Hälfte der BandarbeiterInnen in AF4 PraktikantInnen. Jedes Jahr kündigte mehr als ein Drittel von ihnen. Wenn wir PraktikantInnen und LeiharbeiterInnen zusammenzählen, stellen sie in AF4 zwei Drittel der Gesamtbelegschaft.

AF1 und AF2 sind aufgrund des Puffers, der durch ihre großen abgegrenzten Leiharbeitsbelegschaften und ihre höhere Konkurrenzfähigkeit entsteht, zwar in der Lage, ihren Direktbeschäftigten eine größere Arbeitsplatzsicherheit zu bieten als AF3 und AF4. Aber angesichts des Überangebots an Arbeitskräften auf dem Arbeitsmarkt und der relativ geringen Qualifikationen, die an den Montagebändern benötigt werden, können die Automobilfirmen ihre BandarbeiterInnen leicht durch junge und billige LeiharbeiterInnen ersetzen. Ihr Versprechen einer Beschäftigungssicherheit für die Direktbeschäftigten ist also wenig glaubwürdig.[21] Allgemein wird erwartet, dass Chinas Beitritt zur Welthandelsorganisation WTO (und der nach dem Beitritt mögliche, durch Automobilimporte ausgelöste härtere Wettbewerb) alle Automobilunternehmen zusätzlich unter Druck setzen und so zu einem weiteren Personalabbau führen wird.

Wie weit der gegenwärtige „hegemoniale Konsens“ der direktbeschäftigten AutomobilarbeiterInnen erhalten werden kann, ist schwer vorauszusagen. Scheinbar entwickeln sich die Arbeitsbeziehungen in der chinesischen Automobilindustrie in Richtung *lean-and-mean*-Modell mit schlanker Produktion und geringerer Arbeitsplatzsicherheit für alle ArbeiterInnen. Warum aber haben sich die chinesischen AutomobilarbeiterInnen bisher ruhig verhalten und offene Proteste vermieden? Und können wir in den kommenden Jahrzehnten die Entstehung einer starken, unabhängigen Bewegung der AutomobilarbeiterInnen erwarten?[22]

Bildung eines hegemonialen Konsenses: Die Rollen von Management, Betriebsgewerkschaften und Betriebskomitees der Partei

Trotz zunehmender Arbeiterunzufriedenheit und offener Proteste hat der chinesische Staat bislang eine allgemeine soziale Stabilität zu erhalten vermocht. Etliche Untersuchungen erklären den Erfolg des Staates bei der „Hegemoniebildung“ mit der wichtigen Rolle, die Betriebsleitungen, Betriebsgewerkschaften und Betriebskomitees der Partei für die Legitimierung der neuen Grundwerte spielen, die hinter den Reformen von Staat und Markt stehen.[23]

In den staatlichen Unternehmen setzte sich der größte Teil des Führungspersonals traditionell aus ehemaligen ArbeiterInnen zusammen, die von der Produktionsebene in die Management-Ränge aufstiegen. Das gilt in AF3 (einer staatlichen Automobilfabrik, die in den späten 1960er Jahren gebaut wurde) noch für all jene, die es vor den 1990er Jahren ins Management geschafft hatten,[24] und es gilt auch in einigen Joint Ventures, da viele chinesische Führungskräfte von der chinesischen Muttergesellschaft eingesetzt und evaluiert werden. Sie sind dementsprechend von ihren eigenen Erfahrungen in der Produktion geprägt und sympathisieren schnell mit den ArbeiterInnen.

Chinesische Führungskräfte sind zudem nicht nur für Produktion und Wirtschaftlichkeit des Unternehmens verantwortlich, es wird auch erwartet, dass sie sich um ihre ArbeiterInnen kümmern und die Leute versorgen. Das zeigen sowohl Walders Untersuchung chinesischer Fabriken und Führungskräfte als auch Zhang Xiandans neuere Forschung zu den Arbeitsbeziehungen in drei Joint Ventures in Shanghai (Walder 1989; Zhang 2005). Diesen Untersuchungen zufolge entsteht ein Mangel an Harmonie, wenn Führungskräfte bei ihren Untergebenen nicht gut gelitten sind, und dieser Mangel kann die Leistung der Firma hemmen und die Karrieren der Führungskräfte beschädigen. Die Spielräume der Führungskräfte werden also durch Druck von den unteren Rängen beschränkt. Ich fand heraus, dass besonders Gruppenführer in der Organisation der täglichen Produktion und in der Vermittlung von Konflikten zwischen ArbeiterInnen und „Managern aus der oberen Etage“ eine wichtige Rolle spielen. Die meisten Gruppenführer, mit denen ich sprach, hatten sich von der Produktionsebene hinaufgearbeitet. In der Regel behandelten sie die ArbeiterInnen ihrer Gruppe verantwortungsvoll und gut, und diese betrachteten sie als ihresgleichen. Die Erfahrungen der Gruppenführer waren Teil der „Führungskompetenz“, die sie brauchten, um mit Unmut und Beschwerden der ArbeiterInnen fertig werden zu können. Allgemeiner betrachtet finden sich nach zwei Jahrzehnten der Reformen in den Fabriken staatlicher Unternehmen noch Hinterlassenschaften der sozialistischen Betriebsführung, wie „vertrauliche Gespräche“ (*tanxin*), „Gedankenarbeit“ (*sixiang gongzuo*) und Gruppenschulung, die sich für die Kontrolle der ArbeiterInnen und die Reduzierung direkter Konflikte und kollektiver Aktionen von unten als wirksam erwiesen haben.

Betriebsgewerkschaften und Betriebskomitees der Partei spielen in den ausgewählten Automobilfirmen eine wichtige Rolle bei der Verhinderung und Schlichtung von Auseinandersetzungen zwischen ArbeiterInnen und Managern. Gewerkschaften sozialistischer Staaten sollen zwei Funktionen erfüllen: den ArbeiterInnen die staatlichen Anweisungen von oben verkünden und sie für die Produktion mobilisieren; und die Forderungen der ArbeiterInnen nach oben melden mit dem Ziel, die ArbeiterInneninteressen und ihr Wohlergehen zu schützen. Dieser „klassische Dualismus“ ist aber in sich widersprüchlich (Feng 2002).

Chinas Marktreformen haben die Arbeitsbeziehungen dramatisch verändert und die Spaltung zwischen Management und ArbeiterInnen sichtbar gemacht. Vor allem seit dem Auftauchen ausländischer Investoren und privater Unternehmen in China sind Position und Rolle der Gewerkschaften zweideutig. Am Anfang der Reformen gab es Zweifel, ob die Gewerkschaften wirksam die Interessen der ArbeiterInnen vertreten können. In den 1990er Jahren waren BeobachterInnen der Meinung, dass die Gewerkschaften nur noch gesellschaftliche Funktionen übernehmen und kaum mehr Partikularinteressen vertreten (Chan 1993; Wilson 1986).

Betriebsgewerkschafter, die ich in den Automobilfirmen interviewte, vertraten die klassische duale Rolle der chinesischen Gewerkschaften. Sie betonten, dass Betriebsleiter und ArbeiterInnen dasselbe Interesse am Erfolg des Unternehmens hätten. Danach befragt, wie die Gewerkschaften reagierten, wenn die beiden Rollen der Unterstützung der Betriebsleitungen und der Vertretung der Arbeiterinteressen nicht miteinander vereinbar seien, antworteten die Gewerkschaftsführer, dass dies selten der Fall sei. Dieses Unvermögen oder Widerstreben, die Existenz von Interessenkonflikten zu erkennen, ist ein starkes Indiz dafür, dass die Gewerkschaftsoffiziellen nicht in der Lage sind, sich der Probleme der ArbeiterInnen und dem Schutz ihrer Rechte wirksam anzunehmen.

Wenige ArbeiterInnen hielten die Betriebsgewerkschaften für ihre eigene Organisation, die sie vertritt und ihre Interessen schützt. In den Interviews erwähnten sie, dass die Betriebsgewerkschaften vor den Ferien oder zum Geburtstag Geschenke verteilen und Kultur- und Unterhaltungsangebote organisieren, und sie wiesen darauf hin, dass sie sich im Fall von Streitigkeiten mit der Firma (die sie mit allen Mitteln zu verhindern suchten) eher an Gruppenführer und Vorgesetzte wandten als an die Betriebsgewerkschaft. Einige ArbeiterInnen gaben ihrem Wunsch nach ihrer eigenen „wahren Gewerkschaft“ Ausdruck, die ihre Interessen ernsthaft vertritt und sich wirksam um ihre Probleme kümmert. Die meisten waren aber skeptisch, ob sie in nächster Zukunft eine eigene „wahre Gewerkschaft“ haben könnten.[25]

Die existierende Gewerkschaftsstruktur und die finanzielle und politische Abhängigkeit der betrieblichen Gewerkschaftsfilialen von Staat und Management lässt daran zweifeln, dass sich die chinesischen Betriebsgewerkschaften in eine effektive Arbeitervertretung verwandeln könnten. Falls sich die chinesischen Gewerkschaften nicht vom Establishment lösen, und falls ihr Anspruch, die Arbeiterinteressen zu vertreten, leeres Gerede bleibt, steht sogar ihr Überleben auf dem Spiel. In Anbetracht der weiterhin wirksamen Kontrolle durch den chinesischen Parteistaat wird es noch sehr lange dauern, bis es wahrhaft unabhängige Gewerkschaften gibt. Das neue Arbeitsvertragsgesetz, im Kern eine Antwort auf die zunehmende Arbeiterunzufriedenheit, gewährt den chinesischen Gewerkschaften und ArbeiterInnen neue Rechte und mehr Macht. Es ist möglich, dass die chinesischen Gewerkschaften aktiver einzelne ArbeiterInnen unterstützen werden, die sich auf das Gesetz berufen – und sei es auch nur als Versuch, dem eigenen Untergang zu entgehen, der droht, wenn sie sich empfänglicher zeigen. Gleichzeitig werden sie weiterhin dabei helfen, militante kollektive Arbeiteraktionen zu verhindern oder zu entschärfen.

In ähnlicher Weise wirkten die Betriebskomitees der Partei erfolgreich auf die Bildung und den Erhalt des „hegemonialen Konsens" von ArbeiterInnen und Management hin. Während der Unternehmensreform und des Personalabbaus in AF3 im Jahre 2000 hat es die Firma zum Beispiel geschafft, die Gesamtbelegschaft von über 4.600 auf etwa 3.000 zu reduzieren, ohne dass es zu offenen Arbeiterunruhen kam. Das war möglich, weil sich das Management auf das Betriebskomitee der Partei und die Betriebsgewerkschaft verlassen konnte, die wiederum auf das in der Mao-Ära mit ihrer „alten Tradition" von Einsatz und harter Arbeit errungene Wohlwollen und das politische Engagement der alten ArbeiterInnen bauten. Dies wurde ins Spiel gebracht, um diejenigen, die als „überschüssige ArbeiterInnen" entlassen werden sollten, davon zu überzeugen, dass die Reformen im kollektiven Interesse seien und sie deswegen ohne viel Aufhebens zur Seite treten müssten.[26] Die „alten Traditionen", die die Betriebskomitees der Partei während der Mao-Ära mittels ideologischer Schulung und Massenmobilisierung etablierten, sind nun zwar zu einem Werkzeug des Managements zur Kontrolle der ArbeiterInnen geworden, gleichzeitig dienen sie aber auch als „weiche Waffe" des Widerstands der ArbeiterInnen gegen die strengeren Regeln der Marktwirtschaft.

Die Betriebskomitees der Partei spielen für viele Automobil-Joint-Ventures eine wichtige Rolle, weil sie in der Marktwirtschaft dem Management helfen, auf Betriebsebene die ideologische Kontrolle wirksam auszuüben. Als zum Beispiel in den 1980er Jahren AF2 gegründet wurde, waren die ausländischen Partner zunächst gegen die Bildung von Betriebskomitees der Partei im Unternehmen. Sie erkannten aber schnell, wie wichtig die Parteikomitees bei der Mobilisierung der ArbeiterInnen für die Produktion sind. Schon bald war ihnen die Bildung von Parteikomitees in AF2 nicht nur willkommen, sie unterstützten sogar ihre Entwicklung.[27]

Der chinesische Parteistaat und die abhängigen Betriebsgewerkschaften sind also immer noch in der Lage, Konflikte zu schlichten und die Artikulation von Missständen durch ArbeiterInnen zu beschränken. Angesichts der Fähigkeit der weiterexistierenden sozialistischen Institutionen, die wachsende Arbeiterunzufriedenheit auch in Zeiten der Marktwirtschaft, der Globalisierung und eines schlanken Regimes der Kontrolle über die ArbeiterInnen abzufedern, müssen wir mit jeder Vorhersage über die Entstehung einer starken, unabhängigen Automobilarbeiterbewegung in China in naher Zukunft vorsichtig sein.

Die interventionistische Rolle der lokalen und zentralen Regierungsinstanzen

Chinas lokale und zentrale Regierungsinstanzen maßen der Automobilindustrie immer erstrangige Bedeutung bei. Im achten und im neunten Fünfjahresplan (1991–96 und 1996–2000) wurde sie zu einer der „tragenden Industrien" des Landes bestimmt, im zehnten Fünfjahresplan (2001–2005) wieder zur „führenden Industrie" erklärt. Chins Untersuchung zeigt, dass lokale und zentrale Regierungsinstanzen besonders stark in die industriellen Beziehungen in der Automobilindustrie eingriffen – vor allem in den großen Modell-Joint-Ventures, die für die gesamte chinesische und die lokale Wirtschaft von besonderer Wichtigkeit sind. Diese massive Intervention der Regierung trägt entscheidend zum „hegemonialen" Charakter der Kontrolle über die ArbeiterInnen in der Automobilindustrie bei. Im Gegensatz dazu sträuben sich viele chinesische (lokale) Behörden, in arbeitsintensiven und exportorientierten Industrien der Sonderwirtschafts- und Freihandelszonen die Arbeitsgesetze und Sozialversicherungsvorschriften durchzusetzen, und hier liegt einer der Hauptgründe für das Fortbestehen despotischer Formen der Kontrolle der ArbeiterInnen in diesen Sektoren (Lee 1999; Solinger 1995).

Tabelle 5: Die wichtigsten statistischen Daten der acht größten Personenkraftfahrzeughersteller in China (2006)

Rang (Umsatz)	Firmenname	Gründungsjahr	Verkäufe (in Tsd.)	Zahl d. Beschäftigten	Eigentumsform*	Standort (Stadt)
1	SGM	1997	365	6.569	JV	Shanghai
2	FAW-VW	1991	341,2	9.284	JV	Changchun
3	SVW	1985	340,6	12.531	JV	Shanghai
4	Chery	1997	272	18.000	SU	Wuhu
5	BJ-Hyundai	2002	262	4.000	JV	Beijing
6	GZ-Honda	1998	224	5.600	JV	Guangzhou
7	FAW-Toyota	2003	210	8.500	JV	Tianjin
8	Geely	1997	204	8.000	Privat	Hangzhou

* JV: Joint Venture, SU: Staatsunternehmen

In den letzten beiden Jahrzehnten hat die chinesische Regierung die Schaffung großer Einheiten für die Automobilproduktion und die Konzentration der Produktion in bestimmten Gebieten, vor allem Küstenstädten, vorangetrieben. Dies führte zu einer geographisch ungleichen Entwicklung und Verteilung der Automobilindustrie. Tabelle 5 zeigt die Standorte der acht wichtigsten Personenkraftfahrzeughersteller in China nach Marktumsatz.[28]

Der Wille lokaler Regierungen, Investitionen anzulocken und den lokalen Automobilsektor zu entwickeln, hat mittlerweile zu einem starken, regionalen Protektionismus geführt (Harwit 2001). Dieser verstärkt den Wettbewerb um neue Investitionen zwischen lokalen Regierungen, die sich in der Regel den Forderungen der Investoren beugen. Hier stellt sich die Frage nach der Konkurrenz auf dem Binnenarbeitsmarkt und der daraus folgenden Aushöhlung der Solidarität unter ArbeiterInnen. Ein Manager, der in zwei Produktionsstätten von AF5 (eine in Shanghai und eine in einer kleineren Stadt) gearbeitet hat, berichtete, dass die ArbeiterInnen in der kleineren Stadt für fügsamer und fleißiger gehalten wurden und bereit waren, für deutlich niedrige Löhne zu arbeiten, als die ArbeiterInnen in Shanghai.[29] Die angeblich billige und bescheidene Arbeitskraft ist wohl ein wichtiger Grund für den aggressiven Ausbau der Produktionskapazitäten von AF5 an diesem neuen Standort.

Wenn die Hypermobilität des Kapitals die ArbeiterInnen verschiedener Länder und Regionen miteinander konkurrieren lässt, wie sollen die ArbeiterInnen und Gewerkschaften auf diese neue Herausforderung reagieren und sich schützen? Wie sieht die Zukunft der chinesischen AutomobilarbeiterInnen aus?

Die Möglichkeiten und Grenzen der chinesischen AutomobilarbeiterInnen

Silver schreibt, dass den Automobilbelegschaften im 20. Jahrhundert aufgrund des Umfangs und der Konzentration der Automobilproduktion wiederholt eine starke „Produktionsmacht" (*workplace bargaining power*) zukam, die auf ihrer strategischen Position innerhalb der immer komplexeren technischen Arbeitsteilung gründete.[30] In China hat die zunehmende Größe und Konzentration der Automobilproduktion im letzten Jahrzehnt in bestimmten Regionen auch zu großen Konzentrationen chinesischer AutomobilarbeiterInnen in riesigen Fabriken geführt (siehe Tabelle 5). Allein in Changchun beschäftigt die FAW Automobilgruppe in ihren vielen Automobilfabriken etwa 100.000 AutomobilarbeiterInnen. Die allgemein eingesetzte fordistische Massenproduktion und die weitgehend eingeführten kostenreduzierenden

Methoden der schlanken Produktion, wie *just-in-time*-Lieferung und Qualitätszirkel, haben das Kapital gegenüber Störungen des Produktionsflusses tatsächlich verwundbarer gemacht und die potentielle[31] Produktionsmacht der chinesischen AutomobilarbeiterInnen erhöht.

Als zum Beispiel mehr als achtzig PraktikantInnen im Motorenwerk von AF4 während der Frühschicht plötzlich die Arbeit niederlegten, mussten mehrere Montagebänder für einen halben Tag gestoppt werden. Erst dann hatte das Management in anderen Werkhallen genug HelferInnen gefunden und herbeigeholt, um die Bänder wieder anfahren zu können.[32]

Die selbe Fließbandproduktion vereinheitlicht und dequalifiziert jedoch die ArbeiterInnen, sodass auf die latente Reservearmee von Arbeitskräften, die keine oder nur wenig Erfahrung mit industrieller Arbeit haben, zugegriffen werden kann. Für die meisten Positionen an den Fließbändern reichen einfache Trainingsmaßnahmen von einigen Tagen oder Wochen. Die relativ hohen Löhne in der Automobilindustrie ziehen eine große Zahl von BewerberInnen an. Die nahtlose Ersetzung der ArbeiterInnen an den Montagebändern und das große Angebot an neuen proletarisierten Arbeitskräften – einschließlich ländlicher WanderarbeiterInnen mit keiner oder nur wenig Erfahrung mit industrieller Arbeit – legt den Schluss nahe, dass die Marktmacht (*marketplace bargaining power*) chinesischer AutomobilarbeiterInnen eher schwach ist.

In den Unternehmen, in denen das *lean-and-dual*-Modell eingesetzt wird, untergräbt der Belegschaftsdualismus zudem weiter die strukturellen Grundlagen der Solidarität zwischen Direktbeschäftigten und LeiharbeiterInnen. Bei meinen Interviews und Beobachtungen in den Werkhallen zeigte sich, dass die Direktbeschäftigten gemischte Ansichten über die LeiharbeiterInnen haben. Einige Direktangestellte äußerten Sympathien für die LeiharbeiterInnen und meinten, dass alle ArbeiterInnen an den Produktionslinien gleich behandelt werden sollten. Andere meinten dagegen, die LeiharbeiterInnen hätten geringe Bildung und „schlechte Manieren". Sie wollten nach der Arbeit lieber nichts mit ihnen zu tun haben. Führungskräfte und einige „alte" ArbeiterInnen mit unbefristeten Verträgen neigten zu der Ansicht, dass LeiharbeiterInnen glücklich sein sollten, dass sie so gut bezahlte Jobs hätten, auch wenn sie weniger Lohn bekämen als die Direktbeschäftigten. Schließlich hätten sie nur geringe Qualifikationen und auf dem Arbeitsmarkt warteten viele, die den Job gerne machen würden.

Die LeiharbeiterInnen wiederum spürten den Mangel an Unterstützung durch die Direktbeschäftigten und ihre Machtlosigkeit im Betrieb. Sie beklagten, dass ihre Arbeitslast größer sei, ihnen aber der gleiche Zugang zu Firmenleistungen verwehrt werde. Einige sprachen von dem Ärger, den sie empfinden, wenn Direktbeschäftigte sie wegen kleiner Fehler hart angingen. Die chinesischen ArbeiterInnen sind gespalten durch verschiedene Arbeitsvertragsbedingungen, Bildungs- und Qualifikationsniveaus, Betriebszugehörigkeit, die Haushaltsregistrierung (Land/Stadt) und die geographische Herkunft. Wie erwähnt sind der chinesische Parteistaat und die abhängigen Betriebsgewerkschaften zudem weiter in der Lage, Konflikte zu schlichten und die Artikulation von Missständen durch die ArbeiterInnen zu beeinflussen. Das zeigt die schwache Organisationsmacht (*associational power*) der chinesischen ArbeiterInnen.

Für eine Einschätzung der Verhandlungsmacht der chinesischen AutomobilarbeiterInnen müssen wir schließlich auch die Bedingungen in Betracht zu ziehen, denen sich die AutomobilarbeiterInnen heute, in der späten Phase des „Produktzyklus" der globalen Automobilindustrie mit hartem internationalem Wettbewerb und Überkapazitäten, gegenüber sehen. Späteinsteiger wie China sehen sich mit den gesellschaftlichen Widersprüchen der kapitalistischen Entwicklung konfrontiert, ohne die Gewinne einzufahren, die ihnen die erfolgreiche Bewältigung dieser Widersprüche ermöglichen.[33]

Allgemein wird erwartet, dass Chinas Beitritt zur WTO zusätzlichen Druck auf die Automobilunternehmen des Landes nach sich ziehen wird. Unter dem Druck, die Produktivität zu erhöhen, werden die Privilegien und Absicherungen der Direktbeschäftigten beschnitten, die Bedingungen der AutomobilarbeiterInnen vereinheitlicht und das despotische Fabrikregime allgemein angewandt werden. Es kann mit gutem Grund davon ausgegangen werden, dass sich die Beziehungen zwischen ArbeiterInnen und Kapital in der chinesischen Automobilindustrie auf ein *lean-and-mean*-Modell zubewegen. In diesem Fall werden Direktbeschäftigte und LeiharbeiterInnen von ähnlichen Missständen betroffen sein und könnten trotz ihrer unterschiedlichen sozialen Ausgangspunkte solidarische Bündnisse schmieden.

Auch wenn die Tatsachen eine pessimistische Einschätzung der Zukunft der chinesischen AutomobilarbeiterInnen nahelegen, ist es wichtig, daran zu erinnern, dass die „Vorstellung von Macht" selbst eine wichtige Quelle von Arbeitermacht gewesen ist (Piven/Cloward 2000: 413–4). Beverly Silver hat das – unter Bezug auf Piven/Cloward – besonders herausgestrichen: „Die Mobilisierungen des letzten Jahrhunderts seien von der Überzeugung angeheizt worden, dass Arbeiter tatsächlich Macht haben und mehr noch, dass sie diese Macht auch einsetzen können, um ihre Arbeits- und Lebensbedingungen wirklich zu verbessern. Die Globalisierung habe nun mehr als alles andere ‚diesen Glauben eines ganzen Jahrhunderts an die Arbeitermacht in Frage gestellt' und ein Diskursumfeld geschaffen, das die allgemeine politische Moral und den Willen, für Veränderungen zu kämpfen, dramatisch gedämpft habe. Solche Änderungen in den Überzeugungen der Arbeiter gehen zwar teilweise auf Änderungen in der strukturellen und organisatorischen Macht zurück, sie spielen aber zweifellos auch eine eigenständige Rolle in der Dynamik von Arbeiterbewegungen" (Silver 2003: 34, unter Bezug auf Piven/Cloward 2000).

Es ist also dringend notwendig, sich der neoliberalen Ideologie entgegenzustellen und das Bewusstsein der ArbeiterInnen von ihrer eigenen Verhandlungsmacht zu heben. Jüngste Untersuchungen weisen darauf hin, dass chinesische ArbeiterInnen bereit und fähig waren, sich dem Kampf anderer sozialer Gruppen für eine stärkere Einbeziehung ins öffentlichen Leben „mit Forderungen nach bürgerlichen Rechten für ArbeiterInnen" anzuschließen (Lee 2002). Das könnte den Weg ebnen für weitere kollektive Mobilisierungen chinesischer AutomobilarbeiterInnen – trotz der enormen politischen Hindernisse (Lee 2007).

Aus dem Englischen von Ralf Ruckus

Endnoten

1 Ich möchte Mary Nolan, Yu Renqiu, Beverly Silver und den TeilnehmerInnen der Doktoranden-Gruppe am Soziologie-Institut der Johns Hopkins Universität (Baltimore, USA) für ihre Kommentare zu und die Kritik an diesem Beitrag und früheren Versionen danken.

2 Diese Untersuchung wurde durch ein Stipendium des International Dissertation Field Research Fellowship-Programms des Social Science Research Council unterstützt. Die Mittel wurden von der Andrew W. Mellon-Stiftung zur Verfügung gestellt. Die Untersuchung dauert noch an, unterstützt vom Dissertation Improvement Grant der National Science-Foundation. Die Feldstudien umfassten Besuche in den Fabriken, Interviews mit ArbeiterInnen, Managern und Gewerkschaftsvertretern innerhalb und außerhalb der Fabriken sowie das Studium von Firmenunterlagen. 150 ProduktionsarbeiterInnen, 30 Manager und 20 Vertreter von Gewerkschaft und Partei in sieben Automobilfabriken wurden befragt. Diese sieben Werke werden hier als AF1, AF2, AF3, AF4, AF5, AF6 und AF7 bezeichnet, um die Vertraulichkeit zu wahren. Wenn öffentlich zugängliche Infor-

mationen verwendet werden, erscheinen jedoch die richtigen Namen der Firmen und Werke.

3 Anm. d. Übers.: Das englische *consent* wird in diesem Zusammenhang in der Regel mit „Konsens" übersetzt, was als konfliktfreie Eintracht missverstanden werden kann. Für Buraways Konsens-Begriff, den er von Antonio Gramsci entliehen hat, ist jedoch das Element der aktiven politischen und ideologischen „Herstellung" zentral. Eines der Hauptwerke Buraways trägt den Titel „Manufacturing Consent". „Zustimmung", „Einwilligung" oder „Einverständnis" wären daher im Grunde passendere deutsche Begriffe.

4 Zur Definition von „Fabrikregime" und zur Diskussion über die Wesenszüge von despotischen, hegemonialen und hegemonial-despotischen Fabrikregimes siehe Burawoy (1985: 87, 125, 126, 263).

5 Im System der Verantwortlichkeit des Fabrikdirektors (*gongzhang fuzezhi*) übernahm der Fabrikdirektor die volle Verantwortung für die Fabrik und die Kontrolle über ihre wichtigen Bereiche.

6 In ihrem Buch *Against the Law* zeigt Lee die unterschiedliche Dynamik von Arbeiterprotesten in Chinas Rost- und Sonnengürtel. Sie hat jedoch, wie sie selbst erwähnt, keine Untersuchungen profitabler staatlicher Unternehmen, technologieintensiver Joint Ventures und formal stärker regulierter Beschäftigungsverhältnisse vorgenommen (Lee 2007: 239).

7 Die Methoden der schlanken Produktion wurden von den japanischen Automobilherstellern in den 1970er Jahren eingeführt. In den 1980er und 1990er Jahren verbreiteten sie sich weltweit. Einige BeobachterInnen sind der Meinung, dass die japanischen Hersteller eine grundlegend andere postfordistische Produktion geschaffen haben. Siehe die Diskussion bei Silver (2003: Kapitel 1 und 2).

8 Interviews der Autorin in den ausgewählten Automobilunternehmen, September 2006 – Juni 2007.

9 Anm. d. Übers.: Die Autorin unterscheidet „formal contract workers" (ausgehend vom chinesischen *zhengshi gong*) und „temporary workers" (*laowu gong*). Der erste Begriff bezeichnet die ArbeiterInnen, die direkt beim Automobilunternehmen angestellt sind, der zweite Begriff die ArbeiterInnen, die bei einer Leiharbeitsfirma beschäftigt sind und von dieser in die Automobilfabrik geschickt werden. Wir sprechen hier von „Direktbeschäftigten" und „LeiharbeiterInnen", um den Unterschied deutlicher zu machen.

10 Interviews der Autorin mit ArbeiterInnen und Führungskräften aus AF1 bis AF7, September 2006 – Mai 2007.

11 Ebd.

12 Tabelle 2 beruht auf den Interviews der Autorin mit ProduktionsarbeiterInnen in den Sommern 2004 und 2005 und zwischen September und Dezember 2006.

13 Tabelle 3 beruht auf den Besuchen und Interviews der Autorin mit ProduktionsarbeiterInnen und Führungskräften in AF1 bis AF7 in den Jahren 2006 und 2007.

14 Das chinesische Arbeitsgesetz verlangt, dass Leiharbeitsfirmen als gesetzliche Arbeitgeber ihren Angestellten (den LeiharbeiterInnen) Sozialleistungen bieten. Aufgrund unklarer Richtlinien über die Pflichten des gesetzlichen Arbeitgebers (der Leiharbeitsfirma) und des tatsächlichen Arbeitgebers (der Automobilfirma, bei welcher die LeiharbeiterInnen arbeiten), können sich viele Leiharbeitsfirmen dieser Pflichten entledigen. Es ist unklar, wie viele LeiharbeiterInnen tatsächlich irgendwelche Sozialleistungen beziehen (Interviews mit LeiharbeiterInnen und Führungspersonal der ausgewählten Automobilfirmen in den Sommern 2004 und 2005 und von September 2006 bis Mai 2007).

15 Zum Zeitpunkt ihrer Gründung als Joint Ventures mit ausländischen Partnern übernahmen sowohl AF1 als auch AF2 einige alte ArbeiterInnen mit unbefristeten Verträgen von ihren chinesischen staatlichen Muttergesellschaften. AF3 wurde 1968 als staatlicher Traktorenhersteller gegründet und musste eine große Zahl von ArbeiterInnen mit unbefristeten Verträgen übernehmen, als die Firma 1993 in First Auto Works (FAW) aufging.

16 Ausgehend von seinen Beobachtungen der fordistischen Vorkriegsproduktion erklärte McPherson, dass die hohen Löhne in der Automobilindustrie den Sinn und Zweck hatten, für eine angemessene Zufuhr an Ersatz-Arbeitskräften zu sorgen und eine Belegschaft zu formen, die sich den harten Bedingungen der Fließbandproduktion unterwirft. Dies wurde durch die Strategie der Arbeitskräfterotation noch verstärkt. Wenn ArbeiterInnen wissen, dass sie jederzeit entlassen werden können, wird der mögliche Verlust der Hochlohnbeschäftigung zu einer realen Bedrohung und Einschränkung. Mithilfe hoher Löhne und Beschäftigungssicherheit wurde in den Werken ein hohes Maß an Disziplin und Kontrolle durchgesetzt (Humphrey 1982).

17 Interviews der Autorin mit ArbeiterInnen und Managern in AF5 im März 2007.

18 Direktbeschäftigte mit zehn Jahren Betriebszugehörigkeit bei AF2 können in verschiedenen Automobilfabriken versetzt werden, die zur selben Firmengruppe gehören wie AF2, aber ihre Beschäftigung ist dennoch bis zum Rentenalter garantiert.

19 Interviews der Autorin in AF3 im Juni 2004.

20 AF4 hat kürzlich die Löhne der LeiharbeiterInnen bis fast auf den Lohn der Direktbe-

schäftigten angehoben (er ist geringfügig niedriger), weil die Fluktuation an den Produktionslinien zu hoch war. Die LeiharbeiterInnen bekamen bisher für die gleiche Arbeit nur die Hälfte des Lohnes der Direktbeschäftigten. Siehe die Interviews der Autorin mit LeiharbeiterInnen in AF4 in den Jahren 2005 und 2007.

21 Chinas neues Arbeitsvertragsgesetz, seit dem 1. Januar 2008 in Kraft, verspricht den chinesischen ArbeiterInnen mehr Beschäftigungssicherheit. Das Gesetz schreibt vor, dass Beschäftigungsverhältnisse innerhalb eines Monats nach der Einstellung schriftlich niedergelegt werden müssen. Es beschränkt den Einsatz von LeiharbeiterInnen und erschwert Entlassungen. Das Gesetz zieht zudem langfristige Arbeitsverträge zeitlich befristeten Verträgen vor, die leicht und ohne Entschädigung beendet werden können. Einige BeobachterInnen sagen, die chinesische Regierung nehme das Gesetz diesmal ernst und sei willens, Regelungen zum Schutz der Arbeiterrechte durchzusetzen, auch als Antwort auf die zunehmenden Fälle von Verstößen gegen die Arbeitsgesetze und von Arbeiterunzufriedenheit.

22 Ausgehend von ihrer Analyse der Dynamik von Kapitalverlagerung und Arbeitermilitanz im Verlauf des 20. Jahrhunderts in der weltweiten Automobilindustrie kommt Silver zu einer „China-Hypothese". Sie besagt, dass China das neue Epizentrum starker Automobilarbeiterbewegungen sein wird (Silver 2003: 89).

23 Von Lee stammt zum Beispiel die These vom „postsozialistischen Arbeiteraufstand". Sie betont die Fähigkeit des Staates, ein „Regieren mittels Gesetzen" (*rule by law*) zu etablieren. Blecher konzentriert sich auf die Rolle, die die Akzeptanz der Grundwerte von Markt und Staat durch die ArbeiterInnen spielt (Lee 2002; Blecher 2002).

24 Einige ArbeiterInnen waren sogar von der Firma auf die Universität geschickt worden. Nach dem Abschluss kehrten sie zurück und übernahmen Postionen im Management. Führungskräfte wurden dann aber zunehmend direkt von der Universität eingestellt und weniger ArbeiterInnen von der Produktionsebene befördert (Interviews vom Sommer 2004).

25 Interviews der Autorin mit AutomobilarbeiterInnen in den Sommern 2004 und 2005, im September 2006 und im Mai 2007.

26 Feldaufzeichnungen von AF3 von Sommer 2004.

27 Interviews der Autorin mit den Leitern des Betriebskomitees der Partei in AF2 im Juni 2004.

28 Die Daten zu Rang und Umsatz in Tabelle 5 sind aus CATRC (2006: 609, 625, 627, 647, 649, 660).

29 Feldaufzeichnungen der Autorin von Oktober 2006.

30 Für eine genaue Diskussion der Quellen von Arbeitermacht (*workers' bargaining power*) siehe Silver (2003: Einleitung).

31 Es versteht sich, dass es keine direkte Übereinstimmung der Verhandlungsmacht und des tatsächlichen Gebrauchs dieser Macht durch die ArbeiterInnen im Kampf für bessere Arbeits- und Lebensbedingungen gibt.

32 Interviews der Autorin in AF4 im März 2007.

33 Zu den Auswirkungen des „Produktzyklus" auf die Beziehungen zwischen ArbeiterInnen und Kapital siehe Silver (2003: Kapitel 3).

Literatur

Blecher, Marc J. (2002): „Hegemony and Workers' Politics in China." *The China Quarterly* 170: 283–303.

Burawoy, Michael (1985): *The Politics of Production.* London.

CATRC (2006): *Zhongguo qiche gongye nianjian* (China Automotive Research Center: China Automotive Industry Yearbook). Tianjin.

Chan, Anita (1993): „Revolution or Corporatism? Workers and Trade Unions in Post-Mao China." *Australian Journal of Chinese Affairs* 1993: 31–61.

Chan, Anita/Zhu Xiaoyang (2003): „Disciplinary Labor Regimes in Chinese Factories". *Critical Asian Studies* 35, 2003: 559–84.

Chin, Gregory T. (2003): *Building „Capitalism with China's Characteristics": The Political Economy of Model Joint Ventures in the Automotive Industry.* Dissertation, Universität York.

China Labour Bulletin (2005): „High Cost of Wage Recovery Deepens Sense of Futility in Legal Route, Stirs Up Social Unrest". *China Labour Bulletin*, 10. November 2005.

Eckholm, Erik (2001): „Chinese Warn of Civil unrest across the Country: Communist Party Document Paints Picture of Discontent". *International Herald Tribune*, 2.–3. Juni 2001.

Feng Tongqing (2002): *Zhongguo Gongren de Mingyun: Gaige Yilai Zhongguo Gongren de Shehui Xingdong* (Das Schicksal der chinesischen ArbeiterInnen: Soziale Aktionen der ArbeiterInnen seit Beginn der Reformen). Beijing.

Gallagher, Mary E. (2001): „Grafted Capitalism: Ownership Change and Labor Relations in the PRC". Beitrag für die Konferenz zu *Uneven Transition in China: Reform and Inequality*, Universität von Michigan, 7. April 2001.

Harrison, Bennett (1997): *Lean and Mean: Why Large Corporations Will Continue to Dominate the Global Economy.* New York.

Harwit, Eric (2001): „The Impact of WTO Membership on the Automobile Industry in China". *The China Quarterly* 167: 655–70.

HUMPHREY, JOHN (1982): *Capitalist Control and Workers' Struggle in the Brazilian Auto Industry*. Princeton.

LEE, CHING KWAN (2007): *Against the Law: Labor Protests in China's Rustbelt and Sunbelt*. Berkeley.

LEE, CHING KWAN (2002): „From the Spector of Mao to the Spirit of the Law: Labor Insurgency in China". *Theory and Society* 31: 189–228.

LEE, CHING KWAN (2000): „Pathways of Labor Insurgency". In: Perry, Elizabeth/Selden, Mark, Hg. (2000): *Chinese Society: Changes, Conflict and Resistance*. London.

LEE, CHING KWAN (1999): „From Organized Dependence to Disorganized Despotism." *The China Quarterly* 157: 44–71.

LEE, CHING KWAN (1998): *Gender and the South China Miracle*. Berkeley.

LU XIAOBO/PERRY, ELIZABETH, Hg. (1997): *danwei: the Changing Chinese Workplace in Historical and Comparative Perspective*. New York.

NICOLS, THEO, et al. (2004): „Factory Regimes and the Dismantling of Established Labor in Asia: A Review of Cases from Large Manufacturing Plants in China, South Korea and Taiwan." *Work, Employment and Society* 18: 663–85.

O'LEARY, GREG, Hg. (1998): *Adjusting to Capitalism: Chinese Workers and the State*. New York.

PIVEN, FRANCES FOX/CLOWARD, RICHARD A. (2000): „Power Repertoires and Globalization". *Politics and Society* 28.

PAN, PHILIP P. (2002): „High Tide of Labor Unrest in China". *Washington Post*, 21. Januar 2002.

SILVER, BEVERLY (2003): *Forces of Labor*, New York (deutsche Ausgabe: Berlin, 2005).

SOLINGER, DOROTHY (2005): „Beijing's Number One Worry". *South China Morning Post*, 12. Februar 2005.

SOLINGER, DOROTHY (1995): „The Chinese Work Unit and Transient Labor in the Transition from Socialism", *Modern China* 21: 155–83.

WALDER, ANDREW (1989): „Factory and Manager in an Era of Reform". *The China Quarterly* 118: 242–64.

WALDER, ANDREW (1986): *Communist Neo-Traditionalism: Work and Authority in Chinese Industry*. Berkeley.

WILSON, JEANNE L. (1986): „The People's Republic of China". In Pravda, Alex/Ruble, Blair A., Hg. (1986): *Trade Unions in Communist States*. Boston.

ZHANG XIAODAN (2005): *Bargaining without Union: Paternalist Labor Relations in China's Reform Era*. Dissertation, Columbia Universität.

Xue Hong

Strategien der Arbeitskontrolle in drei Elektronikfabriken Südchinas

Die verarbeitende Industrie der entwickelten Länder erlebte im Zeitalter globaler Kapitalmobilität und internationaler Arbeitsteilung einen rasanten Niedergang, während sie in vielen Entwicklungsländern über Nacht aus dem Boden schoss und einen exportorientierten Industrialisierungsprozess einleitete. In China sorgte die Entwicklung der Industrie für ein Wirtschaftswunder und brachte das Land in die Spitze der Weltwirtschaft. Billige Arbeitskraft gilt als Chinas größter Vorteil im Konkurrenzkampf um ausländische Investitionen. Den überwiegenden Teil dieser Arbeitskraft machen die mehr als 120 Millionen WanderarbeiterInnen aus dem ländlichen China und den Provinzen des Hinterlandes aus, die von den arbeitsintensiven Industrien der Küstenregion angezogen werden. Sie arbeiten entweder in transnationalen Konzernen (TNKs) und deren Tochtergesellschaften, die Markenunternehmen der Industrieländer gehören bzw. Teil eines Joint Ventures sind, oder in chinesischen Betrieben auf verschiedenen Ebenen der Subunternehmerpyramide. Die TNKs und ihre chinesischen Zulieferer setzen in der Ausbeutung der billigen Arbeitskraft auf die Strategie eines „Wettlaufs-nach-unten“. Dafür haben sie ein spezifisches Fabrikregime und besondere Arbeitsbeziehungen geschaffen (Chan 2003; Pun 2005a). Bis heute herrscht in diesen Betrieben ein despotisches Produktionsregime mit harten Arbeitsbedingungen, niedriger Bezahlung, exzessiver Überstundenarbeit und einem Managementstil, der auf Zwang und Bestrafung setzt (Pun 2005b; Chan 2001; Lee 1998).

Outsourcing- und Subunternehmer-Strategien führten in den globalen Wertschöpfungsketten zu einer immer kleinteiligeren Arbeitsteilung. Selbst innerhalb desselben Industriezweiges bilden Betriebe komplexe lokale und grenzüberschreitende Produktionsnetzwerke. Die an den langen globalen Produktionsketten beteiligten Hersteller besitzen nicht nur eine unterschiedlich große Marktmacht und Konkurrenzfähigkeit und bedienen verschiedene Konsumentengruppen, ihre Produkte haben auch unterschiedliche Wertschöpfungs- und Profitspannen, je nach Qualität, Technologie und Marktanteilen. Derartige Unterschiede wirken sich auf die Einstellungsstrategien, die Arbeitsorganisation und die Arbeitsverhältnisse auf Betriebsebene aus.[1]

In diesem Artikel untersuche ich die Arbeitsbedingungen in einer auf Elektronikproduktion spezialisierten Freihandelszone (die ich Stone Town nenne) und vergleiche die Produktionsregime in drei Fabriken: Power Ltd., Express Production, und Victory Cable.[2] Zunächst schaue ich mir, ausgehend von Michael Buraways Konzept des Fabrikregimes, die verschiedenen Formen der Produktionspolitik (*production politics*) in der globalen verarbeitenden Industrie an.[3] Dann widme ich mich der Frage, welchen Einfluss die geografische Konzentration verschiedener Hersteller einer global operierenden Industrie auf die lokalen Arbeitsbedingungen und den lokalen Arbeitsmarkt hat. Schließlich analysiere ich die Arbeitsorganisation und Managementstrategien auf Betriebsebene und darüber hinaus. Meine besondere Aufmerksamkeit gilt der Rolle, die Geschlechterverhältnisse und über einen gemeinsamen Heimatort hergestellte soziale Netzwerke[4] für die Einstellungspolitik und die Arbeitskontrolle des jeweiligen Unternehmens spielen. Meine Untersuchung basiert auf Feldstudien im Februar und von Mai bis Juli 2006 im Bezirk Stone Town der Stadt Dongguan in Südchina. Meine Informationen entstammen im Wesentlichen den Interviews mit ArbeiterInnen, TechnikerInnen, Personalchefs, Managern und lokalen Beamten sowie meinen Beobachtungen in den Betrieben, Leiharbeitsfirmen, Wohnheimen und Treffpunkten der ArbeiterInnen.

Fabrikregimes in der Weltmarktproduktion

Buraways Begriff des „Fabrikregimes“ bezieht sich auf „die übergreifend politische Form der Produktion, die sowohl die politischen Effekte des Arbeitsprozesses als auch die politischen Apparate der Produktion umfasst“ (Burawoy 1985: 87). Er unterscheidet zwei allgemeine Typen kapitalistischer Fabrikregimes: das despotische Regime, basierend auf dem Zwang zur Arbeit; und das hegemoniale Regime, das auf der Zustimmung zur Arbeit gründet (ebd.: 126). Burawoy ist der Ansicht, dass Veränderungen der Produktionsbeziehungen (*relations* in *production*), Marktstrukturen, die Reproduktion der Arbeitskraft und staatliche Interventionen die Form des Fabrikregimes beeinflussen. Staatliche Interventionen spielen bei der Herausbildung verschiedener Formen der Produktionspolitik (*politics* of *production*) eine besondere

Rolle, da öffentliche Wohlfahrt und andere staatliche Leistungen das Verhältnis der ArbeiterInnen zu ihren Arbeitgebern maßgeblich bestimmen können (ebd.: 12–5). Ausgehend von der Mobilität des globalen Kapitals aus den entwickelten Industriestaaten behauptet Burawoy, dass in den peripheren Staaten, und insbesondere in Freihandelszonen, despotische Fabrikregime errichtet werden, in denen das Weltkapital und die billige Arbeitskraft miteinander in Beziehung treten (ebd.: 149, 263).

Diese Behauptung gewinnt mit dem Fortschreiten der Globalisierung hinsichtlich der „peripheren" Industrie weiter an Gewicht. Globalisierung führt zu einer nachfragegetriebenen Wertschöpfungskette und animiert zum Outsourcing und Subunternehmertum zur Senkung der Produktionskosten.[5] Eine derartige neue internationale Arbeitsteilung mit globalen Fertigungsnetzwerken bringt flexible Produktionsregime hervor und verschlechtert die Arbeitsbedingungen in Ländern, deren Wirtschaft vor allem von der verarbeitenden Industrie abhängt (Berberoglu 2002; Pun 2005a: 103). Nichtsdestotrotz haben Staaten und Unternehmen neue Strategien und Eingriffsformen entwickelt, die in der Weltmarktproduktion zu noch komplexeren Formen der Arbeitsorganisation und -kontrolle führen, als Burawoy vor Augen hatte. Einerseits haben staatliche Eingriffe nicht immer (oder nicht immer im gleichen Ausmaß) Auswirkungen auf den Arbeitsprozess, da die Fähigkeit des Staates, Unternehmen zu regulieren, in unterschiedlichen lokalen politischen, ökonomischen und kulturellen Strukturen verschieden ausgeprägt ist. In seiner Untersuchung zur *hitech*-Industrie auf den Philippinen zeigt Steven McKay, wie sehr lokale Bedingungen auf die Produktionsstrategien wirken. Er arbeitet heraus, dass Staaten auf lokaler wie nationaler Ebene eine entscheidende Rolle bei der strategischen Ansiedlung von Unternehmen (*strategic localization*) spielen, indem sie versuchen, mit Hilfe von Freihandelszonen internationales Kapital anzulocken (McKay 2005: 13). In ihrer Untersuchung zu Fabrikregimen in Südchina analysiert Ching Kwan Lee die Rolle staatlicher Interventionen und stellt fest, dass der Staat entweder nicht eingreift oder ihm die politische Durchsetzungskraft fehlt, um Unternehmen wirksam zu kontrollieren (Lee 1998: 20–1). Lee hebt außerdem hervor, dass eine institutionelle Voraussetzung für die schlechten Arbeitsbedingungen und unterdrückerischen Produktionsregime in Südchina die Kollaboration und Verschmelzung von Staat und Unternehmen ist (Lee 2002). Andererseits fällt die Regulation der transnationalen Produktion im neuen Zeitalter der Globalisierung nicht mehr allein in den Verantwortungsbereich des Nationalstaates, sondern betrifft auch die internationale Solidarität (Tsogas 2001). Zulieferbetriebe und ihre Partner mit exportorientierter Produktion in Entwicklungsländern sind gezwungen, sich den Verhaltensregeln (*codes of conduct*) ihrer Käufer, d.h. denen westlicher Markenunternehmen, zu unterwerfen.[6] Internationaler Druck zur Einhaltung externer Arbeitsvorschriften hat globale Hersteller zur Verbesserung ihrer Arbeitsbedingungen und Anerkennung von Arbeiterrechten veranlasst.

Weltmarkt-Unternehmen haben den Wirkungsbereich der Kontrolle über die Arbeit weiter ausgedehnt und versuchen, das Einverständnis (*consent*) der ArbeiterInnen auch abseits des Arbeitsplatzes sicherzustellen (McKay 2004). Dies geht über Buraways Analyse hinaus, die sich auf den Arbeitsprozess auf Betriebsebene konzentriert. McKay schreibt, dass eine Vielzahl von Faktoren, wie Geschlecht, Alter, Kultur und andere Erfahrungen jenseits der Klassenproblematik und jenseits des unmittelbaren Arbeitsprozesses das Interesse, die Identität und die Subjektivität von ArbeiterInnen beeinflussen und den Unternehmern helfen, deren Leistungsbereitschaft zu gewinnen (McKay 2005: 16). So ist die geschlechtsspezifische Organisation der Produktion zu einem Aspekt der Globalisierung geworden (Salzinger 2003). In Untersuchungen zu Chinas Weltmarktproduktion werden Geschlechterverhältnisse und über den gemeinsamen Heimatort hergestellte soziale Netzwerke im Allgemeinen als Strategien der Kontrolle von WanderarbeiterInnen am Arbeitsplatz verstanden. Ching Kwan Lee und Pun Ngai heben den geschlechtsspezifischen Charakter der Fabrikregimes in Chinas verarbeitender Industrie hervor, in denen vorwiegend junge ledige Frauen am Fließband stehen. Sie zeigen, dass soziale Netzwerke, wie Familienbeziehungen oder Kontakte aus der Heimatregion, vom Management nicht nur genutzt werden, um WanderarbeiterInnen zu kennzeichnen und zu gruppieren, sondern auch neu konfiguriert werden, um Arbeitskräfte zu rekrutieren und zu kontrollieren (Lee 1998; Pun 2005b). Gleichzeitig können derartige soziale Netzwerke aber auch die Voraussetzungen für Solidarität schaffen und Massenaktionen von ArbeiterInnen ermöglichen.[7] Die Unternehmer sind stets besorgt, dass diese Netzwerke die Managementstrategien und die Kontrolle über die ArbeiterInnen unterlaufen könnten. Daher stecken sie manchmal WanderarbeiterInnen verschiedener Provinzen in ein Arbeitsteam, um eine Solidarisierung zu verhindern.

In meiner Untersuchung konzentriere ich mich auf lokale Strategien der Arbeitskontrolle in der Weltmarktproduktion. Ich gehe auf die lokalen Bedingungen am Ort meiner Feldstudie ein. Dort verstößt die Mehrheit der ansässigen Firmen in unterschiedlichem Ausmaß gegen Chinas nationale Arbeitsgesetzgebung und die lokalen Arbeitsvorschriften, und die lokalen Regierungsbeamten ergreifen keine wirksamen Maßnahmen, um die Rechte der ArbeiterInnen zu schützen. Anhand der drei Elektronikfabriken untersuche ich, welche Strategien die Unternehmer anwenden, um ArbeiterInnen an ihrem Arbeitsplatz und jenseits davon zu kontrollieren und deren Arbeitskraft zu reproduzieren. Meiner Meinung nach wirken sich die besonderen Einstellungen der Firmenleitungen und der ArbeiterInnen, die Dynamik des Arbeitsmarktes sowie externe Arbeitsvorschriften auf die Politik der Produktion aus.

Lokale Konzentration und Arbeitsbedingungen in der Elektronikindustrie

Seit den späten 1990er Jahren gehört China zu den weltweit führenden Standorten der Elektronikindustrie. 2006 wurden Waren der Elektronik- und Informationstechnologiebranche im Wert von 364 Milliarden US-Dollar exportiert. Das entspricht einem Anteil von 35,7 Prozent am Gesamtwert aller chinesischen Exporte. Rund achtzig Prozent der Investitionen in der Elektronikindustrie kommen aus dem Ausland (Ministry of Information Industry of China 2006). Die wichtigsten Zielregionen dieser Investitionen sind das Perlfluss- und das Yangtse-Delta. Dort entstanden komplexe Produktionsnetzwerke zwischen Herstellern von elektronischen Bauelementen, Computern, elektronisch gesteuerten Geräten und Halbleitern. Die Stadt Dongguan im Perlfluss-Delta (Provinz Guangdong), nicht weit von Hongkong[8] gelegen und bekannt für ihre Exportindustrie, ist zum globalen Knotenpunkt der Elektronikindustrie avanciert. Im Jahr 2006 bestanden siebzig Prozent der Exporte aus Dongguan aus elektromechanischen Bauelementen und Systemen, und mit einem Wert von 33,2 Milliarden US-Dollar lagen sie noch vor Textilien und Spielzeug, den zwei traditionellen Exportprodukten Dongguans (Statistics Bureau of Dongguan 2006).

Stone Town, der Ort meiner Feldstudie, spielt für die Elektronikindustrie Dongguans eine besonders wichtige Rolle. Im Jahr 1989 errichtete ein taiwanesischer Investor die erste Elektronikfabrik in Stone Town, und mittlerweile drängen sich rund 450 Fabriken auf dem 36 Quadratkilometer großen Areal. In rund 190 dieser Unternehmen steckt ausländisches Kapital.[9] Heute ist Stone Town einer der wichtigsten Standorte der globalen Elektronikindustrie, insbesondere für elektronische Bauelemente. Mehr als einhundert verschiedene Typen von Elektronikprodukten werden hier gefertigt, in neun Fällen (u.a. bei Netzteilen, Transformatoren, Tastaturen, Scannern und Spulen) ist das Gebiet nach der jährlichen Produktionsmenge gemessen Weltmarktführer. Der Gesamtwert der jährlichen Exporte aus Stone Town erreichte 2005 3,73 Milliarden US-Dollar, wovon 83 Prozent auf Elektronikprodukte zurückgehen. Im August 2005 verlieh die Vereinigung der Chinesischen Elektronikindustrie (*China Electronics Business Association)* Stone Town den Titel einer „Bedeutenden

Stadt für die Elektronik und IT-Industrie“ (*Distinguished Town for Chinese Electronics and Information Industry*).[10]

Stone Towns lokale Wirtschaft ist auf ausländische Investitionen angewiesen. Siebzig Prozent der Investitionen in der Elektronikindustrie kommen aus dem Ausland. Kapital aus Taiwan spielt dabei die Hauptrolle. Taiwanesische Firmen stehen für 70 bis 80 Prozent der Produktion der 190 ausländischen Elektronikfirmen. Zwischen den Fabriken bestehen gravierende Unterschiede, und es existiert eine ausgeprägte Arbeitsteilung. Einige große Fertigungszentren transnationaler Konzerne produzieren für die bedeutenden Marken der Computer- und Telekommunikationsindustrie, wie Dell, Hewlett Packard, IBM und Microsoft. Sie gehören zu den *big players* der globalen Elektronikindustrie und werden von ihren Markenkunden als strategische Zulieferer und Geschäftspartner betrachtet.[11] Jedoch fallen weniger als 450 Fabriken in diese Kategorie. Die meisten Fabriken gehören zu Subunternehmen oder Zulieferbetrieben großer lokaler Unternehmen. Für gewöhnlich unterstützen große Firmen ihre Zulieferer, die meist mit Kapital aus derselben Region oder demselben Land gegründet werden, beim Aufbau lokaler Vertriebs- und Produktionsnetze. In Stone Town benötigen große Hersteller von Elektronikprodukten nicht selten zehn bis zwanzig Zulieferer für die Fabrikation von Halbfertigwaren und *lowtech*-Produkten. Zu den drei in meiner Feldforschung beobachteten Unternehmen gehört Power Ltd., die größte Firma in Stone Town; die anderen beiden, Express Production und Victory Cable, sind deren Zulieferbetriebe. Aufgrund der einfachen Produktionsabläufe im *lowend*-Bereich ist die Konkurrenz unter den Zulieferern extrem hoch. Um Aufträge zu bekommen, verfolgen diese Unternehmen gewöhnlich eine Strategie niedriger Preise, die sie durch Kostenminimierung umzusetzen suchen.

Die Herstellung von Elektronikprodukten ist besonders arbeitsintensiv, und mit der Entwicklung der Industrie kommt eine große Zahl von WanderarbeiterInnen aus den Provinzen des Hinterlandes nach Stone Town. ArbeitsmigrantInnen stellen den überwiegenden Teil der FließbandarbeiterInnen und sind zur größten Bevölkerungsgruppe in der Stadt geworden. In Stone Town leben und arbeiten rund 200.000 WanderarbeiterInnen, bei rund 40.000 BewohnerInnen aus der Region. Ein bedeutender Teil der ArbeiterInnen arbeitet in den Großfabriken. Die sechs größten Fabriken Stone Towns haben jeweils zwischen 6.000 und 20.000 Beschäftigte, das sind rund dreißig Prozent der MigrantInnen des Bezirks. Viele der kleineren Betriebe beschäftigen um die 200 bis 500 ArbeiterInnen, einige weniger als 100.

Die Arbeitsbedingungen in den meisten Elektronikfabriken sind erschreckend, besonders in den kleineren. Die Lokalregierung unterlässt es, die Arbeitsgesetze durchzusetzen, und verschließt die Augen vor der Ausbeutung der WanderarbeiterInnen. In den Jahren 2005 und 2006 liegt der lokale Mindestlohn bei 574 Yuan (umgerechnet 73 US-Dollar) für eine Arbeitszeit von 168 Stunden im Monat (acht Stunden pro Tag, fünf Tage die Woche). Für Überstunden sollen 5,14 Yuan pro Stunde an Wochentagen und 6,90 Yuan am Wochenende gezahlt werden. Abgesehen von einigen großen Fabriken, die es sich leisten können, ihren ArbeiterInnen den Mindestlohn oder mehr zu zahlen, liegen die Löhne in den meisten Elektronikfabriken in Stone Town weit darunter: der monatliche Grundlohn beträgt normalerweise zwischen 300 und 450 Yuan mit Überstundenzuschlägen von 2 bis 3 Yuan; insgesamt kommen die ArbeiterInnen auf einen Nettolohn zwischen 600 und 800 Yuan. Sie müssen meist 80 bis 150 Überstunden im Monat arbeiten und haben oft nicht mal einen Tag pro Woche frei.[12] Während meiner Untersuchungen in Stone Town erzählte mir eine junge Frau, dass sie in einem Monat 196 Überstunden geleistet habe, was bedeutet, dass sie dreißig Tage am Stück länger als zwölf Stunden gearbeitet hat. Dafür bekam sie nur 967 Yuan Monatslohn. Selbst diese ungeheure Zahl an Arbeitsstunden konnte ihr kein befriedigendes Einkommen sichern.

Die stetig zunehmende Zahl von Fabriken in Stone Town führt zu einer heftigen Konkurrenz um qualifizierte migrantische Arbeitskräfte. Die lokale Konzentration von Elektronikherstellern eröffnet den ArbeiterInnen eine Vielzahl von Verdienstmöglichkeiten und führt zu einer hohen Mobilität. ArbeiterInnen kündigen schneller ihre Jobs, wenn sie mit den Bedingungen am Arbeitsplatz nicht einverstanden sind. Junge Frauen suchen sich Arbeit in Fabriken mit höheren Löhnen und Zusatzleistungen. Gelangweilt von der Eintönigkeit der Fabrikarbeit versuchen einige Frauen eine Anstellung im Dienstleistungssektor zu bekommen, und einige erfahrene ArbeiterInnen finden Bürojobs und arbeiten in der Verwaltung anstatt am Fließband.[13] Im Ergebnis fällt es Firmen zusehends schwerer, ArbeiterInnen anzuwerben und langfristig zu halten. Die großen Unternehmen müssen höhere Löhne und Zusatzleistungen bieten, um gute Arbeitskräfte anzulocken, die Fluktuationsrate gering zu halten und so ihre Produktionsaufträge erfüllen zu können.

Kleinere Fabriken haben größere Schwierigkeiten, genügend Arbeitskräfte zu finden. Um dieses Ziel zu erreichen, ändern sie jedoch eher ihre Einstellungspolitik als die Arbeitsbedingungen zu verbessern. Am unteren Ende der Produktionskette stehend, basieren ihre Profite hauptsächlich auf der Minimierung der Produktions- und insbesondere der Arbeitskosten. Die kleineren Fabriken werben niedrig qualifizierte junge Frauen, Frauen mittleren Alters und Männer an, die weniger Chancen auf dem Arbeitsmarkt haben und dementsprechend geringer entlohnt werden können. In Stone Town haben Firmen mit höheren Einstellungshürden für gewöhnlich bessere Arbeitsbedingungen. Ein großes Unternehmen in der Stadt stellt zum Beispiel ausschließlich junge Frauen im Alter von siebzehn bis zweiundzwanzig ein, die die Obere Mittelschule abgeschlossen haben. Diese Fabrik zahlt die höchsten Löhne im Bezirk, und ihre Arbeiterwohnheime sind die einzigen, die eine Klimaanlage haben.

Arbeitsbedingungen und -kontrolle in drei Elektronikfabriken

Power Ltd., Express Production und Victory Cable produzieren alle Elektronikbauteile in derselben Zulieferkette. Sie stehen repräsentativ für die Unterschiede zwischen den Elektronikherstellern in Stone Town. Sie bedienen verschiedene Kundengruppen, stellen unterschiedliche Anforderungen im Arbeitsprozess und unterliegen nicht denselben externen Arbeitsregelungen. Sie haben unterschiedliche Arbeitsbedingungen und -vorschriften, und wenden verschiedene Strategien zur Kontrolle der ArbeiterInnen innerhalb und außerhalb des Betriebes an.

Power Ltd. ist das Fertigungszentrum eines globalen Elektronikunternehmens mit Sitz in Taiwan. Das Unternehmen wurde 1971 gegründet und unterhält derartige Zentren in Taiwan, Thailand, China und Mexiko. Es ist der weltweit größte Produzent von Schaltnetzteilen[14] und ein wichtiger Hersteller von Energieverwaltungssystemen (*power management solutions*)[15], Elektronikbauteilen, Computerlüftern, Bildschirmen und Komponenten in den Bereichen industrielle Automatisierung und Computernetzwerke. Die Kunden von Power Ltd. sind zum überwiegenden Teil globale IT-Unternehmen wie Microsoft, Cisco, Intel, Dell, Hewlett Packard, IBM, General Electric, Nokia, Sony und Siemens. Das Unternehmen ist seit 1994 in Stone Town ansässig und hat seitdem rund 200 Millionen US-Dollar investiert. Power Ltd. ist damit die größte Fabrik des Bezirks, beschäftigt rund 20.000 MitarbeiterInnen und beansprucht eine Fläche von etwa 180.000 Quadratmetern. Der Unternehmenskomplex umfasst fünf Werkshallen und ein Zentrum für Forschung und Entwicklung. Im Laufe der mehr als zehn Jahre seit der Gründung hat Power Ltd. ein lokales Netzwerk von Zulieferern aufgebaut. Zur Zeit liefern mehr als zwanzig Hersteller *lowtech*-Bauteile oder Halbfertigwaren.

Express Production und Victory Cable sind zwei typische Zulieferunternehmen von Power Ltd. Express Production war schon in den 1980er Jahren der für Veredelung zuständige Partner von Power Ltd. in Taiwan. Nach dem Umzug nach Stone

Town 1994 errichtete Express Production im selben Jahr ein Werk in unmittelbarer Nähe. Heute besitzt die Firma zwei Fabriken mit rund 2.000 ArbeiterInnen. In den letzten Jahren hat Express Production auch für andere große taiwanesische Firmen produziert.

Victory Cable hingegen ist eine mit lokalem privatem Kapital hochgezogene Fabrik. Der Unternehmer, Herr Zhang, war zuvor als Ingenieur bei Power Ltd. angestellt. Er gründete Victory Cable im Jahr 2004. Das Unternehmen ist von Aufträgen von Power Ltd. abhängig und sehr viel kleiner als Express Production. Es beschäftigt nur um die 320 ArbeiterInnen. In beiden Unternehmen werden jedoch die gleichen Produkte für Power Ltd. hergestellt: Kabelstränge und Leitungssätze.

Power Ltd.

Power Ltd. beschäftigt mehr als 20.000 ArbeiterInnen, neunzig Prozent davon in der Fertigung. Die Arbeit ist nach Geschlechtern geteilt, wie schon in früheren Studien zur transnationalen Fließbandproduktion beschrieben. Power Ltd. bevorzugt geschickte und fügsame, junge und alleinstehende Frauen zwischen sechzehn und fünfundzwanzig Jahren, die mindestens die Untere Mittelschule abgeschlossen haben. Mehr als neunzig Prozent der 20.000 ArbeiterInnen sind junge Frauen, fünfundsiebzig Prozent davon zwischen siebzehn und einundzwanzig Jahre alt. Die wenigen jungen Männer mit höherer Qualifikation müssen besondere Anforderungskriterien erfüllen. Männliche Arbeiter gibt es nur im Servicebereich und in der Logistik. Diese Arbeiter müssen mindestens die Obere Mittelschule abgeschlossen haben oder eine Ausbildung vorweisen können und größer als 1,68 Meter sein. Die Personalchefs des Unternehmens bevorzugen darüber hinaus männliche Arbeiter ohne Arbeitserfahrung, weil sie der Ansicht sind, diese seien einfacher zu kontrollieren. Männer erhalten denselben Lohn wie Frauen.

Als einer der global führenden Hersteller von Elektronikkomponenten muss Power Ltd. den hohen Qualitäts- und Produktivitätsanforderungen seiner westlichen Kunden genügen. Wie viele andere transnationale Elektronikunternehmen setzt es auf eine „Disziplinarische Betriebsführung“, die den Einsatz von Hochtechnologie mit einer strengen Durchsetzung des Betriebsreglements kombiniert (McKay 2004: 182).[16] Die Beschäftigten sollen gemäß der von automatisierter Maschinerie und computergesteuerten Fließbändern vorgegebenen hohen Geschwindigkeit arbeiten. Ingenieure messen und berechnen, wie viele Sekunden für jeden Handgriff am Fließband benötigt werden und programmieren die Computer entsprechend. Sie messen und berechnen nicht nur die Ausfallquote in der Produktion, sondern sind dank eines Strichcode-Systems in der Lage, Produktionsfehler einzelnen Montagestationen und individuellen ArbeiterInnen zuzuordnen. Die ArbeiterInnen müssen den Arbeitsvorschriften Folge leisten und zum Schutz vor elektrostatischer Aufladung spezielle Armbänder und ein Haarnetz tragen. Es ist verboten am Fließband miteinander zu sprechen. Bei Regelverletzungen müssen die ArbeiterInnen Strafen zahlen und verlieren die Qualitätsprämien. Zur Erhöhung der Effizienz und um ein Einschlafen der ArbeiterInnen zu verhindern, hat das Management zudem ein System eingeführt, das die ArbeiterInnen zwingt, beim Arbeiten zu stehen. Nach zwei Stunden durchgehender Arbeit sind nur zehn Minuten Pause vorgesehen, und nach der regulären Arbeitszeit von acht Stunden für Tages- und Nachtschichten werden häufig drei bis vier Überstunden angeordnet. Zu Stoßzeiten wird den ArbeiterInnen ihr freier Tag pro Woche gestrichen, und sie verrichten rund 100 bis 120 Überstunden im Monat. Einige ArbeiterInnen beschweren sich über die hohen Arbeitsanforderungen und den anstrengenden Arbeitsrhythmus. Hier die Meinung einer jungen Frau namens Fan:

> „Die Arbeit ist sehr ermüdend. An unserer Linie liegt das Produktionssoll bei 800 bis 1200 Computerlüftern pro Stunde. Wir haben nur wenige Sekunden für jeden Arbeitsschritt und müssen ihn tausendmal am Tag wiederholen. Ich hasse es wirklich, im Stehen zu arbeiten. Normalerweise müssen wir jeden Tag zwölf Stunden lang stehen. Nach der Arbeit sind meine Beine völlig taub, und jeder Schritt fällt mir schwer."

Power Ltd. setzt nicht nur auf strenge Disziplin im Betrieb, sondern mischt sich aktiv in das Alltagsleben der ArbeiterInnen ein, um sie besser kontrollieren zu können. Zum einen hat die Firma einen abgeschlossenen Gemeinschaftskomplex mit Wohn- und Freizeiteinrichtungen gebaut. Neben den Werkhallen und Wohnheimen gibt es groß angelegte Rasenflächen, Bäume, Blumenrabatten, Pavillons, ein Basketball- und ein Fußballfeld. Darüber hinaus finden sich auf dem Fabrikgelände weitere Einrichtungen wie Kantinen, Schnellimbisse, Kliniken, Buchläden, Lesesäle, eine Bibliothek, Internetcafés, Geldautomaten, Postdienststellen und sogar eine Hotline für psychologische Beratung. Die Einrichtungen sind für die ArbeiterInnen günstig gelegen. Wohnort und Freizeitangebote lassen sich bequem zu Fuß erreichen, da sie alle auf dem Fabrikgelände liegen. Zum anderen gibt es strenge Regeln für das Leben außerhalb der Arbeitszeit. Die ArbeiterInnen dürfen während der anderthalbstündigen Mittagspause weder das Fabrikgelände verlassen, noch sich in ihren Wohnheimen ausruhen. Alle jungen Frauen sind verpflichtet, im Wohnheim zu leben; in der Stadt ein Appartement zu mieten, ist ihnen verboten. Kommen ArbeiterInnen erst nach der Sperrstunde ins Wohnheim zurück, führt dies zu einer Geldstrafe, im schlimmsten Fall sogar zur Kündigung. Die Regelung und Kontrolle des Zeitvertreibs und der Bewegungen der ArbeiterInnen abseits der Arbeit erhöht die Flexibilität der Arbeitskräfte und ihres Einsatzes in der Produktion. Fällt dringende Arbeit an, kann die Firma auch während der offiziellen Ruhepausen Überstunden anordnen. Die Unterbringung der ArbeiterInnen wird so reguliert, dass unter den Bedingungen exzessiver Überstundenarbeit die Erholungsphasen optimal eingesetzt werden können. Löhne und Sozialleistungen liegen bei Power Ltd. über dem Durchschnitt in Stone Town. Der monatliche Grundlohn sowie die Überstundenzuschläge werden nach den gesetzlichen Vorschriften bezahlt. ArbeiterInnen können netto zwischen 1.000 bis 1.300 Yuan im Monat verdienen. Das Unternehmen stellt außerdem Arbeitskleidung und Unterbringung kostenlos zur Verfügung und bietet Zuschüsse für Mahlzeiten, einen jährlichen Bonus, bezahlte Krankheitstage und Mutterschaftsurlaub. Für die ArbeiterInnen werden Geburtstagsfeiern und Sportveranstaltungen organisiert. Die Bedingungen sind besser als in den meisten Fabriken in Stone Town, die ihren ArbeiterInnen weit weniger zahlen als gesetzlich vorgeschrieben. Nichtsdestotrotz liegt die Fluktuationsrate immer noch bei drei bis fünf Prozent im Monat, oder anders gesagt: Jeden Monat verlassen zwischen 600 und 800 ArbeiterInnen die Fabrik. Es stellt sich daher die Frage, warum die Fluktuation trotz der relativ guten Löhne so hoch ist.[17] Zunächst einmal, weil die ArbeiterInnen nicht mit ihrem Lohn zufrieden sind. Einige beschweren sich, dass ihr Grundlohn viel zu niedrig sei und ihr monatliches Einkommen daher zu stark von der Überstundenarbeit abhänge.[18] Andere vergleichen ihren Lohn mit dem der zwei am besten zahlenden Unternehmen in Stone Town und gehen davon aus, dass der Lohn bei Power Ltd. um 300 bis 400 Yuan geringer ausfällt. Darüber hinaus verlangt Power Ltd. von den jungen Frauen bei der Einstellung höhere Qualifikationen, die diesen aber auch mehr Chancen auf dem Arbeitsmarkt verschaffen, sodass sie es sich leisten können, ihren Job zu kündigen, wenn sie mit der Situation bei Power Ltd. unzufrieden sind. Die große Arbeitsbelastung und das hohe Arbeitstempo, die strikte Disziplin, geringe Aufstiegschancen und schlecht gelaunte GruppenleiterInnen sind weitere Gründe, die Firma zu verlassen.

Als Reaktion auf die hohe Fluktuation hat Power Ltd. enge Kontakte zu lokalen Arbeitsbehörden, Berufsschulen und Arbeitsvermittlungsagenturen aufgebaut, um den hohen Bedarf an Arbeitskräften zu decken.[19] Über die Arbeitsvermittlungsagenturen kann die Firma genügend Arbeitskräfte finden und die Belegschaft gleichzeitig effizienter und flexibler einsetzen. Wenn die Firma neue Arbeitskräfte braucht, kontaktiert sie ihre Partneragenturen, damit diese neue Arbeitskräfte suchen. Die meisten ArbeiterInnen werden in ihren Heimatregionen im Hinterland angeworben. Power Ltd. übernimmt jedoch nicht die Kosten der Personalbeschaffung – vielmehr werden die Agenturen von den ArbeiterInnen selbst bezahlt. Sie entrichten eine Vermittlungsgebühr[20] an ihre Berufsschulen oder Arbeitsvermittlungsagenturen. Wenn sie in Stone Town angeworben werden, beträgt die Gebühr 150 bis 200 Yuan für Frauen und 500 bis 600 Yuan für Männer, in der Heimatregion beträgt sie inklusive Transportkosten zwischen 600 und 1.000 Yuan. Die hohen Vermittlungsgebühren veranlassen die Arbeitsvermittlungsagenturen, immer wieder neue junge Frauen für Power Ltd. anzuwerben. Heute werden fast alle ArbeiterInnen über die Arbeitsvermittlungsagenturen oder direkt über ihre Berufsschulen eingestellt.

Alle ArbeiterInnen bei Power Ltd. sind MigrantInnen aus verarmten Gegenden in Provinzen wie Shaanxi, Henan, Sichuan, Hunan, Hubei, und Jiangxi. Ihr soziales Leben beruht vor allem auf den über einen gemeinsamen Heimartort hergestellten sozialen Beziehungen und Netzwerken. Die ArbeiterInnen bei Power Ltd. haben wesentlich engere Beziehungen zu anderen ArbeiterInnen aus derselben Region. Die Fabrikleitung befürchtet jedoch, dass diese Verbindungen und Freundschaften den täglichen Betriebsablauf stören und zu Massenaktionen führen könnten. Daher unternimmt sie eine Reihe von Maßnahmen, um die Solidarisierung der ArbeiterInnen über ihre sozialen Netzwerke zu verhindern: 1) An jedem Fließband müssen ArbeiterInnen aus verschiedenen Provinzen arbeiten. 2) VorarbeiterInnen werden bestraft, wenn sie ArbeiterInnen nicht nach Leistung sondern nach Herkunft beurteilen. 3) Auch in jedem Wohnheim sollen die ArbeiterInnen aus verschiedenen Provinzen stammen. 4) Männliche Arbeiter aus bestimmten Provinzen werden bei der Einstellung diskriminiert. Arbeiter aus Shaanxi und Henan sind unerwünscht und werden nicht eingestellt, da sie als Unruhestifter gelten und ihnen unterstellt wird, die Arbeitsmoral zu untergraben.[21] Es gibt zudem die Befürchtung, dass männliche Arbeiter ihre Kolleginnen – die mehr als die Hälfte der Beschäftigten ausmachen – über regionale Herkunftsnetzwerke organisieren könnten, um kollektiv gegen die Geschäftsleitung vorzugehen.[22]

In den letzten Jahren stand Power Ltd. unter dem Druck westlicher Kundenfirmen, die eine Verbesserung der Arbeitsbedingungen forderten. Zehn Jahre lang, bis zum Jahr 2005, lagen die Zustände in der Fabrik weit unter dem rechtlich zulässigen

Rahmen. Als Zulieferbetrieb vieler globaler Computerunternehmen zog Power Ltd. jedoch die Aufmerksamkeit unabhängiger NGOs auf sich. Im Jahr 2004 wurden die inhumanen Arbeitsbedingungen in Kampagnen zur globalen Computerindustrie angeprangert.[23] Seitdem haben Käufer wie Dell, Hewlett Packard, IBM und andere Power Ltd. gezwungen, die gesetzlich festgesetzten Löhne zu zahlen und die Arbeitsbedingungen zu verbessern. Bei Power Ltd. erscheinen regelmäßig Kontrolleure dieser Unternehmen, um neben der Qualität und Umweltverträglichkeit der Produkte auch die Arbeitsbedingungen zu überprüfen.

Power Ltd. hat eine Serie von Maßnahmen ergriffen, um die Arbeitsbedingungen zu verbessern und damit die Kundenfirmen zufrieden zu stellen und ihre Aufträge zu halten. Im April 2005 erhöhte Power Ltd. die Überstundenzuschläge auf das gesetzlich vorgeschriebene Minimum. Es war das erste Mal seit der Gründung 1994, dass das Unternehmen seinen ArbeiterInnen den gesetzlichen Mindestlohn zahlte. Ende 2005 veröffentlichte Power Ltd. eine erste Broschüre zur *Corporate Social Responsibility* (Soziale Unternehmensverantwortung), in der das Unternehmen betonte, dass es die nationalen und lokalen Vorschriften einhalte und die Arbeiterrechte respektiere. Zudem verringerte Power Ltd. schrittweise die Überstunden. Im Juli 2006 wurde den ArbeiterInnen mitgeteilt, dass die Überstundenarbeit in den folgenden Monaten auf 80 Stunden und im folgenden Jahr auf 60 Stunden pro Monat begrenzt werde.

Zudem wurden spezielle Schutzvorschriften für ArbeiterInnen unter achtzehn Jahren erlassen. Diese müssen ein Abzeichen tragen, das sie als junge ArbeiterInnen ausweist; eine Liste von ihnen und von bestimmten Arbeitsstationen, die sie nicht bedienen dürfen, hängt am schwarzen Brett aus; junge ArbeiterInnen können nicht gezwungen werden, nachts zu arbeiten oder Überstunden zu verrichten. Der Geschäftsführer erzählte mir, dass Power Ltd. die Überstundenarbeit in Zukunft auf das gesetzlich vorgeschriebene Maß reduzieren und keine minderjährigen ArbeiterInnen mehr einstellen werde. Obwohl Power Ltd. nicht alle Maßnahmen vollständig umsetzt,[24] wird deutlich, dass die von den Kundenfirmen geforderte Einhaltung externer Arbeitsvorschriften die Arbeitsverhältnisse in der Fabrik beeinflussen.

Express Production

Express Production ist seit mehr als zwanzig Jahren Zulieferer von Power Ltd. und versorgt auch weitere taiwanesische Elektronikunternehmen in Stone Town und anderen Bezirken Dongguans mit Kabelsträngen und Leitungssätzen. Deren Fertigung erfordert nur geringes technisches *know-how* und ist schnell gelernt. Neue ArbeiterInnen müssen weder Einstellungstests bestehen noch werden sie richtig geschult. Sie müssen lediglich an einem einstündigen Seminar zur Geschichte der Fabrik und zur Disziplin am Arbeitsplatz teilnehmen. Unmittelbar danach arbeiten sie unter Aufsicht erfahrener ArbeiterInnen an den Fließbändern.

Der einfache Fertigungsprozess führt zu einer hohen Konkurrenz in der Branche. Allein in Stone Town gibt es etliche Firmen, die die gleichen Produkte herstellen. Um Kunden zu werben, setzt Express Production auf eine Niedrigpreisstrategie. Dafür hält das Unternehmen die Arbeitskosten konstant niedrig, so dass die Löhne weit unter dem lokal vorgeschriebenen Mindestsatz liegen. Neue ArbeiterInnen verdienen nur 330 Yuan im Monat und 2 Yuan pro Überstunde; nach einer dreimonatigen Probezeit steigt der Lohn auf 360 Yuan, respektive 3 Yuan. Die normale Arbeitswoche hat sechs Tage, sodass die ArbeiterInnen für die Samstagarbeit keinen doppelten Lohnsatz erhalten. Da Express Production aufgrund des geringen Lohnniveaus nicht genügend ArbeiterInnen findet, fällt viel Überstundenarbeit an. Häufig wird von 8 Uhr bis 23 Uhr gearbeitet, ohne jeden freien Tag. In Stoßzeiten müssen die ArbeiterInnen bis Mitternacht, teilweise sogar bis zum frühen Morgen arbeiten. Nur einige wenige FacharbeiterInnen haben feste Tag- und Nachtschichten. Gesetzliche Sozialleistungen, wie Kranken- und Sozialversicherung, Krankheitstage und Mutterschaftsurlaub, werden den ArbeiterInnen meistens nicht gewährt.

Wegen der niedrigen Bezahlung fällt es Express Production schwer, junge Frauen auf dem Arbeitsmarkt anzuwerben. Um genügend Arbeitskräfte zu finden, hat das Unternehmen eine eigene Einstellungsstrategie entwickelt. BewerberInnen müssen keine besonderen Voraussetzungen hinsichtlich Geschlecht, Alter oder Ausbildung erfüllen. Express Production macht sich die Segmentierung des Arbeitsmarktes zunutze und stellt drei Typen von ArbeiterInnen ein: junge und gering qualifizierte Frauen, Frauen mittleren Alters und Männer, die in Fabriken mit besseren Arbeitsbedingungen (wie Power Ltd.) keine Anstellung finden. Von den 2.000 ArbeiterInnen bei Express Production sind rund sechzig Prozent Frauen und vierzig Prozent Männer. Für die Elektronikbranche mit ihrer arbeitsintensiven Produktionsweise und vorwiegend weiblichen Belegschaften ist der Anteil an männlichen Arbeitskräften außergewöhnlich hoch. Die ArbeiterInnen bei Express Production sind wesentlich schlechter ausgebildet als die bei Power Ltd. Die meisten haben die Untere Mittelschule nicht abgeschlossen, und einige besitzen überhaupt keine Schulbildung. Der Altersunterschied bei Express Production ist viel größer als bei Power Ltd. Eine ganze Reihe von ArbeiterInnen ist jünger als das gesetzliche Mindestalter von sechzehn Jahren, benutzt aber falsche Ausweispapiere. Andere ArbeiterInnen sind älter als 30 oder sogar älter als 45 Jahre. Viele ArbeiterInnen beschweren sich über die schlechten Arbeitsbedingungen in der Fabrik, bleiben aber trotzdem dort. Lin, ein 37 Jahre alter Produktionsarbeiter, sagt dazu:

> „Ich bin seit fünf Jahren bei Express Production. Fast täglich beschwere ich mich über die katastrophalen Arbeitsbedingungen. Ich hasse die niedrige Bezahlung und die langen Überstunden. Aber ich finde keine andere Fabrik, die Arbeiter wie mich einstellen würde. Ich habe keine gute Ausbildung, und jung bin ich auch nicht mehr. Ich verdiene nur 600 bis 700 Yuan im Monat, aber wenigstens habe ich ein regelmäßiges Einkommen.“

Zum Anwerben und zur Kontrolle der ArbeiterInnen stützt sich auch Express Production auf familiäre Beziehungen und soziale Netzwerke. Die meisten ArbeiterInnen werden über Verwandte vermittelt, die schon dort arbeiten. Die Mehrheit stammt aus den Provinzen Hunan, Jiangxi und Sichuan. Wenn die ArbeiterInnen einmal im Jahr nach Hause fahren, kommen sie danach mit jungen Frauen aus ihrer Heimatregion zurück. Um die Probleme bei der Personalbeschaffung zu lösen, hat das Unternehmen ein Prämiensystem für die Anwerbung neuer ArbeiterInnen eingeführt. Wer eine junge Frau unter dreißig Jahren anwirbt, die dann länger als drei Monate in der Fabrik arbeitet, kann bis zu 50 Yuan Prämie bekommen. Viele ArbeiterInnen bei Express Production nutzen die sozialen Netzwerke, um sich gegenseitig zu unterstützen, und sie haben nicht das Gefühl von Vereinzelung. So wurde die 17-jährige Arbeiterin Feng von ihrer Tante in die Firma geholt. Mittlerweile arbeiten auch zwei ihrer Cousinen dort. Feng will bei Express Production bleiben, weil ihre Verwandten auch dort sind.

Die sozialen Netzwerke werden von der Firma nicht nur genutzt und erhalten, um die Arbeitskosten zu senken (zum Beispiel um billige Arbeitskräfte anzuwerben und zu halten), sondern auch um die ArbeiterInnen, insbesondere die männlichen Arbeiter, zu kontrollieren. Für männliche Neuzugänge müssen beispielsweise bereits in der Firma beschäftigte ArbeiterInnen bürgen.[25] Üblicherweise stehen Bekannte oder Verwandte aus der Heimat dafür ein, dass neue Arbeiter die Fabrikregeln befolgen und keinen Ärger machen. Sind sie dann doch aufmüpfig, werden ihre Bürgen ebenfalls bestraft.

Viele junge Frauen, die einen Abschluss der Unteren Mittelschule haben, suchen sich eine bessere Firma, sobald sie sich in Stone Town auskennen. Trotzdem ist die

Fluktuationsrate bei Express Production geringer als bei Power Ltd. Das liegt vor allem daran, dass die Mehrheit der ArbeiterInnen schlechte Chancen auf dem Arbeitsmarkt hat, und junge Frauen nur rund zwanzig Prozent der Arbeitskräfte stellen. Manche junge Frauen bleiben aus persönlichen Gründen, weil Freunde oder Verwandte auch dort arbeiten. Einige hoffen, dass sie aufgrund ihres Alters und ihrer Ausbildung zur Vorarbeiterin oder Büroangestellten befördert werden. Andere haben Angst vor der strikten Arbeitsdisziplin und den hohen Arbeitsanforderungen in anderen Fabriken. Express Production setzt zudem auf eine weitere, verabscheuungswürdige Methode, um die Fluktuationsrate gering zu halten: Die Firma hält die Löhne einen Monat lang zurück. Der Lohn für den Mai wird so erst Ende Juni oder Anfang Juli ausgezahlt. Kündigen ArbeiterInnen ohne offizielle Einwilligung ihrer Gruppenführer oder Werkstattleiter, wird der Lohn des Vormonats einbehalten. Es ist so gut wie unmöglich, eine offizielle Einwilligung zu bekommen.

Express Production unterhält Kantinen und Wohnheime auf dem Fabrikgelände, aber anders als bei Power Ltd. gibt es keine strikten Vorschriften für die Unterbringung. Es steht allen ArbeiterInnen frei, in den Wohnheimen oder außerhalb der Fabrik in privaten Wohnungen zu wohnen. Wenn sie gute Verbindungen zu den GruppenführerInnen haben, dürfen sie möglicherweise mit ihren Verwandten und Bekannten aus der Heimat in einem Wohnheimzimmer wohnen. Abgesehen von zwei rostigen Basketballkörben gibt es auf dem Fabrikgelände keine weiteren Freizeiteinrichtungen. Für die ArbeiterInnen macht es jedoch ohnehin keinen Unterschied, ob die Fabrik solche anbietet oder nicht, denn ihnen fehlt vor allem eines: Schlaf.

Victory Cable

Auch Victory Cable ist Zulieferbetrieb von Power Ltd. und steht in direkter Konkurrenz zu Express Production – auch wenn seine Produktionskapazitäten mit einer Belegschaft von nur 320 ArbeiterInnen weitaus geringer sind. Victory Cable, in der lagerhausähnlichen dritten Etage eines beengten Gebäudes gelegen, gleicht eher einer Werkstatt als einer Fabrik. Aufgrund der geringen Produktivität und der niedrigen Qualität ist die Firma auch nicht ausgelastet.

Bei Victory Cable beruht fast der gesamte Produktionsprozess auf manueller Arbeit. Die ArbeiterInnen sind – den verschiedenen Arbeitsschritten entsprechend – in sechs Teams eingeteilt, sitzen an runden Tischen und werden von einem Vorarbeiter beaufsichtigt. Anders als Power Ltd. und Express Production, die einen Zeitlohn zahlen, bekommen die ArbeiterInnen bei Victory Cable Stücklohn, ohne jeden

Grundlohn. Der Verdienst ist völlig von der individuellen Arbeitsleistung abhängig, und es werden keine Überstundenzuschläge gezahlt. Es gibt nur eine Schicht, und in Stoßzeiten wird für gewöhnlich von 8 Uhr bis 23 Uhr gearbeitet. Die geschicktesten ArbeiterInnen können im Monat ungefähr 1.000 Yuan verdienen, die meisten gehen jedoch mit etwa 800 Yuan nach Hause. In Flautezeiten sinkt der monatliche Nettolohn auf 400 bis 500 Yuan.

Im ersten Jahr nach der Gründung warb Victory Cable ArbeiterInnen über öffentliche Aushänge an. Aufgrund der harten Arbeitsbedingungen und der unregelmäßigen Bezahlung hatte das Unternehmen jedoch Schwierigkeiten, Arbeitskräfte zu halten, und manchmal gab es nicht mal genug ArbeiterInnen, um die Produktion am Laufen zu halten. Ende 2004 wurde Victory Cable außerdem in einen Arbeitsstreit verwickelt und für schuldig befunden, weil es keine Überstundenzuschläge zahlte. Herr Zhang, der Firmengründer, war der Ansicht, dass die Klage von Störenfrieden eingereicht worden war, die er auf dem Arbeitsmarkt von Stone Town angeworben hatte. Seitdem änderte Victory Cable nach und nach seine Beschäftigungsstrategie und stellt keine männlichen Arbeiter vom lokalen Arbeitsmarkt mehr ein. Neue ArbeiterInnen werden nur noch aus Herrn Zhangs verarmtem Dorf in der Provinz Guizhou im Südwesten Chinas herbeigeholt. Von wenigen höher qualifizierten Frauen abgesehen, stammen neunzig Prozent der Arbeitskräfte aus diesem Dorf. Sie sind zwischen 25 und 45 Jahre alt, aber siebzig Prozent sind älter als 30. Die Hälfte ist männlich und hat keine oder nur geringe Schulbildung. In der Heimat waren die meisten von ihnen in der Landwirtschaft tätig und hatten keine Erfahrung mit industrieller Arbeit, bevor sie zu Victory Cable kamen. Herr Zhang ärgert sich zwar manchmal über ihre mangelnde Anpassungsfähigkeit und das langsame Lernen, freut sich aber darüber, wie gefügig und gehorsam sie seiner Meinung nach sind. Die Beschäftigungsstrategie des Unternehmens ermöglicht die Anpassung der Belegschaft an die Auftragslage und die entsprechende Steuerung der Fluktuationsrate. In Hochzeiten stellt die Firma mehr ArbeiterInnen aus dem Dorf ein, bleiben die Aufträge aus, entlässt sie ArbeiterInnen und schickt sie sogar per Bus in ihr Heimatdorf zurück. Die GruppenleiterInnen entscheiden anhand der Arbeitsleistung, welche ArbeiterInnen in Flautezeiten entlassen werden.

Victory Cable hat eher den Charakter eines Familienbetriebes als den eines modernen Unternehmens. Herr Zhang ist nach außen hin für alles zuständig, wie Auftragsakquise und die Pflege der guten Beziehungen zu Power Ltd. und den örtlichen Behörden. Er hat die wichtigsten Posten in der Firma mit Familienmitgliedern besetzt. Sein älterer Bruder ist für die Produktion und die tägliche Betriebsführung zuständig, seine Frau für die Finanzen. Alle sechs GruppenleiterInnen stammen ebenfalls aus seinem Verwandten- oder engeren Bekanntenkreis im Heimatort. Auch Victory Cable nutzt die sozialen Netzwerke und Verwandtschaftsbeziehungen der ArbeiterInnen, um diese zu kontrollieren und auszubeuten. Die Betriebsleitung betont, dass *alle* in der Fabrik Verwandte und Nachbarn sind. Der Werkstattmeister und die GruppenleiterInnen werden nicht müde, die ArbeiterInnen darauf hinzuweisen, dass die Firma sie nicht eingestellt hätte, wären sie nicht im selben Dorf wie ihr Arbeitgeber geboren. Für jemanden aus einem verarmten Dorf des chinesischen Inlands bietet die Arbeit bei Victory Cable eine gute Möglichkeit, Geld zu verdienen, da schon ein Monatslohn über dem gesamten Jahresverdienst aus der Landarbeit liegt. Der Werkstattmeister hebt oft hervor, dass die Firma aufgrund der gemeinsamen Herkunft sehr um das Wohl der ArbeiterInnen bemüht sei. Victory Cable nutzt in nahegelegenen Gebäuden angemietete Räume als Wohnheim und Kantine, und beides ist für die ArbeiterInnen kostenlos. Die Firma kümmert sich sogar um den Transport der ArbeiterInnen zwischen Stone Town und ihrem Dorf in Guizhou. Die ArbeiterInnen sind mit ihrem Job zufrieden und strengen sich bei der Arbeit an, in der Hoffnung, ihr Boss werde sie für längere Zeit beschäftigen und dann höhere Löhne zahlen. Die große Spanne zwischen Einkommen aus der Landwirtschaft und Industriearbeitslöhnen lässt sie über die fürchterlichen Arbeits- und Lebensbedingungen hinwegsehen. Eine Arbeiterin erzählt mir, dass sie mit ihrem Verdienst bei Victory Cable zufrieden sei, da sie umso mehr verdienen könne, je mehr Stücke sie schaffe.

Lokale Strategien der Arbeitskontrolle und neue Herausforderungen für Chinas Industrie

Vergleichen wir die Arbeitsbedingungen und Formen der Arbeitskontrolle bei Power Ltd., Express Production und Victory Cable, können wir feststellen, dass die dortigen Verhältnisse Buraways Charakterisierung despotischer Fabrikregime in den Sonderwirtschaftszonen der Entwicklungsländer entsprechen. Gleichzeitig zeigt sich, dass in den verschiedenen Firmen unterschiedliche Strategien angewandt werden, im Arbeitsprozess und darüber hinaus.

Erstens setzen alle drei Firmen auf eine Minimierung der Produktionskosten durch die Ausbeutung der ArbeiterInnen, die Zahlung niedriger Löhne und lange Überstundenarbeit. Selbst die am besten zahlende Firma gewährt den ArbeiterInnen nur den gesetzlichen Mindestlohn, und die anderen beiden zahlen weit weniger als gesetzlich vorgeschrieben.

Zweitens sind die Anforderungen an die Produktion bei Power Ltd., Express Production und Victory Cable aufgrund ihrer unterschiedlichen Stellung in der globalen Produktionskette verschieden. Power Ltd. muss den Qualitäts- und Produktivitätsansprüchen seiner westlichen Kunden genügen und ist daher mit automatisierter Maschinerie und computergesteuerten Fließbändern ausgerüstet. Die Firma stellt junge, fügsame und qualifizierte Frauen ein und setzt auf eine „disziplinarische Betriebsführung", die den Einsatz von Hochtechnologie mit der Durchsetzung einer strikten Disziplin verbindet, um die ArbeiterInnen unter Kontrolle zu halten. Bei Express Production und Victory Cable erfordert der Arbeitsprozess relativ wenig technisches *know-how* und ist leicht zu erlernen. Deswegen stellen beide Firmen billigere Arbeitskräfte ein und kontrollieren sie unmittelbar und mittels herkömmlicher sozialer Netzwerke.

Drittens sind die Beschäftigungs- und Managementstrategien in allen drei Unternehmen von einer gezielten Ausnutzung sozialer Netzwerke gekennzeichnet. Power Ltd. ist den herkömmlichen sozialen Netzwerken gegenüber misstrauisch und ergreift Maßnahmen, um sie zu beschränken und eine Solidarisierung von ArbeiterInnen am Arbeitsplatz zu erschweren. Wegen ihres geringen Lohnniveaus müssen Express Production und Victory Cable die auf gemeinsamen Herkunftsorten beruhenden Netzwerke einsetzen, um WanderarbeiterInnen anwerben und ihre Beschäftigten kontrollieren zu können.

Viertens nutzen alle drei Firmen die Segmentierung des Arbeitsmarktes, um den Druck abzufedern, der von der Mobilität der ArbeiterInnen ausgeht. Während Power Ltd. mit einer hohen Fluktuationsrate kämpft, haben die anderen beiden Firmen Schwierigkeiten, überhaupt genügend Arbeitskräfte zu finden. Power Ltd. zahlt relativ hohe Löhne und bietet gute Zusatzleistungen, stellt aber nur ArbeiterInnen ein, die strenge Kriterien bezüglich Alter, Geschlecht, Familienstand und Ausbildung erfüllen. Express Production und Victory Cable müssen aufgrund ihrer schlechten Arbeitsbedingungen ArbeiterInnen aus benachteiligten Gruppen einstellen, wie Männer, Frauen in mittlerem Alter und minderjährige Mädchen mit schlechter Ausbildung.

Die exportgetriebene Industrialisierung Chinas hat das Land zu einem wichtigen Industriestandort der Weltwirtschaft gemacht. Mit jeder neu gebauten Fabrik wachsen in China jedoch auch die Herausforderungen für die Firmen, insbesondere in

Bezug auf das Arbeitskräfteangebot und internationale Arbeitsregeln. Aufgrund der Forderungen von ArbeiterInnen nach besseren Arbeitsbedingungen und der hohen Fluktuationsraten wird es für die Firmen immer schwieriger, Arbeitskräfte anzuwerben und zu halten. In einem Land, in dem das Angebot billiger Arbeitskräfte einst als nahezu unerschöpflich galt, erregen seit 2004 Fälle migrantischer „Arbeitskräfteknappheit" in der Industrie die öffentliche Aufmerksamkeit.[26] Hinter der Arbeitskräfteknappheit stehen die Beschwerden von ArbeiterInnen und ihre Unzufriedenheit mit den chronisch schlechten Arbeitsbedingungen, und sie zeigt, welchen Einfluss die ArbeiterInnen über den Arbeitsmarkt auf die Arbeitsbeziehungen haben.[27] Um genügend ArbeiterInnen zu finden, müssen viele Firmen die Arbeitsbedingungen verbessern und die Löhne erhöhen. Selbst die lokalen Behörden spüren mittlerweile, dass sie intervenieren müssen. Seit 2005 haben viele Städte jedes Jahr den Mindestlohn erhöht, um in der Konkurrenz um WanderarbeiterInnen nicht zurückzufallen.[28]

Chinas verarbeitende Industrie ist von ausländischen NGOs und anderen Organisationen für ihre *sweatshop*-ähnlichen Zustände kritisiert worden. Viele weltweit bekannte Unternehmen sehen sich gezwungen, ihre Zulieferer zur Einhaltung lokaler und nationaler Arbeitsgesetze zu bewegen. So üben westliche Kunden Druck auf Power Ltd. aus, externe internationale Arbeitsregelungen zu befolgen und die Arbeitsbedingungen zu verbessern. Jedoch bleiben diese Arbeitsregelungen gegenüber kleineren Firmen wie Express Production oder Victory Cable ohne Wirkung.

Diese neuen Herausforderungen haben offensichtlich Auswirkungen auf die Arbeitsverhältnisse und Produktionsstrategien der Industrie Chinas, insbesondere auf große Hersteller wie Power Ltd., die eine hohe Anzahl von ArbeiterInnen mit besonderen Anforderungsmerkmalen beschäftigen. Es besteht aber kein Anlass zu allzu großem Optimismus hinsichtlich des zukünftigen Erfolgs von Reformen. Das gilt vor allem für Unternehmen, die am unteren Ende der globalen Produktionskette stehen und deren Überleben im Wesentlichen davon abhängt, ob sie die Kosten durch den Einsatz billiger Arbeitskräfte gering halten können. Diese Firmen sind normalerweise Zulieferbetriebe und Vertragsfirmen größerer Unternehmen und befinden sich weit außerhalb des Einflusses externer Arbeitsregeln. Unterschiedliche Firmen setzen auf unterschiedliche Strategien zur Kontrolle der ArbeiterInnen und zur Überwindung der Arbeitskräfteknappheit. Obwohl die regionale Agglomeration der Elektronikindustrie eine Vielzahl von Beschäftigungschancen für WanderarbeiterInnen geschaffen hat, bleiben die Arbeitsbedingungen in der Mehrheit der Fabriken in Stone Town weiterhin schlecht. Die gesetzlichen Mindeststandards können für viele ArbeiterInnen nicht durchgesetzt werden, weil sie in despotisch geführten *sweatshops* mit harten Arbeitsbedingungen, niedrigen Löhnen und exzessiver Überstundenarbeit festsitzen.

Aus dem Englischen von Frido Wenten

Endnoten

1 Gwo-Shyong Shieh verfolgt die Entwicklung eines netzwerkartigen Arbeitsprozesses in der Zulieferindustrie (vom Familienbetrieb bis zum kapitalistischen Unternehmen) während der Phase exportorientierter Industrialisierung im Taiwan der 1980er Jahre. Auch McKay stellt fest, dass verschiedene Fabriken in der globalen *hitech*-Industrie der Philippinen unterschiedliche Produktionsstrategien im und außerhalb des Betriebes anwenden (Shieh 1992, McKay 2005).

2 Die Namen des Stadtbezirks und aller Firmen sind erfunden. Die *Taiwanese Business Association* (Taiwanesische Unternehmensvereinigung) in Dongguan hat den Kontakt zu Power Ltd. hergestellt, sodass ich die Firma besuchen und den Geschäftsführer interviewen konnte. Ich lernte auch einige Ingenieure kennen und konnte sie befragen. Ein Funktionär der *Electronics Industries Association* (Vereinigung der Elektronikindustrie), den ich bei anderer Gelegenheit interviewt hatte, stellte mir den Gründer von Victory Cable vor. In beiden Fabriken besuchte ich die Arbeitsplätze und Arbeiterwohnheime. Die Geschäftsleitung von Express Production konnte ich leider nicht befragen, und auch das Firmengelände konnte ich nicht betreten. Die ArbeiterInnen bei Victory Cable interviewte ich an ihrem Arbeitsplatz, die bei Power Ltd. und Express Production außerhalb der Fabrik, in deren unmittelbarer Umgebung, an gemeinsamen Arbeitertreffpunkten, bei KFC oder in Schnellimbissen.

3 Anm. d. Übers.: Mit dem Begriff *politics of production* („Produktionspolitik" oder „Politik der Produktion") unterscheidet Michael Burawoy den politischen Charakter des Produktionsprozesses von der Reproduktion oder Transformation der Produktionsverhältnisse, die er „Globalpolitik" nennt. Aufgrund der problematischen Umwandlung von abstrakter Arbeitskraft in konkrete Arbeit muss der Arbeitsprozess politisch reguliert werden. Die Form der Regulation hängt vom Verhältnis und von Kämpfen zwischen Arbeit und Kapital auf Betriebsebene (Produktionsbeziehungen) ab. Burawoy konzipiert die Verzahnung von Produktions- und Globalpolitik zu bestimmten Entwicklungsmodellen („Konkurrenz-" und „Monopolkapitalismus", „Staatssozialismus") also von der

politischen Bearbeitung des Konfliktes zwischen Arbeit und Kapital her. Damit unterscheidet er sich wesentlich von heute beliebten Ansätzen, die *varieties of capitalism* (Formen des Kapitalismus) anhand bestimmter Institutionengefüge typologisieren, hinter denen die betrieblichen Auseinandersetzungen verschwinden (Burawoy 1985).

4 In der chinesischen Kultur gilt der Heimatort als ein Faktor, der die persönliche Identität entscheidend prägt. Auf einem gemeinsamen Herkunftsort beruhende Verbindungen und Netzwerke spielen im gesellschaftlichen Leben, der Politik und der Wirtschaft Chinas eine wichtige Rolle (Schoppa 2002:11–2).

5 Gary Gereffi benutzte die Bezeichnung „nachfragegetriebene globale Wertschöpfungskette“, um grenzüberschreitende Produktionsnetzwerke zu charakterisieren (Gereffi 1994).

6 Anti-*sweatshop* Kampagnen und Konsumentenbewegungen in westlichen Staaten haben die *sweatshop*-Industrien in den Entwicklungsländern in die Kritik genommen und dafür gesorgt, dass das globale *outsourcing* von einer Corporate Social Responsibility-Bewegung (Soziale Unternehmensverantwortung) begleitet wurde (Jenkins/Pearson/Seyfang 2002; Hartmann/Arnold/Wokutch 2003).

7 Elizabeth Perry hat festgestellt, dass über gemeinsame Herkunftsorte hergestellte Verbindungen für Formen der Solidarität in frühen Arbeitskämpfen in Shanghai eine wichtige Rolle gespielt haben (Perry 1993).

8 Die Stadt Dongguan gilt allgemein als Inbegriff der Entwicklung exportorientierter Industrie in China (Lin 1997).

9 „Ausländisches Kapital“ umfasst in diesem Artikel – neben anderen Ländern – auch das Kapital aus Hongkong, Macao und Taiwan.

10 Zitiert nach der offiziellen Homepage von Stone Town.

11 Um den Ansprüchen ihrer Kunden Genüge zu tragen, haben diese TNK zudem globale Netzwerke gebildet, um Forschung, Marketing und Fertigung zu koordinieren. Einige ihrer Elektronikprodukte nehmen weltweit hinsichtlich Produktions- und Verkaufsmenge den ersten Rang ein. Sie besitzen die Zertifizierungen und Lizenzen ihrer Kunden sowie von internationalen Organisationen ausgestellte Qualitäts- und Umweltzertifizierungen, z.B. ISO 9001:2000, ISO 14001 oder OHSAS 18001.

12 Das chinesische Arbeitsgesetz legt fest, dass ArbeiterInnen Anspruch auf einen freien Tag pro Woche haben und nicht mehr als drei Überstunden am Tag und 36 Überstunden im Monat arbeiten dürfen.

13 Die Entwicklung der Elektronikindustrie in Stone Town führte zu einem Boom des Dienstleistungsgewerbes. Die Konzentration der Elektronikindustrie in der Gegend

zieht nicht nur eine Vielzahl von WanderarbeiterInnen an, sondern auch junge Ingenieure, Verwaltungsbeamte, Fachleute, Manager und Unternehmer aus anderen Städten Chinas, aus Taiwan, Hongkong, Japan und westlichen Staaten. Dadurch werden im Dienstleistungsbereich viele Stellen geschaffen. In dem kleinen Stadtbezirk gibt es zahlreiche Restaurants, Einkaufszentren, Orte der Vergnügungsindustrie und sogar ein Fünf-Sterne-Hotel. Als ich in Stone Town war, stellte ich fest, dass nicht wenige der Kellnerinnen in der Elektronikindustrie gearbeitet hatten.

14 Ein Schaltnetzteil ist ein typisches Netzteil mit Schalttechnik, das dazu dient, Wechselstrom (AC) in niedriger regulierten Gleichstrom (DC) umzuwandeln, wie er für elektronische Geräte benötigt wird. Schaltnetzteile werden in vielen Computern, Servern, Workstations, Netzwerk- und Peripheriegeräten sowie elektrischem Bürozubehör eingesetzt.

15 Als „Energieverwaltungssystem" (*power management solution*) wird in der Industrie gemeinhin ein Satz von Hard- und Software bezeichnet, der die Stromversorgung elektronischer und elektrischer Geräte bereitstellt oder reguliert, bzw. die dahinterstehenden Konzepte eines solchen Systems. Beispielsweise gilt ein Laptop-Netzteil als Teil eines Energieverwaltungssystems, das gleiche gilt für einen Laptop-Akku.

16 Nach McKay „stützt sich die disziplinarische Betriebsführung in technischer Hinsicht auf das computergesteuerte Fließband … Die soziale Komponente besteht darin, dass Disziplin durch die strikte Durchsetzung der Betriebsordnung aufrecht erhalten wird".

17 Die hohen Fluktuationsraten in der verarbeitenden Industrie sind mittlerweile verbreitet anzutreffen. Während meiner Feldstudien im Yangtse-Delta (wo die Arbeitsbedingungen sehr viel besser sind als in Stone Town) zwischen August und November 2006 traf ich in vielen größeren Elektronikfabriken auf eine Fluktuationsrate von fünf bis acht Prozent. Meiner Ansicht nach ist die hohe Fluktuation auf die persönlichen Einstellungen der WanderarbeiterInnen, die Betriebsführung, den sich verändernden Arbeitsmarkt und die Anforderungen einer global flexiblen Produktion zurückzuführen.

18 Der Grundlohn bei Power Ltd. liegt bei 580 Yuan, also etwas über dem legalen Mindestlohn von 574 Yuan. Normalerweise machen die Überstundenzuschläge etwa vierzig Prozent des Einkommens aus.

19 In Stone Town gibt es um die zwanzig bis dreißig Arbeitsvermittlungsagenturen, die für große Unternehmen wie Power Ltd. arbeiten. Einige dieser Firmen haben die Unterstützung der lokalen Behörden und sind offiziell registriert. Die meisten Arbeitsvermittlungsagenturen sind jedoch nicht registriert. Die Entstehung der Agenturen hängt mit dem Bedarf nach großen aber flexiblen Belegschaften zusammen.

20 Die Vermittlungsgebühr ist der Betrag, den eine Bewerberin an die Arbeitsvermittlungsagentur bezahlt, wenn diese ihr erfolgreich einen Job vermittelt.

21 Im Interview stritt der Manager eine derartige Diskriminierung nach Herkunftsprovinz ab. In den Arbeitsvermittlungsagenturen betätigte man mir jedoch, dass Arbeiter aus zwei Provinzen nicht eingestellt werden. ArbeiterInnen bei Power Ltd. bestätigten dies ebenfalls.

22 Abgesehen von Power Ltd. weigern sich auch zwei andere taiwanesische Fabriken in Stone Town, Arbeiter aus diesen beiden Provinzen einzustellen. Ich denke, hinter den Bemühungen, den hohen Anteil dieser Arbeiter an der Belegschaft zu reduzieren, steht die Angst der Betriebsleitungen vor Massenaktionen. Ungefähr die Hälfte der ArbeiterInnen in diesen beiden Fabriken stammen aus den beiden genannten Provinzen. In kollektiven Protesten treten männliche Arbeiter im Vergleich zu ihren Kolleginnen eher als Organisatoren auf.

23 Im Jahr 2004 hat zum Beispiel das „Hong Kong Christian Industrial Committee“ (HKCIC), eine NGO, die sich mit Arbeitsfragen beschäftigt, die miserablen Arbeitsbedingungen bei Power Ltd. kritisiert. Im selben Jahr nahm die „Catholic Agency for Overseas Development“ (CAFOD), eine britische international tätige Hilfsorganisation, Power Ltd. im Rahmen ihrer Kampagne „Clean up your Computer“ als Beispiel für inhumane Arbeitsbedingungen bei Computerherstellern in China (HKCIC 2004; CAFOD 2004).

24 Im Interview sagte der Geschäftsführer, dass Menschen im Westen häufig nicht viel über die Situation in China wüssten und ihre Forderungen häufig schwer umzusetzen seien. In meinen Interviews mit ArbeiterInnen traf ich auf einige Ungereimtheiten. Ein Beispiel dazu: Obwohl die Firma erklärte, dass minderjährige ArbeiterInnen weder Nacht- noch Überstundenarbeit verrichten sollten, und diese Regelung auch an allen Anschlagtafeln in der Fabrik aushing, sagten ArbeiterInnen, diese Regel sei gar nicht umzusetzen, da die Tätigkeit an den Fließbändern auf Gruppenarbeit basiere und daher niemand aus dem Team fehlen dürfe. Minderjährige ArbeiterInnen arbeiteten deswegen immer dieselben Schichten wie ihre KollegInnen vom selben Band.

25 Arbeiterinnen brauchen keine Bürgen, da vornehmlich die Männer als Störenfriede und Organisatoren von Massenaktionen gelten.

26 Der wesentliche Grund für die Arbeitskräfteknappheit ist der relative Rückgang der Löhne. Der Rückzug der WanderarbeiterInnen ist möglicherweise eine passive und individuelle Aktion. Nichtsdestotrotz hat derartiger individueller und unbewusster Widerstand zur Arbeitskräfteknappheit im Perlfluss-Delta geführt, der große Aufmerksamkeit in der Regierung, den Medien und in der Öffentlichkeit erregte (Bao 2004; Li 2004).

27 Anita Chan schrieb dazu, dass WanderarbeiterInnen angesichts der Arbeitskräfteknappheit „eine Form spontaner Massenaktion verfolgen, die Veränderungen des chinesischen Makro-Arbeitsmarktes auslösen“ (Chan 2005: 25).

28 Beispielsweise wurde der Mindestlohn in Dongguan im März 2005 auf 574 Yuan und dann im September 2006 noch einmal auf 690 Yuan angehoben. Zwischen 2001 und 2004 betrug er dagegen vier Jahre lang unverändert 450 Yuan. Einige Städte erhöhten ihren Mindestlohn noch häufiger. In Suzhou lag er im Juli 2004 bei 620 Yuan, im November 2005 bei 690 Yuan und im September 2006 bei 750 Yuan. Im Oktober 2007 wird er auf 850 Yuan ansteigen.

Literatur

Bao Xiaodong (2004): „Laogong duanque“ (Arbeitskräfteknappheit). *Nanfang Dushi Bao (Südliche Metropolitane Tageszeitung)*, 3. März 2004.

Berberoglu, Berch, Hg. (2002): *Labor and Capital in the Age of Globalization: The Labor Process and the Changing Nature of Work in the Global Economy.* Lanham.

Burawoy, Michael (1985): *Politics of Production: Factory Regimes under Capitalism and Socialism.* London.

CAFOD – Catholic Agency for Overseas Development (2004): *Clean Up Your Computer: Working Conditions in the Electronics Sector*: http://www.cafod.org.uk/policy_and_analysis/clean_up_your_computer (aufgerufen am 27. Januar 2008).

Chan, Anita (2005): „Recent Trends in Chinese Labor Issues: Signs of Change“. *China Perspectives* 57: 23–31.

Chan, Anita (2003): „A ‚Race to the Bottom‘: Globalization and China's Labor Standards“. *China Perspectives* 46: 41–9.

Chan, Anita (2001): *China's Workers under Assault: the Exploitation of Labor in a Globalizing Economy.* New York.

Gereffi, Gary (1994): „The Organization of Buyer-Driven Commodity Chains: How US Retailers Shape Overseas Production Networks“. In: Gereffi, Gary/Korzeniewicz, Miguel, Hg. (1994): *Commodity Chains and Global Capitalism.* Westport.

Hartman, Laura P./Arnold, Denis G./Wokutch, Richard E., Hg. (2003): *Rising above Sweatshops: Innovative Approaches to Global Labor Challenges.* Westport.

HKCIC – Hong Kong Christian Industrial Committee (2004): *Research on the Working and Safety & Health Conditions of Workers in the Computer Manufacturing Industry in Foreign Invested Enterprises in Mainland China*. Hongkong.

JENKINS, RHYS/PEARSON, RUTH/SEYFANG, GILL, Hg. (2002): *Corporate Responsibility and Labor Rights: Codes of Conduct in the Global Economy.* London and Sterling.

LEE, CHING KWAN (2002): „Three Patterns of Working-Class Transitions in China". In: Mengin, Francoise/Rocca, Jean-Louis, Hg. (2002): *Politics in China: Moving Frontiers.* New York: 62–91.

LEE, CHING KWAN (1998): *Gender and the South China Miracle: Two Worlds of Factory Women.* Berkeley.

LI ZUOJUN (2004): „Mingong huang de genyuan shi quanli huang, ruhe jiejue" (Die Entrechtung der WanderarbeiterInnen steht hinter der Arbeitskräfteknappheit: Wie ist sie zu beseitigen?). *Nanfang Zhoumo (Wochenzeitung des Südens)*, 24. August 2004.

LIN, GEORGE CHU-SHENG (1997): „Intrusion of Global Forces and Transformation of a Local Chinese Economy: The Experience of Dongguan". In: Watters, R.F./McGee, T.G., Hg. (1997): *Asia-Pacific: New Geographies of the Pacific Rim.* London: 250–63.

MCKAY, STEVEN C. (2005): *Satanic Mills or Silicon Islands? The Politics of High-tech Production in the Philippines.* Ithaca.

MCKAY, STEVEN C. (2004): „Zones of Regulation: Restructuring Labor Control in Privatized Zones". *Politics & Society 32*: 171–202.

Ministry of Information Industry of China (2006): *Annual Economics Data Report on the Electronics and Information Industry.* http://www.mii.gov.cn/art/2007/03/20/art_942_29463.html (aufgerufen am 27. Januar 2008).

PERRY, ELIZABETH J. (1993): *Shanghai on Strike: The Politics of Chinese Labor.* Stanford.

PUN NGAI (2005a): „Global Production, Company Codes of Conduct, and Labor Conditions in China: A Case Study of Two Factories". *China Journal* 54: 101–13.

PUN NGAI (2005b): *Made in China: Women Factory Workers in a Global Workplace.* Hongkong.

SCHOPPA, R. KEITH (2002): *Revolution and Its Past: Identities and Change in Modern Chinese History.* Upper Saddle.

SALZINGER, LESLIE (2003): *Genders in Production: Making Workers in Mexico's Global Factories.* Berkeley.

SHIEH, GWO-SHYONG (1992): *„Boss" Island: The Subcontracting Network and Micro-Entrepreneurship in Taiwan's Development.* New York.

Statistics Bureau of Dongguan (2006): *2006 Annual Report on Economics and Social Development of Dongguan.* http://tjj.dg.gov.cn/website/web2/showArticle.jsp?ArticleId=1262&columnId=112&parentcolumnId=114 (aufgerufen am 27. Januar 2008).

TSOGAS, GEORGE (2001): *Labor Regulation in a Global Economy.* Armonk.

Zhang Xia

Ziyou (Freiheit), Berufswahl und Arbeit: bangbang in Chongqing, China[1]

Die Umgestaltung des maoistischen Sozialismus zum „Sozialismus chinesischer Prägung" seit den späten 1970er Jahren hat so gut wie alle Bereiche des gesellschaftlichen, wirtschaftlichen, politischen und kulturellen Lebens Chinas erfasst und dramatisch verändert. Die neue sozialistische Marktwirtschaft verkörpert das Versprechen von Wohlstand und Fortschritt. Sie „hat die chinesischen ArbeiterInnen von der bürokratischen Zuweisung von Arbeitsstellen, der Kontrolle des Arbeitskräfteeinsatzes sowie dem egalitären Lohnsystem ‚befreit', die als Hemmschuhe für Arbeitsmotivation und Produktivität aufgefasst wurden. ... Die neue ‚Freiheit', für höhere persönliche Einkünfte zu arbeiten, ist durch den freien Arbeitsmarkt gewährleistet" (Greenfield/Leong 1997). Mit anderen Worten, die Reformen brachten nicht nur eine neue Marktlogik von Angebot, Nachfrage und Konkurrenz mit sich, sondern auch die Vorstellung, dass der Arbeitsmarkt die Verteilung und die Bewegungen von Arbeitskräften „rationalisieren" würde (Hoffman 2006). Mit diesem neuen Arbeitsethos brachen die sozialistischen *danwei* (Arbeitseinheiten),[2] die zwischen den 1950er und 1990er Jahren das Schicksal der städtischen ArbeiterInnen landesweit bestimmt hatten, nach und nach in sich zusammen. Die Einheitslöhne und sozialistischen Wohlfahrtsleistungen, die an die *danwei* gebunden waren, verschwanden. In den 1980er und frühen 1990er Jahren wurden „Talent Service Center" (*rencai fuwu zhongxin*), „Talentmärkte" (*rencai shichang*) und Jobbörsen eingerichtet, die die „Autonomie", die „beidseitige Wahl" und die „Freiheit vom Staat" zelebrierten (ebd.). In den ländlichen Regionen verwandelte die „Befreiung" der Arbeitskraft die armen Bauern und Bäuerinnen, die im Maoismus den Status der revolutionärsten Klasse hatten, plötzlich in „überschüssige Arbeitskräfte" (*shengyu laodongli*). Diese sollten nun von den Äckern in die dreckigen und gefährlichen *lowend* Jobs der städtischen Ökonomie „umgeleitet" werden, die aufgrund der ausländischen und übersee-chinesischen Investitionen rasant wuchs. Die Mobilität der Arbeit wurde als dritte Befreiung der Bauernschaft – nach der ersten Landreform 1949 und der postmaoistischen Reform 1978 – gefeiert (Yan 2003).[3] Staatliche Institutionen und ihre Politik spielten bei der Anwerbung und Vermittlung ländlicher Arbeitskräfte in bestimmte Sektoren und Jobs eine entscheidende Rolle (Fan 2004). Von den MigrantInnen wurde erwartet, dass sie ihre persönliche „Qualität" (*suzhi*)[4] in der „Hochschule der Gesellschaft" (*shehuizhongde daxue*), den modernen und boomenden Städten, verbesserten. Die lokalen Behörden sahen in ihnen auch „Austauschstudenten" (*liuxuesheng*), die die Marktprinzipien in sich aufnehmen, Geld sparen, sich die neuesten Wirtschaftsinformationen und vielleicht auch Technologien und Qualifikationen aneignen und dann in ihre Dörfer zurückkehren. Dort sollten sie helfen, die lokale Wirtschaft zu entwickeln und die ländliche Armut zurückzudrängen (Yan 2003).

In diesem Aufsatz untersuche ich die komplexen Zusammenhänge der Berufswahl ländlicher WanderarbeiterInnen anhand einer Gruppe von Migranten, den *bangbang* (Lastenträger) in der Stadt Chongqing im Südwesten Chinas. Die ländlichen MigrantInnen in China werden oft als verantwortliche, selbständige Subjekte dargestellt, die der neoliberalen Vorstellung von Rationalität entsprechend nüchtern Kosten und Nutzen der Migration kalkulieren, und ich untersuche hier, inwieweit der Neoliberalismus diese ArbeiterInnen gezielt und vorsätzlich in unternehmerische, kalkulierende und sich selbst regierende Subjekte verwandelt. Einige WissenschaftlerInnen sind der Ansicht, dass sich der chinesische Parteistaat weniger „zurückziehe" als vielmehr „neu formiere" (Sigley 2006) und auch als postsozialistischer Staat die Berufswahl junger Menschen durch die Übertragung maoistischer Normen und Werte wie das „Dem-Volke-Dienen" bestimme (Hoffman 2006). Daran anschließend behaupte ich, dass für die Subjektformierung der MigrantInnen der staatlich vorangetriebene Diskurs der *ziyou* (Freiheit)[5] von besonderer Bedeutung ist, der sie in selbständige, unternehmerische – wenn auch härtester Ausbeutung ausgesetzte – Subjekte verwandelt. Gleichzeitig kehren die *bangbang* diese neoliberale Rationalität um und nutzen sie in ihrem Kampf um Absicherung und Unterstützung, die ihnen der Staat verweigert, weil er die „Technologien des Selbst" externalisiert hat.[6] Die *bangbang* internalisieren neoliberale Formen des Regierens, die als *ziyou* (Freiheit) gefasst werden, nicht in der Form von sozialer Verantwortung oder Patriotismus, sondern aus Enttäuschung und in Form von Misstrauen gegenüber dem Staat.

Dieser Aufsatz basiert auf ethnografischen Beobachtungen, die ich während meiner anthropologischen Vorarbeiten im Sommer 2004 und meiner doktoralen Feldforschung zwischen Juli 2006 und August 2007 unter den *bangbang* (zum überwiegenden Teil männliche ländliche Migranten) in Chongqing durchgeführt habe. Ich stelle sie in den Zusammenhang theoretischer Debatten über den Neoliberalismus als „Taktik der Gouvernementalität",[7] setze die Berufswahl ländlicher WanderarbeiterInnen mit der Formierung ihrer Subjektivität in Beziehung und untersuche die Wechselwirkung beider Elemente aus der Perspektive der Gouvernementalität. Wie Lisa Hoffman in ihrer Studie zur Gouvernementalität auf den Jobmessen und in den „Talent Service Centers" in Dalian herausgestellt hat, sind die Wahlmöglichkeit und Autonomie in Wirklichkeit Teil von Prozessen der Beherrschung und der Subjektformierung. Freiheit verweist nicht auf die Abwesenheit von Herrschaft oder Formen des Regierens, sondern ist eine Form der Beherrschung, in der sich die Steuerung und Anleitung des Subjekts „durch Freiheit" (Hoffman 2006) vollzieht.

Der Neoliberalismus und die Frage der Gouvernementalität

Je nach Perspektive hat „Neoliberalismus" ganz verschiedene Bedeutungen (Ong 2006: 1). Nach Aihwa Ong wird Neoliberalismus in den USA meist als Beschreibung einer „marktorientierten Politik" und des „Neokonservatismus" verwendet, der Strategien suche, „um Sozialprogramme abzuschaffen und die Interessen des Großkapitals durchzusetzen". In Asien wird Neoliberalismus von Politikern und Experten als „Amerikas exzessive Macht" und seine Schaden bringende, marktbeherrschende Stellung in den asiatischen Ökonomien verstanden. In der öffentlichen Diskussion beschreibt Neoliberalismus die „ungeregelten Finanzströme", die die Stabilität nationaler Währungen und die Lebensbedingungen bedrohen. Im allgemeinen wird Neoliberalismus jedoch meist als Ideologie des Marktes gesehen, die der Regierungs- und Handlungsfähigkeit von Staaten entgegenwirke (ebd.: 1–3). Einige WissenschaftlerInnen entwerfen ein Bild, in dem der neoliberale Norden den Süden belagert und überrennt, was zu Gegenreaktionen führt. Andere erkennen „neoliberale Staaten", die „auf globaler Ebene" Kapital konzentrieren und Macht monopolisieren (ebd.: 12). Neoliberalismus kann aber nach Meinung vieler ForscherInnen auch als eine bestimmte Regierungsform verstanden werden, als „ein neues Verhältnis zwischen Regierung und Wissen, durch das Formen des Regierens als nicht-politische und nicht-ideologische Angelegenheiten reformuliert werden, die technische Lösungen verlangen" (ebd.: 3).[8] Mit anderen Worten, der Neoliberalismus ist eine neu entwickelte Technik der Foucault'schen „Biopolitik", die auf Marktwissen und Formen der Unterwerfung und Subjektivierung gründet und den modernen Mensch regieren und beherrschen will. Der Staat besitzt laut Foucault kein präexistentes „Wesen“ und seine institutionelle Struktur hängt von der Veränderung der Regierungsformen ab (Gordon 1991: 4). Der Neoliberalismus ist eine bestimmte Technologie des Regierens und sollte nicht als naturgegeben und dem übermächtigen Staat entgegenstehend verstanden werden, sondern als eine neue Form staatlicher Planung, die darauf abzielt, die Verwaltung öffentlicher Ressourcen und die Kontrolle der Bevölkerung zu optimieren. Nach Thomas Lemke ist Neoliberalismus vor allem der politische Versuch, eine gesellschaftliche Realität zu entwerfen, deren Formen des Regierens einer genaueren Untersuchung bedürfen (Lemke 2001).

Foucault definiert Regierung als „Führung der Führungen“, was „das Spektrum von Technologien und Formen des Wissens bezeichnet, die sich mit der systematischen und pragmatischen Führung und Regulation des alltäglichen Verhaltens befassen“ (Ong 2006: 4). Als Anleitung für das tägliche Leben der Subjekte umfasst die Gouvernementalität eine Reihe von Praktiken, die von „andere regieren“ zu „sich selbst regieren“ reichen. Das Konzept der Gouvernementalität hilft uns zu erkennen und begrifflich zu fassen, dass die neoliberale Rationalität als eine Politik der Wahrheit funktioniert. Sie schiebt der Sphäre der Politik Wahrheiten und Kalkulationen des Marktes unter, und „produziert neue Formen des Wissens, Vorstellungen und Konzepte, die zur Regierung neuer sozialer Regulations- und Interventionsbereiche beitragen“ (Lemke 2006: 8).

Aus der Perspektive der Gouvernementalität ist der vermeintliche Rückzug des Staates in den fortgeschrittenen liberalen Demokratien als Folge neoliberaler Politik in Wirklichkeit die Fortsetzung der Regierung in neuem Gewand. Der Neoliberalismus ist alles andere als ein Ende der Politik. Er ist vielmehr eine veränderte Politik, die die Machtverhältnisse in der Gesellschaft neu strukturiert. Neoliberale Formen der Regierung reichen von der politischen Regierung im klassischen Sinne zu Formen der Selbstregulation und beinhalten nicht nur direkte Interventionen der Staatsapparate sondern ebenso indirekte Techniken der Führung und Kontrolle von Individuen (ebd.: 5–12).

Inwieweit es angemessen ist, das Konzept des Neoliberalismus für eine Untersuchung der Lage in postkolonialen, autoritären oder postsozialistischen Schwellenländern mit nicht-liberalen/illiberalen Traditionen zu verwenden, wurde in der Wissenschaft lebhaft diskutiert. Ich stimme mit Aihwa Ong und anderen (Ong 2006/Hoffman 2006: Fußnote 8) darin überein, dass wir uns auf den „aktiven, interventionistischen Aspekt des Neoliberalismus in nicht-westlichen Gesellschaften“ konzentrieren sollten, wo „der Neoliberalismus ausnahmsweise an Orten der Transformation eingeführt wird, an denen in der Bevölkerungspolitik und der Verwaltung der Räume zunehmend Marktkalküle eine Rolle spielen" (Ong 2006: 3). In ähnlicher Weise hat Gary Sigley den Begriff „liberaler Despotismus" vorgeschlagen, um zu beschreiben, dass „autoritäre und unfreie Maßnahmen entscheidend sind für die Funktionsweise einer liberalen Kunst der Regierung" (Sigley 2004; zit. n. Hoffman 2006: 555). Aus diesen Gründen schlage ich vor, diesen Neoliberalismus als Sonderfall zu begreifen, der die postkoloniale Situation in China erklären hilft. Dort spielte der Neoliberalismus bei der Regierungsausübung eine entscheidende Rolle, auch wenn der Neoliberalismus als generelle Beschreibung der Techniken des Regierens nicht ausreicht. Die „Hochzeit" zwischen neoliberalen Techniken und aktiver staatlicher Regulation hat dem „Regieren durch Freiheit" den Weg geebnet und „unternehmerische Bürger-Subjekte" hervorgebracht, die „optimale Bedingungen für ihre technische und ethische Antwort auf die globalisierte Unsicherheit und Bedrohung" schaffen wollen (Ong 2006: 14).

Im Mittelpunkt dieses Artikels steht, wie die neoliberale Gouvernementalität im postmaoistischen China durch den staatlich forcierten Diskurs der *ziyou* (Freiheit) ländliche WanderarbeiterInnen in „verantwortungsbewusste", „selbständige" Subjekte verwandelt. Im Folgenden gebe ich einen kurzen Überblick über die Reformierung des chinesischen Arbeitssystems seit den späten 1970er Jahren, da die Reformen zentral für die Verwandlung ländlicher WanderarbeiterInnen in „eigenverantwortliche", „selbstmotivierte" und „selbstbestimmte" Subjekte waren. Nach den Reformen war Arbeit kein kollektives Gut mehr, sondern etwas, das dem Individuum gehörte und für Geld zu kaufen war. Diese Transformation sorgte für die Verbreitung der Idee des freien Willens und der freien Wahl unter den ArbeiterInnen. Äußerungen des freien Willens auf Basis einer selbstbestimmten Entscheidung ebnen den Weg für die Formierung „verantwortungsbewusster" ArbeiterInnen, deren moralische Qualität auf dem Umstand gründet, dass sie allein ihre Berufe wählen und danach die Konsequenzen ihrer Entscheidung tragen. Viele WissenschaftlerInnen haben beobachtet, dass „diese Strategie … dazu führt, dass soziale Verantwortung eine Frage persönlicher Vorkehrungen wird" (Lemke 2006: 12).

Der Aufstieg des „freien" Arbeitsmarktes und die Produktion der ziyou-Subjektivität

Nach Beginn der Reformen fand das Konzept der *ziyou* (Freiheit) schnell Eingang in den alltäglichen Sprachgebrauch. Begriffe wie *geren ziyou* (individuelle Freiheit), *yanlun ziyou* (Redefreiheit) oder *xiaofei ziyou* (Konsumfreiheit) befreiten die Individuen vom politischen Druck durch den sozialistischen Staat und eroberten die individuelle Autonomie und die Wahlmöglichkeit zurück, die in der Mao-Ära weitgehend beseitigt worden waren.

Die besonderen Bedeutungen des Begriffs *ziyou* entstanden in China zuerst am Anfang des 20. Jahrhunderts mit Yan Fus Übersetzung von John Stuart Mills „On Liberty" (Über die Freiheit). Yan benutzte zwar den Begriff *ziyou* für die Übersetzung des Wortes „liberty", aber Gao Yu verwies zu Recht darauf, dass die Bedeutung von *ziyou* deutlich vom westlichen Verständnis von „Freiheit" abwich (Gao 2004). Gao zufolge ergab sich die Bedeutung von *ziyou* aus zwei miteinander verbundenen Ebenen: die Ebene der Freiheit des Individuums und die Ebene der nationalen Befreiung. Der *ziyou*-Diskurs unterstellte, dass die Befreiung und der Aufbau der Nation Vorrang vor der individuellen Freiheit besaß, und dass es moralisch geboten war, letztere für die nationale Befreiung zu opfern. Die Freiheit des Individuums war kaum je das Ziel der Revolution, so Gao, sie war vielmehr immer eine politische Waffe, die gegen den feudalen Despotismus in Anschlag gebracht werden konnte.

Nach der Gründung der Volksrepublik China im Jahr 1949 wurde die Idee individueller Freiheit, die in kurzer Zeit viele Intellektuelle und radikale Jugendliche für die Revolution mobilisiert hatte, im Zuge der vehementen Durchsetzung der sozialistischen Kollektivierung aufgegeben. Individuelle Interessen hatten sich den Interessen der Nation unterzuordnen, und der Diskurs zur Freiheit des Individuums verschwand in der Kollektivgesellschaft zwischen 1949 bis 1978 weitgehend. Unmittelbar nach dem Ende der Kulturrevolution (1966 bis 1976) bildete sich jedoch eine „Entmaoisierungsbewegung", und der Staat wurde dafür kritisiert, brutal ins persönliche Leben der Einzelnen eingegriffen und die individuelle Freiheit unterdrückt zu haben. In den 1980er Jahren entstand die sogenannte „Trauma-" und „Erinnerungsliteratur" (*shanghen wenxue* und *fansi wenxue*), die die traumatischen Erfahrungen der Kulturrevolution thematisierte und das Verlangen nach individueller Freiheit in der Zeit nach Mao stärkte.

Die steigende Bedeutung des *ziyou*-Diskurses in der Reformzeit geht Hand in

Hand mit der Umgestaltung des Arbeitssystems in China. Briane Becker und Gao Yang zufolge kam der Arbeitskraft im sozialistischen China eine „einzigartige Rolle“ zu (Becker/Gao 1989). Damals wurde das Arbeitssystem von drei Prinzipien beherrscht. Erstens gehörte die Arbeitskraft dem Staat und weniger dem Individuum, und sie produzierte gesellschaftliche und nicht private Werte. Der Staat verlangte, dass alle arbeitsfähigen BürgerInnen ihre Arbeitskraft bereitstellten und wies ihnen mittels einer „einheitlichen Allokation“ (*tongyi fenpei*) Arbeitsstellen zu (Xue, 1981; zit. n. Becker/Gao 1989). Dieses Verfahren ließ den ArbeiterInnen kaum Möglichkeiten, ihren bevorzugten Beruf zu wählen. Zweitens wurde aufgrund des Prinzips des Egalitarismus von einer Einheit individueller und staatlicher Interessen ausgegangen, und jede einzelne Arbeiterin sollte ihren Beitrag zur Erreichung der höheren nationalen Ziele leisten. Drittens sollten im Rahmen des Arbeitssystems Vergütungen gewährt werden, die den variablen „Arbeitseinsatz“ berücksichtigten. Die Bezahlung hing dann jedoch weniger von der vergangenen oder gegenwärtigen Arbeitsleistung ab, als von formalen Kriterien wie Schulbildung und Beschäftigungsdauer. Auf der Grundlage dieses Arbeitssystems konnten Gewinne und Verluste der Mitglieder der Gesellschaft mehr oder weniger ausbalanciert werden. Individuelle Bevorzugung und Bereicherung galten als mit den Vorstellungen eines wahren Sozialismus unvereinbar. Arbeitsverträge wurden als Werkzeuge des Kapitals angesehen, besonders während der Kulturrevolution (Becker/Gao 1989).

Im offiziellen Diskurs der 1980er Jahre wurden diese Prinzipien jedoch als „veraltet“ bezeichnet und abgelehnt: Die staatliche Arbeitsallokation, die Kontrolle der Beschäftigungsverhältnisse und das Prinzip egalitärer Entlohnung mindere die Produktivität und untergrabe den Leistungswillen. Neue Rahmenbedingungen müssten geschaffen werden, damit sich die Arbeitskräfte den Erfordernissen des Marktes folgend frei bewegen und ihren individuellen Berufsvorstellungen folgen könnten. Diese neue „Freiheit“, für höhere persönliche Einkünfte zu arbeiten, garantiert nach Meinung führender Befürworter der Reformen ein freier Arbeitsmarkt, „auf dem Menschen die gleichen Chancen haben, faire Konkurrenzbedingungen genießen und ihren Beruf selbst wählen können … und in dem die Arbeiter selbst das ökonomische Risiko ihrer Entscheidung über den Einsatz ihrer Arbeitskraft tragen“ (Du 1983; zit. n. Howard/Howard 1995: 348).

Um die ArbeiterInnen für die Kräfte des freien Marktes empfänglich zu machen, wurde ein Arbeitsvertragssystem (*laodong hetongzhi*) eingeführt, das die Arbeitsplatzsicherheit (die „Eiserne Reisschüssel“) und den Egalitarismus („Alle essen aus einem

Topf") in den Staatsbetrieben ersetzte. Danach wurde das Arbeitsvertragssystem auf alle staatlichen und alle Kollektivunternehmen in den Städten ausgeweitet. Chinesische Wirtschaftswissenschaftler wie Feng Lanrui und Zhao Lukuan priesen das neue System als Durchbruch für die Erhöhung der Produktivität. Unter den ArbeiterInnen rief es jedoch heftigen Widerstand hervor und konnte deswegen weder in den staatlichen noch den Kollektivunternehmen richtig umgesetzt werden. Der Arbeiterwiderstand wurde von offizieller Seite wiederum als Ausdruck der Bürokratisierung und des mangelnden Verständnisses der Ursachen und notwendigen Maßnahmen interpretiert (White 1987).

Die ArbeiterInnen der Staatsbetriebe mussten nun feststellen, dass ihnen die größere Freiheit und Autonomie bei der Berufswahl trotz der Reformversprechen keinen höheren materiellen Lebensstandard verschafften. Stattdessen litten sie unter einer massiven Kündigungswelle, um sich greifenden Lohnsenkungen und der strengen Disziplin am Arbeitsplatz. Darüber hinaus wurden sie bei der Entscheidungsfindung über Privatisierung oder Schließung ihrer alten Betriebe nicht beteiligt, und ihre Ansprüche auf weitere staatliche Sozialleistungen wurden als moralisch „unzulässig" entwertet. Der Staat erwartete, dass sie für sich selbst sorgen sollten und ihre persönliche Kosten-Nutzen-Rechnung erstellen. Die ArbeiterInnen fühlten sich hingegen vom Staat „im Stich gelassen".

Ähnlich wie die Arbeit der städtischen Belegschaften wurde die Landarbeit in der Mao-Ära eng durch den sozialistischen Staat überwacht, allerdings war diese Kontrolle nicht immer wirksam (Zhang 2001; Solinger 1999). Dorothy Solinger zeigt, dass die Bauern und Bäuerinnen vom Staat stets als Arbeitskraftreserve betrachtet wurden. Die Wanderung vom Land in die Stadt war zwischen 1949 und 1978 nur dann rechtlich erlaubt, wenn sie den staatlichen ökonomischen Zielen diente. Nach der Einführung des Haushaltsregistrierungssystems im Jahr 1958 wurde die Wanderung der Bauern und Bäuerinnen in die Städte rigoros unterbunden. Sie sahen sich gezwungen, auf den Feldern zu bleiben und die Städte durch die Produktion und Lieferung von Lebensmitteln zur Versorgung der Stadtbevölkerung zu unterstützen. Dies wurde durch eine Reihe von restriktiven Anwerbevorschriften, selektive Lebensmittelzuteilungen und die Begrenzung des Wohnraums für bäuerliche MigrantInnen in den Städten abgesichert (Solinger 1999).

Mit dem Beginn der Reformen Ende der 1970er Jahre veränderte sich die Situation der Bauern und Bäuerinnen jedoch dramatisch. Die sozialistischen Volkskommunen hatten bis dahin für eine strikte Kontrolle der bäuerlichen Arbeitskraft und ihrer Bewegungsfreiheit gesorgt. Sie wurden ab 1979 aber aufgelöst, was zu einem Überschuss von etwa 200 Millionen ländlichen Arbeitskräften führte (Taylor 1988; Davin 1999, zit. n. Zhang 2001). Da sich die städtische Ökonomie rasant entwickelte und ausländisches und übersee-chinesisches Kapital ins Land floss, bestand eine enorme Nachfrage nach billiger Arbeitskraft. Als Reaktion darauf wurde das System der Haushaltsregistrierung gelockert, und ländliche MigrantInnen durften fortan vorübergehend in den Städten wohnen und arbeiten. Eine Reihe wirtschaftspolitischer Maßnahmen erlaubte und ermöglichte ihnen die Wanderung in die Städte und die Aufnahme einer dortigen Beschäftigung. Die Regierung wurde ersucht, „die Bauern durch ideologische Kampagnen und politische Entwürfe auf den Weg Richtung Markt zu leiten, und sie aus ihrer Existenz als ‚Kleinproduzenten' hinaus zu führen, zu drängen und zu ziehen, damit sie in der Marktwirtschaft zu ‚Warenproduzenten' werden" (Yan 2003: 498).

Von elementarer Bedeutung für den Aufbau der Marktwirtschaft war die Formierung eines neuen ländlichen und migrantischen Subjekts, dessen Arbeitskraft zur Ware wurde und auf dem freien Arbeitsmarkt zum Verkauf stand. Während der Staat die Anbindung der Bauern und BäuerInnen an den Markt förderte, indem er sie in die Städte führte, machte er sich paradoxerweise gleichzeitig Sorgen, dass die neuen WanderarbeiterInnen zu viel *ziyou* erhalten könnten. Ländliche WanderarbeiterInnen wurden als „flottierende Bevölkerung" (*liudong renkou* oder *floating population*) bezeichnet. (Das Wort „flottierend" impliziert negative Bedeutungen wie entwurzelt, unbeständig und bedrohlich; Zhang 2001: 33.) Zhang Lis Forschung zu den ländlichen, aus der Provinz Zhejiang stammenden MigrantInnen in Beijing zeigt, dass die staatlichen Behörden diese Bevölkerungsgruppe ständig überprüfen, mittels Meldepflicht, Beobachtung, Überwachung und Geburtenkontrolle. Die Beobachtung und Kontrolle der „flottierenden Bevölkerung" bereitet der Lokalregierung „große Kopfschmerzen" (ebd.: 34–7).

Dieser kurze Überblick über die Entstehung des freien Arbeitsmarktes im ländlichen und urbanen China zeigt deutlich, dass der Diskurs der Freiheit *(ziyou)* der Berufswahl entstand, als der Staat die neoliberale Rationalität auf das Arbeitssystem übertrug. So sollte eine neue Form der Subjektivität geschaffen werden, genau genommen verantwortungsbewusste, moralische und auch ökonomisch rationale Individuen, die bei der Berufswahl Kosten und Nutzen abzuwägen wissen. Mit Thomas Lemke ließe sich von einer neoliberalen Verwandlung der individuellen Lebensführung in eine „unternehmerische Form" sprechen. Die neue Autonomie der ArbeiterInnen bei der Berufswahl war dennoch keine natürliche Folge der nun freien

Märkte, sondern vor allem Ergebnis der Regulierungsbemühung und Intervention des Staates, der bestimmte nationale ökonomische Ziele erreichen wollte.

Zu den Millionen selbständiger ArbeiterInnen gehören die *bangbang* im städtischen Chongqing, die als eine besondere Gruppe ländlicher, zum großen Teil freischaffend erwerbstätigen WanderarbeiterInnen gelten, die bei der Arbeit über ein außergewöhnlich hohes Maß an *ziyou* verfügen. Auch viele *bangbang* sind der Meinung, dass sie im Vergleich zu anderen Jobs mehr *ziyou* haben oder „freier" sind. Meine Untersuchung ihrer Erfahrungen mit der Berufswahl soll Aufschluss über folgende Fragen geben: Was bedeutet *ziyou* für diese ländlichen WanderarbeiterInnen? Welche Form von *ziyou* erreichen sie durch die Arbeit als *bangbang*? Weshalb ist die Erzählung des *ziyou* unter den *bangbang* so bestimmend? Und zu welcher Form der Subjektivität führt der *ziyou*-Diskurs unter den *bangbang*?

Die bangbang in der hügeligen Stadt

Die gegenwärtige Wanderung von etwa 200 Millionen Menschen aus den ländlichen Regionen in die Städte Chinas ist vermutlich die größte Migrationsbewegung, die die Welt je gesehen hat (Lague 2007; Yardley 2004). Anfangs waren Chinas östliche Küstenregion und die größten Städte (wie Beijing und Shenzhen) die Hauptziele der MigrantInnen, aber mittlerweile gehen viele auch in große Städte im Inland, etwa nach Chongqing. Nach einer rasanten Urbanisierung seit den 1990er Jahren ist Chongqing heute mit einer Einwohnerzahl von etwa 30 Millionen die größte Stadt im Südwesten Chinas. Hintergrund dessen sind Chinas Bemühungen, das Ungleichgewicht zwischen der boomenden Küstenregion und dem stagnierenden Inland zu reduzieren. 1996 flossen Gelder der Regierung und der Staatsbanken für den Drei-Schluchten-Staudamm nach Chongqing, 2001 dann für das „Entwicklungsprogramm für den Westen". 1997 wurde Chongqing nach Beijing, Shanghai und Tianjin zur vierten regierungsunmittelbaren Stadt erklärt. Chongqings Wirtschaft hängt vor allem von der Binnenschifffahrt, der Erz- und Stahlgewinnung, sowie der Produktion von Motorrädern und Autoersatzteilen ab. Aufgrund der extremen topographischen Höhenunterschiede besteht eine drängende Nachfrage nach gering und unqualifizierten Arbeitskräften, die schwere Arbeiten insbesondere im Transportbereich verrichten. Seit Mitte der 1990er Jahre strömen ländliche Arbeitskräfte in die Stadt. Allein im Jahr 2003 zog Chongqing mehr als zwei Millionen MigrantInnen aus dem ländlichen Umland an (Li 2004). Die Stadt setzt das sogenannte „Eine-Stunde-Wirtschaftskreis"-Programm um, um innerhalb der nächsten fünf Jahre zwei Millionen

Landbewohner in neugeschaffene, eine Stunde Fahrzeit vom Stadtzentrum entfernt liegende Vorstädte umzusiedeln. Weitere zwei Millionen sind für die darauffolgenden fünf Jahre vorgesehen (French 2007). Viele der WanderarbeiterInnen in „Chinas Chicago" (Economist 2007) arbeiten als *bangbang*. Das ist die Bezeichnung für die Lastenträger, die sich an den Docks entlang des Yangtse- und des Jialing-Ufers, auf Märkten, in Einkaufszonen und an Verkehrshaltestellen herumdrücken. Mit Bambusstöcken auf den Schultern und daran befestigten Schnüren leisten sie schwere und schlecht entlohnte Transportarbeit. Einige von ihnen verrichten zusätzlich andere Nebentätigkeiten, auf Baustellen, in Fabriken, Schulen und kleinen Restaurants, oder sie arbeiten noch als Müllsammler, Türöffner oder Bauarbeiter. Die Geschichte der *bangbang* lässt sich bis in die späte Qing-Dynastie zurückverfolgen, als Chongqing zu einem der wichtigsten Handelshäfen im Südwesten Chinas aufstieg. Heute gibt es zwar keine offiziellen Statistiken darüber, wie viele *bangbang* gegenwärtig in Chongqing arbeiten, ihre Zahl wird jedoch auf zwischen 200.000 und einer Million geschätzt. Jian Shiming, emeritierter Professor der Akademie der Sozialwissenschaften in Chongqing und Autor von *The Bangbang Army in the Mountainous City* (Die Armee der *bangbang* in der hügeligen Stadt; Jian 2000), schreibt in diesem Buch von 200.000 bis 300.000 *bangbang*, und allein für den Bezirk Yuzhong von 50.000 bis 60.000.[9] Sie sind vorwiegend arme, ungelernte, männliche Wanderarbeiter aus den Dörfern der näheren Umgebung der Stadt, andere stammen aus den Provinzen Sichuan oder Guizhou. Seit kurzem gehören auch gekündigte oder pensionierte städtische Fabrikarbeiter und einige Ehefrauen der Lastenträger zur „Armee der *bangbang*".

Die Arbeit als *bangbang* lässt sich vielleicht am ehesten mit dem Taxifahren in den USA vergleichen. Obwohl die *bangbang* ihre Auftraggeber respektvoll als *laoban* oder „Chef" bezeichnen, sehen sie diese oft als KundInnen. Die meisten *bangbang* haben keine festen KundInnen. Sie arbeiten für jeden, der sie bezahlen kann, und befördern alle erdenklichen Güter, die sie mit ihren Händen, auf Rücken und Schultern und unter Zuhilfenahme von Bambusstöcken und Schnüren tragen können. Bezahlt werden sie in bar und gleich nachdem sie einen Job erledigt haben. Unmittelbar danach begeben sie sich wieder auf die Suche nach neuen KundInnen. Um gegenüber der Konkurrenz bestehen zu können, organisieren sich die *bangbang*. Es gibt drei Formen der Organisierung. In der ersten Form schließen sich einige *bangbang* innerhalb eines bestimmten Territoriums zusammen und teilen Gewinne und Risiken der gemeinschaftlichen Arbeit. Der gesamte Verdienst wird nach jedem erledigten Job oder am Ende jeden Tages gleichmäßig zwischen allen Beteiligten aufgeteilt. Einige dieser *bangbang*-Gruppen leben, kochen, essen und waschen ihre Kleidung gemeinsam und teilen alle Einnahmen und Ausgaben. Meistens sind die Gruppenmitglieder durch verwandtschaftliche Beziehungen, Heirat oder gemeinsame Herkunftsorte eng miteinander verbunden und kennen sich gegenseitig sehr gut. In der zweiten Form bilden *bangbang* eine Gruppe, weil sie regelmäßig für bestimmte Einrichtungen oder Unternehmen arbeiten, die billige Transportarbeit benötigen – zum Beispiel Schulen, große Supermärkte, Busstationen, Bahnhöfe oder Einkaufstraßen. Diese bieten den *bangbang* jedoch keine Arbeitsverträge, festen Löhne oder anderweitige Leistungen. Sie werden vielmehr von den KundInnen bezahlt, für die sie Aufträge erledigen, eine Fakultät der Schule, Passagiere der Busse und Bahnen oder KundInnen der Einkaufszentren. Gleichzeitig müssen diese *bangbang* jedoch eine monatliche „Verwaltungsgebühr" von 25 Yuan an die Verwaltung der jeweiligen Einrichtung abführen. Sie verlangen deswegen von ihren KundInnen oft ein höheres Entgelt, um diese Mehrausgaben zu kompensieren. Die dritte Form sind Gruppen von *bangbang*, die innerhalb eines bestimmten Territoriums arbeiten, aber weder verwandtschaftlich noch freundschaftlich oder über einen gemeinsamen Herkunftsort miteinander verbunden sind. Sie sind Kollegen, die die Arbeitslast, die Geschäfte und den Ärger in den Verhandlungen mit den Kunden teilen. Gelegentlich kommt es auch unter ihnen zu Auseinandersetzungen um bestimmte Jobs. Wenn jedoch *bangbang* aus anderen Gebieten in ihrem Territorium Geschäfte machen wollen, schließen sie sich zusammen, um die Eindringlinge zu verjagen. In einigen Bezirken sind die *bangbang* in verschiedene Fraktionen gespalten, die heftig miteinander konkurrieren und zum Teil auch vor der Anwendung von Gewalt nicht zurückschrecken.

In einem Bezirk können einige *bangbang* tüchtiger sein als andere und sich zu „kleinen Chefs" oder Mittelsmännern aufschwingen, die andere *bangbang* für Aufträge anheuern und bei Problemen und Konflikten einspringen, um daraus Profit zu schlagen. Um unter den *bangbang* ein hohes Ansehen zu genießen, muss man physisch stark sein, Erfahrung haben, über viele nützliche soziale Kontakte verfügen, einen guten Charakter aufweisen und glaubwürdig sein. Aber auch körperlich schwächere *bangbang* können sich durch ihre Erfahrung oder die Zahl ihrer KundInnen den Respekt der anderen verdienen. Obwohl junge *bangbang* meist physisch stärker sind, bleiben sie oft auf ältere, erfahrenere Kollegen angewiesen, um an Aufträge zu gelangen. Zuweilen müssen sie sich gar die Schikanen der Älteren gefallen lassen. Nicht selten sind Neulinge in den ersten Monaten verärgert, deprimiert und verzweifelt, weil sie keine KundInnen finden, Ärger mit den KundInnen haben oder Konflikte mit anderen *bangbang* austragen müssen.

Das Durchschnittsalter der 124 *bangbang*, die ich im Rahmen meiner Untersuchung traf, lag bei 41 Jahren.[10] 69 Prozent von ihnen waren verheiratet und hatten mindestens ein Kind. Wenn sich ein *bangbang* und seine Frau zum Umzug in die Stadt entschließen, lassen sie ihre Kinder meist bei den Großeltern oder Verwandten zurück. Ist von der älteren Generation keine Hilfe zu erwarten, bleibt die Frau meist im Dorf und der Mann zieht allein in die Stadt. Er fährt aber ab und zu ins Dorf zurück, beispielsweise während der Erntezeit, bei familiären Notfällen und manchmal auch zur Erholung. Diese *bangbang* leben oft in einem „*bangbang*-Hotel",[11] einer günstigen Unterkunft, die gar umsonst ist, wenn sie dort noch als Nachtwächter arbeiten.[12] Viele Ehefrauen der *bangbang* folgen ihren Männern in die Städte nach, wenn ihre Kinder dreizehn oder vierzehn Jahre alt sind und die Eltern meinen, sie könnten nun für sich selbst sorgen. Häufig arbeiten die Frauen dann wie ihre Männer als *bangbang*, meist am gleichen Ort, sie tragen jedoch leichtere Gegenstände und haben weniger Kontakt zu den KundInnen. Die Männer versuchen sicher zu stellen, dass ihre Frauen nicht auf der Straße nach Arbeit suchen müssen. Ein *bangbang*-Paar mietet gewöhnlich eine eigene Wohnung an oder teilt sich mit anderen Paaren eine größere, um Kosten zu sparen. Meist sind diese Paare dann miteinander verwandt oder verschwägert. In seltenen Fällen bleiben auch *bangbang*-Ehefrauen mit einem Kleinkind bei ihren Männern in der Stadt. Sie übernehmen dann häufig Teilzeitarbeiten als Schuhputzerin, Kellnerin oder Fabrikarbeiterin. Noch seltener sind Fälle, in denen sie als Hausfrauen in der Wohnung bleiben und gelegentlich für die Ernte oder aufgrund von Familienangelegenheiten ins Dorf zurückfahren.

Neoliberale Gouvernementalität durch den ziyou-Diskurs

Die *bangbang* stolpern nicht einfach blindlings in diesen Beruf, und ebenso wenig nehmen sie diesen Job an, weil sie keine anderen Möglichkeiten hätten. Viele von ihnen bringen im Gegenteil Erfahrungen aus anderen Berufen mit und entscheiden sich aus diversen Gründen bewusst für die *bangbang*-Arbeit. Zu diesen Gründen gehören die unmittelbare Bezahlung in bar, die Nähe zum Heimatdorf und die Tatsache, dass die Arbeit keine formale Qualifikation erfordert. In meinen Interviews sagten die *bangbang* immer wieder, dass ihnen diese Arbeit „*ziyou*" bietet.

Ziyou kann für die *bangbang* mehrerlei Bedeutungen haben. Die erste beschreibt die Freiheit von der physischen Kontrolle und Disziplinierung durch einen Chef, ein

Wesensmerkmal vieler körperlicher Tätigkeiten, zum Beispiel der Fabrikarbeit. Ein *bangbang* und ehemaliger Fabrikarbeiter zog folgenden Vergleich:

> „Ab dem Jahr 2000 arbeitete ich in einer Fabrik für Motorradteile, bevor ich den Job dann 2004 für die Arbeit als *bangbang* an den Nagel hing. In der Fabrik musste ich mindestens zwölf, manchmal vierzehn Stunden am Tag arbeiten, von 8 Uhr bis 22 Uhr. Ich stand am Fließband und schliff die Zubehörteile. Das war ein langweiliger Knochenjob. … Ich hatte Hepatitis B und musste mich von Zeit zu Zeit ausruhen. Dann kam jedes Mal der Vorarbeiter und hat sich lautstark über mich moniert. Ich fühlte mich erniedrigt … weil ich doch hart arbeitete. Er ist auch zum Chef gegangen und hat ihm gesagt, ich sei faul. Ich konnte dem nichts entgegensetzen, sonst hätte ich sofort meinen Job verloren. Ich konnte nichts weiter tun, als zurück an die Arbeit zu gehen. Nach einer Weile war ich den Job leid und wartete immer schon auf die nächste Pause. Die kam aber immer erst dann, wenn ich das Tagespensum erledigt hatte. Der Job als *bangbang* ist anders. Ich kann Pause machen, wann immer ich will. … Niemand kommandiert mich herum. Das finde ich großartig!“[13]

Diese Worte zeigen die strikte und unbarmherzige Kontrolle über die Körper der ArbeiterInnen in der Fabrik. Pun Ngai schreibt, das Fließband verbinde „die Individuen miteinander, um einen kollektiven sozialen Körper zu formen, dessen einziger Zweck darin [besteht], die Produktion zu erhöhen“ (Pun/Li 2008: 211). Der Körper des Arbeiters wird individualisiert und gezwungen, sich der Geschwindigkeit, der Zeit und den Bewegungsabläufen des Fließbandes anzupassen. Die Arbeit als *bangbang* erfordert im Gegensatz dazu keine Anpassung an die Abläufe einer bestimmten Produktionslinie, und es gibt auch keinen Chef. Die Arbeiter haben daher das Gefühl, selbst entscheiden zu können, wann, wo, wie lange und für wen sie arbeiten wollen – genau wie ein Unternehmer.

Die zweite Bedeutung von *ziyou* betrifft das Vermögen, eigene Entscheidungen treffen, das Leben selbst organisieren und selbst planen zu können. Diese Form der *ziyou* ist wichtig, da die meisten *bangbang* in ihren Heimatdörfern noch einen Acker bewirtschaften. Während der Saat- und der Erntezeiten (in der Regel Anfang März und Mitte August) kehren sie in ihr Dorf zurück. Viele *bangbang* haben auch Frau und Kinder auf dem Dorf, die sie gelegentlich besuchen möchten. Die Arbeit als *bangbang* ermöglicht ihnen, jederzeit nach Hause zu fahren und dort so lange zu bleiben, wie sie wollen, ohne Angst vor Entlassung oder vor von Arbeitgebern verhängten Geldstrafen haben zu müssen. Diese Flexibilität kommt ihren Bedürfnissen entgegen.

Der 52-jährige *bangbang* Mo ist ein ehemaliger Steinbrucharbeiter. Er erzählte mir, dass ihm die Arbeit als *bangbang* gefalle und er unter keinen Umständen in den Steinbruch zurückkehren werde, in dem er zehn Jahre lang gearbeitet hatte. Ich fragte ihn, ob das daran liege, dass die Arbeit im Steinbruch anstrengender sei. Er antwortete: „Beide Jobs stellen etwa die gleichen Anforderungen. Aber als *bangbang* habe ich mehr *ziyou*." Ich fragte ihn, welche *ziyou* er denn hätte. Überrascht über meine Frage sagte er: „Das ist doch klar. Siehst du nicht, dass wir *bangbang* keine Chefs haben? Ich bin mein eigener Chef. Ich allein entscheide, ob ich heute arbeite oder nicht, wann, wo, für wen, wie lange und mit wem zusammen ich arbeite. Niemand kann mir Befehle erteilen. Haben die Arbeiter im Steinbruch so viel *ziyou*?" Dann erzählte er mir von seinen schmerzlichen Erfahrungen in einem privaten Steinbruch, in dem die Arbeiter tun mussten, was der Chef befahl:

> „Der Chef entschied über meinen Lohn. Was konnte ich schon tun? Einmal lag mein Sohn im Krankenhaus. Ich wollte mich um ihn kümmern, also bat ich um einen kurzen Urlaub. Der Chef gewährte zwar den Urlaub, bläute mir aber ein, so schnell wie möglich zurückzukehren, andernfalls würde ich meinen Job verlieren. Ich hatte einfach genug davon. Verstehst du, anders als die städtischen Arbeiter sind wir vom Land nicht daran gewöhnt, die Disziplin in den *danwei* einzuhalten. Bei uns gibt es keine *danwei*, und wir haben uns an die *ziyou* gewöhnt."

Die dritte Bedeutung von *ziyou* beschreibt die Fähigkeit der *bangbang*, die Arbeit so flexibel einrichten zu können, dass sie möglichst viel Geld verdienen. Die *bangbang* schließen keine schriftlichen Verträge mit ihren Kunden. Daher können sie ihre Beschäftigung schnell wechseln. Viele *bangbang* haben mehrere Teilzeitjobs gleichzeitig, um über die Runden zu kommen. Einige *bangbang* erledigen auch kurzfristige Arbeiten, um schnell an Bares zu gelangen. Mit anderen Worten, sie wollen „doppelte Sicherheit" und mehr Geld.

Ein *bangbang* mit Spitznamen Lao Tang arbeitete als Gießer in der Bildhauerei-Abteilung einer Kunsthochschule. Das machte er meist im Juni oder Juli „wenn die Mehrheit der Studierenden ihren Abschluss machen und die Hilfe von Arbeitern benötigen." Diese Art Nebenjob „kann das monatliche Einkommen eines *bangbang* fast verdoppeln." Wann immer er als *bangbang* nicht genug verdiente, ging er zur Kunsthochschule, um bei der Herstellung der Gussformen zu helfen. Als weiteren Zuverdienst sammelte er alte Kartons und Schrott. Solche Arbeiten sind nur möglich, weil die Arbeiter nicht durch Verträge an einen Arbeitgeber, bestimmte Arbeitszeiten oder eine Arbeitsstätte gebunden sind.

Schließlich verstehen einige *bangbang* unter *ziyou* auch die Freiheit von staatlichen Eingriffen und Vorschriften. Aufgrund des Haushaltsregistrierungsystems müssen sich alle ländlichen MigrantInnen bei der lokalen Behörde für Öffentliche Sicherheit anmelden. Das ist im Falle der *bangbang* aus zwei Gründen schwer umsetzbar. Zum einen gibt es zu viele *bangbang*, und sie sind meist schwer ausfindig zu machen. Ein örtlicher Beamter sagte mir dazu: „Tatsächlich weiß man nie, wo sich ein *bangbang* gerade aufhält, weil die meisten häufig umherziehen." Zum anderen kümmern sich viele *bangbang* einfach nicht um die Anmeldung, weil sie diese für kostspielig und zeitaufwändig halten und sie ihnen keine wirklichen Vorteile bringt. Ein *bangbang* stellte dazu fest: „Uns *bangbang* kann niemand regieren (*guan*), nicht einmal der Kaiser (*tianwang laozi*) selbst!"

Unter den *bangbang* im heutigen Chongqing haben die *ziyou*-Erzählungen eine starke Bedeutung. Ein Blick zurück in die sozialistische Periode zeigt, dass *ziyou* damals für die Lastenträger keine so wichtige Rolle spielte. Nach der Gründung der Volksrepublik 1949 und besonders im Zuge der Politik des *shengchanzijiu* (Produktion zur Selbsthilfe) in den 1950er Jahren organisierten viele Nachbarschaftsämter (*jiedao banshichu*) die lokalen Armen in Gruppen von Lastenträgern, die für die staatlichen Kombinate Materialien und Produkte beförderten (zum Beispiel an Umschlagstationen für Zucker oder Wein). Die Träger arbeiteten unter der Aufsicht von Kadern, die ihnen sagten wo, wann, wie lange und wie viel sie zu arbeiten hatten und wie weit sie die Waren transportieren sollten. Wie ArbeiterInnen in anderen Berufen mussten sie ihren politischen Pflichten nachkommen und z. B. an politischen Veranstaltungen oder freiwilligen Arbeitseinsätzen in den Arbeitseinheiten teilnehmen. Die damaligen Träger waren jedoch zum überwiegenden Teil städtische Arbeiter, die über das Wohlfahrts- und Verteilungssystem ihrer *danwei* erfasst und kontrolliert wurden. Ihre Arbeitskraft war weder eine Ware, die auf den Markt getragen wurde, noch eine persönliche, flexibel und effizient eingesetzte Ressource. Die Arbeiter betrachteten sich auch nicht als Individuen, sondern als Teil des Kollektivs.

Der freie Arbeitsmarkt und die eigenständige Berufswahl wurde in Abgrenzung von diesem sozialistischen Regime als Freiheit vom Staat und als Wiederkehr individueller Handlungsfähigkeit begriffen. Diese Auffassung wurde in meinen Gesprächen mit *bangbang* deutlich, die schon in der Mao-Ära gearbeitet hatten. Eine Trägerin sagte:

> „Wenn du mich fragst, was ich von den heutigen *bangbang* denke, dann muss ich dir sagen, dass sie zu viel *ziyou* haben. Als ich für meine *danwei* als *bangbang* arbeitete, musste

> ich immer den Anweisungen des Kaders gehorchen. Anders als die heutigen *bangbang* konnten wir nicht entscheiden, wann, wo und mit wem wir arbeiten wollten. Wir hatten auch keine Zeit für Erholungspausen. Wir dachten immer nur daran, wie wir unserem Land besser dienen konnten."

Als ich sie fragte, was sie über ihre Arbeit in der Planwirtschaft denkt, sagte sie:

> „Naja, ich habe nicht so viel über mich selbst nachgedacht. Ich dachte vor allem daran, wie ich die Arbeit so effizient wie möglich erledigen konnte. Ich widmete mein ganzes Leben dem Staat, anders als die heutigen *bangbang*, die nur an sich selbst denken."

Die *bangbang* der Reform-Ära haben jedoch ein widersprüchliches Verhältnis zur *ziyou*. Einerseits sind sie der Meinung, dass ihnen der informelle Charakter der Arbeit die Möglichkeit gibt, viele Entscheidungen autonom zu treffen. Andererseits stellen sie fest, dass diese Form der *ziyou* mit einem hohen Maß an Unsicherheit verbunden ist, die Gefahren birgt und zu extremer Ausbeutung führen kann. Wenn diese MigrantInnen sich für die Arbeit als *bangbang* entscheiden, müssen sie auf regelmäßige Lohnauszahlung, einen schriftlichen Arbeitsvertrag und jeglichen Arbeitsschutz verzichten, die geregelte Arbeit ihnen bieten könnte. Ein *bangbang* klagte: „Manchmal denke ich … dass die *bangbang* zu viel *ziyou* haben. … Wenn [*ziyou* heißt, dass] sich niemand um mich kümmern will … was soll das dann bringen, so viel *ziyou* zu haben?"

Dieser *bangbang* ist einer von vielen, die ihre Sorge über „zu viel *ziyou*" zum Ausdruck brachten. Ich wollte die Flexibilität der *bangbang*-Arbeit und ihre Fähigkeit, eigene Entscheidungen zu treffen, nicht in Abrede stellen, dennoch interessierte mich, ob die *bangbang* mit „zu viel *ziyou*" tatsächlich die von ihnen behauptete Autonomie und die Wahlmöglichkeit besitzen. Nach Abschluss meiner ethnografischen Forschung bin ich da wenig optimistisch. Die genauere Untersuchung des Verhältnisses zwischen den *bangbang* und ihren KundInnen zeigte, dass die Arbeit der *bangbang* von körperlicher Disziplinierung und Kontrolle bestimmt ist. Viele KundInnen stellen besondere und manchmal sehr detaillierte Anforderungen an die Art und Weise, wie die *bangbang* ihre Körper einsetzen, wie sie die Güter tragen oder ihre Werkzeuge benutzen und welche Leistungsbereitschaft sie an den Tag legen sollen.

Nehmen wir die Arbeitserfahrung des *bangbang* Zhang. Ein Kunde beauftragte ihn, eine große Anzahl Warenkisten von einem Lastwagen in einen anderen umzuladen. Dieser Kunde schrieb Zhang genau vor, wie er die Gegenstände zu bewegen habe. Erstens wies er ihn an, alle Kisten vom Lastwagen abzuladen und auf den Boden zu stellen. Zweitens sollte er sie anhand der Modellnummern, die auf den Kisten aufgedruckt waren, sortieren. Drittens musste Zhang jeweils fünf Kisten aufeinanderstapeln. Viertens sollte er die Kisten zählen und dem Kunden die Anzahl mitteilen. Fünftens verlud er die Kisten mithilfe eines Handkarrens in den Lastwagen des Kunden. Dabei musste er aufpassen, den Karren nicht zu beschädigen. Sechstens sollte er auf der Ladefläche mitfahren, um zu verhindern, dass die Kisten auf der Fahrt vom Wagen fielen. Siebtens wurden er und andere *bangbang* angewiesen, die Warenkisten ins Lager des Kunden zu tragen. Schließlich sollte Zhang noch den Karren zum Geschäft des Kunden zurückbringen. Diese ganze Arbeits-„Anleitung" beinhaltete eine Vielzahl von Anweisungen, die auf die Disziplinierung und Kontrolle von Zhangs Körper zielten. Während der Arbeit kam der Kunde gelegentlich zurück und gab weitere Anweisungen, wie sich Zhang verhalten sollte. Eine derartig detaillierte Steuerung und Kontrolle zeigt, dass die *bangbang* zwar keinen einzelnen Arbeitgeber haben, der den maximalen Profit aus ihnen herausholen will und ihnen deswegen vorschreibt, wie sie ihren Körper bewegen müssen – etwa am Fließband. Die *bangbang* können aber von jedem Kunden und für jede Dienstleistung individualisiert und diszipliniert werden.

In einigen extremen Fällen unterliegen die Körper der *bangbang* nicht nur der verbalen „Anleitung" des Kunden, sondern sind auch Ziel physischer Gewalt. Ein *bangbang* namens Xiao Peng erzählte mir, dass ihn ein Kunde „in den Arsch getreten" habe, um ihm zu „signalisieren", dass er sich beim Abladen der Güter beeilen solle. Ich fragte Xiao Peng, ob er zurückgetreten habe. Er erwiderte: „Nein. Ich hätte das machen können, aber ich entschied, es einfach zu ignorieren. Ich darf mich über so etwas nicht allzu sehr aufregen, verstehst du? Sonst würde ich meinen Kunden verlieren." Ich fragte ihn, ob er eine derartige „physische Anleitung" nicht verabscheue. „Natürlich mag ich das nicht", antwortete er. „Aber was soll ich machen? Ich bin nur ein *bangbang*. Ich kann nur denken, er [der Kunde] ist ja wie ein Kind ohne Bewusstsein."

Xiao Peng wies darauf hin, dass die *bangbang* keinen Anspruch auf staatliche Sozialleistungen und Absicherung haben und somit am Tropf der Kunden hängen. Wenn während der Verhandlungen zwischen *bangbang* und Kunde Probleme auftauchen, entscheidet sich ein *bangbang* häufig, den Anweisungen des Kunden Folge zu leisten und seine oder ihre *ziyou* aufzugeben. Nach der „Anleitung" durch die KundInnen befragt, erzählte mir ein *bangbang*: „Ich sagte mir, dass ich das schlucken muss. Und ich machte mir noch mehrmals bewusst, dass nichts wichtiger war als mein Lohn."

Im Verhältnis zwischen *bangbang* und Kunden entstehen dennoch häufig Konflikte, insbesondere wenn der Kunde sich weigert, für die medizinische Behandlung aufzukommen, falls sich ein *bangbang* während der Arbeit für diesen Kunden verletzt. In diesen Fällen kommt es manchmal zu heftigen, gewalttätigen Auseinandersetzungen. Ein *bangbang* seufzte und sagte: „Unser Leben ist keinen Jiao wert, das unserer Kunden dagegen einen Yuan" [ein Yuan ist zehnmal so viel wert wie ein Jiao]. Der flexible Gebrauch ihrer Arbeit bringt den *bangbang* darüber hinaus nicht unbedingt ein größeres Maß an Freiheit ein. Vielmehr ergibt sich daraus ein Arbeitsprogramm, das ihnen die letzte Kraft raubt. Eine *bangbang* erzählte mir, dass sie rund um die Uhr mit Arbeit beschäftigt sei. Neben ihrem Hauptberuf als *bangbang* hat sie noch zwei Nebenjobs. Morgens um 5:30 Uhr fängt sie als *bangbang* auf dem Markt an zu arbeiten. Mittags liefert sie für ein Restaurant Essen an die Angestellten in einem Gebäude in der Nähe aus. Danach läuft sie rüber zu einem anderen Restaurant, wo sie als Tellerwäscherin beschäftigt ist. Wenn sie nach Erledigung des Abwaschs selbst zu Mittag essen kann, ist es meist schon zwei oder drei Uhr nachmittags. Bis sechs oder sieben Uhr abends hält sie dann wieder auf dem Markt nach Kunden Ausschau. Bevor sie nach Hause geht, sammelt sie noch Pappkartons zum späteren Verkauf und Feuerholz fürs Kochen des Abendessens. Sie hat einen Sohn, der auf dem Land zur Schule geht. Sie braucht die Einkünfte aller Teilzeitjobs, um seinen Lebensunterhalt bestreiten zu können. Sie sagte mir, dass sie oft erschöpft sei und sich nach einer Erholungspause sehne. Aber sie kann es sich nicht leisten, mit der Arbeit aufzuhören.

Die meisten *bangbang*, die ich traf, wollen nicht, dass ihre Kinder denselben Beruf annehmen. Sie hoffen, dass ihre Söhne und Töchter eine gute Ausbildung bekommen und später einmal „im Büro" und nicht „auf der Straße" arbeiten. Sie erwarten dennoch nicht, dass ihre Kinder sie im Alter finanziell unterstützen werden. „Weißt du", erzählte mir einer, „lebenslange Beschäftigung gibt es nicht mehr. Du weißt nie, ob du gefeuert wirst. Mein Kind könnte seinen Job verlieren und dann wieder von mir abhängig sein. Was kann ich also von ihm erwarten?"

Die zentrale Frage bleibt, warum die *bangbang* ihre Arbeit wegen der Freiheit mögen, die sie ihnen lässt, wenn sie in Wirklichkeit von verschiedenen Formen der Unfreiheit gekennzeichnet ist. Meiner Meinung nach spielt die *ziyou*-Erzählung für die *bangbang* aus mehreren Gründen eine so starke Rolle. Der Begriff *ziyou* ist gerade aufgrund der sozialistischen Vergangenheit Chinas und dieser besonderen Verbindung von chinesischer Geschichte und sozioökonomischer Transformation bedeutungsreich. Einen Faktor will ich hier hervorheben: die Förderung des *ziyou*-

Diskurses durch den chinesischen Staat und die Auswirkungen auf die Herausbildung der Subjektivität ländlicher MigrantInnen. In der Reform-Ära mit ihrer neoliberalen Rationalität trägt der Staat den *ziyou*-Diskurs über seine Politikgestaltung, politische Interventionen, soziale Steuerungsmechanismen, Bildung und Mediendarstellung in die Gesellschaft hinein. Seit Jahrzehnten verwandelt der Staat ländliche MigrantInnen in selbständige und selbstunternehmerische Subjekte, damit diese nicht mehr um staatliche Sozialleistungen betteln. Die *bangbang* wurden, wie andere MigrantInnen auch, an den untersten Rand der Gesellschaft gedrängt und in billige Arbeitskräfte verwandelt, die Chinas Wirtschaftswachstum befeuern.

Dieses Projekt des Staates wird nicht durch politische Verfolgung, Zwang oder Unterdrückung umgesetzt sondern mit „weichen“ Methoden. Zum einen propagiert der Staat das neoliberale Ethos von Autonomie und freier Wahl. Über Politikgestaltung, politische Interventionen und soziale Steuerung sowie kulturelle Formen wie Mediendarstellung, Bildung und Diskursproduktion verallgemeinert er die Kommodifizierung der Arbeit und die Ausbeutung und erhebt sie zur Norm. Zum anderen nutzt der Staat den *suzhi*-Diskurs, um seine Mikropolitik auf die „Wertartikulation menschlicher Subjektivität“ auszudehnen. Dieser „Neohumanismus“ (Yan 2003) soll die Bauern und Bäuerinnen zur Migration in die Städte bewegen, damit sie in der „‚Hochschule der Gesellschaft‘ lernen“ und nach einem Mittelklasse-Konsumniveau streben. Die Bezeichnung von WanderarbeiterInnen als rückständig und „von geringer *suzhi*“ dient der Rechtfertigung ihrer Ausbeutung und des erhöhten Risikos körperlicher Schädigung bei der Arbeit, die notwendiger Teil des Ausbildungsprozesses zur Erhöhung ihrer *suzhi* sein sollen. Die tatsächlichen Ausbeutungsverhältnisse sollen so verschleiert werden. Dem Staat geht es um ökonomisches Wachstum, und so bietet er den Bäuerinnen, Bauern und WanderarbeiterInnen keine Unterstützung oder soziale Absicherung. Er schlägt sich auf die Seite der Fabrikbesitzer und Investoren, und die ArbeiterInnen stehen in den Verhandlungen über Löhne, Arbeitsschutzmaßnahmen und Vertragsabschlüsse machtlos da. Schlimmstenfalls sind sie noch nicht einmal in der Lage, die Auszahlung ihres Lohnes sicherzustellen. Die Hilflosigkeit, Hoffnungslosigkeit und Verzweiflung der ländlichen MigrantInnen zeigte sich Anfang 2005 in den Küstenprovinzen. Die Arbeiter waren damals so aufgebracht, dass sie nach dem Neujahrsfest nicht zur Arbeit zurückkehren wollten. Die Fabriken im Perlfluss-Delta waren nicht in der Lage, genug Arbeitskräfte zu finden (Yardley/Barboza 2005).

Einige der von mir befragten *bangbang* hatten in anderen Jobs erlebt, wie ihnen der Lohn vorenthalten worden war. Der *bangbang* Chen war einer von vielen. Einmal arbeitete er mit einer Gruppe von *laoxiang* (Leute aus demselben Ort) in der Provinz Guangdong auf dem Bau. Der Chef war ein Geschäftsmann, der aber einen Vorarbeiter angeheuert hatte, um die Arbeiter zu beaufsichtigen. Chen wurde gesagt, dass er den gesamten Lohn nach getaner Arbeit ausgezahlt bekäme. Ein halbes Jahr lang lebte er auf der Baustelle und arbeitete Tag und Nacht, ohne gleich dafür bezahlt zu werden. Als die Arbeit beendet war, machte sich der Vorarbeiter mitsamt der gesamten Löhne aus dem Staub. Als die *laoxiang* beim Auftraggeber ihren Lohn einforderten, sagte dieser nur, er habe die ArbeiterInnen schon bezahlt, und verschwand daraufhin ebenfalls. Die Arbeiter wollten den Vorarbeiter verklagen, konnten die Gerichtsgebühren aber nicht aufbringen. Schließlich gaben sie auf und kehrten nach Chongqing zurück. Chen entschied sich, als *bangbang* zu arbeiten. „Immerhin habe ich jetzt Geld in der Tasche!“, sagte er.

In den letzten Jahren hat der Staat auf die wachsende soziale Ungleichheit zwischen den gesellschaftlichen Klassen und die damit verbundene soziale Unruhe reagiert und wiederholt versucht, in das Marktgeschehen einzugreifen und das Leid der ländlichen MigrantInnen zu lindern. Bisher führten die vereinzelten Anstrengungen lokaler staatlicher Instanzen und der Zentralregierung, Sozialleistungen für die Landbevölkerung und die WanderarbeiterInnen zu schaffen, zu dürftigen Ergebnissen, und diese Versuche sind auch nie richtig in Gang gekommen. Der Stadtrat von Chongqing erließ zum Beispiel im Jahr 2006 eine neue Richtlinie, mit der das bisherige Rentensystem durch ein neues ersetzt werden sollte, das die WanderarbeiterInnen besser versorgt. Neben den vorrangigen Beiträgen der ArbeiterInnen selbst waren Einzahlungen der lokalen Unternehmen und staatliche Zuschüsse geplant (Li/Li/He 2006). Das bisherige System sieht vor, dass WanderarbeiterInnen jeden Monat zwischen 2 und 24 Yuan einzahlen, und monatliche Leistungen von acht bis neun Yuan erhalten können. Für eine Absicherung ist das völlig unzureichend. So ist es auch kein Wunder, dass nur 56.000 WanderarbeiterInnen den Versicherungsplan unterschrieben, das sind 1,71 Prozent aller Betroffenen. Das neue System verlangt noch höhere Beiträge von den ArbeiterInnen, unklar ist dagegen, wie hoch die staatlichen Zuschüsse ausfallen werden. Es ist kaum zu erwarten, dass das neue System die Lage der Bäuerinnen, Bauern und WanderarbeiterInnen ändern wird, die im Alter auf sich allein gestellt sind. Auf die Frage, ob das neue Verfahren der Regierung hilfreich sei, meinten einige *bangbang*: „Das ist mir egal.“ Einer erklärte dazu: „Dadurch ändert sich nichts. Zuerst einmal muss ich Geld haben, um die Beiträge bezahlen zu können, oder etwa nicht? Soviel Geld habe ich aber nicht! Wie du siehst, das neue Verfahren ändert gar nichts."

Ähnlich verhält es sich mit anderen sozialen Maßnahmen, wie zum Beispiel der Gesundheitsversorgung. Die explodierenden Preise für medizinische Behandlungen belasten die chinesische Bevölkerung in zunehmendem Maße, besonders die LandbewohnerInnen und die WanderarbeiterInnen. Die Stadtregierung von Chongqing wollte die Last mindern und bestimmte im Jahr 2005 einige Krankenhäuser, die die Behandlungskosten für WanderarbeiterInnen reduzieren oder ihnen ganz erlassen sollten. Einem Zeitungsbericht der *Chongqing Business Daily* zufolge waren die in diesen Krankenhäusern erhältlichen Medikamente jedoch 15 bis 20 Prozent teurer als anderswo. Die Krankenhäuser versuchten, die verringerten Einnahmen aus den Behandlungskosten durch eine Verteuerung der Medikamente auszugleichen. Die WanderarbeiterInnen kannten den Trick. Im ersten Monat nach der Öffnung des „Behandlungsschalters für WanderarbeiterInnen" hatten diese Krankenhäuser nur einen einzigen Wanderarbeiter-Patienten (Liang 2005; Li/Li/He 2006). Viele *bangbang* können nur hoffen, für das Alter und medizinische Notfälle ein privates finanzielles Polster anlegen zu können. Ein *bangbang* erzählte mir: „Wir können nur auf die kleine Summe Geldes zurückgreifen, die wir in den letzten Jahren gespart haben. Für mich gibt es keine Sozialleistungen, keine Absicherung, keinen sicheren Job. Niemand ist für uns da. Niemandem kannst du vertrauen. Deswegen ist das Geld so wichtig. Hast du Geld, bist du dein eigener Herr."

Die seit den Reformen ab 1979 andauernde Kommodifizierung und Ausdehnung der Märkte hat die Subjektivität, die Verantwortlichkeiten, die Berufswahl, die Arbeitsbedingungen und die Lebensweise der LandbewohnerInnen und WanderarbeiterInnen dramatisch verändert. Der Staat stellte keine wirksamen Hilfen oder Sozialleistungen bereit und machte nur wenige Anstalten, die Rechte der MigrantInnen zu schützen. Ländliche WanderarbeiterInnen mussten von einer Planwirtschaft, in der der Staat jeden Aspekt ihres Lebens kontrollierte, auf eine sozialistische Marktwirtschaft umschalten, in der der Staat seine grundlegenden Funktionen neu bestimmte und sich bei jeder Gelegenheit für den Markt entschied. Sie mussten feststellen, dass auf den Staat kein Verlass war. Sicherheit und Unterstützung lagen einzig darin, so viel Geld wie möglich zu verdienen und für ihre Arbeit so schnell wie möglich in bar bezahlt zu werden.

Für gering qualifizierte und schlecht ausgebildete WanderarbeiterInnen ist *bang-*

bang der ideale Beruf. Obwohl er ihnen jenseits des monetären Verdienstes keine Absicherung bietet, eröffnet er den ArbeiterInnen die „Freiheit", mit zusätzlicher Arbeit etwas mehr zu verdienen, vor allem mehr Bares. Die Versuche des neoliberalen Regimes, die *bangbang* in selbständige und sich selbst regierende Subjekte umzuwandeln, verlaufen nicht ohne Gegenwehr. Die *bangbang* sind sich klar darüber, welche „Tricks" der Staat gegen sie anwendet. Es ist paradox, dass sich ihre Handlungsfähigkeit und Widerständigkeit darin ausdrückt, als *bangbang* zu arbeiten, also die Wahl zu treffen, für sich selbst verantwortlich zu sein und die Konsequenzen zu tragen. Sie nutzen das Ethos neoliberaler Rationalität und ziehen ihre Vorteile aus der *ziyou*. Soviel Geld wie möglich zu verdienen ist in ihren Augen das einziges Mittel, ihren Lebensunterhalt zu sichern.

Fazit

In diesem Beitrag habe ich die Berufswahl der *bangbang* und ihr Verhältnis zum *ziyou*-Diskurs aus dem Blickwinkel neoliberaler Gouvernementalität untersucht. Im Ergebnis lässt sich feststellen, dass das neoliberale Ethos zwar bei der Berufswahl der *bangbang* eine wichtige Rolle spielt, der Neoliberalismus alleine die Verwandlung ländlicher WanderarbeiterInnen in selbständige und unternehmerische ArbeiterInnen, die extremer Ausbeutung ausgesetzt sind, aber nicht erklären kann. Aus der Perspektive der Gouvernementalität betrachtet, wird der Neoliberalismus in China vom Parteistaat gefördert, ist von ihm ermächtigt und auf vielfache Weise mit ihm verschränkt. Der Staat selbst wirkt als Taktik der Regierung, als dynamische Form gesellschaftlicher Kräfteverhältnisse und als Teildomäne der neoliberalen Wirtschaft (Lemke 2006). Anders gesagt befindet sich der Staat niemals „auf dem Rückzug" aus der Regierung, sondern verstärkt sie vielmehr. Der Neoliberalismus steht daher für die Verwandlung der Politik, eine neue Form des Regierens (*governance*) durch den Staat und die Reorganisation der gesellschaftlichen Machtverhältnisse.

Die *bangbang* sind Subjekte dieser neuen neoliberalen Gouvernementalität. Sie sind jedoch nicht vollkommen fügsam und unterwürfig. Sie nutzen den neoliberalen Ethos und kämpfen für die Sicherheit und Unterstützung, die ihnen der Staat verweigert. Paradoxerweise machen sie das, indem sie die „Technologien des Selbst" verinnerlichen. Hoffman schreibt, dass der Staat die Autonomie junger Fachkräfte mit sozialistischen Vorstellungen von Verantwortlichkeit und Patriotismus auflädt (Hoffman 2006). Ich behaupte, dass der Staat unter den ländlichen MigrantInnen seine Glaubwürdigkeit eingebüßt hat, weil er sie nicht unterstützt. WanderarbeiterInnen reagieren auf die neoliberale Rationalität von Regierung, indem sie sich einen Beruf suchen, der ihrem Bedürfnis nach Lebensabsicherung so nahe kommt wie möglich. Die völlig verschiedenen Strategien, die der Staat gegenüber diesen verschiedenen Bevölkerungsgruppen anwendet, haben auf Seiten der Subjekte zu ganz verschiedenen Einstellungen geführt.

Aus dem Englischen von Frido Wenten

Endnoten

1 Beim Schreiben dieses Artikels habe ich sehr von den Diskussionen mit Huang Yu und Wang Liming profitiert. Ich möchte auch Dr. Yu Renqiu für seine konstruktiven Kommentare und Anregungen danken. Außerdem bin ich meiner wissenschaftlichen Betreuerin Dr. Nicole Constable zu besonderem Dank verpflichtet, für das mehrmalige Lesen verschiedener Versionen dieses Artikels, ihre dringend benötigte Kritik und ihre Einblicke, die bei der Formulierung einiger der wichtigen Thesen dieses Beitrags von entscheidender Bedeutung waren.

2 Die *danwei* oder Arbeitseinheit bezeichnet eine spezifische Form der Produktion im urbanen Raum, die in den frühen Jahren der Volksrepublik China entstand. Eine gewöhnliche *danwei* konnte das Gebiet eines Häuserblocks ausfüllen, bestand aus einem oder mehreren Gebäudekomplexen und war von einer Mauer mit geschlossener Einfahrt umgeben. In ihrer am höchsten entwickelten Form umfasste die *danwei* „Werkhallen, Wohnungen, Versammlungsräume, Kliniken, Badehäuser, Kindertagesstätten und in einigen Fällen sogar Schulen. In der Hochphase des chinesischen Sozialismus bildeten *danwei* dieser Art nicht nur den physischen, sondern auch den institutionellen Lebensraum der städtischen Bevölkerung. Die Reformen der Post-Mao-Ära haben mehr als alles andere darin bestanden, diese physischen und institutionellen Mauern einzureißen" (Harrell 2001: 144).

3 Yan zufolge besteht das zentrale Moment der Reformen der Post-Mao-Ära nach 1978 in der Auflösung der ländlichen Volkskommunen und der Einführung haushaltsbasierter Landnutzung und Agrarproduktion. „Die Deng'sche Negation der maoistischen kollektiven Landwirtschaft wurde im Namen der Befreiung der Produktivkräfte (*jiefang shengchanli*) von den Fesseln der Kollektivwirtschaft durchgeführt und läutete den Übergang der Volksrepublik China vom maoistischen Entwicklungsstaat mit kollektivistischen Werten zum Deng'schen neoliberalen Staat mit marktorientierter Politik ein" (Yan 2003: 501).

4 Der Begriff *suzhi*, lässt sich grob mit „Qualität" übersetzen. *Suzhi* ist für die heutige chinesische Gesellschaft und die chinesische Form des Regierens (*governance*) von Be-

deutung (Kipnis 2006). Rachel Murphy bestimmt *suzhi* als „einen amorphen Begriff, der sich auf die angeborenen und erlernten körperlichen, intellektuellen und ideologischen Eigenschaften einer Person bezieht". Der Diskurs der *suzhi* erleichtere die Umsetzung staatlicher Politik, indem ungleichen politischen Maßnahmen ein Schleier der Kohärenz übergestülpt werde. Dieser verberge staatliche Intervention und Einmischung, forme nationale Subjekte, die für die Erhöhung ihrer Qualität verantwortlich seien, und fördere das Selbstmanagement und die Selbstdisziplinierung im Sinne des Staates (Murphy 2003). Yan Hairong behauptet, dass *suzhi* eine neue Form der Wertbestimmung (*value coding*) sei, bei der die menschliche Subjektivität als treibende Kraft ökonomischer Entwicklung und Produktivität erkannt, gemessen und mobilisiert werde (Yan 2003). Ann Anagnost betont, dass *suzhi* keine Eigenschaft ist, die man sich aneignen oder verlieren kann. Vielmehr ist sie eine Wertbestimmung (*value coding*), die „nur als differentielle Beziehung ausgedrückt werden kann" (Anagnost 2009: 191). Der *suzhi*-Diskurs wirkt sich in vielerlei Hinsicht auf die Subjektivitätsbildung der ländlichen WanderarbeiterInnen aus. Zum einen werden diese aufgrund ihrer „niedrigen Qualität" abgewertet. Gleichzeitig werden die harten Arbeitsbedingungen in den Städten als Erziehungs- und Trainingsprogramm betrachtet, mit dem die „Qualität" der WanderarbeiterInnen „erhöht" wird. Dieser Diskurs legitimiert die Überausbeutung und Misshandlung der WanderarbeiterInnen. Zum anderen verschleiert und rechtfertigt der *suzhi*-Diskurs die Tatsache, dass die migrantischen Körper Wert produzieren und ihnen lebendige Arbeit abgerungen wird. Schließlich lockt der *suzhi*-Diskurs die WanderarbeiterInnen in die Städte, da sie der „wertlosen" Ruralität (Ländlichkeit) entkommen wollen.

5 Das chinesische *ziyou* wird meist als „Freiheit" übersetzt. Die konkrete Bedeutung ist jedoch stark kontextabhängig. Ich diskutiere den komplexen Sinngehalt von *ziyou* für die ländlichen WanderarbeiterInnen (*bangbang*) weiter unten.

6 Anm. d. Übers. zu den Begriffen „Gouvernementalität" und „Technologien des Selbst": Unter dem Begriff der „Gouvernementalität" subsumiert Michel Foucault seine unterschiedlichen historischen Arbeiten zur Entwicklung wissensbasierter Macht- und Herrschaftsverhältnisse. Der Begriff hebt dabei auf die „Regierungskünste" ab, das heißt die Methoden des Regierens, der verwaltungsmäßigen Ordnung der Gesellschaft und ihrer Subjekte – zum Beispiel durch Recht, Sicherheitstechnologien, Bevölkerungskontrolle etc. Ähnlich wie andere Theoretiker vor ihm, zum Beispiel Antonio Gramsci oder Norbert Elias, interessiert Foucault vor allem das Element der subjektiven Akzeptanz des Beherrscht-Werdens. Mit dem Gouvernementalitätsbegriff beschreibt er Prozesse, in denen das Individuum durch äußere Techniken der Herrschaftsausübung bestimmte

Handlungsweisen entwickelt oder überhaupt erst zu diesen ermächtigt wird. In diesem Subjektivierungsprozess entwickeln sich Formen der Selbstregulierung – „Technologien des Selbst" –, die Elemente der unmittelbaren externen Herrschaftsausübung (Zwang) teilweise zu ersetzen vermögen, reproduzieren oder umformen.

7 Es gibt eine Reihe von Untersuchungen, die den Neoliberalismus als „Taktik der Gouvernementalität" betrachten. So beispielsweise Burchell/Gordon/Miller (1991), Rose (1993), Barry/Osborne/Rose (1997), Lemke (2006), Ong (2006).

8 Ähnliche Argumente finden sich in den Arbeiten anderer WissenschaftlerInnen, zum Beispiel Bourdieu (1998), Gordon (1991), Barry/Osborne/Rose (1997).

9 Gespräch mit Prof. Jian Shiming, 16. Oktober 2007.

10 Der älteste der 124 *bangbang* war 65 Jahre alt, der jüngste 27.

11 Ein *bangbang*-Hotel ist eine billige Herberge, häufig mit mehreren Stockbetten in einem Zimmer. Die *bangbang* zahlen oft 1 Yuan pro Nacht. Einige *bangbang*-Hotels bieten einfache Mahlzeiten sowie fließendes Wasser und heißes Trinkwasser an. *Bangbang*-Hotels werden oft von privaten Geschäftsleuten geführt, in jüngster Zeit hat die Stadtregierung von Chongqing jedoch begonnen, öffentliche *bangbang*-Hotels und Appartements zu bauen.

12 Die Monatsmiete für ein solches *bangbang*-Hotel liegt meist bei ungefähr 80 Yuan. Normalerweise ist eine derartige Unterkunft einige Quadratmeter groß und mit Mobiliar aus zweiter Hand ausgestattet. Manchmal gibt es auch einen gebrauchten Fernseher oder DVD-Player, den die *bangbang* selbst angeschafft haben. Viele *bangbang* kochen ihre Mahlzeiten mithilfe von Feuerholz, das sie während ihrer Arbeitszeit sammeln. Einige kaufen sich an kleinen Straßenständen warmes Essen. Ihre täglichen Ausgaben für Nahrungsmittel sind in der Regel niedrig und liegen ungefähr bei fünf bis zehn Yuan pro Tag.

13 Notizen der Autorin, 3. November 2006.

Literatur

Anagnost, Ann (2009): „The Corporeal Politics of Quality: Suzhi". *Public Culture* 16.

Barry, Andrew/Osborne, Thomas/Rose, Nikolas, Hg. (1997): *Foucault and Political Reason: Liberalism, Neo-liberalism and Rationalities of Government.* Chicago.

Becker, Briane/Gao Yang (1989): „The Chinese Urban Labor System: Prospects for Reform". *Journal of Labor Research* 4: 411–28.

Bourdieu, Pierre (1998): „The Essence of Neoliberalism: Utopia of Endless Exploitation". *Le Monde Diplomatique* (Englische Ausgabe), Dezember 1998.

Burchell, Graham/Gordon, Colin/Miller, Peter (1991): *The Foucault Effect: Studies in Governmentality. With two lectures by and an interview with Michel Foucualt.* Chicago.

Davin, Delia (1999): *Internal Migration in Contemporary China.* New York.

Du Haiyan (1983): „Interim Report on Research Project Entitled ‚The Question of Staff and in Reforming State-Owned Enterprises'". *Jingji Yanjiu*, 20. Januar 1983: 58–65.

Economist, The (2007): „China's Chicago". *The Economist*, 26. Juli 2007.

Fan, C. Cindy (2004): „The State, the Migrant Labor Regime, and Maiden Workers in China". *Political Geography*: 283–305.

French, Howard W. (2007): „Big, Gritty Chongqing, City of 12 Million, is China's Model for Future". *New York Times*, 1. Juni 2007.

Gao Yu (2004): „Selection, Borrowing, and Transformation: On the Formation of the Discourse of Freedom in Modern China". *Journal of Nanjing Social Academy* 8.

Gordon, Colin (1991): „Government Rationality: An Introduction". In: Burchall, Graham/Gordon, Colin/Miller, Peter, Hg. (1991): *The Foucault Effect: Studies in Governmentality.* Chicago: 1–51

Greenfield, Gerard/Leong, Apo (1997): „China's Communist Capitalism: The Real World Market Socialism". *Socialist Register* 33.

Harrell, Steve (2001): „The Anthropology of Reform and the Reform of Anthropology: Anthropological Narratives of Recovery and Progress in China". *Annual Review of Anthropology* 30.

Hoffman, Lisa (2006): „Autonomous Choices and Patriotic Professionalism: On in Late-Socialist China". *Economy and Society* 35: 550–70.

Howard, Pat/Howard, Roger (1995): „The Campaign to Eliminate Job Security in China". *Journal of Contemporary Asia* 25.3.

Jian Shiming, Hg. (2000): *The Army of Bangbang in the Mountainous City: A Survey on the Social Life of Rural Migrant Workers*, Chongqing.

Kipnis, Andrew (2006): „Suzhi: A Keyword Approach". *The China Quarterly* 186: 295–313.

Lague, David (2007): „China: Growth Creates Migrant ‚Underclass'". *New York Times*, 3. März 2007.

Lemke, Thomas (2006): „Foucault, Governmantality, and Critique", Vortrag auf der Konferenz *Rethinking Marxism*. Universität von Massachusetts, Amherst.

Lemke, Thomas (2001): „The Birth of Bio-politics". *Economy and Society* 30.2.

Li Guo (2004): „Chongqing Speeds Up in Transferring the Rural Labor Force". *The People's Daily*, 4. April 2004.

Li Wei/Li Xing/He Changqin (2006): „The New Policy of Three Social Welfares Benefit 23,790,000 Local Citizens“. *Chongqing Evening*, 17. November 2006.

Liang Peng (2005): „Why We Can Not See the Migrant Workers in a Hospital Designated for Migrants?“ *Chongqing Business Daily*, 19. Juli 2005.

Murphy, Rachel (2003): „Turning Peasants into Modern Chinese Citizens: ‚Population Quality‘ Discourse, Demographic Transition and Primary Education“. *The China Quarterly* 177, 1–20.

Ong, Aihwa (2006): *Neoliberalism as Exception: Mutations in Citizenship and Sovereignty*, Durham.

Pun Ngai/Li Wanwei (2008): *dagongmei. Arbeiterinnen aus Chinas Weltmarktfabriken erzählen*. Berlin: deutsche Übersetzung eines Kapitels aus dem Buch Pun Ngai (2005): *Made in China: Women Factory Workers in a Global Workplace*. Durham.

Rose, Nikolas (1993): „Government authority and expertise in advanced liberalism“. *Economy and Society*: 283–99.

Sigley, Gary (2006): „Chinese Governmentalities: Government, Governance and the Socialist Market Economy“. *Economy and Society* 35: 487–508.

Sigley, Gary (2004): „Liberal despotism: Population planning, subjectivity, and government in contemporary China“. *Journal of Nanjing Social Academy* 5: 557–75.

Solinger, Dorothy J. (1999): *Contesting Citizenship in Urban China: Peasant Migrants, the State, and the Logic of the Market.* Berkeley.

Taylor, Jeffrey (1988): „Rural Employment Trends and the Legacy of Surplus Labor“. *The China Quarterly* 116: 726–66.

White, Gordon (1987): „Politics of Economic Reform in Chinese Industry: The Introduction of the Labour Contract System“. *The China Quarterly* 111: 365–89.

Xue, Muqian (1981): *China's Socialist Economy.* Beijing.

Yan Hairong (2003): „Neoliberal Governmentality and Neohumanism: Organizing Suzhi/Value Flow through Labor Recruitment Networks“. *Cultural Anthropology* 18: 493–523.

Yardley, Jim (2004): „In a Tidal Wave, China's Masses Pour from Farm to City“. *New York Times*, 12. September 2004.

Yardley, Jim/Barboza, David (2005): „Help Wanted: China Finds Itself with a Labor Shortage“. *New York Times*, 3. April 2005.

Zhang Li (2001): *Strangers in the City: Reconfigurations of Space, Power, And Social Networks within China's Floating Population.* Stanford.

Zheng Tiantian

Von Bäuerinnen zu Barhostessen – Eine Ethnographie der Karaoke-Sexindustrie Chinas[1]

Dumpfer Techno-Beat dröhnt aus dem Eingang der Karaoke-Bar. Drei hochgewachsene und hübsche junge Frauen, gekleidet in identischen roten *Cheongsams*[2] verbeugen sich galant vor den Kunden und geleiten sie hinein. Gleich hinter dem Eingangsbereich geht es in eine weitläufige Lobby mit glänzendem Marmor und raumhohen Spiegeln. Auf der linken Seite sitzen über einhundert verführerisch gekleidete Frauen in drei Bankreihen, wie das Publikum einer unsichtbaren Aufführung. Tatsächlich sind aber sie diejenigen, die angeschaut werden. Eine an der Decke installierte Kamera überträgt ihre Bilder direkt in jedes Séparée, wo die Kunden bequem von der Couch aus ihre gewünschte Begleitung aussuchen können. Eine Madame bringt die ausgesuchte Hostess zum Séparée des Kunden, wo sie ihm die Nacht über Gesellschaft leistet. Entlang der Treppe, die zu den Séparées in den oberen Stockwerken führt, stehen die Kellnerinnen in zwei Reihen. Alle sind gleich groß und haben dieselbe Frisur. Sie tragen dieselben dunklen bestickten Miniröcke, ihre Brüste zur Hälfte entblößt, ihre Hüften kaum bedeckt. Im Chor grüßen sie die Kunden: „Guten Abend!"

Die oberen Etagen sind in fünf Bereiche von A bis E mit jeweils zehn Karaoke-Zimmern unterteilt. Der Umkleideraum der Hostessen dient bei Polizeirazzien auch als Versteck. Was in den Karaoke-Zimmern passiert, bekommt man von draußen nicht mit. Jedes Zimmer ist mit einer Karaoke-Anlage ausgestattet. Dazu gehört auch ein 29-Zoll Fernseher, auf dem ununterbrochen Ausschnitte aus westlichen Erotikvideos gezeigt werden. Alle Karaoke-Zimmer sind klimatisiert und verfügen über Möbel aus Rosenholz, schöne Gardinen, Tapeten, Teppiche, prachtvolle abgeblendete Deckenlampen, eine große Couch und einen Beistelltisch. Zwischen Fernseher und Tisch können Kunden und Hostessen tanzen – entweder zu ihrem Gesang oder zur ausgewählten Musik. Die Couch kann auf Wunsch der Kunden ausgeklappt und in ein Bett verwandelt werden. Viele Karaoke-Zimmer haben ein geheimes Schlafzimmer, das durch einen Vorhang abgetrennt ist. Dieser Vorhang besteht zur Tarnung aus demselben Material und derselben Farbe wie die Tapete und soll im Falle einer Polizeirazzia vor Entdeckung schützen.

In einem der schwach beleuchteten Karaoke-Zimmer sitzt eine 18-jährige Hostess neben ihrem Kunden und singt mit aufreizender Stimme das Lied „Warum liebst du hinter meinem Rücken andere Frauen?“ (*weishenme ni beizhewo ai bieren*). Während sie singt, legt sie ihre Finger in den Schritt ihres Kunden, streichelt ihn, lehnt sich dann mit ihrem ganzen Körper über ihn und fragt ihn kokett: „Werter Gatte (*laogong*), warum liebst du hinter meinem Rücken andere Frauen?“

Das sind Eindrücke aus einer Karaoke-Bar der gehobenen Kategorie. Sie gehört zu den drei Karaoke-Bars in der Hafenstadt Dalian (Provinz Liaoning), in denen ich den Großteil meiner Forschung durchführte. Dalian wurde 1984 der Status einer „Sonderwirtschaftszone“ gewährt, nachdem die liberalere Wirtschaftspolitik in Städten wie Shenzhen, Zhuhai, Shantou und Xiamen zu vielversprechenden Ergebnissen geführt hatte. In den späten 1990er Jahren rühmte die städtische Propaganda Dalian als „Hongkong des Nordens“, „Knotenpunkt des Internationalen Transports“, „fortgeschrittenen Industriestandort“, „moderne ökologische Stadt“ und „Finanz-, Handels- und Tourismuszentrum Nordost-Asiens“ (Gu 2000; Zhang 2001).

Dalian, im 19. Jahrhundert noch ein Fischerdorf, hat sich rasant zu einer Metropole mit über fünf Millionen EinwohnerInnen[3] entwickelt und ist zu einem Magneten für ArbeitsmigrantInnen geworden. Nach der konservativsten Schätzung der „flottierenden Bevölkerung“[4] gab es im Jahr 1998 in Dalian etwa 300.000 WanderarbeiterInnen (Zhang 2001: 142).[5] Aufgrund ihrer sozialen und institutionellen Diskriminierung – durch das Haushaltsregistrierungssystem (*hukou*)[6] – wird die überwältigende Mehrheit der MigrantInnen in die niederen Ränge des Arbeitsmarktes gedrängt. Gewöhnlich arbeiten sie als BauarbeiterInnen, MüllsammlerInnen, KellnerInnen, Hausangestellte, FabrikarbeiterInnen und Barhostessen.

Ein beträchtlicher Teil der Migrantinnen findet Arbeit in Dalians boomender Sexindustrie. An fast jeder Ecke der Stadt finden sich Karaoke-Bars. Jian Ping, Reporter des Magazins *Xinzhoukan*, spricht von der Stadt als „gigantische Sauna oder Karaoke-Bar“ (Jian 2001). Laut einem der städtischen Polizeichefs gibt es in Dalian 4.000 Nachtclubs, Saunen und Karaoke-Bars, und er schätzt, dass 80 Prozent aller Migrantinnen der Stadt dort als Hostessen arbeiten.[7] Womöglich hat er ein wenig übertrieben, aber seine Schätzung lässt zumindest annehmen, dass ein großer Teil der Migrantinnen als Barhostessen arbeitet.

Chinas Sexindustrie entstand im Gefolge der Wirtschaftsreformen. In der Mao-Ära wurden Prostituierte zur Umerziehung in Arbeitslager geschickt. Im Jahr 1958 verkündete Chinas Kommunistische Partei der Welt mit Stolz, die Prostitution sei beseitigt, und sah in diesem Erfolg ein Symbol für Chinas Wandel zu einer modernen Nation (Hershatter 1997). Seit der Wirtschaftsreform von 1978 hat der Staat eine nachsichtigere Haltung an den Tag gelegt und der Rückkehr von Nachtclubs und anderen Vergnügungsstätten den Weg geebnet. Sie werden in der Reform-Ära als Karaoke-Bars, Karaoke-Plazas oder *liange ting* (wörtlich: Gesangsübungs-Hallen) bezeichnet, um jede negative Assoziation, die aus der Mao-Ära übrig geblieben ist, zu vermeiden. Die Bars werden vorwiegend von Geschäftsmännern mittleren Alters, Regierungsbeamten, Unternehmern, Neureichen, Polizisten und ausländischen Investoren besucht. Diese Kunden können die Dienstleistungen der Hostessen in Anspruch nehmen und gleichzeitig gesellschaftliche Kontakte (*ying chou*) oder Beziehungen (*guanxi*) mit Geschäftspartnern oder Regierungsbeamten pflegen. Die Hostessen sind vorwiegend ländliche Migrantinnen. Für die Rituale der männlich bestimmten Welt der Geschäfte und der Politik sind sie unentbehrlich.

Im Chinesischen werden die Begleitdamen oder Hostessen als „*sanpei xiaojie*" bezeichnet, wörtlich: junge Frauen, die Männer auf drei Arten begleiten. Dazu gehören im Allgemeinen Alkoholkonsum, Tanz, Gesang und sexuelle Dienstleistungen. Für die gewöhnlich zwischen 17 und 23 Jahre alten Hostessen bedeutet dies, dass sie trinken, singen, tanzen, Spiele spielen, flirten, plaudern und die Kunden streicheln müssen. Einige Hostessen bieten über dieses Standardpaket hinaus gegen Zuschlag sexuelle Dienstleistungen an. Ihr monatliches Einkommen liegt zwischen sechstausend und einigen zehntausend Yuan. Die ersten Hostessen tauchten in noch geringer Anzahl Ende der 1980er Jahre auf. Ihre Zahl nahm rasch zu, als Karaoke-Bars Mitte der 1990er Jahre unter Männern immer beliebter wurden, nicht nur als Freizeit- und Erholungsort, sondern auch für die Kontaktpflege männlicher Geschäftsleute mit den lokalen politischen Eliten.[8] Nach groben Schätzungen sind 1991 mehr als 800.000 Hostessen der Sexarbeit nachgegangen (Pan 1999: 13-14). Karaoke-Bars und dort angestellte Hostessen sind den Kontrollen und Vorschriften des Staates unterworfen, während beide gleichzeitig vom Staat und seinen Repräsentanten benutzt werden. Zum Kundenstamm der Karaoke-Bars gehören viele staatliche Vertreter.

Nur vier der 200 Hostessen, mit denen ich arbeitete, stammten aus Dalian. Die meisten anderen kamen aus ländlichen Gegenden in anderen Teilen Chinas, vorwiegend aus dem Nordosten. Ich bin während meiner Forschung auch mehreren entlassenen städtischen Arbeiterinnen begegnet, die in den Dreißigern und verheiratet waren. Diese stellten aber schnell fest, dass sie der Konkurrenz auf dem Markt nicht gewachsen waren. Die Kunden bevorzugten die jüngeren, ländlichen Frauen, sodass die städtischen Frauen in den Bars selten ausgewählt wurden und schließlich verschwanden. Die ländlichen Hostessen wollten ihre Herkunft nicht preisgeben. Zu Beginn meiner Feldforschung gaben sie an, aus großen Städten wie Dalian, Shanghai oder Anshan zu kommen. Erst als wir enge Freundinnen geworden waren, vertrauten sie mir an, dass sie eigentlich aus ländlichen Gegenden im Umland dieser Städte stammen.

Erotische Dienstleistungen werden an diversen Orten angeboten, in Karaoke-Bars, Hotels, Sauna- und Frisiersalons, Diskotheken und anderen Tanzlokalen, kleinen Straßenrestaurants, Parks, Kinos und Videovorführhallen. Die Karaoke-Bars stellen die höchsten Anforderungen an Körpergröße, Schönheit von Gesicht und Figur, und sie verlangen besondere Fertigkeiten von den Frauen, die singen, tanzen, flirten, trinken und sich unterhalten müssen. Während in vielen anderen Einrichtungen nur Geschlechtsverkehr angeboten wird, ist das Angebot in den Karaoke-Bars weitaus umfangreicher. Nur wenige Hostessen kommen Wünschen nach Geschlechtsverkehr mit Fremden nach, und sie verlangen doppelt soviel dafür wie in vielen anderen Einrichtungen – vergleichbar nur mit einigen, auf japanische Kunden ausgerichtete Fünf-Sterne-Hotels. Da in den Karaoke-Bars nur die Schönen und Begabten als Nachtbegleiterinnen ausgewählt werden, können viele junge Frauen dort nicht bestehen und sind gezwungen, an weniger attraktive Arbeitsstellen, wie etwa Sauna-Salons, zu wechseln.

Die Hostessen der Karaoke-Bars bringen oft ihre Geringschätzung gegenüber Frauen zum Ausdruck, die in Einrichtungen beschäftigt sind, in denen die Arbeit nur aus Sex besteht. Als einmal alle Sauna-Bars in Dalian aufgrund einer lokalen Wasserknappheit geschlossen wurden, strömten die Sauna-Arbeiterinnen in Scharen in die Karaoke-Bars. Die Karaoke-Hostessen ließen sich flüsternd über sie aus: „Schaut ihre grauen Gesichter an! Das kommt vom ständigen Sex (*dapao*)“. Sauna-Arbeiterinnen erzählten mir, dass sie mit den Karaoke-Hostessen nicht mithalten könnten, weil „die Kunden zu sehr auf das Aussehen und die Figur achten. In den Sauna-Bars ist das anders. Dort ist das Äußere nicht so wichtig, weil die Kunden einfach nur Sex haben wollen“. Die Karaoke-Hostessen kennen diesen Unterschied. Sie halten sich für etwas Besseres. Nur die ausländischen – französischen und russischen – Hostessen in angesehenen Hotels sehen sie noch über sich.

In diesem Artikel untersuche ich die Lebensgrundlagen der Hostessen, ihre ausbeuterischen Arbeitsverhältnisse mit gewalttätigen Banden, ausfälligen Chefs, Madames und staatlichen Repräsentanten. Ich beschäftige mich mit der Frage, wie die Arbeiterinnen ihre Sexarbeit bewältigen. Ich behaupte, dass die Hostess-Arbeit ihre einzige Chance ist, den gleichen Status wie die Städter zu erlangen. Es ist ihre Antwort auf und ein Akt des Widerstands gegen die in Stadt und Land gespaltene Dualgesellschaft. Der Artikel ist in fünf Teile gegliedert. Im ersten Teil stelle ich meine Feldforschung in Dalian vor. Im zweiten Teil konzentriere ich mich auf die Frage, warum die Hostessen in den Karaoke-Bars arbeiten. Im dritten Teil bringe ich die gelebten Erfahrungen der Hostessen mit den Machtstrukturen in der Karaoke-Sexindustrie in Zusammenhang. Im vierten Teil diskutiere ich das subjektive Verständnis der Hostessen von Sexarbeit. Im letzten Teil schließe ich mit einer Untersuchung der Ziele und Zukunftspläne der Hostessen.

Meine Feldforschung

Dieser Artikel basiert auf etwa 20 Monaten Feldforschung (zwischen 1999 und 2002) in Dalian mit ungefähr 200 Barhostessen in zehn Karaoke-Bars. Mit drei Karaoke-Bars, jeweils eine in der gehobenen, mittleren und unteren Kategorie, habe ich mich intensiv beschäftigt. Die Kategorisierung basiert auf dem Standort der Bar, ihrem Aufbau und Management, der physischen Attraktivität der Hostessen und dem Konsumniveau. Im Mittelpunkt meiner Ausführungen steht hier die Karaoke-Bar der unteren Kategorie, ich beziehe die anderen beiden aber immer wieder mit ein. Den Kontakt zu den Karaoke-Bars stellte ein befreundeter Beamter her. Zunächst waren meine Bemühungen, mit den Hostessen ins Gespräch zu kommen, nicht sehr erfolgreich. Sie hatten keine Zeit mir zuzuhören, weil sie sich auf die eintretenden Kunden und den Auswahlprozess (*shitai* – der Bühnentest) konzentrierten. Mein Aussehen und Gehabe wies mich als Außenstehende aus. Sie machten sich über meine studentische Kleidung, meine Brille und meine Unfähigkeit, ihre Sexgespräche und -witze zu verstehen oder daran teilzunehmen, lustig, nannten mich „Brille“ und „die Studentin“ und lehnten es ab, mich in ihren Kreis aufzunehmen. Sie glaubten nicht, dass ich ihr Leben und speziell ihre innere Zerrissenheit verstehen könnte, weil ich einfach nicht „in ihrer Haut steckte“. Sie machten sich Sorgen wegen möglicher Übergriffe von Polizisten, Schlägern und anderen Elementen aus ihrem gefährlichen Umfeld. Auch im Umgang untereinander waren sie vorsichtig, denn jede der Hostessen mochte Verbindungen zu prominenten Persönlichkeiten der Stadt haben, die ihnen schaden könnten. Einige Hostessen werden zum Beispiel von lokalen Polizisten oder Beamten, die sich schützen wollen, als Informantinnen gehalten. Wenn sie die Prostitution anderer Hostessen anzeigen, werden diese inhaftiert oder mit hohen Geldstrafen belegt. Alle Hostessen verwendeten daher falsche Namen, falsche Herkunftsorte und falsche Lebensgeschichten. Um die Barrieren zu überwinden, entschloss ich mich, mehr Zeit mit den Hostessen zu verbringen. Ich zahlte dem Barbesitzer die Zimmermiete und wohnte mit den Hostessen in der Karaoke-Bar. Von da an war ich an jedem Aspekt ihres Lebens beteiligt. Ein typischer Tag verlief folgendermaßen: Wir standen um 15 Uhr auf und bestellten eine leichte Mahlzeit in einem Restaurant in der Nähe. Den Rest des Nachmittags hatten wir frei und gingen einkaufen oder in den Kosmetiksalon. Etwa um 18 Uhr aßen wir zu Abend. Um diese Zeit trudelten die ersten Kunden ein. Wir warteten in der Bar-Lobby darauf, ausgewählt zu werden, und schauten dabei Video-CDs oder Fernsehen und plauderten miteinander. Gegen Mitternacht bestellten wir Frühstück und gingen dann zwischen 2 und 3 Uhr morgens in Bett.

Ursprünglich hatte ich gar nicht vor, für meine Untersuchung des Verhältnisses zwischen Hostessen und Kunden selbst als Hostess Kunden zu bedienen. Es war jedoch notwendig. Ich bin Chinesin und weiblich, passte also in den Rahmen. Die Feldforschung fand statt, als ich 28 und 29 Jahre alt war, für eine Hostess die „Herbst“-Jahre ihrer beruflichen Karriere. Wenn mich Kunden im Foyer der Karaoke-Bar sitzen sahen, mussten sie annehmen, ich sei eine Hostess. Um meine Forschung durchführen zu können, hatte ich mich verpflichtet, den normalen Barbetrieb so wenig wie möglich zu stören. Nach den Grundsätzen der Karaoke-Bars kann eine Hostess durchaus genitalen und oralen Geschlechtsverkehr mit Kunden ablehnen. Das führt zwar zu Konflikten zwischen Hostessen und Kunden, solche Vorfälle werden aber als ein Teil des Geschäfts betrachtet. Es wird aber nicht akzeptiert, dass eine Hostess die Bedienung eines Kunden gänzlich ablehnt. Für mich wäre es also schwierig gewesen, nach der Auswahl durch einen Kunden dessen Bedienung zu verweigern.

Um Streit mit Kunden zu vermeiden, traf ich gewisse Vorsichtsmaßnahmen. Dennoch wurde ich mehrmals in Auseinandersetzungen mit Kunden verwickelt, insbesondere in der Bar der unteren Kategorie in Dalians verbrechensgeplagtem Rotlichtbezirk. In der Zeit in den Karaoke-Bars musste ich wie die anderen Hostessen stets wachsam gegenüber Polizeirazzien und Angriffen von Schlägern konkurrierender Bars bleiben. Zu den Schlägern gehörten andere Barbesitzer und einige Stammkunden. Nachts schlief ich mit drei Hostessen auf den Couchs in einem der während der Öffnungszeiten vermieteten Séparées. Wenn wir morgens schlafen gingen, schoben wir eine Couch gegen die Tür zum Schutz gegen eindringende Gangster. Bei Gefahr hielten wir den Atem an und machten das Licht aus, damit es so aussah, als sei niemand im Zimmer. Mehrere Male kamen wir gerade noch so davon. Das gemeinsame Durchstehen von Gefahrensituationen brachte uns allmählich näher.

Nur die vereinten Bemühungen der Barbesitzer, Rausschmeißer und Hostessen schützten mich vor Schaden. Für ihre Sicherheitsratschläge und ihr direktes Eingreifen in kritischen Momenten bin ich ihnen zu Dank verpflichtet. Um mich aus brenzligen Situationen zu befreien, zogen die Besitzer und Rausschmeißer den Zorn wütender Kunden auf sich, deren Wutausbrüche den regulären Geschäftsbetrieb störten. Auch die Hostessen passten auf mich auf und widmeten mir ihre Aufmerksamkeit und Energie, die sie ansonsten zum Geldverdienen gebraucht hätten. Ohne ihr Zutun wäre es zu gefährlich geworden, die Untersuchung in den Bars fortzusetzen.

Der Eintritt in die Karaoke-Sexindustrie

Die Arbeit als Hostess war nicht der erste Job der jungen Frauen. Viele begannen als Arbeiterinnen in Fabriken oder als Kellnerinnen in Restaurants und Hotels. Einige fingen als Hostess an, weil sie durch Lohnrückstände und massive Lohnabzüge in eine ausweglose finanzielle Situation geraten waren. Andere hatten in der städtischen Arbeitswelt die Qualen des Alleingelassenwerdens und der Vergewaltigung durchgemacht. Die meisten von ihnen kamen aus eigenem Antrieb in die Karaoke-Bars, einige wurden von Familienmitgliedern vermittelt. Die Arbeit als Hostess in einer Karaoke-Bar erfordert keine Ausbildung. Die Mehrheit der Hostessen, die ich traf, hat nur die Grundschule oder die Untere Mittelschule abgeschlossen. Lediglich eine Handvoll besuchte die Obere Mittelschule und scheiterte dann an der Aufnahmeprüfung für die Universität. Alle Hostessen hatten jedoch vier Anforderungen zu erfüllen: Sie mussten über hübsche Gesichtszüge und eine attraktive Figur verfügen, gut gekleidet sein, die Fähigkeit haben, eine große Menge Alkohol zu konsumieren, und diversen sexuellen Praktiken gegenüber aufgeschlossen sein. Nach Angaben der Hostessen mussten sie zu Beginn alle durch eine Phase, in der sie die Nächte hindurch weinten, bevor sie dann mit einem Lächeln zur Arbeit gingen. Wu sagte zu mir: „In der ersten Woche konnte ich nicht schlafen. Ich habe Nacht für Nacht geheult. Dann begann ich, Tagebuch zu schreiben, und schrieb mir die Bitternis von der Seele. Ich fragte mich, wenn andere das [als Hostess arbeiten] machen können, warum kann ich das nicht? Gibt es nicht gutes Geld dafür (*qian bu hao hua ma*)?“

Wu war zunächst in eine nahe gelegene Stadt gezogen, um dort in einer Kunststofffabrik zu arbeiten. Nach drei Monaten hatte sie immer noch keinen Lohn bekommen und nicht mal genug Geld, um sich etwas zu trinken oder zu essen zu kaufen. Später musste sie schwer krank ins Krankenhaus. Sie erzählte: „Ich hatte hohes Fieber und bekam im Krankenhaus eine Infusion. Ich war alleine dort und lag im Bett. Von der Arbeit kam niemand, um nach mir zu sehen. Ich hielt die Infusionsflasche mit der linken Hand und versuchte sie am Haken über meinem Kopf aufzuhängen. Doch ich kam nicht heran. Ich versuchte und versuchte es, aber es klappte nicht. Wenn doch nur jemand bei mir gewesen wäre – mehr wollte ich gar nicht. Jemand, der mir einfach nur ein Glas Wasser gibt, das wäre mehr als genug gewesen! Aber es war niemand da – nur ich alleine. Ich weinte und weinte. Ich war krank von der Arbeit, und trotzdem kam niemand, um mir zu helfen.“ Wu bekam in diesen drei Monaten keinen Cent von der Fabrik und musste sich Geld leihen, um ihre täglichen Einkäufe und die Krankenhausrechnung bezahlen zu können. Schließlich ging sie in eine Karaoke-Bar. Sie sagte: „Ich hatte keine andere Möglichkeit, an Geld zu kommen, als über die städtischen Männer.“ Nachdem sie ein Jahr lang in der Karaoke-Bar gearbeitet hatte, konnte sie nicht nur die Schulden bei ihrer Familie zurückzahlen, sie schickte auch 5.000 Yuan für die Krankenhaus-Behandlungskosten ihrer Mutter. Als ich Wus Familie in der Provinz Jilin besuchte, erzählte mir Wus Mutter: „Wu hat unsere sechsköpfige Familie über diese Jahre hinweg alleine unterstützt.“ Wu weiß, sie hätte das niemals vollbracht, wäre sie in der Fabrik geblieben, die ihr keinen Lohn bezahlt hatte.

Wenn die Arbeit als Hostess so viel Geld einbringt, warum entscheiden sich die jungen Frauen erst ganz zuletzt dafür? Warum müssen sie erst in ausweglose Situationen geraten, bevor sie sich dafür entscheiden? Wie ist die Arbeit in der Karaoke-Sexindustrie? Wie wird dort Geld verdient? Was erwartet die zukünftigen Hostessen, wenn sie das erste Mal eine Karaoke-Bar betreten? Was erwartet sie, wenn sie einmal Barhostessen sind? Um diese Fragen beantworten zu können, müssen wir uns zunächst mit der Geschichte der Karaoke-Sexindustrie in Dalian beschäftigen.

Der Karaoke-Bar-Sektor

Die Kampagnen gegen Pornographie

Im Jahr 1984 entstand in Dalian das erste Tanzlokal. Es bot 300 Gästen Platz und hatte eine Band mit sechs SängerInnen.[9] Die erste Karaoke-Bar wurde erst 1988 eröffnet. Sie hieß „Tokio 898" und wurde von einem japanischen Geschäftsmann finanziert und als sino-japanisches Joint Venture geführt. Angeblich war die brandneue Barausstattung aus Japan importiert worden – angesichts der damaligen wirtschaftlichen Situation ein unerhörter Luxus. Unter den Kunden der Bar waren ausländische Reisende und Matrosen, Regierungsbeamte und Neureiche.

Nach 1988 schossen in der ganzen Stadt neue Karaoke-Bars wie Pilze aus dem Boden. Sie sind zum beliebtesten Ort der männlichen Freizeiterholung und der Geschäftsabwicklung geworden. Karaoke-Bars stehen für westliche Audio- und Video-Technik, prächtige Fassaden und Inneneinrichtungen, Neonlichter, hohe Preise und hübsche Hostessen. Anders als die Tanzhallen, die noch in Kombinaten (*danwei*) organisiert worden waren, erregten die Karaoke-Bars eine enorme Neugier. Sie sprechen das Verlangen reicher Menschen an, die „modern" konsumieren, ihr Gesangstalent beweisen und Reichtum und Macht zur Schau stellen wollen. Der regelmäßige Besuch luxuriöser Karaoke-Bars ist zum Symbol von Modernität und Prestige geworden – und zum Lebensstil, den sich nur wohlhabende Kunden wie Ausländer, Beamte und lokale Neureiche leisten können. Städtische (Fabrik-)Arbeiter und Wanderarbeiter gehen gelegentlich in Karaoke-Bars der unteren Kategorie, um diesen Lebensstil zu imitieren.

Mit dem Auftauchen der Karaoke-Bars begann der Staat ab 1989, zur Aufrechterhaltung der „staatlichen Sicherheit und Ordnung" regelmäßig landesweite „Kampagnen gegen Pornographie" durchzuführen. Die Kampagnen sollen für „geistige Zivilisierung" und „kulturelle Säuberung" sorgen. Die „erotische Begleitung" durch Hostessen, pornografische TV-Sendungen, erotische Darstellungen und Prostitution in den Karaoke-Bars werden als „kultureller Schund" verurteilt, der „die staatliche Ordnung und das sozialistische System destabilisiert". Die staatlichen Beschränkungen gehen nicht bis zu einem totalen Verbot. Sie zielen stattdessen darauf ab, die Karaoke-Bars auf die vom Staat definierte Linie sozialistischer Kultur zu bringen. Für die staatlichen Angriffe auf die Karaoke-Bars gibt es viele Gründe.

Erstens entsprechen Karaoke-Bars nicht den Maßstäben der sozialistischen Wirtschaftsethik. Während im Kapitalismus die arbeitenden Massen im Streben nach Reichtum ausgebeutet werden, sei die treibende Kraft hinter dem sozialistischen Markt nicht das Ringen um Profit sondern die Hingabe – zur Partei, zur Nation und zum Volk. Barbesitzer werden jedoch beschuldigt, ihre Kunden durch versteckte Kosten und absichtliche Falschangaben bei Preisen für Waren und Dienstleistungen auszunehmen. Außerdem nutzen sie die Schwächen der Männer aus, indem sie mit erotischen Dienstleistungen Geschäfte machen. All das beweise, dass es ihnen nur ums Geld gehe und sie die Stabilität und Entwicklung des sozialistischen Marktes gefährden.

Zweitens laufen die „erotischen Dienstleistungen" (*seqing peishi*) der Karaoke-Bars dem „zivilisierten sozialistischen Geist" zuwider. Der Tausch sexueller Dienste gegen Geld sei ein „abscheuliches soziales Phänomen" des Kapitalismus, das vernichtet werden müsse, um eine gesunde sozialistische Kultur und einen „zivilisierten Konsum" gewährleisten zu können.

Drittens gehe es in den Karaoke-Bars um die Unterhaltung von Individuen. Sie stehen damit im Gegensatz zu den „gesunden" kollektiven Freizeitaktivitäten, die von der Regierung gefördert werden. Karaoke wird als Gegenteil des gesunden Zeitvertreibs betrachtet.

Viertens widerspreche die Extravaganz der Karaoke-Bars dem Ziel der Regierung, soziale Unterschiede herunterzuspielen. Seit den Wirtschaftsreformen habe die soziale Ungleichheit in der chinesischen Gesellschaft enorm zugenommen. Karaoke-Bars wirken hier aufgrund des demonstrativen und exzessiven Konsums wie Schlaglichter auf die Protzerei und das elitäre Gehabe der Reichen.[10]

Die staatliche Zuständigkeit für Karaoke-Bars teilen sich die Kulturbehörde und die Behörde für Öffentliche Sicherheit. Diese beiden Stellen stehen für die Doppelstrategie harter und weicher behördlicher Maßnahmen. Die Kulturbehörde soll sicherstellen, dass Karaoke-Bars den sozialistischen Maßstäben von Anstand und Moral entsprechend geführt werden. Dafür setzt sie auf eine Reihe von Vorschriften und administrativen Maßnahmen. Erstens führt die Kulturbehörde detailliert Buch über den Geschäftssitz der Bar, ihren Namen, Eigentümer, Innen- und Außendesign, Audio- und Video-Geräte und weitere Informationen. Zweitens wurden strenge Genehmigungsverfahren eingeführt, um die Anzahl der Karaoke-Bars zu reduzieren. Drittens müssen Barbesitzer einmal im Monat Kurse der Kulturbehörde zu Politik und Recht absolvieren. Wenn ein Barbesitzer gute Prüfungsergebnisse erreicht, kann er in seiner Bar Schilder mit der Aufschrift „Zivilisierte Karaoke-Bar" aufhängen.[11] Viertens sollen Karaoke-Bars „chinesische" und sozialistische Merkmale aufweisen. Insbesondere sollen sie im Hochchinesisch der Volksrepublik China gesungene Lieder sowie „gesunde und begeisternde" Revolutionslieder abspielen und über Tapeten im chinesischen Stil, chinesische Malerei, chinesische Firmennamen, sowie chinesisches Essen verfügen. Hinter diesen Verordnungen steht die Befürchtung, dass die chinesische Kultur durch westliche Einflüsse ausgehöhlt wird. Ein Beamter der Kulturbehörde erklärte mir: „Die nach China importierte westliche Kultur ist wie ein Flugzeugträger – sie hat Qualität, ist langlebig und einflussreich. Die chinesische Kultur ähnelt dagegen einem kleinen Boot (*sampan*),[12] das nur hundert Meilen weit fahren kann. Um uns dem ausländischen Kulturmarkt in China entgegenstellen zu können, müssen wir ein Tanz-und-Gesangs-Geschäft mit chinesischen Merkmalen entwickeln."

Die Behörde für Öffentliche Sicherheit wirkt als „Eiserne Chinesische Mauer" (*gangtie changcheng*) und setzt die Politik des Staates durch. Wichtigstes Mittel der Behörde ist die Kampagne gegen Pornographie (*saohuang dafei*), selbst Teil eines umfassenden Angriffs auf soziale Abweichung, die als „Hartes Durchgreifen" (*yanda*) bezeichnet wird. Die Kampagnen dauern jeweils drei Monate und werden dreimal pro Jahr durchgeführt. Sie konzentrieren sich auf wichtige Feiertage – wie den Nationalfeiertag und den Jahrestag der Volksbefreiungsarmee – und auf wichtige Ereignisse, wie die APEC-Konferenz. Das „Harte Durchgreifen" zielt auf diverse soziale Übel. Diese reichen von nicht zugelassenen Videovorführhallen, die angeblich die Jugend verderben, bis hin zu ländlichen MigrantInnen ohne Papiere, die die effiziente Verwaltung der Städte gefährden sollen.

Prostitution und Pornographie bilden Hauptangriffspunkte des „Harten Durchgreifens". Es geht sowohl um pornographische Medien (Magazine, CDs) als auch um Darstellungen (Striptease). Die größten organisatorischen Ressourcen und das meiste Personal wird gegen die „erotischen Dienste" in Karaoke-Bars und anderen kommerziellen Einrichtungen (Sauna- und Frisiersalons) in Stellung gebracht. Die Behörde für Öffentliche Sicherheit setzt beim Angriff auf die Karaoke-Bars auf ein komplexes Razzia-System. Nach Angaben der Behörde greift sie auf Methoden des „Guerillakriegs" (*da youji*) zurück – eine Anspielung auf die heroischen Anstrengungen der kommunistischen Revolutionäre gegen japanische Invasoren und Nationalisten. Zu den verschiedenen Formen der Razzia gehören: „normale und überfallartige Razzia, zeitlich festgelegte und Überraschungsrazzia, systematische und Blockrazzia, Tages- und Nachtrazzia." Einheiten und Beamte der Behörde für Öffentliche Sicherheit, die – gemessen an der Zahl verhafteter Hostessen und der Höhe erhobener Geldstrafen – eine gute Leistung erbringen, erhalten von der Stadtregierung Auszeichnungen und Geldprämien.

Der Einfluss auf die Hostessen

Lokale Beamte

Die staatliche Politik lässt sich nicht problemlos umsetzen. Das komplexe Wechselspiel zwischen an der Sexindustrie Beteiligten auf der einen und staatlichen Vertretern auf der anderen Seite schafft eine Lücke zwischen „Theorie“ (Politik) und „Praxis“ (Durchsetzung). Das selbstsüchtige Handeln lokaler Beamter verzerrt die staatliche Politik und lässt sie sogar scheitern. Karaoke-Bars sind eine wichtige illegale Einnahmequelle. Ein Beamter der Behörde für Öffentliche Sicherheit sagte offen: „Karaoke-Bars und Hostessen sichern unseren Lebensunterhalt. Ohne sie könnten wir nicht leben.“ Da Beamte Hostessen eigenmächtig verhaften und mit Geldstrafen belegen können, sind die Hostessen äußerst besorgt, wenn sie von einem Beamten ausgewählt werden. Sie müssen den Wünschen der Beamten, einschließlich jenen nach sexuellen Dienstleistungen, Folge leisten.

Beamte profitieren von den Karaoke-Bars über Bestechungsgelder und Geldstrafen. Sie missbrauchen die staatliche Politik für ihre persönlichen wirtschaftlichen Interessen. Die Hostessen werden jedoch von lokalen Beamten nicht nur wirtschaftlich ausgebeutet. Beamte der Behörde für Öffentliche Sicherheit unterhalten Hostessen als „Informantinnen“ (*xiaojie jianxi*), die sowohl über die Zustände in der Bar berichten, als auch den persönlichen Harem dieser Beamten bilden. Für ihre geleisteten Dienste wird den Hostessen bei polizeilichen Einsätzen Immunität zugestanden. Hostessen ermöglichen es korrupten Beamten, reich zu werden. Sie tragen zur regionalen wirtschaftlichen Entwicklung bei und helfen Beamten, ihre politische Karriere voranzubringen. Offenbar wird erheblicher Druck auf lokale Regierungen ausgeübt, damit diese die Karaoke-Sexindustrie tolerieren oder gar unterstützen. Mir wurde erzählt, dass ein Unterbezirksleiter sein Gebiet zum – später so genannten – „größten Porno-Unterbezirk der Provinz“ gemacht hatte. Er errichtete eine Luxusvilla und mietete Hostessen, um zu Besuch kommende Beamte zu unterhalten. Seine „hervorragenden Leistungen“ überzeugten schließlich die Vorgesetzten und brachten ihm hohe Auszeichnungen, hohes Ansehen und Beförderungen ein.

Barbesitzer

Lokale Beamte missbrauchen staatliche Politik und beuten Barbesitzer und Hostessen zu ihrem persönlichen Vorteil aus. Die Barbesitzer verfügen aber über ihre eigenen Strategien. Die Besitzer, für die ich arbeitete, reagierten kreativ und improvisierten, um sich lokalen Beamten zu widersetzen.

Der Besitzer der Bar der gehobenen Kategorie – eine der drei Bars, in denen ich die Feldforschung durchführte – war ein in der Stadt bekannter Gangster. Er eröffnete die Bar im Jahr 1998, und mit über 100 Hostessen ist sie seither Dalians erfolgreichste. Kurz nach dem Beginn meiner Forschung, im Juni 1999, kam ich dort an. Ich wusste nichts über die Kampagne gegen die Pornographie – bis zum 1. Juli, dem Jahrestag der Kommunistischen Partei. Ich ging wie gewöhnlich am Abend zur Arbeit, musste aber überrascht feststellen, dass die Sitzplätze der Hostessen leer waren. Nur zwei Hostessen waren zur Arbeit erschienen.[13] Ich hatte nicht die leiseste Ahnung, was los war. Die Madame riet mir sofort, mich nicht unten in der Halle aufzuhalten. Sie führte mich nach oben in den Umkleideraum, wo ich mich versteckte. Wir sollten jedem sagen, wir seien hier, um Bier auszuschenken. Erst nachdem die Madame gegangen war, erfuhr ich von den anderen beiden Hostessen, dass in diesem Monat die Kampagne gegen die Pornographie begonnen hatte und irgendwann im Laufe der Nacht die Polizei kommen und eine Razzia durchführen werde. Bei einer Polizeirazzia wird jede anwesende Hostess verhaftet und abgeführt. Ich erfuhr, dass man auf der Polizeistation landet und dann mehrere tausend Yuan braucht, um wieder herauszukommen. Die anderen beiden Hostessen waren in einer ähnlichen Situation wie ich – sie waren auch neu und wussten nicht, was zu tun war. Ich hatte Angst, weil ich keine vorübergehende Aufenthaltsgenehmigung hatte und mich mein Reisepass in Schwierigkeiten bringen würde.[14] Wir hatten Glück. Als in jener Nacht einige Männer – Polizisten in Zivil – kamen und uns Fragen stellten, akzeptierten sie zu meiner Überraschung unsere Antwort, wir würden dort nur Bier verkaufen. Später erfuhr ich von der Madame, dass wir davongekommen waren, weil der Besitzer die Polizisten bestochen hatte. In den letzten Tagen der Kampagne wohnte ich mit einer anderen Hostess zusammen. Jede Nacht nahmen wir um Mitternacht ein Taxi von der Bar nach Hause, und ich musste mich runterbeugen und hinter den Rücksitzen verstecken, um nicht gesehen zu werden. Sie erzählte mir, dass während der Kampagnen-Monate viele Polizisten Streife fuhren und nach Barhostessen Ausschau hielten. Nach geltendem Recht sind Hostessen nicht eindeutig legal oder illegal tätig, sondern fallen in einen Graubereich. In der Praxis gelten sie aber als „Sexarbeiterinnen“, die illegale erotische Dienstleistungen anbieten, und sind daher Hauptzielscheibe der Kampagnen gegen die Pornographie.

Der Barbesitzer war über die Behinderungen durch die lokalen Beamten und die geschäftlichen Verluste wütend und wies die Madame an, alle 130 Hostessen zusammenzurufen. Er brachte seinen Zorn zum Ausdruck und wetterte gegen die „unvernünftigen Menschen, die in der Regierung arbeiten". Dann sagte er uns, wie er mit der staatlichen Politik fertig werden wollte. So verärgert er auch war, setzte er doch nicht auf Konfrontation. Vielmehr wollte er die illegalen Barhostessen in legale Angestellte verwandeln, indem er die Anrede änderte, die Kleidung, die Identität, die Arbeitsbereiche und so weiter. Durch diese Strategie verschaffte er sich für die kritische Zeit der politischen Kampagne etwas Spielraum, und zudem konnte er so die an laxe Umgangsformen gewöhnten Hostessen strenger kontrollieren und disziplinieren.

Ein Beamter der Stadt erzählte mir, dass sich das Verhältnis zwischen Hostessen und Barbesitzern schon im Jahr 1995 verändert hatte. Das bisherige Vertragssystem wurde durch ein ausbeuterisches System ersetzt. Vor dem „Harten Durchgreifen" der Polizei 1995 wurden Hostessen zu Hunderten beschäftigt und schlossen mit den Barbesitzern Verträge ab, nach denen sie von den Kunden ein Honorar für ihre Dienste bekamen. Außerdem erhielten sie von den Barbesitzern noch einen prozentualen Anteil am Umsatz mit dem Kunden. Dieses Vertragssystem wurde im Jahr 1995 abgeschafft. Um das zu erklären, müssen wir in die frühen 1980er Jahre zurückblicken.

Mit der steigenden Popularität der Karaoke-Bars in Dalian entstand im Zentrum des Bezirks Zhongshan ein Rotlichtviertel. Ende der 1980er Jahre und in den frühen 1990er Jahren wurden in der Stalin-Straße etliche neue Bars eröffnet. Allen Anzeichen nach war es das große Geschäft. Hostessen wurde zu Hunderten eingestellt. Jede Nacht durchkämmten sie den Hafen der Stadt nach Touristen und brachten diese zurück in die Bars, um ihnen sexuelle Dienste zu verkaufen. Damals lief es für Bars und Hostessen gut.

An einem Morgen des Jahres 1994 wurde ein Ausländer gesehen, der in Unterwäsche aus dem Rotlichtviertel kam und um sein Leben rannte. Eine Gruppe chinesischer Männer war ihm auf den Fersen, Knüppel schwingend und lautstark fluchend. Angeblich hatte der Ausländer die Rechnung für die sexuellen Dienste der vorangegangenen Nacht nicht bezahlen können. Nach seiner erfolgreichen Flucht erhob der Ausländer Klage gegen den Eigentümer der Bar, weil dieser ihn über den Tisch gezogen hätte. Die Angelegenheit eskalierte und führte sogar auf internationaler Ebene zu einer Auseinandersetzung zwischen den beiden betroffenen Botschaften. Der Vorfall schaffte es auch auf die Titelseite der „Hong Kong Gazette" (*Ta Kung Pao*), unter der Überschrift „Das Rotlichtviertel an der Stalin-Straße in Dalian".

Das Zentralkomitee der Kommunistischen Partei Chinas sah das Bild des sozialistischen Regimes durch den Skandal getrübt und ordnete sofort die Säuberung der Gegend an. Gegen enorme Widerstände wurden die Klientelbeziehungen zwischen lokalen Beamten und Barbesitzern aufgebrochen, und 1995 griff die Polizei schließlich hart durch.[15] Um die Erinnerung an diesen Vorfall in China und außerhalb auszulöschen, wurde die Stalin-Straße in Straße des Volkes umbenannt.

Das „Harte Durchgreifen" der Polizei beendete das bisherige System der Verträge und Prozentanteile. Seither stehen Barhostessen und Besitzer unter der strengen Kontrolle der lokalen Regierung. Die Barbesitzer sehen sich nicht mehr als Abhängige der Hostessen sondern als deren Retter, weil sie die Hostessen zu ihrer Sicherheit unterbringen und ihnen Jobs bieten. Seit 1995 verlangen sie von den Hostessen, zehn Prozent ihres Kundenhonorars abzugeben.

In der erwähnten Bar der gehobenen Kategorie machte der Besitzer zusätzlichen Gewinn, indem er von den Hostessen mehr für deren Uniformen verlangte, als sie tatsächlich wert waren. Er nutzte die Gelegenheit auch, um an die persönlichen Daten der Hostessen zu gelangen. Alle Hostessen mussten Kopien ihrer Personalausweise aus den Heimatregionen und die vorübergehenden Aufenthaltsgenehmigungen für Dalian abgeben. Wer keine gültige vorübergehende Aufenthaltsgenehmigung hatte, musste sich schnell eine besorgen oder die alte erneuern. Der Besitzer behauptete, dass er ein Buch anlegen würde mit allen Namen, Fotos und Kopien der vorübergehenden Aufenthaltsgenehmigungen. Dadurch würden alle Hostessen zu offiziell angestellten Kellnerinnen. Er schaffte es, ihre Mobilität und ihr Verhalten zu kontrollieren. Vor dem „Harten Durchgreifen" der Polizei waren die Hostessen zur Auswahl in ein beliebiges Karaoke-Zimmer gebracht worden. Nach dem „Harten Durchgreifen" wurden sie in Zehner-Gruppen aufgeteilt und unterschiedlichen Bereichen der Bar zugewiesen – mit 10 Karaoke-Zimmern in jedem Bereich. Anstatt gemeinsam in der Eingangshalle zu stehen, trafen sich die Hostessen jetzt nur in ihren festgelegten Bereichen und warteten dort darauf, ausgewählt zu werden. Von jeder Hostess wurde verlangt, das gleiche Kleid mit einem Namensschild auf ihrer Brust zu tragen – in unterschiedlichen Farben für jeden Bereich. Die Hostessen mussten sich bei den „Leiterinnen" (Madames) melden, wenn sie mit Kunden aus der Bar gingen (*chutai*: sexuelle Dienste in Hotels anbieten). Sie wurden angewiesen, jeden Tag pünktlich um 19:30 Uhr in der Bar zu sein und sie nicht vor 24 Uhr zu verlassen, außer sie gingen mit Kunden aus. Hostessen, die zu spät kamen oder zu früh gingen, bekamen eine 600 Yuan-Geldstrafe. Sie mussten die „Leiterin" um Urlaub oder eine freie Nacht bitten – was diese aber prinzipiell ablehnte. Der Barbesitzer verlangte auch, dass die Hostessen ihr Gehen, ihr Sprechen und ihren Gesang anpassten und trainierten. Die Hostessen sahen sich mit all diese neuen Vorschriften, Anforderungen und Kontrollen genau in dem Moment konfrontiert, als es zum Konflikt zwischen Barbesitzern und Beamten kam. Der Barbesitzer sicherte den wirtschaftlichen Erfolg seines Geschäftes, indem er dem staatlichen Druck auswich und die Hostessen unter Druck setzte.

Die lokale Umsetzung der staatlichen Politik gegen die Pornographie verfehlte ihr Ziel, die Beseitigung der Prostitution, verschlechterte jedoch die Arbeitsbedingungen der Hostessen. Die Polizeirazzien verschärfen ihre rechtliche und soziale Verwundbarkeit. Ihr illegaler Status zwingt die Hostessen, sich mit ausbeuterischen, brutalen und gefährlichen Arbeitsbedingungen auseinanderzusetzen. Wenn Kunden sie aufgrund ihrer sexuellen Dienstleistungen bei der Polizei anzeigen, werden sie festgenommen, extremer Erniedrigung ausgesetzt und zu hohen Geld- und Gefängnisstrafen verurteilt. Wegen dieser Drohkulisse geben Hostessen ihre reale Identität nicht preis. Das wiederum erleichtert es Männern, ihnen gegenüber Gewalt anzuwenden oder sie gar zu ermorden. Allein in der Stadt Shenyang sollen 1999 über 100 Hostessen ermordet worden sein (Shenzhen Fazhi Bao 2002). In Dalian wurden Leichen ermordeter Hostessen auf der Straße gefunden, ohne dass die Polizei sie identifizieren konnte (Sun 2003). Als ich mit meiner besten Freundin unter den Hostessen, Wu, in ihre Heimatstadt fuhr, fragte ich ihre Mutter, ob sie sich um Wus Sicherheit in Dalian Sorgen mache. Das Gesicht voll Kummer und Schmerz senkte die Mutter den Kopf und sagte lange nichts. Dann nahm sie ihre Kraft zusammen und erzählte mir, dass sie einmal gedacht habe, Wu sei in Dalian ermordet worden:

> „Drei Monate lang hörte ich gar nichts von ihr. Sie rief nicht an, und ich hatte keine Telefonnummer … Ich dachte wirklich, sie sei ermordet worden. Das passiert in Dalian oft. Ständig hörte ich Nachrichten über Leichen von Hostessen, die dort gefunden worden waren. Ich glaubte, dass Wu eine von ihnen sei. Ich war krank vor Sorge, so krank, dass ich nicht mehr aufstehen konnte. Ich dachte, ich würde sie nie mehr wieder sehen."

Gewalt

In der Bar der gehobenen Kategorie gab es Wachmänner in grünen, pseudo-militärischen Uniformen. Sie sorgten für Sicherheit und passten auf, dass die Hostessen vor Mitternacht nicht weggingen und alle Kunden den Hostessen Trinkgeld zahlten. Gelegentlich stürmte eine Gruppe von Wachmännern einer militärischen Einheit gleich die Treppen hoch, um einen Streit in einem der Karaoke-Zimmer zu beenden.

Diese Intervention war selbst immer mit Gewalt und Blut verbunden. Jeden Tag kam es zu Schlägereien mit oder ohne Waffen wie Bierflaschen, Gläser und Messer. Hin und wieder kamen Hostessen die Treppe runter, weinend und verletzt. Ihre Beine, Arme und Brüste waren grün und blau, weil Kunden sie hart angefasst und gekniffen hatten. Manche Hostessen versuchten jeden Missbrauch durchzustehen, andere stiegen aus und erhielten für die Zeit, die sie mit den Kunden verbracht hatten, kein Trinkgeld. All jene, die die Zähne zusammenbissen und weiter breit und strahlend lächelten, hielten ihre Klagen und Tränen zurück, bis sie die Kunden verabschiedet hatten und zur Gruppe der wartenden Hostessen zurückgekehrt waren.

„Romantische Träume", die Bar der unteren Kategorie, befindet sich im verbrechensgeplagten Rotlichtviertel. Das Personal umfasst drei Angestellte, die wahlweise als Kellnerin, Madame, Türöffnerin und Putzkraft arbeiten, zwei Bar-Manager, 27 Hostessen und einen Barkeeper/Wachmann (*kan changzi de*). Wie in den Bars der gehobenen und mittleren Kategorie, die ich untersuchte, sind auch hier die Besitzerin und ihre Bar-Manager verwandt und bilden eine verschworene Gruppe. Jede Bar an dieser Straße muss einen Schläger als Barkeeper einstellen. Dieser muss sich gegen die umherziehenden Gangster und Schläger zu wehren wissen, sonst muss die Bar schließen. Während meiner Untersuchung war ich oftmals Zeugin blutiger Kämpfe zwischen dem Barkeeper Bing und Kellnerinnen, Gangstern, Kunden und Passanten. Ich sah, wie Bing und die Kellnerinnen Steine und Sessel auf Kunden und gegen die Köpfe von Passanten warfen – bis ihre Gesichter blutüberströmt waren. Die Barbesitzerin erzählte mir, dass Bing früher viele Männer getötet oder schwer verletzt hatte, und einmal zum Tode verurteilt worden war. Sie musste viel Geld ausgeben, um Bing aus dem Gefängnis holen und als Wachmann der Bar einstellen zu können. Die bloße Anwesenheit von Bing hielt viele Gangster und Schläger fern. Der Besitzerin zufolge wäre es für die Bar eine Katastrophe, wenn Bing nicht mehr da wäre. Die Hostessen würden aus Angst davonlaufen und die Bar von Gangstern geplündert werden. Sie wies Bing und die Bar-Manager an, sich um meine Sicherheit zu kümmern.

Oft kamen Gangster und andere Barbesitzer vorbei, die alle aus Dalian stammten. Wenn sie eine Hostess hübsch fanden, zerrten sie diese die Treppe hoch und vergewaltigten sie. Weniger hübsche Hostessen wurden geohrfeigt und verprügelt. Vor einigen der derbsten Schläger und Gangster hatten die Hostessen große Angst. Sie rannten so schnell wie möglich weg, um ihnen zu entkommen. Einmal musste ich gemeinsam mit den anderen Hostessen fliehen. Wir entkamen über eine oberhalb der Bars gebaute Überführung. Beim Hochklettern verloren wir unsere Schuhe und schnitten uns die Füße auf. Es war eine schreckliche Erfahrung. Die meisten Barhostessen sind schon zumindest einmal von Gangstern vergewaltigt worden. Zweimal kamen Gangster vorbei und versuchten, mich in ein Karaoke-Zimmer zu zerren. Glücklicherweise wurden sie von Bing und den Bar-Managern gestoppt, die erklärten: „Sie ist keine Hostess hier. Sie ist unsere Freundin." Ich war erst einmal gerettet, doch die Angst blieb.

Um sich zu schützen, gingen fast alle Hostessen eine Verbindung mit einem oder zwei Straßengangstern ein. Wenn dieser Gangster oder einer aus seiner Gruppe hereinkam, brauchte die Hostess nicht zu fliehen. Meine beste Freundin Wu konnte den Barkeeper und Rausschmeißer einer benachbarten Bar nicht leiden, doch er hatte großen Gefallen an ihr gefunden. Sie war gezwungen, eine Beziehung mit ihm einzugehen. Sie sagte mir:

> „In meiner Heimatstadt wagt es niemand, mich anzufassen, weil ich gute Beziehungen und viele Freunde habe. Hier ist das anders. Hier habe ich niemanden. Wen kümmert es schon, wenn ich drangsaliert werde. Er ist ein Schläger und er ist ein Einheimischer. Ich muss ihn gut behandeln. Ich brauche jemanden, an den ich mich wenden kann, wenn ich in dieser Straße Schwierigkeiten bekomme."

Wenn Wu aus anderen Gangster-Gruppen heraus oder von betrunkenen Kunden belästigt wurde, rief sie jenen Barkeeper zu Hilfe. Einige Male brachte der Barkeeper auf Wus Anruf hin ein paar Gangster in die Bar, um den betrunkenen Kunden zu verprügeln. Wu ging auch eine Verbindung mit einem Barbesitzer aus der Stadt ein. Sie sagte zu mir, dass dies die entscheidenden Personen waren, an die sie sich wandte, wenn sie Hilfe brauchte. Andere Hostessen hatten ähnliche Verbindungen zu einem Barbesitzer, einem Rausschmeißer oder einem erfahrenen Straßenschläger. Oft scherzten sie: „Wir Hostessen sind Angehörige der Unterwelt."

Das ausbeuterische Umfeld

Von Hostessen wird erwartet, dass sie Kunden zum Konsum von Bier, Spirituosen und Snacks animieren, um die Einnahmen der Bar zu erhöhen – eine schwere Belastung für die Hostessen. Sie werden dafür verantwortlich gemacht, dass die Kundenausgaben einen sogenannten Mindestbetrag erreichen. Um die Kunden zu animieren, müssen die Hostessen selbst ununterbrochen konsumieren, insbesondere Alkohol. Besonders gilt das in der Bar der gehobenen Kategorie, die den Mindestbetrag auf 400 Yuan festgesetzt hat. Die Toilettenräume sind ständig überfüllt, weil sich die Hostessen zwischendurch übergeben müssen, bevor sie zu den Kunden zurückkehren, um weiter zu trinken. Aufgrund der täglichen Alkohol-Überdosis nehmen die meisten Hostessen an Gewicht zu – was selbstzerstörerische Abmagerungsversuche nach sich zieht. Darüber hinaus bekommen sie Magenprobleme und müssen in schweren Fällen gar ins Krankenhaus.

Die Madames

In der Bar der gehobenen Kategorie werden die Hostessen von drei Madames angeleitet und diszipliniert. Sie werden den Hostessen gegenüber auch gewalttätig. Einmal saß ich im Umkleideraum, als eine Hostess hereinkam. Sie wollte sich eine Hose anziehen, da der Kunde ihr in die Beine gekniffen hatte. Während sie sich noch umzog, kam eine der Madames herein. Sie war wütend und gab der jungen Frau eine harte Ohrfeige, schlug ihr dann mit ihrem großen Funktelefon auf den Kopf und schrie: „Weißt du nicht, dass dein Kunde nach dir verlangt? Warum versteckst du dich hier? Ich habe überall nach dir gesucht! Ich befehle dir, sofort zurück zum Kunden zu gehen!" Das Gesicht schon ganz rot, versuchte das arme Mädchen den Schlägen der Zuhälterin auszuweichen. Mit schmerzerfüllter Stimme rief sie: „Natürlich, natürlich, ich werde sofort zurückgehen!" Sie flüchtete vor den Schlägen und den Beschimpfungen der Madame und machte, dass sie aus dem Zimmer kam.

Die drei Madames sind zwischen 35 und 39 Jahre alt. Als sogenannte „Gruppenleiterinnen" (*lingban*) rufen sie jeweils einige Hostessen auf und geleiten sie zur Kundenauswahl in eines der Karaoke-Zimmer. Die Hostessen erklärten mir, dass alles davon abhängt, ob die Madame dich den Kunden vorstellt oder nicht. Kunden suchen oft nach einer Hostess, die einen schönen Körper, ein schönes Gesicht und große Brüste hat, die trinkfest ist, englische Lieder zum Besten geben kann, die Beste beim Singen und Tanzen ist, und so weiter. Die Madame erkundigt sich erst nach den Vorlieben der Kunden und empfiehlt dann Hostessen, die „ihren Vorlieben am ehesten entsprechen", oder sie schubst ein paar Hostessen gleich an die Seite dieser Kunden. Für die Hostessen ist es daher wichtig, eine der Madames zu bestechen. Einmal sah ich, wie eine Hostess einer Madame am Eingang heimlich 400 Yuan zusteckte. Die Madame sträubte sich zunächst zum Schein, nahm es dann aber an. Ohne Bestechungsgeld würde die Madame die Hostess weder aufrufen noch den Kunden gegenüber empfehlen. In dem Fall hätte die Hostess kaum Chancen, ausgewählt zu werden.

Wenn Hostessen „auf der Bühne sitzen" (*zuotai*) und von Kunden als Nachtbegleitung ausgewählt werden, erhalten sie von diesen ein Trinkgeld von mindestens 200 Yuan. 20 Yuan zahlen sie als „Bühnengebühr" (*taifei*) an die Bar. Wenn die Hostessen die Bühne verlassen (*chutai*), also für sexuelle Dienstleistungen zur Verfügung stehen, bekommen sie mindestens 400 Yuan Trinkgeld. Davon zahlen die Hostessen 50 Yuan als „Gebühr für Dienste abseits der Bühne" an die Bar. In jedem der Karaoke-Zimmer erhalten Madames und Kellnerinnen von den Kunden ein Trinkgeld von 100 Yuan.

Die Arbeitsteilung in der Karaoke-Bar hat flüssige Übergänge. Madames und Kellnerinnen arbeiteten zuweilen auch als Hostessen. Wenn die Madames die Rolle wechseln, missbrauchen sie meistens ihre Machtstellung. Die Madames nutzen ihre Rolle als „Türöffnerinnen", um sich selbst die besten Kunden zu sichern. Ich konnte während meiner Untersuchung mehrmals beobachten, wie Madames den „guten Kunden" anboten, sie persönlich zu bedienen, anstatt Hostessen ins Karaoke-Zimmer zu führen. Ein „guter Kunde" hat einen hohen sozialen Status und zivilisierte Umgangsformen. Er kommt auch immer für höchstens eine Stunde und gibt ein höheres Trinkgeld. Wer immer diese Kunden bedient, leidet wenig, tut dies nur für kurze Zeit und wird gut dafür bezahlt. Madames setzen nicht nur ihre Macht ein, um sich solche Kunden zu schnappen, sie verlassen dabei sogar die Bar (*chutai*). Kunden, die um die Möglichkeit gebracht wurden, unter den Hostessen zu wählen, sind in der unangenehmen Lage, sich beschweren oder mit der Madame zufriedengeben zu müssen. Die Barbesitzerin erzählte mir, dass viele dieser Kunden nie wieder kommen, da sie über das Verhalten der Madames verärgert sind. Sie gehen stattdessen in andere Bars, um dort nach Hostessen Ausschau zu halten.

Die Hostess Wu sagte mir:

> „Sie [die Gangster] schlagen uns, wann immer sie wollen. Denkst du, es ist einfach, das [den Beruf] zu machen? Wer sind wir? Hostessen! Barchefin und Manager gehören zur Oberschicht und wir gehören zur Unterschicht. Ich weiß das. Bing kann uns vergewaltigen, wann immer er will, und man kann nichts dagegen sagen! Ich habe mich manchmal gegen Bing zur Wehr gesetzt, aber die anderen Hostessen ließen ihn einfach machen. Ich denke, wenn wir uns zusammenschließen würden, wären wir gemeinsam in einer viel besseren Situation. Aber einige Hostessen, haben sich wie Lynn in Bing verliebt und schmeicheln ihm die ganze Zeit! So haben sie größere Chancen, von Bing zu den Kunden geführt zu werden und jeden Tag ansehnliche Trinkgelder zu bekommen."

Den Hostessen wird nicht nur die „Bühnengebühr" sondern auch eine „Gebühr für

Dienste abseits der Bühne" abgenommen. Ein Séparée im oberen Stockwerk ist so eingerichtet, dass Kunden mit Hostessen dort für ein paar Stunden oder eine ganze Nacht lang schlafen können (*baoye*). Der Preis für die ganze Nacht ist viel höher als jener für ein paar Stunden. Nur der Barkeeper Bing spricht jedoch mit den Kunden und handelt den Preis aus. Die Hostessen, die die ganze Nacht arbeiten, bekommen am nächsten Morgen 400 Yuan, also nur die Hälfte des Trinkgelds, die anderen 400 Yuan gehen an Bing und die Bar-Manager. Niemand wagt es, sich offen darüber zu beschweren.

Der Kampf der Hostessen

Nach einiger Zeit finden die Hostessen Wege, um mit dieser Ungerechtigkeit fertig zu werden. Nur wenige willigen offen ein, wenn Kunden in die Bar kommen und Hostessen auffordern, mit ihnen „die Bühne zu verlassen" (*chutai*). Von außen entsteht der Eindruck, dass in dieser Bar nur wenige Hostessen „die Bühne verlassen". Tatsächlich tun dies fast alle Hostessen – allerdings hinter den Kulissen, denn dann können sie selbst das gesamte Trinkgeld behalten. Eine Hostess sagte:

> „Warum sollten wir Geld für die Bar-Manager verdienen? Wir haben feste Beziehungen zu unseren Kunden aufgebaut und verabreden uns mit ihnen außerhalb der Bar. Wir stecken das Geld in unsere eigenen Taschen. Wer braucht denn die Vermittler? In unserer Bar treffen sich tatsächlich alle abseits der Bühne mit Kunden – nur heimlich."

Die Bar-Manager und die Besitzerin zeigen sich nicht nur den Hostessen gegenüber geizig, sondern auch gegenüber ihren Stammkunden. Wu sagte mir: „Die Geschäfte der Bar sollten sich nicht nur auf uns stützen, sondern auch auf die Stammkunden. Die Bar-Manager beuten diese Kunden aber noch stärker aus!" Die Hostessen sind sich darüber im Klaren. Einerseits stehen sie unter dem Druck, in den Karaoke-Zimmern möglichst viele Speisen und Getränke zu bestellen, andererseits gehen sie heimlich Beziehungen mit den Kunden ein. Sobald die Verbindung steht, lassen sich die Hostessen vom Kunden zum Abendessen ausführen. Dafür bekommen sie 100 Yuan Trinkgeld, helfen ihren Kunden aber auch, an den überhöhten Preisen in den Bars zu sparen.

Einige Hostessen „sitzen gleichzeitig auf mehreren Bühnen" (*cuantai*). Wu gelang es einmal, zur gleichen Zeit auf fünf Bühnen zu sitzen. Sie sagte:

> „Entscheidend ist, dass die Kunden dich nicht sehen, wenn du auf unterschiedlichen Bühnen sitzt. Einmal sollten am selben Abend fünf meiner Stammkunden kommen. Ich

saß im Karaoke-Zimmer des ersten Kunden bis die anderen Kunden kamen. Dann sagte ich: ‚In den letzten Tagen bin ich krank gewesen. Mir geht es gerade nicht gut. Macht es dir was aus, jetzt zu gehen und ein anderes Mal zurückkommen?' Er war einverstanden, gab mir Trinkgeld und ging. Dann kamen nacheinander die anderen Kunden. Ich ging in das Karaoke-Zimmer des zweiten und sagte: ‚Schau, meine Schwester ist gerade mit einem Freund hier in Dalian angekommen. Ich muss dringend zum Bahnhof fahren, um sie abzuholen. Ich brauche ungefähr eine Stunde. Ich komme ganz bestimmt zurück.' Dann ging ich in das Karaoke-Zimmer des dritten Kunden und sagte: ‚Meine Schwester kommt hierher, um als Hostess zu arbeiten. Ich muss ein Zimmer für sie mieten und ihr Kleidung und Sachen für den täglichen Gebrauch kaufen. Wenn sie hier arbeitet, kann sie Geld verdienen und mir den Kredit zurückzahlen. Kannst du mir etwas Geld geben?' Er gab mir 200 Yuan. Siehst du, schon habe ich das Trinkgeld in meinen Händen. ‚Herzlichen Dank! Es tut mir Leid, dass ich gehen muss, aber ich werde sicher in etwa 45 Minuten zurück sein.' Dann wiederholte ich diese Geschichte in den beiden anderen Karaoke-Zimmern und versprach, in 40 beziehungsweise 30 Minuten zurück zu sein. Anschließend kehrte ich ins erste Karaoke-Zimmer zurück und sagte: ‚Entschuldige, dass ich erst so spät zurück bin. Oh, ich fühle mich so erschöpft und krank.' Ich blieb ein paar Minuten und bat sie dann zu gehen. Sie gaben mir das Trinkgeld. Dann ging ich der Reihe nach in die drei anderen Karaoke-Zimmer und machte es da genauso."

Warum arbeiten die Frauen als Hostess?

Es stellt sich die Frage, warum die Frauen weiter als Hostessen arbeiten, wenn die Bedingungen in der Sexindustrie derart ausbeuterisch, gefährlich und brutal sind? Was bringt ihnen diese Arbeit? Was denken sie über ihre Arbeit? Welche Ziele verfolgen und welche Erwartungen hegen sie? Erwerben sie mit dieser Arbeit einen höheren sozialen Status oder einen niedrigeren? Die folgenden Geschichten zweier Hostessen zeigen, dass sie tatsächlich nur durch Hostess-Arbeit eine soziale Gleichstellung mit den StadtbewohnerInnen erreichen können.

Das Erlernen urbaner Kulturstile

Ländliche MigrantInnen können in den Karaoke-Bars, den neuen und gedeihenden Kulturräumen der Stadt, einen gewissen Grad an Selbstachtung erlangen, weil sie von städtischen Männern anerkannt und begehrt werden, die sie als Nachtbegleitung aussuchen. Die Karaoke-Bars sind auch der Ort, an dem diese Frauen eine sekundäre Sozialisation erfahren können, indem sie mit städtischen Kunden in Kontakt kommen, und sich – in kultureller und sozialer Hinsicht – „urban und kosmopolitisch" fühlen. Die Hostess Yu ging in die Stadt und arbeitete Mitte der 1990er Jahre in einer privaten Fabrik, in der sie sogar zur Modellarbeiterin ernannt wurde. Die Firma ging schließlich in Konkurs und machte zu. Ying wurde entlassen, hatte aber keine finanziellen Rücklagen. Ihre Freundinnen nahmen sie zu einer Tanzhalle mit, um Männer kennenzulernen. Sie folgte ihnen, weil sie sich ihren Lebensunterhalt verdienen musste.

> „Ich dachte, dass niemand mit mir tanzen würde, weil ich vom Land bin und nur geringe Fähigkeiten habe (*suzhi*, wörtlich: Qualität) Zu meiner Überraschung luden mich jedoch einige städtische Männer ein. Ein Mann von der Arbeitsbehörde mochte mich sogar sehr. Ich bin ihm einmal auf der Straße begegnet und er lud mich zum Abendessen ein. Ich wollte nicht mit ihm schlafen, ging aber mit ihm essen. Ich war so eine dumme Möse (*sha bi*). Ich hatte überhaupt keine Ahnung von Restaurants, geschweige denn wie man sich beim Essen und im Gespräch richtig verhält. Ich war wirklich eine dumme Möse, so blöd, Scheißkerl. Ich wusste nicht mal, wie man isst oder sich unterhält. Ich war wie eine Bäuerin. Wann hatte ich je ein Restaurant von innen gesehen? Weißt du, zu dieser Zeit [Mitte der 1990er Jahre] war noch niemand aus meinem Dorf je in einem Restaurant gewesen. Nur sehr wenige hatten überhaupt davon gehört. Als Fabrikarbeiterin verdiente ich gerade mal 400 Yuan pro Monat. Hatte ich, zum Teufel, je so viel Geld und eine solche Stimmung gesehen, wie in diesem Restaurant? Nach diesem Erlebnis war ich schockiert, wie groß der Unterschied zwischen mir und den Stadtmenschen war. Ich begann, als Tanzbegleiterin zu arbeiten. Zwei Monate später kehrte ich mit einer Menge Geld nach Hause zurück. Das waren mehrere tausend Yuan, damals war das viel. Niemand hatte je zuvor so viel Geld gesehen. Für alle war das viel."

Für Ying bedeutet ein urbaner Lebensstil, den gleichen Status zu erlangen wie Städter. Es stärkt ihr Selbstwertgefühl, wenn sie in der Karaoke-Bar von städtischen Kunden ausgewählt wird.

Unabhängigkeit

Durch ihre Erfahrungen mit Vergewaltigung oder Alleingelassenwerden in der Stadt lernen die Hostessen, nicht auf die romantischen Beteuerungen von Männern reinzufallen und die Hostess-Arbeit zu nutzen, um unabhängig zu werden. Sie sagten: „Die Männer aus Dalian verletzen nicht nur unsere Körper sondern auch unsere

Gefühle. Sie bekommen von uns, was sie wollen, ohne einen Cent auszugeben.“ Die Hostess Guang arbeitete früher als Hausangestellte für eine städtische Familie. In zwei Monaten wurde sie von ihrem Arbeitgeber dreimal vergewaltigt. Die Hostess Min arbeitete als Kellnerin in einem Restaurant, als sie von einem Kunden aus der Stadt vergewaltigt und zurückgelassen wurde. Sie sagte:

> „Männer aus der Stadt missbrauchen uns emotional und physisch. Wir dürfen nicht zu unschuldig (*tai chunjie*) oder zu hingebungsvoll sein, sonst werden wir reingelegt, benutzt und weggeworfen. Nur wenn Frauen nicht allzu anständig sind, können sie sich selbst schützen.“

Han arbeitete als Friseurin in der Stadt. Drei Jahre lang lebte sie mit einem Mann aus der Stadt in dessen Wohnung. Während dieser Zeit wurde sie von seiner Mutter und seiner Tante auf alle möglichen Arten beschimpft, geschlagen und erniedrigt. So beschuldigten sie Han, Schmuck gestohlen zu haben, und führten diese „Gewohnheit des Stehlens“ auf ihre ländliche Herkunft zurück. Der ganze Missbrauch hatte mit ihrer geringgeschätzten ländlichen Herkunft zu tun. Han tat alles, um die unmenschliche Behandlung ertragen zu können. Ihr städtischer Freund machte sich jedoch auch Sorgen, dass ihre ländliche Familie zum Fass ohne Boden werden könnte, in dem letztendlich sein gesamtes Geld verschwindet. Er machte plötzlich Schluss und sagte: „Wir passen aufgrund unseres unterschiedlichen sozialen Status einfach nicht zusammen.“ Han war am Boden zerstört und dachte, sie würde niemals ihr Glück finden, wenn sie nicht denselben sozialen und ökonomischen Status erreichte wie die Städter. Sie begann, als Hostess zu arbeiten. Fünf Jahre später hatte sich der Erfolg eingestellt. Sie besaß zwei Haushaltsregistrierungen (*hukou*) – eine städtische und eine ländliche – und zwei Häuser, eines in ihrer Heimatstadt für ihre Eltern und eines in Dalian für ihre Geschwister. Sie bezahlte die Schulausbildung von zwei jüngeren Schwestern und einem Bruder und die Hochzeiten ihrer vier älteren Brüder und Schwestern, und so weiter. Heute ist sie mit dem Finanzchef einer angesehen Hotelkette verheiratet.

Ähnlich ist der Fall der Hostess Hong, die sich von ihrem Kunden-Freund trennte, als der ihr nicht das Geld bot, das sie erwartet hatte. Sie sagte:

> „Ich kann selbst 100.000 Yuan pro Monat mit der Hostess-Arbeit verdienen. Dass soll ich gegen die paar tausend Yuan eintauschen, die er bekommt – das ist so wenig! Und ich muss dann noch alles tun, was er sagt. Wer macht den so was? Er denkt, ich sei frisch

> vom Land und leicht reinzulegen. Mit so wenig Geld will er mich zu seiner Zweitfrau machen und mich wie seinen Besitz behandeln, indem er mich an Armen und Beinen fesselt. Das kommt gar nicht in Frage! Ich will selbst Geld verdienen und so viel davon ausgeben, wie ich will. Auf keinen Fall werde ich sein weniges Geld nehmen und dafür noch alles tun, was er sagt."

Das hierarchische Verhältnis von ländlichen Migrantinnen und städtischen Männern wurzelt in der ländlichen Herkunft und kulturellen Unterlegenheit. Die Arbeit als Hostess bietet die Möglichkeit, die Unterordnung zu überwinden. Die Hostess-Arbeit wird bezahlt und ist damit ein Akt der Auflehnung gegen die frauenverachtenden städtischen Männer, die meinen, die Körper und Gefühle der Frauen ausbeuten zu können. In den Bars müssen die Männer viel Geld bezahlen, um den Hostessen überhaupt nahe kommen zu dürfen. Dieser Geldaustausch schafft eine neue Situation im Vergleich zu der Zeit, als Migrantinnen den Männern noch nach deren Lust und Laune gratis zur Verfügung standen.

Die Hostess-Arbeit erlaubt den Frauen, Geld zu verdienen und somit von den Männern unabhängig zu werden. Im Geldaustausch erreichen Hostessen eine gewisse Gleichstellung mit städtischen Männern, indem sie sich die Mittel der Männer zu Nutze machen. Geld zur eigenen Verfügung zu haben, gibt den Frauen Macht und Sicherheit. Viele Hostessen, die verheiratet sind oder als Zweitfrauen gehalten werden, schleichen sich aus dem Haus, um zu arbeiten. Ein eigenes, getrenntes Bankkonto erlaubt ihnen, ihr Geld nach Belieben auszugeben und Eltern und Verwandte heimlich zu unterstützen. Ihre Arbeit als Hostess verschaffte Han und Hong ökonomische Macht und damit ein großes Ausmaß an Unabhängigkeit und Gleichstellung hinsichtlich ihres sozialen und geschlechtsspezifischen Status, sowohl in der Familie als auch in der Ehe mit städtischen Männern.

Fazit

In diesem Artikel untersuche ich die städtische Karaoke-Sexindustrie der Reform-Ära und insbesondere die unterschiedlichen Machtbeziehungen, die im Leben der Hostessen eine Rolle spielen. Die staatlichen Kampagnen gegen die Pornographie werden von lokalen Beamten und Barbesitzern für deren eigene Ziele missbraucht. Das führt zur Brutalisierung der Arbeitsbedingungen der Hostessen. Aufgrund dieser ausbeuterischen Arbeitsverhältnisse kämpfen die Hostessen darum, die sozio-ökonomischen Ressourcen der Kunden für sich selbst zu nutzen und die Land-Stadt-

Hierarchie zu untergraben. Für sie bietet die Arbeit als Hostess die Möglichkeit, einen gewissen Grad an sozialer Mobilität zu erreichen. Die Hostessen können diesen Beruf nicht ihr Leben lang ausüben. Für die Glücklichen unter ihnen ergeben sich Chancen, auf anderen Pfaden ein besseres Leben zu finden. Die weniger Glücklichen müssen den Job irgendwann aufgeben, wenn sie nicht mehr mit jüngeren Hostessen konkurrieren können. Einige ehemalige Hostessen bleiben zwar als Madames oder Barbesitzerinnen im Geschäft, die meisten ziehen sich aber vollkommen aus den Bars zurück. Idealerweise schafft es eine Hostess, in eine städtische Familie einzuheiraten, die Zweitfrau (*ernai*) eines reichen Geschäftsmannes oder Beamten zu werden oder als unabhängige Geschäftsfrau zu bestehen. Versuche in diese Richtungen sind aber von unterschiedlichem Erfolg gekrönt. Es ist nicht ungewöhnlich, dass eine Hostess mehrmals mit dieser Arbeit aufhört und wieder anfängt, bevor sie die angemessene „Fluchtgeschwindigkeit“[16] erreicht.

Welche Ausstiegsstrategie eine Hostess auch wählt, kein Versuch, die Karaoke-Bars hinter sich zu lassen und mit einer neuen Identität ein neues Leben zu beginnen, kann den Schatten überdecken, den ihre frühere Arbeit wirft. Ehemalige Hostessen leben in ständiger Angst, dass ihre berufliche Vorgeschichte in den Karaoke-Bars aufgedeckt und damit ihr neues Leben zerstört wird. Eine ehemalige Hostess, um deren Verkaufsstand ich mich kümmerte, während sie krank war, verpflichtete mich mehrmals zur Geheimhaltung, damit ich sie vor den anderen Standbetreiberinnen nicht „oute“. Diese Angst haben alle ehemaligen Hostessen in allen familiären und beruflichen Situationen. Ob als Ehefrau eines Mannes in der Stadt, eines Regierungsbeamten oder eines aufs Land zurückgekehrten Unternehmers, ehemalige Hostessen müssen ihre Vergangenheit vertuschen, weil sonst die Gefahr besteht, dass sie ihr hart erarbeitetes neues Leben verlieren.

Haben diese Hostessen nun den sozialen Aufstieg geschafft, oder reproduzieren sie die soziale Ungleichheit? Auf kurze Sicht sorgen die Ausstiegsstrategien der Hostessen für eine Verbesserung ihrer sozialen und ökonomischen Lage. Auf lange Sicht besteht jedoch immer die Gefahr, dass ihre Vorgeschichte als Sexarbeiterinnen und ihre ländliche Herkunft aufgedeckt werden und sie ihren neu gewonnenen Status wieder verlieren.

Aus dem Englischen von Daniel Fuchs

Endnoten

1 Mein aufrichtiger Dank gilt Ching Kwan Lee und Mark Selden für ihre scharfsinnigen Anregungen und Kritiken. Dieser Beitrag basiert auf meiner Feldforschung, die das *Yale Center for International and Area Studies* und das *Yale Council of East Asian Studies* großzügig unterstützt haben.

2 Anm. d. Übers.: Traditionelles chinesisches Kleid.

3 Das ist die offizielle Einwohnerzahl (in den vier Bezirken des Stadtzentrums).

4 Anm. d. Übers.: Im Chinesischen wird der Begriff *liudong renkou* benutzt, englisch: *floating population*.

5 Von mir befragte städtische Beamte schätzten, dass die *flottierende Bevölkerung* in Dalian aus einer Million Menschen besteht, die aus allen Teilen Chinas kommen.

6 Anm. d. Übers: Die Haushaltsregistrierung (*hukou*) trennt Menschen in China in Stadt- und LandbewohnerInnen. Weitere Anmerkungen dazu im Vorwort.

7 Interview, geführt im Jahr 2001.

8 Die männliche Dominanz in der Geschäftswelt Chinas wird durch den Einsatz von Karaoke-Bars zur Unterhaltung von Kunden verstärkt. Ich hörte zwar, dass gelegentlich Geschäftsfrauen mit männlichen Kunden in Karaoke-Bars gehen, habe das selbst aber niemals miterlebt.

9 Es erwies sich als äußerst schwierig, die Geschichte der Karaoke-Bars in Dalian zu rekonstruieren. Aufgrund offizieller Verleugnung und Verlegenheit gibt es keine öffentlich zugänglichen Aufzeichnungen zu diesem Thema. Diese Haltung hat auch alle Interessierten davon abgehalten, weiter nachzuforschen. Um die Geschichte zu rekonstruieren, musste ich mich daher völlig auf die mündlichen Berichte von Regierungsbeamten in unterschiedlichen Abteilungen der städtischen Kulturbehörde verlassen.

10 Siehe „Management Stipulations of Recreational Places“ (Regelungen für die Betriebsführung in Erholungs- und Unterhaltungsfirmen), erlassen vom Staatsrat, 1999.

11 Das soll den Stolz der Barbesitzer stärken, die am sozialistischen Kulturmarkt mitwirken. Wenn sie diese neuen Gedanken verinnerlichten, würden Besitzer ihre Bar auf eigene Initiative als zivilisierte Räume gestalten, in denen die erhabenen Gefühle der Kunden gehegt und gepflegt werden könnten.

12 Anm. d. Übers.: Flaches und breites Ruder- oder Segelboot.

13 Das war in der Karaoke-Bar der gehobenen Kategorie, in der die Hostessen nicht wohnten. Ich wohnte mit den Hostessen in einer Karaoke-Bar der unteren Kategorie im Rotlichtviertel.

14 Nachdem ich ein Visum für die Vereinigten Staaten erhalten hatte, zog die Regierung meinen Personalausweis ein. Das einzige mir verbliebene Dokument war mein Reisepass. Ein Reisepass ohne Personalausweis deutet darauf hin, dass der Wohnsitz der betreffenden Person nicht in China ist.

15 Diese Information stammt aus meinem Interview mit politischen Beamten der Stadtregierung.

16 Anm. d. Übers.: Begriff aus der Physik und Raumfahrt: Ein Flugkörper benötigt eine bestimmte Flucht- oder kosmische Geschwindigkeit, um antriebslos in einer Umlaufbahn um einen Himmelskörper zu bleiben, ohne auf dessen Oberfläche zurückzufallen.

Literatur

GU QIUPING (2000): „Guoji Mingcheng Li Women Hai You Duo Yuan" (Bis zur weltbekannten Stadt ist es noch weit). *Dalian Ribao* (Dalian Tageszeitung), 25. März 2000: C1.

HERSHATTER, GAIL (1997): *Dangerous Pleasures: Prostitution and Modernity in Twentieth-Century Shanghai*. Berkeley.

JIAN PING (2001): „Caifang Shouji: Jingyan Dalian" (Interview: Erfahrungen aus Dalian). *Xinzhoukan* (Neue Wochenzeitung) 10: 40.

PAN SUIMING (1999): *Cunzai Yu Huangmiu: Zhongguo Dixia „Xing Chan Ye" Kaocha* (Existenz und Ironie: Eine Untersuchung der chinesischen Untergrund-Sexindustrie). Beijing.

SHENZHEN FAZHI BAO (2002): „Sanpei Xiaojie De Falu Baohu Wenti" (Rechtlicher Schutz für Hostessen). *Shenzhen Fazhi Bao* (Juristische Zeitung Shenzhen), 25. Juni 2002.

SUN SHAOGUANG (2003): „Dalian E Mo Ba Xiaojie Fenshi Shiyi Kuai" (Dalian Monster zerteilte die Leiche einer Hostess in elf Stücke). *Dongbei Xinwen Wang* (Nachrichtennetz Nordost), 12. Dezember 2003.

ZHANG HAIBING (2001): *Xinjiapo Yu Dalian* (Singapur und Dalian). Shenyang.

ZHANG XIAOZHAO (2001): „Dalian Yao Zuo Xiandaihua Shengtai Chengshi" (Dalian soll eine moderne ökologische Stadt werden). *Dalian Wanbao* (Dalian Abendzeitung), 6. Juni 2001: 1.

Yan Hairong

Zwischen Ruralität und Autonomie im Arbeitsprozess – Migrantische Hausangestellte im heutigen China[1]

Als 1983 in Beijing die Firma San Ba (8. März) als erste ihrer Art Haushaltsdienstleistungen anbot,[2] rief dies gemischte Kommentare hervor. Einige feierten es als weiteres Zeichen des Wachstums in Chinas Reformprozess, andere fragten sich, ob dieses neue Phänomen für ein sozialistisches Land angemessen ist. Das heißt nicht, dass es vorher keine bezahlten Haushaltsdienstleistungen gab. Nicht das Phänomen bezahlter Haushaltsdienstleistungen an sich löste die zwiespältigen Reaktionen aus, sondern ihre im Rahmen der Reformen vorgenommene formale Kommerzialisierung und Förderung als neue Standarddienstleistung. Als ich 1999 den Leiter dieser Firma interviewte, führte er die Kontroverse auf die fehlende Reife in den frühen Reformtagen zurück. In den 1990er Jahren hätten die Menschen die kommerziellen Haushaltsdienstleistungen bereits akzeptiert, und niemand fände sie noch außergewöhnlich.

Im Zuge der allgemeinen Kommerzialisierung des sozialen Lebens in der Reform-Ära ist der Kauf entlohnter Haushaltsdienstleistungen in der Tat in den Städten Chinas zur Normalität geworden. An dieser Stelle zeigen die Haushaltsdienstleistungen jedoch in ironischer Weise die sozialen Widersprüche: Die Reformen haben sowohl eine größere soziale Ungleichheit geschaffen als auch die Abhängigkeit der wohlhabenden Klasse von personenbezogenen Dienstleistungen erhöht, die größtenteils von migrantischen Hausangestellten erbracht werden. Während die neu entstehende wohlhabende Klasse die breite Bevölkerung in zunehmendem Maße auf Distanz halten will und versucht, ihre Privatsphäre nach außen hin abzugrenzen, kommt sie im Alltag nicht mehr ohne bezahlte Hausarbeit aus und benötigt immer mehr Hausangestellte, die mit ihr unter einem Dach wohnen.

In diesem Kapitel untersuche ich, wie sich die entlohnte Haushaltsarbeit im Übergang Chinas zum Postsozialismus darstellt. In der Mao-Ära arbeiteten nur wenige verheiratete ländliche Frauen als Hausangestellte in der Stadt, manche für einige Jahre, andere für Jahrzehnte. Sie wurden fast alle von den politischen und kulturellen Eliten beschäftigt, die offizielle staatliche Positionen bekleideten. In der Reform-Ära suchen wohlhabende Städter mit unterschiedlichen Berufen auf dem schnell wachsenden Arbeitsmarkt für Hausangestellte überwiegend nach jungen ländlichen Migrantinnen – nicht nur, weil sie billiger sind, sondern auch, weil sie leichter gezwungen werden können, sich der Autorität, Überwachung und Disziplinierung der Arbeitgeber zu unterwerfen und deren Anweisungen zu folgen. Sie werden deutlich häufiger „geheuert und gefeuert".

Es bietet sich an, die entlohnte Haushaltsarbeit in der Mao-Ära mit jener in der Reform-Ära zu vergleichen. Die Ausweitung der bezahlten Haushaltsdienstleistungen in der Zeit nach Mao mag einerseits als logische Entwicklung erscheinen, die ihren Ausgangspunkt in der Mao-Ära hat. In dem Fall könnten wir versucht sein, die unterschiedlichen Erfahrungen der beiden Hausangestellten-Kohorten auf die sich verändernde Marktdynamik von Angebot und Nachfrage zurückzuführen. Arbeitgeber von Hausangestellten in China folgen andererseits einer Vergleichslogik, die sich an persönlichen Tugenden orientiert: Zwar stehen sie voll und ganz hinter den Reformen, das hindert sie aber nicht daran, die Tugenden der älteren Hausangestellten der Mao-Ära zu besingen und den Mangel an eben diesen Tugenden unter jüngeren Hausangestellten der Reform-Ära zu kritisieren. Der Vergleich zwischen den bezahlten Haushaltsdienstleistungen der beiden Epochen wirft die Frage nach den Verbindungs- und den Trennlinien zwischen dem Sozialismus der Mao-Ära und den Reformen der Post-Mao-Ära auf.

Meine Argumentation umfasst ein beschreibendes und ein analytisches Moment. In der Beschreibung zeigt sich, dass die Aufgaben der Hausangestellten in der Mao-Ära und der Reform-Ära im Wesentlichen dieselben zu sein scheinen, die Erfahrungen der Migrantinnen im Arbeitsprozess sich aber deutlich unterscheiden. In der Mao-Ära verfügten migrantische Hausangestellte über eine beträchtliche Autonomie im Arbeitsprozess, wohingegen ihre jüngeren Kolleginnen in der Reform-Ära der Überwachung und Disziplinierung durch den Arbeitgeber unterworfen sind. In der Analyse zeigt sich, dass die spezifischen politischen Kulturen der beiden Epochen – insbesondere die unterschiedliche Wertung von Ruralität – hinter den unterschiedlichen Arbeitserfahrungen der Hausangestellten stehen und das Verhältnis zwischen Arbeitgebern und Hausangestellten prägen. „Ruralität" verweist hier auf ländliche Subjektivität, ländlichen Habitus und ländliche Praktiken im Vergleich zu

Urbanität. Haushaltsarbeit wurde bedauerlicherweise im Gegensatz zu vielen anderen sozialen Dienstleistungen in der Mao-Ära nicht vergesellschaftet.[3] Somit lässt sich die radikale Veränderung der Arbeitererfahrungen in den Arbeitsverhältnissen im Postsozialismus kaum an diesem Fall darstellen. Ich versuche aber zu zeigen, dass Hausangestellte beider Epochen zwar als Lohnarbeiterinnen beschäftigt waren und sind, die Art und Weise, wie sich Bedeutungen und soziale Beziehungen der Hausangestelltenarbeit im Postsozialismus äußern, jedoch auf deutliche Veränderungen hinweist. Meiner Meinung nach unterscheidet sich die entlohnte Haushaltsarbeit der beiden Epochen, weil die Subsumtion der Arbeit migrantischer Hausangestellter in der Mao-Ära *formell* war und in der Reform-Ära *reell* ist.

Das Begriffspaar formelle versus reelle Subsumtion übernehme ich von Marx, der den Unterschied zwischen der formellen und der reellen Subsumtion der Arbeit unter das Kapital analysierte. Marx beobachtete, dass „die Subsumtion des Arbeitsprocesses unter das Kapital eintritt – auf Grundlage eines *vorhandnen Arbeitsprocesses*, der vor dieser seiner Subsumtion unter das Capital bestand, der sich auf Grundlage früher verschiedner Productionsprocesse und andrer Productionsbedingungen gestaltet hat“ (Marx 1988: 92). Mit „formeller“ Subsumtion von Arbeit unter das Kapital beschrieb Marx folglich die „Subsumtion des Arbeitsprocesses – einer schon vor Eintritt des Capitalverhältnisses entwickelten Arbeitsweise unter dasselbe – unter das Capital“ (ebd.: 93). Zur Erläuterung des Charakters formeller Subsumtion führt Marx zwei Beispiele an, die zeigen, dass das Kapital – in der Form von Wucherkapital und Kaufmannskapital – vor der Durchsetzung formeller Subsumtion die Produktion zur Abpressung von Mehrwert als Auftrag vergeben konnte, ohne selbst in den Produktionsprozess einzugreifen (ebd.: 94–95). Im Gegensatz dazu beschreibt die „reelle“ Subsumtion der Arbeit unter das Kapital die Abpressung von Mehrwert in Arbeitsprozessen, die durch ein dominantes Kapitalverhältnis bereits radikal verändert wurden. Der Unterschied zwischen den beiden Formen der Subsumtion liegt darin, ob der Arbeitsprozess – also das konkrete Verhältnis zwischen Arbeitskraft und Kapital – verändert wurde, um die für den Kapitalismus charakteristische Form der Abpressung von Mehrwert zu ermöglichen, oder nicht. Marx unterschied begrifflich zwischen „formeller“ und „reeller“ Subsumtion, um die Eigenart und Besonderheit der kapitalistischen Produktionsweise zu erfassen.

Ich verwende „formelle“ und „reelle“ Subsumtion unter die Lohnarbeit, um entlohnte Haushaltsarbeit in der Mao-Ära und der Reform-Ära vergleichen und die Unterschiede begrifflich zu fassen zu können. Für meine Anleihe gelten vier Einschränkungen, auf die ich hier hinweise, um Missverständnisse zu vermeiden: Erstens analysiert Marx die Subsumtion von Arbeit *unter das Kapital*, während ich die Subsumtion von Hausangestellten *unter die Lohnarbeit* im Sozialismus und Postsozialismus untersuche. Der Sozialismus der Mao-Ära war ein Prozess sozialer Experimente, der Versuche und Irrtümer, Auseinandersetzungen und Widersprüche. Altes und Neues lag im Widerstreit und mischte sich mit nationalen politischen Erneuerungen und Anleihen aus der Sowjetunion. Im umkämpften und kämpferischen Sozialismus existierte auf Arbeitsverträgen gründende Lohnarbeit ohne privates Kapital, wurde jedoch nicht immer akzeptiert und war zuweilen gar Gegenstand politischer Auseinandersetzungen, insbesondere während der Kulturrevolution (1966–76).[4] Zweitens fanden Marx' Beobachtungen im historisch vorbestimmten Übergang zur kapitalistischen Produktionsweise statt. In Marx' Analyse ist die formelle Subsumtion bereits die Schwelle zur – oder der Ausgangsprozess der – kapitalistischen Produktion. Ich gehe dagegen nicht davon aus, dass der Übergang vom Sozialismus zum Postsozialismus historisch vorbestimmt war, auch wenn diese Annahme weit verbreitet ist.[5] Dieser Übergang war voller Spannungen, Kämpfe und Unbestimmtheiten. Drittens zeigte Marx anhand der formellen Subsumtion, dass der Arbeitsprozess der dem Kapitalismus vorangehenden Epoche im Protokapitalismus weiter existierte. Ich behaupte dagegen nicht, dass es eine Kontinuität zwischen dem Arbeitsprozess der Hausangestellten im Vorsozialismus und jenem im Sozialismus gab. Viertens konzentriere ich mich hier nicht auf die Abpressung von Mehrwert, sondern verfolge vielmehr die besonderen Ausprägungen der sozialen Beziehungen, wie sie sich in den veränderten Bedeutungen und Arbeitsprozessen der bezahlten Haushaltsdienstleistungen äußern.[6]

Für meine Analyse ist der Begriff der „Subsumtion unter die Lohnarbeit" in zweierlei Hinsicht nützlich. Zum einen lässt er erkennen, dass die Haushaltsarbeit in beiden Epochen von der Kommodifizierung der Arbeitskraft und einer ihr anhaftenden, strukturellen Ungleichheit gekennzeichnet war. Zum anderen hilft mir Marx' Unterscheidung zwischen formeller und reeller Subsumtion, wenn ich den Arbeitsprozess als Ort der Untersuchung und Darstellung der entscheidenden Unterschiede zwischen den beiden Epochen in den Mittelpunkt rücke. Die Kommodifizierung der Arbeitskraft bedeutet für den Arbeitsprozess im Grunde, dass Arbeitgeber über die Macht und das Recht verfügen, die Arbeiterin während der bezahlten Arbeitszeit nach eigenem Gutdünken einzusetzen, zu disziplinieren und zu überwachen. In der Mao-Ära war die Subsumtion von Hausangestellten unter die Lohnarbeit jedoch nur formell, und die Autorität der Arbeitgeber und ihre Versuche der Disziplinierung wirkten sich weniger auf die konkrete Organisation des Arbeitsprozesses aus. Dank der Gesellschaftlichkeit und insbesondere der politischen Wertschätzung der Ruralität in der Mao-Ära verfügten Hausangestellte über eine größere Autonomie im Arbeitsprozess und waren weniger Versuchen einer Disziplinierung ihrer ruralen Persönlichkeit ausgesetzt. Durch die stärkere Kommodifizierung der Arbeitskraft und die gnadenlose Abwertung der Ruralität bestimmen in der Reform-Ära die Autorität und die Disziplinierungsversuche der Arbeitgeber den Arbeitsprozess in weit größerem Maße, sodass Hausangestellte über eine geringere Autonomie bei der Arbeit und weniger Ausdrucksmöglichkeiten ihrer ruralen Persönlichkeit verfügen.

Haushaltsarbeit und Ruralität in der Mao-Ära

Bevor im 19. Jahrhundert die Haushaltsarbeit als Lohnarbeit auftauchte, waren Haushaltshilfen in China mehrheitlich leibeigene DienerInnen (*nubi*), die von Geburt an oder aufgrund von Schulden gebunden waren oder auf dem Menschenmarkt gekauft wurden (Chu 1995; Watson, James L. 1980). Für leibeigene DienerInnen galten besondere juristische Vorschriften, familiäre und Clan-Regeln, und sie waren patriarchaler Macht unterworfen. In historischen Dokumenten vom Beginn der Qin-Dynastie (221 vor Christus) bis zum Ende der Qing-Dynastie (1644–1911) sind mehr als vierzig Bezeichnungen für leibeigene DienerInnen zu finden. Sie bildeten zusammen mit Schauspielern, Prostituierten und Bettlern eine besondere Klasse derer, die als *jianmin* (wertlose Menschen, untere Kaste) bezeichnet wurden und im Gegensatz zu den *liangmin* (respektable, gute Menschen) standen: den Literaten, Bauern, Handwerkern und Kaufleuten. Bei der Landverteilung in der Nördlichen Wei-Dynastie (386–534) und der Tang-Dynastie (618–907) wurden Familien von Schauspielern, Prostituierten und Bettlern jeweils als eigener Haushalt registriert, während leibeigene DienerInnen als Teil des Haushalts ihrer Herren erfasst wurden und folglich keinen Anspruch auf die Zuteilung von Land hatten (Chu 1995: 2). Menschen, die zu leibeigenen DienerInnen wurden, verloren meist ihre eigenen Familiennamen und erhielten von ihren Herren neue. Weder leibeigene Diener selbst noch ihre Nachkommen konnten an den kaiserlichen Beamtenprüfungen zur Aufnahme in den Staatsdienst teilnehmen. In der Rechtsprechung wurde zwischen *jianmin* und *liangmin* unterschieden, mit eigenen Gesetzesvorschriften für Herren und leibeigene DienerInnen. Für Vergehen gegen ihre Herren wurden DienerInnen äußerst hart bestraft. Zudem gab es eine Vielfalt an Regeln, mit denen der lokale niedere Adel die häusliche Ordnung (*jiafa*) und die Einhaltung von Clan-Sitten (*zugui*) durchsetzte und die Unterjochung der leibeigenen DienerInnen noch verstärkte. Chu ist der Meinung, dass das System der leibeigenen Dienerschaft (*nubi zhi*) eine, mit privatem Landbesitz und einer ausgeklügelten sozialen Hierarchie verbundene, veränderte Form der Sklaverei war.[7] Das kastenähnliche System der Dienerschaft wurde in der Qing-Dynastie Ende des 19. und Anfang des 20. Jahrhunderts offiziell abgeschafft – in einer Zeit, in der Sklavenarbeit kommodifiziert und in Lohnarbeit umgewandelt wurde (Lu/Wang 2004: 23–42). Das System der leibeigenen Dienerschaft existierte jedoch weiter und war an vielen Orten bis in die 1930er Jahre gebräuchlich. Der bekannte Reformer der späten Qing-Zeit Liang Qichao (1873–1929) berichtet, dass es in seinem Heimatort und in dessen Umgebung in Guangdong *shipu* gab, Familien mit bestimmten Namen, die Familien mit anderen Namen als DienerInnen zur Verfügung standen (Chu 1995: 147). Und auch Lu Xun[8] erwähnt, dass in seinem Heimatort Shaoxing in der Provinz Zhejiang eine ähnliche Gruppe von Menschen (*duomin*) in einem unterwürfigen Verhältnis zu Familien mit gewissen Namen stand und bis zur Republikanischen Revolution (1911) keine Mischehen einging (ebd.: 148).[9]

Die lange Tradition der leibeigenen Dienerschaft, seit Mitte des 19. Jahrhunderts durch die Kommodifizierung der Diener-Arbeit bereits ausgehöhlt, wurde erst durch die von der Kommunistischen Partei angeführte soziale Revolution in der ersten Hälfte des 20. Jahrhunderts beendet. Nach der Gründung der Volksrepublik im Jahr 1949 existierte die Haushaltsarbeit als Lohnarbeit weiter. Die alten Bezeichnungen für Hausangestellte verschwanden nun. Stattdessen wurden neue Begriffe für alle Hausangestellten verwendet, unabhängig von deren spezifischen Verantwortlichkeiten: der Begriff *ayi* (wörtlich: Tante) oder die klassische Benennung *baomu* (schützende Mutter), die ursprünglich Frauen bezeichnete, die am kaiserlichen Hof Kinder beaufsichtigten, pflegten und erzogen.[10] Der Begriff *baomu* wurde bereits in den 1940er Jahren in den ländlichen Stützpunktgebieten der Kommunistischen Partei verwendet und galt sowohl für Kindergärtnerinnen als auch für Frauen in umliegenden Dörfern, die Kinder von im Kampfeinsatz befindlichen kommunistischen Kadern betreuten. Nach der Gründung der Volksrepublik im Jahr 1949 holten einige dieser Kader die Frauen mit in die Stadt, damit sie dort weiter auf ihre Kinder aufpassten. Andere Kader ließen sich von ihren Wachen ländliche – fast immer weibliche – Verwandte vermitteln, die bereit waren, in der Stadt zu arbeiten. Diese ländlichen Frauen wiederum stellten den Kontakt zwischen anderen Frauen aus ihrem Dorf und städtischen Familien her, die Hausangestellte suchten. Die Gehälter hoher Kader und Intellektueller umfassten eine spezielle Gehaltspauschale für die Beschäftigung von Hausangestellten – ein Zuschlag, der wohl durch deren außergewöhnliche Arbeitsbelastung und Verantwortung gerechtfertigt schien. Gewöhnliche städtische Familien konnten ebenfalls Hausangestellte beschäftigen und taten dies auch, jedoch oft nur kurzfristig und ohne sich über einen längeren Zeitraum auf diese Alltagshilfe verlassen zu können. Während der Kulturrevolution galt *baomu* als verunglimpfend, und nur der Begriff *ayi* wurde verwendet.

In der Mao-Ära gab es nur sehr wenige *baomu*, und meist handelte es sich um verheiratete ländliche Frauen, die nicht oder kaum lesen und schreiben konnten. Es ist heute unmöglich, ihre genaue Anzahl zu schätzen. Im Kreis Wuwei in der Provinz Anhui lag ein Stützpunkt der kommunistischen Neuen Vierten Armee, und einige Kader vertrauten ihre Kinder örtlichen Frauen zur Betreuung an. Über diese Verbindung gelangten in der Mao-Ära viele Frauen als *baomu* in die Stadt. Der Kreisfrauenverband schätzte, dass damals zwischen 3.000 und 4.000 Frauen aus Wuwei in der Stadt arbeiteten. Auf meine Frage, warum in dieser Zeit gerade Frauen migrierten, erhielt ich stets die Antwort, dass es zum einen für Männer schwieriger war, in der Stadt eine Beschäftigung zu finden, und zum anderen Frauen in der Landarbeit weniger Arbeitspunkte (*gong fen*) bekamen als Männer, und es für sie daher besser war, in die Stadt zu gehen und dort zu arbeiten. Unter den Migrantinnen waren jedoch auch Witwen und verheiratete Frauen, die mit ihren Ehemännern Streit hatten oder zu Hause misshandelt wurden. Für sie war entlohnte Hausarbeit, abgesichert durch dörfliche Beziehungen oder durch in der Stadt arbeitende Verwandte, das geläufigste Mittel, sich von ihren Ehemännern zu trennen und in der Stadt ein unabhängiges Einkommen zu verdienen. Wie ich an anderer Stelle ausgeführt habe, wurde der Exodus dieser kleinen Zahl ländlicher Frauen, die als *baomu* in die Stadt zogen, durch die doppelte Abwertung der Arbeit ländlicher Frauen vorangetrieben. Diese doppelte Abwertung fand zum einen innerhalb der fortbestehenden Struktur des ländlichen Patriarchats statt, und geht zum anderen auf die staatlichen Modernisierungspläne zurück, die angesichts des US-Embargos und der Geopolitik des Kalten Krieges einen hohen ländlichen Beitrag zur Industrialisierung erforderten (Yan 2003a). Als *baomu* zu arbeiten, war mit einem Schamgefühl verbunden, das vom lokalen Patriarchat geprägt war und durch das Versagen des Staates verstärkt wurde, der Haushaltsarbeit nicht vergesellschaftet und als legitime öffentliche und sozialistische Arbeit mit angemessenen Rechten und Bezügen ausgestattet hatte.

Die von mir interviewten dreizehn Frauen, die während und am Ende der Mao-

Ära in der Stadt als *baomu* arbeiteten, machten unterschiedliche Erfahrungen je nach der Familie, bei der sie angestellt waren. Alle bringen jedoch vielfach ihr *ku* (wörtlich: Bitternis) oder ihre Nöte zum Ausdruck. Das ländliche Leben selbst war *ku*, und während sie in der Stadt lebten, bestand das bei weitem größte *ku* im Heimweh und insbesondere in der Sorge um ihre eigenen Kinder. Auch die hohe Arbeitsbelastung war eine Quelle des *ku*. Nicht am selben Tisch mit den Arbeitgebern zu essen oder in deren Haus nicht genug zu essen zu haben, war *ku*. Das Misstrauen und der Mangel an Respekt von Seiten der Arbeitgeber war *ku*.

Großmutter Si kam im Jahr 1952 als Amme in die Stadt. Bis zum Jahr 1998, als sie zurück aufs Land zog, war sie nacheinander bei mehreren städtischen Familien als Hausangestellte beschäftigt – und wann immer sie konnte, arbeitete sie für mehrere Familien gleichzeitig. Sie erzählte von ihren Erfahrungen:

> „Ich half anderen [Familien], gut auf ihre Kinder aufzupassen, aber meine eigenen Kinder ließ ich zuhause zurück. Ich vermisste sie so sehr. Einmal träumte ich, wie mein drittes Kind in einen Brunnen fiel und ertrank. Ein anderes Mal träumte ich, wie eines der anderen Kinder in der Fäkaliengrube versank. Ich träumte das und weinte. Heulend wachte ich auf … *Ku*! Im Haus von anderen zu arbeiten war *ku*. Niemand passte auf meine Kinder auf, ich aber musste für andere auf deren Kinder aufpassen...
> Ich musste im Morgengrauen aufstehen, um Lebensmittel für den ganzen Tag zu kaufen und [für die Familie ihres Hauptarbeitgebers, bei der sie wohnte] zu kochen. Nach dem Mittagessen ging ich zu einer anderen Familie, um für diese die Wäsche zu waschen. Danach ging ich für zwei Stunden zu einer dritten Familie, um auch da die Wäsche zu waschen und den Fußboden zu wischen. Dann aß ich. Am Abend musste ich manchmal bis 23 Uhr auf den Bus warten. Auch wenn ich nicht so lange warten musste, war ich erst nach 22 Uhr zurück."

Als *ayi* Lin Miao im Jahr 1976 nach Beijing kam, fand sie eine Anstellung als Säuglingsbetreuerin. Nachts musste sie bei dem Baby schlafen und es hin und wieder füttern. Die Arbeitgeber gaben ihr schlechteres Essen im Vergleich zu dem, was sie selbst aßen. Wenn die Arbeitgeber Nudeln aus Weizenmehl hatten, gab es für sie *wowotou* (Brötchen aus Maismehl). Die Großmutter dieser Familie beobachtete Lin Miao sogar heimlich (*tou kan*), wenn sie die Milch für das Baby zubereitete, weil sie befürchtete, Lin Miao könnte die Milch selbst trinken. „Sie gaben mir kein gutes Essen und waren unfreundlich. Es war *ku*." Die zweite Familie, für die sie arbeitete, war vollkommen anders.

„Sie waren sehr nett zu mir. Wir aßen zusammen, und ich bekam dasselbe Essen wie sie. Als ich Probleme mit dem Herz hatte, wollten sie mich nicht zurück aufs Land fahren lassen. Der Vater der Familie war Leiter eines Krankenhauses und bot mir an, mich in Beijing behandeln zu lassen. Ich sagte, ich wolle sie nicht mit meinem Problem belasten. Sie waren so nett zu mir, da musste ich doch auch an ihr Wohl denken! Deshalb lieh ich mir von ihnen 600 Yuan und fuhr in meinem Heimatort, um mich dort behandeln zu lassen. Jede der sechs Töchter der Familie gab mir 15 Yuan als Abschiedsgeschenk. Noch bevor ich mich vollständig erholt hatte, ging ich zu dieser Familie zurück, weil ich mir wegen der Schulden Sorgen machte. Ich arbeitete zwei weitere Jahre für sie. Sie zahlten mir den Lohn, und ich zahlte ihnen die 600 Yuan zurück. Sie ließen mich keine schweren Arbeiten mehr machen und zahlten 30 Yuan im Monat.[11] Der Vater der Familie war früher Militärarzt gewesen und behandelte mich gleichberechtigt. Alle seine Töchter hörten auf mich. In ihrem Haushalt leitete und machte ich alles.“

Wenn man die Erfahrungen der älteren *baomu* mit jenen der jüngeren heute vergleicht, so stechen zwei Dinge hervor: ihre Autonomie im konkreten Arbeitsprozess und ihr anhaltender Bezug auf ihre Ruralität nach der Rückkehr. Sie alle gingen ins Dorf zurück, zum ländlichen Leben und zur Landarbeit, ohne die Art Subjektivitätskrise, die junge Migrantinnen heute haben. Auf meine Frage, ob sie sich nach ihrer Rückkehr noch in das Leben zuhause hineinfinden könnten, antwortet Lin Miao als Erste: „Schau, ich bewirtschafte hier 20 Mu Land. Wenn ich mich verändert hätte, wie sollte ich da noch zu so was in der Lage sein?“ Und Großmutter Si sagte: „Draußen zu arbeiten heißt, bittere Erfahrungen zu machen. Warum sollte ich mich im Leben zuhause nicht mehr zurechtfinden?“ In Wang Anyis Roman *Fu Ping* über *baomu* in der frühen Mao-Ära plant eine ältere *baomu*, ihren Ruhestand in ihrem ländlichen Heimatort Yangzhou zu verbringen, obwohl sie in Shanghai die lokale Haushaltsregistrierung (*hukou*) erhalten hat (Wang 2000). Als wir darüber sprechen, dass einige dörfliche MigrantInnen Geld verdient haben und nun in der Kreishauptstadt leben, während im Dorf neue Konflikte entstanden sind, die die Beziehungen zwischen DorfbewohnerInnen und Verwandten belasten, sagte die Großmutter zu ihrer Tochter und mir: „Ich habe mein ganzes Leben lang gearbeitet, und mir ging es niemals um das Geld. Was ist falsch daran, arm zu sein? Arme Menschen sind gut [*qiong ren hao*]!“

Die ältere Kohorte in der Mao-Ära verfügte am Arbeitsplatz in den Familien der Arbeitgeber über eine vergleichsweise große Autonomie. In den Interviews sagte keine der Frauen irgendetwas darüber, dass ihr Arbeitgeber den Arbeitsprozess selbst überwacht hätte. In einigen Fällen erhielten *baomu* zwar Anweisungen, wie sie das Essen im Norden Chinas zuzubereiten hätten, und zwei Frauen beklagen sich, dass sie von Mitgliedern der Familien ihrer Arbeitgeber „heimlich beobachtet" wurden. Doch schon die Wortwahl dieser Frauen zeigt, dass sie diese Überwachung für anormal und unrechtmäßig halten. Diejenigen, die diese Frauen beobachteten, könnten der gleichen Meinung gewesen sein und folglich „heimlich" beobachtet haben. Auch die von mir interviewten Arbeitgeber sagen, sie hätten in der Mao-Ära die Hausarbeit ihrer *baomu* anvertraut, und nur wenige erzählen, dass sie sich Sorgen darüber machten oder entdeckten, dass ihre *baomu* Lebensmittel, wie etwa braunen Zucker, stahl. Im täglichen Arbeitsprozess fand zu der Zeit kaum eine Überwachung und Disziplinierung durch die Arbeitgeber statt.

Die Arbeitgeber der *baomu* erwähnen häufig, dass sie damals bei der Arbeit sehr beschäftigt waren und deswegen den Haushalt und die jungen Kinder in die Obhut der alten *baomu* gaben. Die 70 Jahre alte Frau Zhang erinnert sich an die *baomu*, die ihr in den 1950er Jahren half, nachdem sie und ihr Ehemann Beijing verlassen hatten, um als Freiwillige für die Anshan-Stahlwerke im Nordosten Chinas zu arbeiten. Ihre Kinder waren damals noch sehr jung, und Frau Zhang verbrachte viel Zeit bei der Arbeit in der Propaganda-Abteilung der Fabrik. Sie beschreibt mir ganz genau, wie die *baomu* das jüngste Kind auf dem Rücken in den Kindergarten trug und, anstatt sie zu kaufen, in Handarbeit Baumwollschuhe und Kleidungsstücke nicht nur für sie selbst, sondern auch für alle Kinder herstellte. Diese Selbstversorgung war allgemein üblich in einer Gesellschaft, in der es nicht alles selbstverständlich zu kaufen gab. Frau Zhang erzählte:

> „Damals hatte ich besonders viel zu tun. Ich kam tagelang nicht nach Hause. Sie [die *baomu*] kümmerte sich dort um alles, und deswegen hatte ich auch keine Ahnung davon. Ich hatte einfach keine Zeit und keine Energie [für zuhause]. Ich hatte den ganzen Tag über in der Fabrik zu tun. Die Arbeiter legten sich bei der Arbeit mit einer ungeheuren Begeisterung ins Zeug [*re huo chao tian*]. Manchmal kam ich nach Hause, musste aber mitten in der Nacht wieder los. Sie kochte stets für mich. Sie konnte nicht lesen und schreiben und wusste auch nicht, wie man die Uhr liest. Sie verwendete stets einen Füller, um auf der Uhr eine Markierung zu machen, und dann wusste sie, wann sie mich wecken musste … Ich vermisse sie auch jetzt noch, und auch alle meine Kinder vermissen sie."

Eltern von heute mögen der Meinung sein, die Eltern von damals seien aufgrund ihrer Hingabe zur Arbeit bei der Kindererziehung nicht anwesend oder nicht bei der Sache gewesen. In Wang Anyis 1950er Jahre-Roman *Fu Ping* geht es um eine ähnliche Situation mit Eltern, die „nicht bei der Sache sind" und einer älteren *baomu*, die eine beträchtliche Autonomie genießt. Diese *baomu*, auch *nainai* (Großmutter) genannt, arbeitet für Eheleute, die beide ehemalige Kader der Volksbefreiungsarmee sind. „Vorher waren sie rundum versorgt – sie wohnten in einer Sozialwohnung, aßen in der Kantine und um ihre Kinder kümmerte sich eine *baomu*, die ihnen von der Arbeitseinheit zugewiesen worden war. Sie mussten sich nicht um die Hausarbeit kümmern. Nun vertrauten sie *nainai* den gesamten Haushalt an" (Wang 2000: 15).

Herr Nan, dessen Eltern in den 1950er Jahren in der Armee waren, erinnert sich ebenfalls daran, dass eine *baomu* im Auftrag der Eltern den Haushalt führte und die Kinder gar vor Zurechtweisungen der Eltern in Schutz nahm: „Wir waren damals sehr ungezogen und meine Eltern sehr streng. Die *baomu* beschützte uns immer. Sie versteckte uns in ihrem Zimmer und schloss die Tür. Sie behandelte uns wie ihre eigenen Kinder." Es ist nicht überraschend, dass eine *baomu* zu jener Zeit hin und wieder als eine „schützende Mutter" auftrat und sich zwischen die Eltern und die Kinder stellte. Die Kindererziehung war zwar auch in der Mao-Ära eindeutig Aufgabe der Eltern, geschah aber in diffuser Art und Weise, weil auch Verwandte und Personen aus der Nachbarschaft daran teilhatten. Nachbarn konnten Kinder ebenso vor dem Zorn der Eltern schützen. In der Reform-Ära wurde die Kindererziehung intensiviert und ganz der elterlichen Autorität und Verantwortung unterstellt. Eltern waren nun selten bereit, die Verantwortung zu teilen.

In der Mao-Ära begünstigte das „Nicht-bei-der-Sache-Sein" der Arbeitgeber die Autonomie der Hausangestellten, reicht aber zur Erklärung dieser Autonomie nicht aus. Ich behaupte, dass dieses scheinbare Nicht-bei-der-Sache-Sein und die mangelnde Kontrolle der Arbeitgeber über den Hausarbeitsprozess auf der Wertschätzung beruhen, die der Ruralität im gesellschaftlichen Leben der Mao-Ära zukam. Mit Ruralität war der legendäre Geist von Yan'an, dem ländlichen Stützpunkt der Kommunisten im Nordwesten Chinas in den 1930er und 1940er Jahren, verbunden, in der Kulturrevolution (1966–76) auch Fortschrittlichkeit. Ruralität erhielt im maoistischen Sozialismus eine revolutionäre Bedeutung. In der gesamten Mao-Ära wurden die Versorgungsmängel und die Kargheit des täglichen Konsums mit dem nationalen Ethos „Harte Arbeit, einfaches Leben" (*jianku pusu*) belegt, was sich stark auf das städtische Leben auswirkte. Mit einigem Recht kann behauptet werden, dass es in der Mao-Ära zu einer deutlichen Ruralisierung des städtischen Lebens kam. Die Kader der Mao-Ära waren selbst mehrheitlich ländlicher Herkunft oder sind vor der Gründung der Volksrepublik während ihres Einsatzes in ländlichen Gebieten ruralisiert worden. Der Erfolg der Revolution, der Umzug der kommunistischen Kader vom Land in die Städte und der damals dominante Ethos „Harte Arbeit, einfaches Leben" zogen eine Ruralisierung des städtischen Lebens nach sich und verringerten die Privilegien der städtischen bürgerlichen Elite sowie ihre Kontrolle über die städtische Kultur im Allgemeinen und die sensiblen Angelegenheiten des häuslichen Lebens im Besonderen. In *Fu Ping* war es *nainai*, die *baomu*, die ihren Arbeitgebern die Form städtischen Lebens in Shanghai beibrachte. Privilegien und Hierarchien existierten selbstverständlich weiter und nahmen mit der neuen Bürokratie wieder zu, was zur Entfachung der Kulturevolution beitrug, doch das dominante Ethos schwächte die politische und kulturelle Hegemonie der Eliten in der Tat erheblich. Während der Kulturrevolution ging eine große Zahl städtischer Jugendlicher zur Ruralisierung und zur Mäßigung ihres revolutionären Geistes aufs Land, um von den Erfahrungen der „armen und der unteren Mittelbauern" (*ping xia zhong nong*) zu lernen. Wenn Großmutter Si die Güte armer Menschen herausstreicht, bezieht sie sich wohl auch auf diesen maoistischen ideologischen Kontext.

Für die ländlichen, als *baomu* arbeitenden Frauen bedeutete die Ruralisierung des städtischen Lebens – gemessen an Elite-Standards – deutlich geringere Ansprüche der Arbeitgeber und eine geringere Kontrolle. Die Arbeitgeber schätzten vielmehr die Genügsamkeit und Handfertigkeit der Frauen. Frau Zhang erinnert sich, dass ihre Kinder von der *baomu* in Handarbeit gemachte alte Schuhe und Kleidungsstücke trugen – ein aufschlussreiches und bedeutsames Detail, das zeigt, in welchem Umfang Ruralität in den Stoff städtischen Alltagslebens eingewoben war. Die Wertschätzung für die Herstellung von Schuhen und Kleidung zeigt, welch hohen Stellenwert die Ruralität selbst im städtischen Leben hatte. In einer ergreifenden Szene des während der Kulturrevolution entstandenen Films „*Juelie*" (Brechen mit überlieferten Ideen), der das Elitedenken im Bildungswesen kritisierte, erhält ein Universitätsstudent im Studentenheim Besuch von seiner vom Land kommenden Mutter.[12] Die Mutter hat ihm als Geschenk selbstgemachte Baumwollschuhe mitgebracht, und der Student in seinen glänzenden städtischen Lederschuhen schämt sich zutiefst, als er sie in Händen hält. Als die Baumwollschuhe von den Händen der Mutter in jene des Sohns übergehen, verwandeln sie sich von einem Objekt der mütterlichen Zuneigung, das die Distanz zwischen Land und Stadt überwindet, zu einem Objekt, das diese Distanz und die Entfremdung zwischen Land und Stadt auf schmerzhafte Weise sichtbar macht. Diese Filmszene soll die „revisionistische" (bürgerliche) Entfremdung des Studenten von den ländlichen Massen und seine Geringschätzung der Handarbeit kritisieren.

Trotz des Haushaltsregistrierungssystems (*hukou*), das die Mobilität der Arbeitskraft zwischen Stadt und Land in der Mao-Ära stark einschränkte, gab es in dieser Zeit zwischen Stadt- und LandbewohnerInnen offensichtlich einen vielfältigen Austausch. Ein herausragendes Beispiel ist die Gewohnheit, städtische Kinder zur Betreuung aufs Land zu schicken. In der Mao-Ära arbeiteten *baomu* in einem gesellschaftlichen Kontext, in dem es üblich war, für die Kinderbetreuung die Unterstützung von auf dem Land lebenden Verwandten und Großeltern zu suchen. Kleine Kinder wurden in den familiären ländlichen Heimatort (*laojia*) geschickt, um von den Großeltern aufgezogen zu werden. Manchmal wurden auch die Großeltern gebeten, in die Stadt zu kommen, um dort bei der Kinderbetreuung zu helfen. Mein Bruder und ich wurden in den späten 1960er und frühen 1970er Jahren von meinen Großeltern und Tanten auf dem Land aufgezogen. Für Angehörige meiner Generation oder Ältere ist diese Kindheitserfahrung auf dem Land nicht unüblich. In meinen Interviews stieß ich auch auf Fälle, in denen Intellektuelle und Kader ihre Kinder zur Erziehung in die Obhut städtischer Arbeiterklasse-Familien gaben, weil sie selbst bei der Arbeit zu beschäftigt waren oder aufs Land geschickt wurden.

In den 1980er Jahren, im Zuge des postmaoistischen Modernisierungsschwungs, waren städtische Eltern gezwungen, stark in die Herausbildung einer hohen *suzhi* (Qualität)[13] ihres einzigen Kindes zu investieren, um es auf den mit Chinas Öffnung verbundenen globalen Wettbewerb vorzubereiten. Damit riss auch der Strom von Kindern aufs Land weitgehend ab (Anagnost 1995). Heutzutage fänden Eltern den Vorschlag, die Kinder doch aufs Land zu schicken, vollkommen abwegig. Ein Arbeitgeber in den Dreißigern, der eine *baomu* zur Kinderbetreuung beschäftigt, erklärt mir: „Auf dem Land ziehen sie Kinder genauso auf wie Schweine und Hunde." In Einklang mit dem umfassenderen Diskurs über Entwicklung beschwört er das Bild einer primitiven und stumpfsinnigen ländlichen Erziehung, die nur bemitleidenswerte Wesen hervorzubringen scheint, Kreaturen, die im Wettbewerb der sozialen Evolution auf einer niedrigen Stufe stehen. Das animalische Bild soll suggerieren, dass solche Kinder verdientermaßen zu einem Schicksal als HandarbeiterInnen verdammt sind. Die ländliche Erziehung wird in dieser Darstellung der modernen und erstklassigen städtischen gegenübergestellt, die aktiv die Entwicklung der intellektuellen, künstlerischen und körperlichen Fähigkeiten des Kindes fördert. Das Ende der Landverschickung von Kindern lässt die postmaoistische Haltung erkennen, dass weder die Wettbewerbsfähigkeit der Individuen noch die Zukunft Chinas auf dem Land entwickelt oder diesem anvertraut werden können. Wenn die Kinder nur der hochgeschätzten städtischen Erziehung überlassen werden, zeigt das die Verachtung, die der Ruralität in der Reform-Ära zuteil wird.

In der Mao-Ära arbeiteten die *baomu* in einem Umfeld, in dem es eine beträchtliche soziale Durchmischung und einen vielfältigen Austausch zwischen Stadt und Land gab und die sozialistische Ideologie dem Land einen hohen Stellenwert zuwies. Neben der Verschickung städtischer Jugendlicher aufs Land zur Ruralisierung war es unter Städtern nicht unüblich, soziale oder gar familiäre Beziehungen mit Menschen auf dem Land zu knüpfen. Meine eigene Mutter arbeitete in den 1970er Jahren in einer lokalen Landwirtschaftsbehörde und lernte darüber einen Modellarbeiter kennen. Sie wurde von ihm und seiner ländlichen Großfamilie als *gan nü'er* (Patentochter) adoptiert. Mein Bruder und ich hatten dadurch viele neue Onkeln und Tanten. Bis 1980, als wir in eine andere Stadt zogen, besuchten sich die beiden Familien oft, und es gab viele Geschenke. Auch einige der heutigen Arbeitgeber von *baomu* erinnern sich in Gesprächen mit mir an ihre Freundschaften mit jungen, ländlichen Menschen in der Zeit, als sie auf dem Land waren. Solche Freundschaften existierten sogar noch in den 1980er Jahren. Eine Versicherungsvertreterin, die damals als Ärztin arbeitete, erinnert sich daran, dass einer ihrer ländlichen Patienten so dankbar für die Behandlung war, dass er ihr bei seinen Stadtbesuchen oft Erzeugnisse von seinem Hof mitbrachte; im Grunde genommen hatte er sie in seine Familie aufgenommen. In den 1990er Jahren gab es so etwas kaum noch, es war praktisch unvorstellbar geworden.

Viele haben die Politik einer in hohem Maße geplanten und kontrollierten Mobilität zwischen Land und Stadt in der Mao-Ära kritisiert, weil sie darin eine große Ungerechtigkeit gegenüber Menschen vom Land zu erkennen meinen. Selten wird jedoch darüber nachgedacht, warum es in der Mao-Ära einen lebendigen sozialen Austausch zwischen Stadt- und LandbewohnerInnen gab, während dieser im heutigen Kontext der uneingeschränkten Mobilität von Arbeitskräften kaum noch stattfindet. Heute wird das Verhältnis vom Tausch Lohn gegen Arbeit bestimmt. Eine migrantische Hausangestellte aus der Reform-Ära, deren Familie in den 1970er Jahren einen auf das Land geschickten städtischen Jugendlichen aufgenommen hat, ist empört: Im Vergleich sei die Art und Weise, wie sich ihre Familie damals um den städtischen Jugendlichen kümmerte und wie sie heute in der Stadt behandelt wird, wie Himmel und Erde. Dieselben KritikerInnen, die sich von der Ungerechtigkeit gegenüber den Landmenschen in der Mao-Ära betroffen zeigen, schenken der strukturellen Unterwerfung der meisten MigrantInnen als billige Arbeitskräfte in der Marktwirtschaft der Reform-Ära wenig Beachtung. Die vormals als Ärztin arbeitende Versicherungsvertreterin beschäftigt heute eine junge *baomu*. Als ihr die Mutter dieser *baomu* schrieb, um sie auf einen Besuch einzuladen, und durch die Art ihrer Anrede Freundschaft und Quasi-Verwandtschaft anbot, lehnte sie das ab. Sie sagte, dass sie zwar gerne an ihre frühere Erfahrung als Quasi-Verwandte ihres ländlichen Patienten zurückdenke, aber trotzdem nicht von der Familie ihrer *baomu* aufgenommen werden wolle, da sie eine Grenze ziehen müsse, um das Beschäftigungsverhältnis besser im Griff zu haben. Sie sieht in der bei ihr zuhause arbeitenden, jungen ländlichen Frau zunächst einmal die Lohnarbeiterin. Das Bemühen dieser Arbeitgeberin, die Abgrenzung im Auge zu behalten, ist im übergeordneten Kontext der Marktwirtschaft verständlich. Ihre frühere verwandtschaftsähnliche Stadt-Land-Verbindung und ihre heutige Ablehnung einer solchen deuten aber darauf hin, dass die Strukturkräfte der politischen Ökonomie bei der Entscheidung über nicht-kommodifizierte soziale Beziehungen über die Stadt-Land-Grenzen hinweg und der Fähigkeit oder Unfähigkeit, diese einzugehen, eine wichtige Rolle spielen.

Kurzum, um die historischen Hintergründe der Arbeitsbedingungen von *baomu* zu verstehen, müssen wir das Terrain und die Struktur der Gesellschaftlichkeit der Mao-Ära untersuchen, in der Ruralität und Ruralisierung eine moralisch-politische Wertschätzung genossen und Urbanität unter dem Gesichtspunkt von Modernität kaum einen höheren Stellenwert hatte. Die relative Autonomie der *baomu* im Arbeitsprozess wurde ermöglicht in einer Gesellschaft, in der Ruralität auf vielfältige Weise in das städtische Gemeinwesen eingewoben war – durch die Ruralisierung des städtischen Lebens, durch die ideologische Aufwertung von Ruralität, durch den sozialen Austausch zwischen städtischen und ländlichen Familien sowie durch den Umzug junger Kinder auf das Land, wo sie von ländlichen Verwandten aufgezogen wurden. Es ist auch wichtig festzuhalten, dass die Kinderbetreuung in jener Zeit nicht von Lohnarbeit bestimmt war, sondern Menschen unterschiedlicher sozialer Herkunft einbezog. Solange die Betreuung städtischer Kinder von einer guten Mischung verwandter und nicht verwandter Menschen getragen wurde und sowohl auf dem Land als auch in der Stadt stattfand, hat die entlohnte Haushaltsarbeit für den Arbeitsprozess selbst keine besondere Rolle gespielt. Seit die Kinderbetreuung in der Reform-Ära in erster Linie von Lohnarbeiterinnen durchgeführt wird, hat sich unter dem Einfluss der Arbeitgeber der konkrete Arbeitsprozess verändert und eine strenge Überwachung und Disziplinierung durchgesetzt.

Wenn ich hier die Autonomie von Hausangestellten im Arbeitsprozess in der Mao-Ära hervorhebe, bedeutet das nicht, dass ich den Klassenunterschied zwischen ihnen und ihren Arbeitgebern herunterspielen will. Die von mir interviewten älteren *baomu* erwähnen im Verlauf ihrer Erzählungen häufig den Überfluss an Lebensmitteln im Haus der Arbeitgeber, der im Gegensatz zur Knappheit auf dem Land stand. Wenn wir uns die Ursachen des *ku* und die diversen Nöte ansehen, die sie während ihres Arbeitseinsatzes für Familien der Eliten in der Stadt erlitten, wird deutlich, warum einige *baomu* während der Kulturrevolution, als die Privilegien der politischen und intellektuellen Eliten attackiert wurden, ihren ganzen Mut zusammennahmen und die Gelegenheit ergriffen, um ihre Arbeitgeber zu kritisieren und öffentlich als Angehörige der Bourgeoisie zu denunzieren.[14]

Die wechselnden Bedeutungen von baomu

Mit der Vermarktlichung im Zuge der Post-Mao-Reformen ist in den Städten ein schnell expandierender Sektor für Haushaltsarbeit entstanden, der hunderttausende ländliche Migrantinnen aufgesogen hat. Junge Migrantinnen stellen den überwiegenden Teil dieser entlohnten Hausangestellten, die meistens im Haus ihrer Arbeitgeber wohnen. Dazu kommen ländliche Frauen mittleren Alters sowie städtische Frauen, ehemalige Arbeiterinnen, die entweder pensioniert oder entlassen wurden. Die städtischen Frauen arbeiten, wie auch einige der Migrantinnen, meistens auf Stundenbasis. Die bereits erwähnte Haushaltsdienstleistungsagentur San Ba schreibt KundInnen vor, dass die Hausangestellten nur eine von drei Formen der Haushaltsarbeit ausführen: die Betreuung kleiner Kinder, die Versorgung älterer Familienangehöriger oder allgemeine Hausarbeit. In der Praxis müssen die Hausangestellten jedoch oft zwei oder gar alle drei Aufgaben verrichten. Es ist schwer, genaue Angaben über die tatsächliche regionale und landesweite Anzahl von *baomu* zu erhalten. Laut Schätzungen der Chinesischen Vereinigung der Haushaltsdienstleistungsunternehmen (*zhongguo jiating fuwuye xiehui*) gibt es in der Volksrepublik China etwa 10 Millionen Hausangestellte (South China Morning Post 2004). Als ich ihn 1999 befragte, schätzte der Leiter der San Ba-Agentur die Zahl der *baomu* in Beijing auf 100.000. In einem weiteren Gespräch im Jahr 2004 meinte er, es gäbe nun an die 150.000 *baomu* in der Stadt.[15] Li Dajing, stellvertretender Präsident der Vereinigung für Haushaltsdienstleistungen in Beijing (*beijing jiazheng fuwu xiehui*) schätzte im Jahr 2003, dass in allen acht Stadtbezirken Beijings etwa 200.000 Haushalte – also rund 7,6 Prozent – Hausangestellte beschäftigten (Xinhua 2003), in Shanghai waren es zu der Zeit mehr als 10 Prozent der Familien (South China Morning Post 2003).

Migrantische Hausangestellte werden vor allem über zwei Kanäle beschäftigt. Entweder finden sie über verwandtschaftliche oder auf dem gemeinsamen Heimatort gründende Beziehungen einen Job, oder sie werden über die Arbeitsbehörden in ländlichen Bezirken und Kreisen oder über den Kommunistischen Frauenverband für Firmen wie San Ba angeworben, die Hausangestellte an städtische Haushalte vermitteln. Im offiziellen Sprachgebrauch der Reform-Ära werden Hausangestellte als *jiating fuwuyuan* (Haushaltsbedienstete) bezeichnet, im täglichen Sprachgebrauch und in den Medien werden sie jedoch weiterhin *baomu* oder (*xiao*) *ayi* (kleine Tante) genannt. Einige Arbeitgeber sagten mir, dass sie das Selbstwertgefühl (*zizunxin*) ihrer Hausangestellten achteten und Gästen gegenüber ihre Hausangestellten als Verwandte (*qinqi*) vorstellten.

Fast alle jungen ländlichen Migrantinnen machen die entlohnte Haushaltsarbeit in der ersten Generation und sind im Großen und Ganzen besser gebildet als die kleine Zahl der älteren, in der Mao-Ära aktiven *baomu*. Wie aber sehen sich diese jungen Frauen selbst in ihrer Rolle als *baomu*? Die besondere Geschichte des Systems leibeigener Dienerschaft mag vielen nach 1949 aufgewachsenen ChinesInnen nicht geläufig sein, aber Darstellungen von Dienerinnen in der bekannten linken Literatur der 1930er und 40er Jahre, wie Cao Yus literarisches Debüt *Lei Yu* (Gewitter) und Ba Jins *Jia* (Die Familie), stellten einen engen Zusammenhang mit der Klassenungerechtigkeit in der traditionellen patriarchalen Gesellschaft her und haben bei allen nach 1949 Aufgewachsenen einen Eindruck hinterlassen. Das revolutionäre Theaterstück *Bai Mao Nü* (Das weißhaarige Mädchen), eine dramatische Geschichte über die Befreiung des bäuerlichen Dienstmädchens Xi'er aus der Unterdrückung durch ihren Grundherren, war in den 1940er Jahren in den von den Kommunisten befreiten Gebieten und nach 1949 im ganzen Land sehr beliebt. Die Erfahrungen der Ausbeutung und Unterdrückung schreiben sich in diesem Stück in den Körper des Dienstmädchens ein und verwandeln sie von einer jungen Frau in einen weißhaarigen „Geist". Die Befreiung wird in der Gestalt und dem Körper des bäuerlichen Dienstmädchens – der Untersten der Unteren – besonders deutlich zum Ausdruck gebracht. Diese Zusammenhänge helfen uns bei der Frage, was der Begriff *baomu* heute für migrantische Hausangestellte bedeutet und welche sozialen Verhältnisse er suggeriert.

Fast alle meine Interviewpartnerinnen, die in den 1980er und 1990er Jahren als Hausangestellte anfingen, mögen den Begriff *baomu* nicht und bezeichnen ihn als beleidigend (*nanting* oder *buhaoting*, wörtlich: schlecht klingend) oder gar als entsetzlich (*zhenyaoming*, wörtlich: in den Tod treibend). Eine verheiratete Migrantin beklagt sich: „*baomu* ist besonders *nanting* … Sie hätten mich mit meinem Namen anreden sollen." Eine andere Migrantin schüttelt ihren Kopf: „Er [der Begriff *baomu*] ist schlimmer als *ayi*. Ich möchte lieber *dagongmei* (wörtlich: arbeitende Schwester) genannt werden." Eine weitere fand ihn „*haochou* (sehr unangenehm, wörtlich: äußerst hässlich) und nicht so gut wie *fuwuyuan* (Bedienstete)". Eine Migrantin bringt zögerlich vor, dass man als *baomu* eine *yongren* (Dienerin) sei, eine aufs Land zurückgekehrte Migrantin wird deutlicher: „In der Stadt sind Migrantinnen die Dienerinnen (*yongren*) [der Städter]."

Einige junge und gebildete ländliche Frauen machen sich weitergehende Sorgen. Kehrt das Gespenst der alten repressiven Gesellschaft heute in der Form der Haushaltsarbeit zurück? Im Jahr 1996 war Fang Lin die erste Frau, die ihr Dorf in der Provinz Shanxi in Richtung Beijing verließ. Als eine ihrer älteren Schwestern ihr erzählte, sie könne in Beijing als *baomu* für eine ursprünglich aus Shanxi stammende Familie arbeiten, war Fang Lins erster Gedanke: „Warum? Das ist ja wie eine Rückkehr zur alten Gesellschaft." Sie erinnert sich: „Als ich hörte, dass ich als *baomu* arbeiten würde, konnte ich mich einfach nicht damit abfinden. Auch meine Eltern konnten das nicht. So plötzlich damit konfrontiert kam ich nicht damit zurecht, und meine Eltern auch nicht." Doch Fang Lin rang sich schließlich durch, in Beijing als *baomu* anzufangen. In der Reform-Ära war mit dem neuen System der „Haushaltsverantwortlichkeit" die ländliche Agrarproduktion dekollektiviert worden, und in jenem Jahr musste die Familie den Verlust der gesamten Wassermelonenernte verkraften, die vom schlechten Wetter ruiniert worden war. Fang Lin sollte in jenem Sommer zudem noch 4.280 Yuan aufbringen, weil sie im Herbst auf die Berufsfachschule gehen wollte, und ihre körperbehinderte Schwester benötigte Geld, um das letzte Jahr der Oberstufe wiederholen und im darauffolgenden Jahr noch einmal die landesweite Universitätsaufnahmeprüfung machen zu können. Fang Lin wusste, dass die Familie nicht für beide bezahlen konnte. Niemand sagte ihr, was sie tun sollte, aber sie wusste es. Sie beschloss, das Dorf zu verlassen und Geld zu verdienen, damit ihre ältere Schwester eine weitere Chance erhielt. Fang Lin hatte sich das gründlich überlegt und überzeugte ihre Eltern davon, dass sie es schaffen könne. „Ich sagte meinen Eltern, dass das [als *baomu* zu arbeiten] nichts Besonderes sei. Das ist doch heute ganz normal, oder? Ich habe in der Zeitung gelesen, dass sogar Studentinnen als *baomu* arbeiten."

Die meisten Städter machen sich kaum Gedanken über Begriffe wie *baomu*, *dagongmei* oder *fuwuyuan* und halten bezahlte Haushaltsdienstleistungen im Rahmen der Marktwirtschaft für selbstverständlich. Migrantische Frauen haben dagegen Probleme mit dieser begrifflichen Kennzeichnung ihrer klassen- und genderspezifischen Position in der Reform-Ära. Die Bezeichnung *dagongmei* bezieht sich auf ländliche Migrantinnen, die ohne Aussicht auf langfristige Verträge und Sozialleistungen im Dienstleistungssektor und in der verarbeitenden Industrie arbeiten. Die meisten sind in nicht-staatlichen Firmen beschäftigt, die heimische Privatunternehmen, Joint Ventures und transnationale Unternehmen umfassen. Vor 1949 galt die Fabrik als schmutziger und schädlicher Bereich, da Frauen dort männlichen Blicken ausgesetzt sind (Rofel 1999), in der Mao-Ära und auch danach wird sie dagegen als moderner Raum gesehen und mit fachlicher Qualifikation, Kollektivität und Disziplin verbunden (Lee, Ching Kwan 1998).

Im Gegensatz zum Begriff *fuwuyuan*, den Migrantinnen bevorzugen, stört sie an der Bezeichnung *baomu* nicht nur, dass er die Gespenster der Vergangenheit heraufbeschwört, sondern auch die diskursive Macht des Begriffs und die von ihm angedeutete Unterwerfung – eine Unterwerfung, wie sie die Migrantinnen jeden Tag erleben. Rong Guang wurde 1992, im Alter von 17 Jahren, zur Migrantin. Im Jahr 1999 beschreibt sie ihre Arbeitserfahrungen so:

> „Ich konnte mich wirklich nicht daran gewöhnen und fühlte mich schlecht in meiner Haut. Wenn ich mit dem Baby nach draußen an die frische Luft ging, senkte ich immer den Kopf. Ich hatte solche Angst davor, den Kopf zu heben, und dass andere Menschen dann sagten: Du bist eine *baomu*! Dieses Gefühl hatte ich immer in mir. Die Bezeichnung *baomu* mag ich überhaupt nicht, *fuwuyuan* ist besser."

Der Begriff *fuwuyuan* wurde in der Mao-Ära eingeführt und bezeichnet ArbeiterInnen im Dienstleistungssektor, wie etwa KellnerInnen und HotelarbeiterInnen. Aufgrund der Tatsache, dass in der Mao-Ära jeder und jede dem Volk dienen (*fuwu*) sollte, hat die Bezeichnung *fuwuyuan* für einige Migrantinnen bis heute eine begriffliche Legitimität. Im Dokumentarfilm „*Yuan zai Beijing de jia*" (Ein Zuhause weit entfernt von zuhause) über migrantische Hausangestellte gibt es eine Szene, in der eine Migrantin, umgeben von ihren aufgeregten Kolleginnen, vor der Kamera in Tränen ausbricht und ruft: „Dient unsere Arbeit nicht auch dem Volk?"[16] Unterschwellig bezieht sie sich damit auf den maoistischen Diskurs des Egalitarismus, der den gesellschaftlichen – anstatt den ökonomischen – Wert der Arbeit zur Grundlage nimmt, und protestiert so gegen ihre heutige Unterwerfung. Als *fuwuyuan* angesprochen, werden die migrantischen Hausangestellten symbolisch in einen diskursiven Zusammenhang gestellt, der mit einem modernen egalitären gesellschaftlichen Verhältnis verknüpft ist. Obwohl der Begriff *baomu* in den 1940er Jahren in Umlauf kam, um ältere Bezeichnungen für Dienerinnen zu ersetzen, erinnert er heute viele Migrantinnen an die gesellschaftliche Unterdrückung vor 1949 und steht für ein repressives Umfeld, in dem ihnen vorgeschrieben wird, wie sie sich gegenüber ihren Arbeitgebern zu verhalten haben. Die heutigen Hausangestellten spüren dieses Unbehagen mit und die Furcht vor dem Begriff *baomu* weil sie darin die angeblich diskreditierten Denkformen der „alten Gesellschaft" erkennen, in der Hausangestellte als Dienerinnen über keine diskursive Macht und keinen diskursiven Rückhalt verfügten. Meiner Meinung nach ist das der Hauptgrund dafür, dass viele migrantische Hausangestellte *baomu* verabscheuen und *fuwuyuan* bevorzugen.

Nun könnte man den Begriff *baomu* als schlechte Wortwahl der Arbeitgeber und der Städter im Allgemeinen abtun und seine problembehaftete Bedeutung als unglückliche Last der Vergangenheit betrachten. Das wäre jedoch ahistorisch, weil damit eine Untersuchung der historisch besonderen Verbindung zwischen dem Begriff und den aktuellen sozialen Verhältnissen, die ihn in Erinnerung rufen, ausbleibt. Solch ein Verständnis ist zudem idealistisch, da es die Beziehung zwischen dem Zeichen und der sozialen Welt, in die es eingebettet ist, verleugnet. Auch wenn ein Zeichen für die Vergangenheit steht, liegt die generative Fähigkeit, die Vergangenheit zurückzuholen, nicht im Zeichen selbst, sondern in den sozialen Verhältnissen, die die Geschichte im Zeichen lebendig werden lassen. Die Entwicklung der Städte ist in den letzten zwei Jahrzehnten durch ständigen Nachschub an jungen migrantischen Arbeitskräften bedient worden, und dieses ausbeuterische Land-Stadt-Verhältnis erinnert in gewisser Weise an die Beziehung zwischen Land und Stadt in Chinas halbkolonialer Vergangenheit, wie sie in Fei Hsiao-tungs Klassiker analysiert wird (Fei 1953). Wie sich das heutige Land-Stadt Verhältnis darstellt und auf die MigrantInnen auswirkt, kommt deutlich in der schon erwähnten Klage einer Migrantin zum Ausdruck: „In der Stadt sind Migrantinnen die Dienerinnen (*yongren*) [der Städter]." Migrantische Hausangestellte beschweren sich über den Begriff *baomu* und das analoge *yongren* nicht wegen der tief in diesen Zeichen vergrabenen Vergangenheit, sondern weil diesen Zeichen in der Gegenwart neues Leben eingehaucht wird.

Ruralität und Haushaltsarbeit als Disziplinierungsprozess

Der Diskurs über Modernität und Fortschritt wird im Rahmen der Modernisierungsstrategie der Reform-Ära sowohl in begrifflicher als auch in materieller Hinsicht zunehmend von der Stadt beherrscht (Yan 2003b). Die Vorstellung der Eliten von Modernität wird von der „Politik der offenen Tür" angetrieben und reicht weit über den nationalstaatlichen Rahmen hinaus. Europa und Amerika erscheinen als Inbegriff von Entwicklung und globaler Modernität. Mit der zunehmenden Konzentration staatlicher Investitionen in den Städten werden diese zu Entwicklungszentren industrieller Massenproduktion und zum zentralen Schauplatz von Modernität und Fortschritt. Das Land erscheint dagegen als Synonym für Rückständigkeit, Tradition und niedriger *suzhi* (Qualität). In der Schulausbildung der Reform-Ära werden ländliche Jugendliche an die an der Stadt orientierte Modernität herangeführt, ihre Hoffnungen dann jedoch zunichte gemacht, weil die Mehrheit von ihnen an der landesweiten Universitätsaufnahmeprüfung scheitert. Durch die Abwertung, die Ablehnung und das Bemitleiden der Ruralität als Entwicklungshindernis und als das erstarrte und rückständige Andere der Modernität erfahren ländliche Jugendliche eine „Krise der Subjektivität". Gao Jialin ist ein junger Mann vom Land und Protagonist des bekannten Romans und Films der 1980er Jahre *Ren Sheng* (Das Menschenleben). Nachdem er bei der landesweiten Aufnahmeprüfung durchgefallen ist und seine Arbeitsstelle als Lehrer an der lokalen Schule verloren hat, ist er am Boden zerstört. Um ihn vor der harten Feldarbeit zu bewahren, schickt die Mutter Gao Jialin zum Verkaufen hausgemachter Brötchen in die Kreisstadt. Er schämt sich für sein Dasein als kleiner Händler auf dem Bauernmarkt, schleicht sich davon und geht in die Kreisbibliothek. Beim Durchblättern der Zeitschriften gerät er ins Träumen. Er verbringt den ganzen Tag dort und verkauft kein einziges Brötchen. Die Geschichte handelt von der entfremdeten Beziehung dieses jungen Intellektuellen zur Ruralität in der Reform-Ära und von seinen gescheiterten Bemühungen, seine eigene soziale Stellung und Handlungsfähigkeit zu bestimmen. Im Kern besteht die Subjektivitätskrise in der entfremdeten Beziehung ländlicher Jugendlicher zur Ruralität, wie sie sich im alles beherrschenden Licht der Modernität äußert. Beim Versuch, auf dem Land eine eigene soziale Identität und Handlungsfähigkeit zu finden, geraten sie in eine Sackgasse. Wollen sie „die Welt sehen" und Modernität erfahren, entscheiden sich die meisten ländlichen Jugendlichen für die Migration. Einige MigrantInnen sagen mir, „wir kommen in die Stadt, wie Städter nach Amerika gehen“, und deuten damit an, dass wir alle an einen anderen Ort fahren, um Modernität zu erfahren.

Von diesem größeren Blickwinkel aus gesehen sind junge MigrantInnen in der Stadt nicht nur ArbeiterInnen sondern auch Lehrlinge der Modernität. Genauer gesagt bedeutet „Modernität“ für junge Hausangestellte im neuen häuslichen Raum, dass sie sich einer Reihe neuer Aufgaben und Verhaltensvorschriften unterwerfen müssen und für den Arbeitsprozess zugerichtet werden. Nun könnte man behaupten, dass die Autonomie von Hausangestellten im Arbeitsprozess hauptsächlich von ihrem Altersprofil abhinge. Demzufolge hätten die älteren *baomu* der Mao-Ära mehr Autonomie, weil sie über mehr Erfahrung in der Hausarbeit verfügen, während die jüngeren Hausangestellten in der Reform-Ära überwacht würden, weil sie unerfahren sind. Tatsächlich verlangen die Arbeitgeber der Reform-Ära aber häufig nach jungen Hausarbeiterinnen. Diese Arbeitgeber in ihren Dreißigern und Vierzigern lehnen ältere und erfahrene ländliche Frauen größtenteils nicht nur als rückständig und ungeeignet ab, sie haben auch mehr Schwierigkeiten, diese mit ihrer geschwollenen Sprache und ihrer Autorität zu beeindrucken. Jüngere Frauen sind gefragt, weil sie formbarer sind und sich eher den Anweisungen und der Autorität der Arbeitgeber unterwerfen.

Nach der Ruralisierung in der Mao-Ära ist das städtische Leben in der Reform-Ära durch ständig neue Konsumformen verändert worden. Der häusliche Raum der Wohlhabenden wurde radikal umgewandelt, besonders durch die Privatisierung des Wohnungswesens, die fieberhafte Neugestaltung und -ausstattung der Wohneinheiten und die starke Zunahme abgeschlossener und bewachter Luxus-Wohnanlagen, die angeblich dem italienischen, europäischen, kalifornischen oder irgendeinem anderen Stil entsprechen. Ein wohlhabender städtischer Haushalt repräsentiert die große soziale Ungleichheit und kulturelle Abgrenzung und erscheint einer jungen ländlichen Frau als fremder und entfremdender Arbeitsraum. Ihre Erfahrung mit Haushaltsarbeit auf dem Land wird in der neuen Umgebung beinahe vollständig negiert. Eine Hausangestellte beschwerte sich:

> „Zuhause kümmerte ich mich auch um meine jüngeren Geschwister, aber in der Stadt ist diese Arbeit so anspruchsvoll und kompliziert. Auf dem Land finden wir es normal, dass kleine Kinder auch mal hinfallen oder sich irgendwo weh tun. Hier in der Stadt ist das gleich eine Riesensache, und immer werde ich dafür verantwortlich gemacht. Ich habe auch die Anweisung, das Kind zu bestimmten Zeiten mit unterschiedlichen Din-

> gen zu füttern, einmal Babymilch, dann püriertes Obst und so weiter. Ich weiß dann gar nicht mehr, wo mir der Kopf steht."

Arbeitgeber finden es unfassbar und lächerlich, dass migrantische Hausangestellte „einfache" Hausarbeiten wie Bügeln und das Reinigen von Parkettböden nicht beherrschen. Die häufigste empörte Beschwerde über migrantische Hausangestellte ist die, dass sie nicht sähen, was zu tun ist: „Sie sieht nicht mal den Dreck auf dem Boden" oder: „Mit ihren eigenen Augen erkennt sie gar nicht, wo es Arbeit gibt" (*yan li mei huo'er*). Im neuen häuslichen, Modernität verkörpernden Raum finden die jungen migrantischen Hausangestellten keine Orientierung und werden einer materiellen und symbolischen Ordnung unterworfen, deren fremder und beherrschender Code von den Arbeitgebern mit ihrer Autorität und ihrem überlegenen Zugang zu Modernität programmiert und überwacht wird. Dies geschieht in ähnlicher Weise wie die von Eileen Otis gezeigte Disziplinierung von Hotelarbeiterinnen durch „Luxus" (Otis 2007). Ihre ländliche Identität wird als unpassend und dem kosmopolitischen häuslichen Raum widersprechend beschrieben, und so ihr Wert und ihre Identität negativ markiert. Marx schrieb über den Fabrikarbeiter: „Der Arbeiter fühlt sich daher erst außer der Arbeit bei sich und in der Arbeit außer sich. Zu Hause ist er, wenn er nicht arbeitet, und wenn er arbeitet, ist er nicht zu Haus" (Marx 1968: 514, im Engl. zit. n. Tucker 1978: 74)· Wenn der Fabrikarbeiter einen Raum außerhalb der Arbeit hat, um sein Wohlbefinden zurück zu gewinnen, so ist die migrantische Hausangestellte in einer Situation doppelter Entfremdung: Sie ist nicht zu Hause, auch wenn sie zu Hause auf dem Land ist; und sie ist nicht zu Hause, wenn sie in der Stadt im Haus anderer Leute arbeitet. Als junger Mensch bleibt ihr oft nichts anderes übrig, als sich angesichts der gesellschaftlichen Negation von Ruralität selbst zu negieren, doch damit hat sie keinen Ort mehr, an dem sie sich zu Hause fühlen kann. Durch doppelte Entfremdung und Negation wird sie – in den Augen der Arbeitgeber – zu einer entlohnten Hausangestellten ohne Subjektstatus. Viele Arbeitgeber sagen: „Sie ist wie ein unbeschriebenes Blatt." Wenn die Hausangestellten die Arbeit nicht mit ihren eigenen Augen zu sehen vermögen, so können Arbeitgeber den Subjektstatus der Hausangestellten nicht erkennen. Das nutzen die Arbeitgeber zur Rechtfertigung der pädagogischen Disziplinierung, Schulung, Formung und Zivilisierung der Hausangestellten.

Arbeitgeber verlangen nicht nur, dass die Hausarbeit gemacht wird, sie erwarten auch, dass sie gemäß bestimmter Vorschriften, die effizient und dem Arbeitsverhältnis angemessen sind, verrichtet wird. Die von mir befragten Arbeitgeber haben ihre migrantischen Hausangestellten scharf beobachtet und sprechen oft darüber, wie diese ihre Arbeit machten. Herr Nan ärgert sich zum Beispiel darüber, dass es seiner *baomu* an „gesundem Menschenverstand“ fehlt und sie nicht weiß, dass sie die Zahnbürsten und Gesichtshandtücher der Herrschaften (*zhu ren*) nicht anfassen darf. Wenn die Hausangestellten versagen und den Erwartungen nicht entsprechen, wird das manchmal nicht nur ihrer mangelnden Erfahrung, sondern auch ihren mangelnden Denkfähigkeiten zugeschrieben. Ein Arbeitgeber merkte an:

> „Die *baomu* haben in der Regel ein niedriges Bildungsniveau. Sie sind ungehobelte (*cu fang xing*) Arbeiterinnen. Sie können nur eindimensional denken (*zhi xian xing*) und immer nur eine Sache nach der anderen erledigen. Sie wissen nicht, wie man etwas rationell erledigt, dass man zum Beispiel Gerichte, die man auch kalt essen kann, zuerst kocht, und Gerichte, die heiß gegessen werden müssen, zuletzt. Während man noch die Zutaten für ein Gericht vorbereitet, kann man schon was im Wok anbraten. So was machen sie nicht.“

Die Betreuung kleiner Kinder nehmen die Arbeitgeber noch wichtiger. Sie achten darauf, dass immer ein Aufpasser anwesend ist, der sicherstellt, dass die rechten Dinge richtig ausgeführt werden. Wenn möglich bitten die Arbeitgeber ihre pensionierten Eltern, die Hausangestellte zu überwachen, wenn sie selbst zur Arbeit müssen.

Hinter der heutigen Disziplinierung und strengen Überwachung migrantischer Hausangestellter durch ihre Arbeitgeber steht die negative gesellschaftliche Bewertung der Ruralität. Wenn die Kinderbetreuung in der Reform-Ära nicht mehr länger der ländlichen Verwandtschaft anvertraut werden kann, wie soll sie dann einer die Ruralität verkörpernden migrantischen Hausangestellten überlassen werden? Wenn sie „auf dem Land Kinder genauso aufziehen wie Schweine und Hunde“, wie sollen Arbeitgeber dann Hausarbeit und Kinderbetreuung migrantischen Hausangestellten übergeben, die selbst wie „Schweine und Hunde“ aufgezogen wurden? Wenn Ruralität abgelehnt wird und mithilfe der chinesischen Modernität der Reform-Ära überwunden werden soll, dann muss die migrantische Hausangestellte im Arbeitsprozess überwacht, diszipliniert und zivilisiert werden – „in ihrem und im Interesse aller“, wie Arbeitgeber zuweilen betonen. Angesichts der veränderten und nun negativen Bewertung der Ruralität ist es kein Wunder, dass in der Reform-Ära die für städtische Familien arbeitenden migrantischen Hausangestellten über weniger Autonomie im Arbeitsprozess verfügen.

Wie aber stehen die jungen Migrantinnen der Reform-Ära nach ihrer Rückkehr aufs Land zur Ruralität? Man kann kaum von einer solchen Rückkehr sprechen. Anders als die älteren *baomu* der Mao-Ära gehen migrantische Hausangestellte heute selten zurück, um sich wieder auf dem Land niederzulassen. Selbst wenn sie zurückgehen, um zu heiraten oder zu entbinden, wissen sie, dass sie bald wieder losziehen werden. Sollten sie tatsächlich eine längere Zeit auf dem Land verbringen, geraten Geist und Körper in Widerspruch. Die altgediente Hausangestellte Xiaohong, die seit 1983 in Beijing arbeitet und viele Male hin- und hergewandert ist, sagte es ganz deutlich:

> „Nachdem ich zurückgekehrt war, spürte ich, dass ich innerlich einfach nicht zur Ruhe kommen konnte. Ich hatte nie das Gefühl, dass ich nicht wieder weggehen sollte oder gerne zuhause bleiben würde. Auf keinen Fall! Ich war überhaupt nicht entspannt. Ich habe immer gespürt, dass ich nach einem kurzen Aufenthalt wieder losziehen werde. Einmal wollte ich nicht wieder zurück nach Beijing, da ich dachte, dort ist es nur so lala. Aber ich ging wieder zurück. Für mich ist Beijing irgendwie lebendig und quirlig, wie ein Whirlpool. Zuhause fühle ich mich einsam und weit weg vom richtigen Leben (*yuanli le shenghuo*). Wenn du nach Hause zurückkommst, stellst du fest, dass sich nichts geändert hat. Du kommst da nicht raus (*meiyou chulu*), und das Leben ist langweilig. Deshalb gehst du wieder weg. Im lebendigen Beijing hast du nur dieses kleine Zimmer und kennst niemanden. Aber nur hier in der Stadt hast du das Gefühl, am richtigen Ort zu sein."

In Beijing, also in der Stadt, zu sein, bedeutet für eine Wanderarbeiterin, sich zeitlich und räumlich der Modernität zu nähern, egal wie sehr sie dort marginalisiert und ausgebeutet wird und wie entfremdet sie sich fühlt. Xiaohongs Äußerungen sind weniger Ausdruck ihres Verlangens nach universeller Modernität als vielmehr Hinweis darauf, wie in der Reform-Ära eine spezifische, vom Urbanen vereinnahmte Modernität den Sinn des Lebens selbst bestimmt, und das in einem Ausmaß, dass auf dem Land zu sein bedeutet, sich „weit weg vom richtigen Leben" zu befinden.

Wie problematisch die Rückkehr sein kann, zeigt auch ein anderes, extremes Beispiel. Frau Lan aus Hefei, der Hauptstadt Anhuis, erzählte mir von der jungen *baomu* ihrer Familie. Die von Lans Eltern angestellte junge Frau war zum ersten Mal in der Stadt und hatte großes Heimweh. Mehrfach lag sie Lans Mutter mit der Bitte in den Ohren, nach Hause fahren und ihre Familie besuchen zu dürfen. Lans Mutter versicherte ihr, dass sie vor dem 15. Januar, dem Ende des chinesischen Neujahrsfestes, zurückfahren dürfe. Sie hatte eine Urlaubsvertretung gefunden und ließ sie für eine Woche gehen. Doch die *baomu* kam nach gerade mal zwei Tagen nach Hefei zurück und erklärte, es sei ihr zu Hause zu dreckig, um noch länger dort zu bleiben. Sie hatte in der Nacht, in der sie dort war, kein Auge zugetan. Stattdessen hatte sie die ganze Nacht auf dem Bett gesessen, weil es ihrer Meinung nach zu dreckig war, um darin zu schlafen. Die Familie der jungen ländlichen Frau erkannte, dass sie sich verändert hatte. Ihr Großvater sagte, sie sei *xiu* geworden. *Xiu* steht kurz für *xiuzheng zhuyi* (Revisionismus), ein bedeutender Begriff für die ein Jahrzehnt lang, von 1956 bis 1966, andauernde, ideologische Auseinandersetzung mit und Abspaltung von der Sowjetunion. China kritisierte die UdSSR unter der Führung von Chruschtschow für ihre bürgerlich-revisionistische Linie eines konterrevolutionären Marxismus. Diese Debatte und die darauf folgende Kulturrevolution sorgten für die Verbreitung des Begriffs in der chinesischen Gesellschaft. Die großväterliche Bezeichnung der Veränderung der jungen ländlichen Frau als Verbürgerlichung führt uns zu der ähnlichen Kritik im Kulturrevolutions-Film *Juelie* zurück, in dem sich der junge ländliche Universitätsstudent in seinen Lederschuhen wegen der Baumwollschuhe seiner Mutter schämt, die stellvertretend für das Rurale stehen. In diesen, heute weitgehend verhallten Polemiken lässt sich eine Kritik an der Kultur der Modernität erkennen, nicht nur wegen ihres ausschließlichen Bezugs auf das Urbane, sondern auch wegen ihres urban-bürgerlichen Charakters.

Fazit

Sowohl in der Mao-Ära als auch in der Reform-Ära waren die *baomu* Lohnarbeiterinnen und als Hausangestellte einer strukturellen Ungleichheit unterworfen. Dennoch unterscheiden sich die Arbeitsverhältnisse und -prozesse beider Epochen erheblich, was die politisch-epistemischen Unterschiede zwischen Mao-Ära und Reform-Ära bestätigt. In meiner Untersuchung der Arbeitserfahrungen von *baomu* geht es vor allem darum, ob Hausangestellte in ihrem Arbeitsprozess über Autonomie verfügen und welche strukturellen und ideologischen Bedingungen diese Autonomie ermöglichen oder einschränken. Eine entscheidende Bedingung für die Autonomie von Hausangestellten in der Mao-Ära ist die Wertschätzung von Ruralität durch die egalitäre Ideologie, die das Einweben der Ruralität in die Struktur des städtischen sozialen und häuslichen Lebens erlaubte und unterstützte. Diese Wertschätzung von Ruralität ist Teil der bewusst politisierten und radikalisierten Kultur der Modernität der Mao-Ära. Sie ist dem Arbeitsprozess nicht äußerlich, sondern bildet einen Zusammenhang, der im Arbeitsprozess selbst zum Ausdruck kam. In der Modernität der Reform-Ära wird Ruralität grundlegend abgewertet und die Stadt zum vorherrschenden Schauplatz von Entwicklung und Fortschritt. Dieses städtische Monopol auf Modernität verursacht die Subjektivitätskrise ländlicher Jugendlicher. Die beständige Abwertung der Ruralität und ihre Rekonstruktion als das Andere kommen in der Reform-Ära auch im Arbeitsprozess selbst zum Ausdruck. Die migrantische Hausangestellte erfährt dort eine doppelte Unterwerfung – zum einen als Lohnarbeiterin und zum anderen als unbeschriebenes Blatt und Ziel der zurichtenden und disziplinierenden Maßnahmen ihrer Arbeitgeber.

Aus dem Englischen von Daniel Fuchs

Endnoten

1 Eine frühere Version dieses Kapitels erschien in der Zeitschrift *Cultural Dynamics*, 18(1): 5–31. Mein Dank für ihre Kommentare zu früheren Entwürfen dieses Kapitels gebührt Chen Junjie, Zsuzsa Gilles, Eileen Otis und Barry Sautman. Besonderen Dank schulde ich Ching Kwan Lee, die unermüdlich mehrere Überarbeitungen gelesen und kommentiert hat. Für alle verbliebenen Unzulänglichkeiten bin alleine ich verantwortlich.

2 Inspiriert von den Massenaufständen amerikanischer Frauen in der Textil- und Bekleidungsindustrie in New York im Jahr 1857 rief die deutsche Sozialistin Clara Zetkin, unterstützt von SozialistInnen in vielen anderen europäischen Ländern, im Jahr 1911 den Internationalen Frauentag ins Leben. 1975 wurde dieser von den Vereinten Nationen anerkannt. In China ist der Internationale Frauentag ein offizieller Feiertag. Als Name dieses Unternehmens wirkt „8. März“ wie eine geschlechtliche Kodierung von Frauen und hat damit jeglichen sozialistischen Bezug auf Geschlechtergleichheit verloren. Paradoxerweise wird die Verbindung Frau und Hausarbeit auch noch als etwas vollkommen Natürliches dargestellt.

3 In der Mao-Ära wurden verschiedene Dienstleistungsarbeiten in Hotels, Kantinen, Restaurants, Tagesstätten und dergleichen „vergesellschaftet“ und damit gesellschaftlich und politisch als im öffentlichen Interesse stehend anerkannt; die Planung und Leitung dieser Arbeiten wurde von Behörden und Kollektiv-Verwaltungen durchgeführt, und die meisten Arbeiter genossen Beschäftigungsgarantien und damit verbundene Leistungen. Eine ausführlichere Analyse der gescheiterten Vergesellschaftung von Haushaltsarbeit im patriarchalen Zusammenhang liefere ich im 2. Kapitel von Yan (2008).

4 In der Mao-Ära gab es in den städtischen Fabriken eine von Parteiführern wie Liu Shaoqi

und Deng Xiaoping tolerierte und geförderte Trennung und ungleiche Behandlung der ständigen, regulären Belegschaft und vom Land rekrutierten befristeten Arbeitskräfte mit Arbeitsverträgen. Während der Kulturrevolution begehrten die Vertragsarbeiter-rInnen gegen diesen Zustand auf. Am Vorabend der Kulturrevolution verurteilte Mao die „Wegbereiter des Kapitalismus" in Partei und Staat dafür, dass sie "den Arbeitern das Blut aussaugen", zu bürgerlichen Elementen werden und eine Bürokratenklasse bilden, die im Gegensatz zu den Interessen der Arbeiter und Bauern steht. Siehe Meisner (1999): 306, 326.

5 Ich wende mich gegen die Vorstellung eines historisch vorbestimmten Übergangs, die davon ausgeht, dass der Sozialismus der maoistischen Epoche ein verfrühter Sprung oder eine irrtümliche Abweichung von einem normativen Verlauf der kapitalistischen Entwicklung und der bürgerlichen Aufklärung gewesen sei. Unter intellektuellen Eliten wird die Transformation nach Mao weithin als historisch vorbestimmter Übergang begriffen, der das unterbrochene Projekt der Aufklärung wieder aufnehme.

6 Zur Frage, ob und wie nicht-entlohnte, von Hausfrauen verrichtete Hausarbeit Mehrwert erzeugen kann, siehe Seccombe (1974), Seccombe (1975) und Magaš/Coulson/Wainwright (1975).

7 Chu bietet auch eine faszinierende Darstellung des Widerstands und der Aufstände der DienerInnen. Der größte Aufstand ereignete sich am Ende der Ming-Dynastie (1364–1644). Er fegte über ein Dutzend Provinzen hinweg und stand in enger Verbindung mit dem von Li Zicheng angeführten Bauernaufstand, der die Ming-Dynastie stürzte (Chu 1995: 130–6).

8 Anm. d. Übers.: Lu Xun, chinesischer Schriftsteller und Intellektueller, der in China als Begründer der modernen Literatur gilt (1881–1936).

9 Vor 1949 gab es in China viele Formen von Dienerschaft, die leibeigenen DienerInnen waren eine davon. Für Literatur zu leibeigenen DienerInnen in Hongkong siehe Watson, Rubie (1991), Jaschok (1988).

10 Zum klassischen Begriff *baomu* siehe Lee, Jen-Der (2000).

11 Das entspricht dem, was ein städtischer Arbeiter der unteren bis mittleren Ebene in den 1970er Jahren als Monatsgehalt verdienen konnte.

12 Li Wenhua (Regie), *Juelie* (Brechen mit überlieferten Ideen), 1975.

13 Anm. d. Übers.: *suzhi* wird oft in der Bedeutung von *Charakterfähigkeiten* benutzt.

14 Die von mir interviewten älteren Arbeitgeber behaupteten alle, solche Fälle zu kennen, doch sie versicherten mir, dass sie selbst von ihren *baomu* nicht kritisiert worden waren. Sei es wie es sei. Obwohl es kaum konkrete Aufzeichnungen darüber gibt, wie sich *baomu*

in der Kulturrevolution öffentlich äußerten, so ist die Tatsache, dass sie sich zu Wort meldeten, bedeutsam und sollte in Erinnerung behalten werden – wie flüchtig, vorübergehend und vermittelt ihre Wortmeldungen auch immer waren.

15 Siehe http://www.southcn.com/news/china/zgkx/200402110793.htm

16 Chen Xiaoqing (Regie), *Yuan zai Beijing de jia* (Ein Zuhause weit entfernt von zuhause), Chinesisches Fernsehen CCTV und Fernsehen der Provinz Anhui, 1993.

Literatur

ANAGNOST, ANN (1995): „A Surfeit of Bodies: Population and the Rationality of State in Post-Mao China". In: Ginsberg, Faye/Rayna Rapp, Ranya, Hg. (1995): *Conceiving the New World Order: Local/Global Intersections in the Politics of Reproduction*, Berkeley: 22–41.

CHU GANSHENG (1995): *Nubi shi: zhongguo nubi wenti de lishi sikao* (Geschichte der leibeigenen DienerInnen: Eine historische Untersuchung zur Frage der leibeigenen DienerInnen in China). Shanghai.

FEI HSIAO-TUNG (1953): *China's Gentry: Essays in Rural-Urban Relations*. Chicago.

JASCHOK, MARIA (1988): *Concubines and Bondservants: The Social Historiy of a Chinese Custom*. Hongkong.

LEE, CHING KWAN (1998): *Gender and the South China Miracle: Two Worlds of Factory Women*. Berkeley.

LEE, JEN-DER (2000): „Wet Nurses in Early Imperial China". *Nan Nu* 2(1): 1–39.

LU DEYANG/WANG NAINING (2004): *Shehui de youcichengmian: Zhongguo jindai nüyong* (Eine andere Dimension der Gesellschaft: Dienerinnen im China der Neuzeit). Shanghai.

MAGAŠ, BRANKA/COULSON, MARGARET/WAINWRIGHT, HILARY (1975): „The Housewife and her Labour under Capitalism – a Critique". *New Left Review* I/89: 59–71.

MARX, KARL (1988): *Ökonomische Manuskripte 1863–1867*, Teil 1. MEGA II.4.1. Berlin

MARX, KARL (1968) [1844]: *Ökonomisch-philosophische Manuskripte aus dem Jahr 1844*. MEW Ergänzungsband, Erster Teil. Berlin.

MEISNER, MAURICE (1999): *Mao's China and After*. New York.

OTIS, EILEEN M. (2007): „Virtual personalism in Beijing: learning deference and feminity at a global luxury hotel". In: Lee, Ching Kwan, Hg. (2007): *Working in China. Ethnographies of labor and workplace transformation*. London/New York: 101–123.

ROFEL, LISA (1999): *Other Modernities*. Berkeley.

SECCOMBE, WALLY (1975): „Domestic Labour – Reply to Critics". *New Left Review* I/94: 85–96.

Seccombe, Wally (1974): „The Housewife and Her Labour under Capitalism". *New Left Review* I/83: 3–24.

South China Morning Post (2004): „Another 5 Million Domestic Helpers Needed, Says Group". 17. Februar 2004: A4.

South China Morning Post (2003): „More Shanghai Families are Employing Maids". 18. September 2003: A6.

Tucker, Robert C. (1978): *The Marx-Engels Reader*, 2nd edition. New York.

Wang Anyi (2000): *Fu Ping*. Changsha.

Watson, James L. (1980): „Transactions in People: The Chinese Market in Slaves Servants, and Heirs". In: Watson, James L. (1980): *Asian and African Systems of Slavery.* Oxford: 223–50.

Watson, Rubie (1991): „Wives, Concubines, and Maids: Servitude and Kinship in the Hong Kong Region, 1900–1940". In: Watson, Rubie/Ebrey, Patricia Buckley, Hg. (1991): *Marriage and Inequality in Chinese Society*. Berkeley: 231–55.

Xinhua (2003): „Beijing in Need of Housemaids". 13. Dezember 2003.

Yan Hairong (2008): *New Masters, New Servants: Migration, Development, and Women Workers in China*. Durham.

Yan Hairong (2003a): „Spectralization of the Rural: Reinterpretation of Labor mobility of rural young women in the Post-Mao era". *American Ethnologist* 30(4): 578–96.

Yan Hairong (2003b): „Neo-Liberal Governmentality and Neo-Humanism: Organizing Value Flow Through Labor Recruitment Agencies". *Cultural Anthropology* 18(4): 493–523.

TEIL 2

Prozesse der Klassenzusammensetzung

Ching Kwan Lee

Die Entwicklung des Arbeiteraufruhrs in China

Hohe chinesische Funktionäre, internationale Beobachter und Wissenschaftler erwarten im Zuge der 2008 aufgetauchten globalen Wirtschaftskrise eine turbulente Periode von Arbeiterunruhen und sozialer Instabilität. Nach Berichten über Werkschließungen und steigende Arbeitslosigkeit in den exportorientierten Städten des Perlfluss-Deltas sprachen einige von der „größten politischen Bewährungsprobe für die herrschende Partei seit den Vorfällen von Tian'anmen 1989".

In den letzten dreißig Jahren hatten die Behörden schon häufiger Angst vor dem „Gespenst der Arbeiterunruhen", aber die erwartete Herausforderung durch die Arbeiterklasse nahm nie wirklich konkrete Formen an. Für die Partei- und Regierungsführer sind seit den späten 1990er und frühen 2000er Jahren Arbeiterunruhen der massiv von Arbeitslosigkeit betroffenen Bevölkerung zur Routine geworden. Sie stellen eine der größten Bedrohungen für die soziale Stabilität dar – neben den Kämpfen der Bauern um Land und ihre Revolten gegen Steuern. Im Nachhinein geht es weniger um die Frage, ob die ArbeiterInnen in kollektiven Mobilisierungen ihrer Unzufriedenheit Ausdruck geben und Ansprüche stellen. Das haben sie immer getan. Die entscheidende Frage ist die nach den qualitativen Veränderungen im Ausmaß, in der Strategie, den Zielen und den Ergebnissen von Arbeiteraktionen. In diesem Kapitel untersuche ich die Kontinuität und Veränderung dieser Aspekte von Arbeiterpolitik und folge den wichtigsten Pfaden, auf denen sich die Arbeiteraktionen in der Periode der Ausbreitung der Marktwirtschaft und der Integration in den Weltmarkt fortbewegten.

1989 war – auch wenn die Literatur den Fokus auf die Studentenbewegung um Tian'anmen legt – ein außergewöhnliches Jahr klassenübergreifender Mobilisierung, mit breit gefächerten, wenn auch letztlich erfolglosen, ökonomischen und politischen Forderungen an die Zentralregierung. Nach der staatlichen Niederschlagung blieben Arbeiterproteste gegen lokale Funktionäre und Unternehmer fortan auf kleine Einheiten begrenzt, ohne Zunahme ihres Ausmaßes und Umfangs und ohne Radikalisierung der Arbeiterforderungen: Folgen des Zusammenwirkens staatlicher Repression und der Fragmentierung der Arbeiterinteressen. Der letzte wirtschaftliche Abschwung könnte eine Neuausrichtung der Entwicklungsstrategie durch die chinesische Regierung bewirken, aber nicht wegen drohender Arbeiterunruhen, sondern weil die globale Entwicklung der Ökonomie die Möglichkeiten des arbeitsintensiven und ausbeuterischen Wachstumsmodells Chinas einschränken oder gar erschöpfen könnte.

Die Schauplätze, auf denen Arbeitsauseinandersetzungen stattfinden, haben sich in den letzten dreißig Jahren vermehrt, und viele von ihnen wurden von der chinesischen Regierung geschaffen, ausgeweitet oder wiederbelebt. Das zeigt sich besonders bei Gesetzen und Arbeiterrechten. Der Staat versuchte, die ArbeiterInnen zu BürgerInnen mit Rechten zu machen und damit zu stärken, aber gleichzeitig sind die ArbeiterInnen am Arbeitsplatz geschwächt worden. Der langfristige Niedergang ihrer Stellung zeigt sich in besonders grotesker Weise an der – trotz anhaltenden gesamtwirtschaftlichen Wachstums – weit verbreiteten Nichtzahlung von Löhnen, der Stagnation der Einkommen und phasenweise hoher Arbeitslosigkeit im staatlichen Sektor. Die Kluft zwischen den erweiterten Rechten und dem Bewusstsein darüber auf der einen und dem realen Rückgang der Arbeitermacht und der Verschlechterung der Arbeitsbedingungen auf der anderen Seite hat Arbeiterproteste außerhalb der staatlich zugelassenen Kanäle ausgelöst. Bisweilen wurden diese von den Behörden auf dem Land toleriert, soweit sie sich innerhalb eines einzigen Betriebes abspielten. Durch die kollektiven Arbeitermobilisierungen konnten Kapital und Regime erfolgreich einige Zugeständnisse abgerungen werden, bestimmte Formen von Arbeiteraktionen schlug das Regime aber weiterhin unerbittlich nieder. In von der Arbeitslosigkeit besonders betroffenen Gegenden verteilte es staatliche Notfall-Gelder. Während in den 1990er Jahren eine landesweite Wiederbeschäftigungskampagne im Mittelpunkt stand, ging es in den 2000er Jahren vor allem um die Verbesserung der Lebensgrundlagen der ArbeitsmigrantInnen. Letzter Ausdruck dessen war das Stimulus-Paket, das im Zuge des globalen wirtschaftlichen Abschwungs 2008 aufgelegt wurde. Der Staat zeigte aber auch seine Entschlossenheit, jedes Anzeichen unabhängiger gewerkschaftlicher oder politischer Organisierung zu unterdrücken. Er scheint für Kompromisse offen, solange Arbeiteraktionen nicht politisch orientiert sind und sich auf rein wirtschaftliche oder die Sicherung der Lebensgrundlagen betreffende Forderungen beschränken. Die Verhaftungen und Gefängnisstrafen für ArbeiteraktivistInnen zeigen deutlich, was der Staat als verbotenen Weg des Widerstands markiert – organisierter politischer Dissens.

Arbeiterrebellion in einem Arbeiterstaat

Die beachtliche Zunahme von Arbeiteraktionen in den letzten Jahrzehnten fand im Kontext einer Zeitenwende des sozio-ökonomischen Systems in China statt. In der maoistischen, staatssozialistischen Epoche machte die Arbeiterklasse im Vergleich zu anderen sozialen Gruppen, vor allem den Bauern, aber auch der Bourgeoisie und den Intellektuellen, insgesamt große Fortschritte, was ihren politischen Status, Löhne, Sozialleistungen und Beschäftigungssicherheit anging. Die städtischen ArbeiterInnen – *blue-collar*- wie *white-collar*-Beschäftigte – profitierten sowohl von der egalitären Ausrichtung der maoistischen Modernisierungsstrategie mit ihrer dualen Betonung von Industrialisierung und staatlichem Eigentum als auch von der Bevorzugung der Städte bei der Zuweisung von Ressourcen, eine Erscheinung, die in Entwicklungsländern im Allgemeinen und sozialistischen Ländern im Besonderen anzutreffen ist. Die maoistische Ideologie brachte auch die Aufwertung der ArbeiterInnen gegenüber der Intelligenzija und den leitenden Kadern mit sich. Von den beiden letzten Gruppen wurde verlangt, dass sie regelmäßig an produktiven Arbeiten teilnahmen. Manchmal fielen sie in Ungnade und wurden dafür aufs Land geschickt. Während der Kulturrevolution wurden ihre Gehälter gekürzt. Sie durften nur zehn bis dreißig Prozent über denen der bestbezahlten qualifizierten ArbeiterInnen liegen. Umgekehrt wurden HandarbeiterInnen durch Innovations- und Entwicklungskampagnen, Gruppenentscheidungen und -problemlösungen an Leitungsaufgaben beteiligt – in der Kulturrevolution auch durch ihre Einbindung in revolutionäre Komitees, die die Fabriken führten. Die Löhne des Jahres 1970 lagen ungeachtet eines generell niedrigen Lohnniveaus 35 Prozent über denen von 1952. Trotz regelmäßiger Rückschläge sorgte das revolutionäre Regime für eine deutliche Erhöhung des Lebensstandards der ArbeiterInnen – bei Lebensmitteln, Unterkünften, medizinischer Versorgung, Erziehung und Ausbildungsmöglichkeiten (Hoffmann 1974). An der Spitze der Arbeiterhierarchie standen die fest angestellten ArbeiterInnen der staatlichen Unternehmen. Am Beginn der Reformen, im Jahr 1981, machte diese Arbeiteraristokratie 42 Prozent der gesamten industriellen Arbeitskraft aus und schuf 75 Prozent der gesamten Industrieproduktion. Ihre Beschäftigungsbedingungen waren der Inbegriff all dessen, was im Sozialismus besser war: soziale Absicherung von der Wiege bis ins Grab, dauerhafte Arbeitsverhältnisse, subventionierte Wohnungen, lebenslange medizinische Versorgung und Renten sowie garantierte und höhere Löhne. Einen Rang tiefer standen die

ArbeiterInnen der städtischen Kollektivbetriebe, gefolgt von den befristeten ArbeiterInnen der staatlichen Unternehmen und denen der ländlichen Industrien. Alle diese ArbeiterInnen unterschieden sich von denen im staatlichen Sektor durch im Vergleich schlechtere materielle Bedingungen und einen niedrigeren politischen Status (Walder 1986: Kapitel 2).

Selbst in dieser Phase vor den Reformen, in der die ArbeiterInnen wirtschaftlich vom unternehmerischen Paternalismus abhängig waren und politisch von fest verankerten, bis in die Fabrikhallen hineinwirkenden Partei-Netzwerken kontrolliert wurden, waren die chinesischen ArbeiterInnen nicht immer gefügige Objekte der Staatsgewalt. Regelmäßig sahen sich verschiedene Segmente der Arbeiterschaft durch die vom Staat inspirierte soziale Frontenbildung und die im sozialistischen Produktionssystem wurzelnden wirtschaftlichen Ungleichheiten dazu veranlasst, politische Ansprüche oder ökonomische Forderungen geltend zu machen. China erlebte in der Zeit nach 1949 eine Geschichte proletarischer Rebellionen und Arbeiteraktionen, darunter die Streikwelle 1956–57, die Fraktionskämpfe und Proteste der Kulturrevolution 1966–67 und die Beteiligung der ArbeiterInnen an der Bewegung vom 5. April 1976.

Als der Vorsitzende Mao während der Hundert-Blumen-Kampagne den Dissens von unten unterstützte, um größeren sozialen Revolten wie in Ungarn vorzubeugen, ergriffen von der Verstaatlichung der Industrie betroffene ArbeiterInnen diese Gelegenheit und organisierten von März bis Juni 1957 allein in Shanghai mehr als 1.300 Streiks. Besonders Lehrlinge, befristete ArbeiterInnen und die Beschäftigten von Unternehmen in halbstaatlichem Besitz standen hinter diesen Streiks. Sie forderten höhere Löhne, bessere Sozialleistungen, feste Arbeitsverhältnisse und garantierte Beförderungen (Perry 1994a). Die Kulturrevolution ein Jahrzehnt später bot eine weitere politische Gelegenheit für Arbeiterkämpfe. Der Aufruhr in den Fabriken ganz Chinas wurde zum Teil von Fraktionsspaltungen bestimmt, die von den Parteinetzwerken innerhalb der Fabriken ausgingen. Dort standen sich die Royalisten (bestehend aus den loyalen Mitgliedern der Parteiorganisationen, AktivistInnen, Parteimitglieder, Vorarbeiter, Modellarbeiter, usw.) und die Rebellen (einschließlich diverser Gruppen einfacher ArbeiterInnen, die vor der Kulturrevolution entweder Opfer der Royalisten oder der Fabrikdirektoren gewesen waren oder Parteifunktionäre kritisiert hatten) gegenüber. Die Arbeitskonflikte dieser Zeit wurden aber ebenso von den tief verwurzelten Ungleichheiten und Zwistigkeiten auf Betriebsebene bestimmt, mit Lehrlingen, Ungelernten, Irregulären und jüngeren ArbeiterInnen an der Spitze derer, die wirtschaftliche Forderungen stellten und sich den Rebellengruppen im ganzen Land anschlossen (Walder 1996; Perry 1996. Perry/Li 1997). Im Frühling 1976 kam es an mehr als vierzig Orten im ganzen Land zu Massendemonstrationen und Unruhen, an denen viele ArbeiterInnen beteiligt waren. Das Rückgrat bildeten junge ArbeiterInnen, die hinter der Mobilisierung in der Kulturrevolution gestanden hatten, aber für ihre bürgerlichen Tendenzen gebrandmarkt worden waren. Sie nutzten die Gedenkfeiern für den verstorbenen Zhou Enlai, um ihre Unzufriedenheit mit der Kulturrevolution in den Fabriken sowie mit den politischen Verfolgungen und Ungerechtigkeiten, die sie erlitten hatten, auszudrücken (Heilmann 1993).

Die Verschlechterung der Lage der ArbeiterInnen in der Reformära geschah in einer Zeit enormen wirtschaftlichen Wachstums. Chinas Bruttosozialprodukt pro Kopf erreichte zwischen 1978 und 2005 ein durchschnittliches jährliches Wachstum von sieben Prozent, nach dem Ökonomen Barry Naughton „die längste Periode wirtschaftlichen Wachstums in der Geschichte der Menschheit" (Naughton 2007: 143). Die Industrie behauptete ihren Anteil von 49 Prozent an Chinas Wirtschaftsleistung, mit Wachstumsraten von bis zu 12 Prozent jährlich zwischen 1980 und 1995 (Wu 1998). Die Reallöhne städtischer Beschäftigter stiegen zwischen 1979 und 1996 jedoch lediglich um 4,4 Prozent jährlich (Department of Population and Employment Statistics, Department of Planning and Finance, Ministry of Labor and Social Security 1997: 6). Der Zufluss ausländischer Investitionen und die Politik der Liberalisierung und Förderung der Privatwirtschaft sorgten für die Entstehung eines landesweiten Arbeitsmarktes, der die Arbeitsmobilität und -autonomie steigerte. Die Zahl der Beschäftigten im ausländischen und im privaten Sektor, die beide am Beginn der Reformen noch gar nicht existiert hatten, schoss bis 1995 auf geschätzte 80 Millionen, oder 15 Prozent der Gesamtbeschäftigung, empor (Wang Feiling 1998). In Folge dessen entstand eine neue Klasse ländlicher ArbeitsmigrantInnen, von denen schätzungsweise 130 Millionen auf der Suche nach nicht-agrarischen Jobs in die Klein- und Großstädte strömten. Eine weiterer wichtiger Ort der Beschäftigung dieser ländlichen ArbeiterInnen waren die aufblühenden Unternehmen in Kleinstädten und Gemeinden,[1] die in den späten 1990er Jahren etwa 170 Millionen ArbeiterInnen anstellten und von denen später die meisten privatisiert wurden (State Statistical Bureau 1998: 32; Buck 2007).

Die aggregierten Zahlen zum Wachstum und Wohlstand verbergen die Ungleichheiten zwischen Regionen, Eigentumsformen, Industrien und Berufsgruppen. Es ist aber klar zu sehen, dass die Arbeiterklasse insgesamt im Vergleich zu den meisten anderen sozialen Gruppen drastischen Verwerfungen und Einschränkungen ausgesetzt war. Altgediente ArbeiterInnen mit festen Arbeitsverhältnissen und RentnerInnen sahen ihre Beschäftigungssicherheit, ihre Sozialleistungen und ihren Status am Arbeitsplatz dahinschwinden. Zwar kam die neue Generation junger ArbeitsmigrantInnen in den Genuss deutlich höherer Einkommen und eines höheren Status – verglichen mit den Möglichkeiten in den entlegenen Dörfern –, aber in den städtischen Jobs wurde sie in einer Weise gnadenlos ausgebeutet, die an die Erniedrigung der ArbeiterInnen im industriellen Kapitalismus des 19. Jahrhunderts in Europa oder in den 1920er Jahren in China erinnert.

Fast jeder Reformschritt Richtung Marktwirtschaft bedeutete für den Status und die Existenzbedingungen der staatlichen ArbeiterInnen einen Rückschlag. Das begann mit der Reform der Unternehmensautonomie und der Verantwortlichkeit der Fabrikdirektoren im Jahr 1984, die den Weg ebnete für die diktatorische Macht der Manager über die ArbeiterInnen, die Gewerkschaft und sogar die Partei. Später erhielten die Manager mit der im Jahr 1988 eingeführten Strategie der „Reoptimierung der Arbeit" die Befugnis, überschüssige Arbeitskraft staatlicher Unternehmen auszusortieren. Die Reform der Arbeitsverträge legte fest, dass alle Beschäftigten einen befristeten Arbeitsvertrag unterschrieben, deren Gültigkeitsdauer unterschiedlich ausfallen konnte. Damit erhielten die Manager das Recht, ArbeiterInnen zu kündigen. Im Jahr 1995 wurde das System fester Beschäftigung offiziell beseitigt, was zur Herausbildung von zwei Gruppen von Arbeitslosen führte: freigestellte und registrierte Arbeitslose. Vom Staat euphemistisch „Freigestellte" (oder *xiagang*) genannte ArbeiterInnen hielten mit dem Unternehmen ein „Arbeitsverhältnis" aufrecht und konnten bei besserer Wirtschaftslage möglicherweise wieder beschäftigt werden. Sie erhielten eine Existenzbeihilfe, die einen Bruchteil des regulären Einkommens ausmachte. Das Arbeitsverhältnis der „registrierten Arbeitslosen" mit dem Unternehmen wurde dagegen beendet. Nach dem Erhalt einer minimalen Arbeitslosenunterstützung waren sie auf sich selbst gestellt.[2] Von Januar 1996 bis September 2002 stieg die Arbeitslosenrate dauerhafter städtischer EinwohnerInnen von 6,1 Prozent auf 11,1 Prozent, die aller städtischer EinwohnerInnen, einschließlich vorübergehender wie den MigrantInnen, von 4 Prozent auf 7,3 Prozent (Giles/Park/Zhang 2005). Anfang 2009 führte die globale Rezession zu einem deutlichen Anstieg der Werkschließungen in den exportabhängigen Gebieten. Nach Schätzungen der Regierung waren etwa 20 Millionen ArbeitsmigrantInnen, oder 15,3 Prozent aller ländlichen Beschäftigten, die außerhalb ihres Heimatortes arbeiteten, ohne Anstellung und kehrten in ihre Heimat zurück (Xinhua 2009).

Das unternehmensbasierte Sozialleistungssystem für alle ArbeiterInnen, die weiterhin in den staatlichen Fabriken beschäftigt waren, wurde nach und nach beseitigt. Die Einführung neuer sozialer Sicherungssysteme hielt mit dem Rückzug aus dem alten System nicht Schritt. Das Muster der „organisierten Abhängigkeit" und des Paternalismus, das im Staatssozialismus die Beziehungen zwischen Staat und ArbeiterInnen charakterisiert hatte, machte Platz für einen neuen Despotismus. ArbeiterInnen aus dem staatlichen Sektor, die keine alternative Beschäftigung in privaten oder ausländischen Firmen finden konnten, darunter viele Unqualifizierte, Alte und Frauen, wurden einem diktatorischen, durch die Reformen der Unternehmen und Arbeitsverträge gestärkten Management untergeordnet, das weder von der Partei noch den Gewerkschaften eingeschränkt wird (Lee 1999). Mitte der 1990er Jahre steckten mehr als vierzig Prozent der staatlichen Unternehmen in den roten Zahlen. Während die Lohnschecks der ArbeiterInnen schrumpften, mussten die gesunkenen Löhne auch noch für die Bezahlung „kommodifizierter" Sozialleistungen reichen, wie Kindergärten, Kliniken, Wohnungen, die bis kurz vorher umsonst zur Verfügung gestellt oder deutlich subventioniert worden waren. Für Millionen von ArbeitsmigrantInnen im privaten Sektor werden staatliche Verordnungen selten durchgesetzt, und der Despotismus ist umso eklatanter (Solinger 1995). Lokalregierungen, die in hartem Wettbewerb um ausländische Investitionen stehen, kollaborieren mit dem ausländischen Kapital bei der Untergrabung der staatlichen Vorschriften zu Arbeitsverträgen, Mindestlöhnen, Überstundenentlohnung, Ruhetagen, Gesamtarbeitszeiten und Arbeitssicherheit. Die teuflischsten Indikatoren für die Not der ArbeitsmigrantInnen sind die Fälle von „Tod durch Überarbeitung" und die weit verbreitete Nichtzahlung von Löhnen (Lee 2007a: Kapitel 5). Der persönliche Kreuzzug des Premierministers Wen Jiabao, der sich im Jahr 2004 für die Auszahlung von Löhnen an WanderarbeiterInnen einsetzte, wirft ein Schlaglicht auf den Mangel an institutionellem Schutz des elementarsten Rechtes der ArbeiterInnen – entlohnt zu werden. Vor dem Hintergrund dieser repressiven und sich verschlechternden Arbeitsbedingungen haben die chinesischen ArbeiterInnen eine Vielzahl kollektiver Aktionen durchgeführt.

Arbeitskämpfe und Schlichtung

Das Bestreben der chinesischen Regierung, die Konfliktlösung zu institutionalisieren, führte zu einer „neuen" Form von Arbeitsauseinandersetzungen. Im Juli 1987 ließ der Staatsrat das landesweite Schlichtungssystem für Arbeitskonflikte wieder auferstehen, das 1955 abgeschafft worden war. Bis 1997 wurden 270.000 Schlichtungskomitees auf betrieblicher Ebene und 3.159 Schiedsgerichtskomitees auf Kreis-, Stadt- und Provinzebene eingerichtet. Diese Komitees werden nach dem „Prinzip der Dreigliedrigkeit" gebildet, mit Abgesandten der Arbeitsbehörde, der Gewerkschaft und der Wirtschaftsorgane, die den Staat, die ArbeiterInnen und die Unternehmer repräsentieren. Im letzten Jahrzehnt gab es 820.000 betriebliche Schlichtungen und 450.000 arbeitsrechtliche Schiedsgerichtsverfahren. Mit der Verkündung der Verordnung für die Handhabung von Arbeitskonflikten im Jahr 1993 und des Arbeitsgesetzes im Jahr 1995 wurde der Anwendungsbereich erweitert, sowohl was die Ansprüche betrifft, die vorgebracht werden können, als auch bezüglich der Unternehmenstypen, für die die juristischen Vorschriften gelten. Der ursprüngliche Konfliktlösungsprozess umfasste nur Vertragsunstimmigkeiten und Fälle, die die Beendigung des Arbeitsverhältnisses permanent beschäftigter ArbeiterInnen in staatlichen Unternehmen betrafen. Seit 1993 können ArbeiterInnen aus Kollektivbetrieben und privaten Unternehmen Beschwerden zu Löhnen, Lohnzulagen, Arbeitsschutz sowie Vertragsbeendigungen einreichen, um eine juristische Lösung zu erwirken.

Dieses landesweite Arbeitsschlichtungssystem zeigt, dass der chinesische Staat klar erkannt hat, dass der unvermeidliche Anstieg von Arbeitskonflikten die Bereitstellung institutioneller Lösungskanäle zur Erhaltung sozialer Stabilität notwendig macht. Der Akzent liegt auf Vorsorge und Schlichtung auf betrieblicher, sowie auf Schiedsgerichtsverfahren auf lokaler Ebene. Die Anrufung ziviler Gerichte soll das letzte Mittel sein. ArbeiterInnen haben diese institutionellen Möglichkeiten ergriffen, um gegen Missstände vorzugehen und ihre Rechte zu verteidigen. Das zeigen die Statistiken, die einen atemberaubenden und kontinuierlichen Anstieg der Petitionen und Konflikte anzeigen, der auf die Arbeitsvertragsreform und den dramatischen Anstieg der Arbeitslosigkeit folgte (Tabelle 1). Ebenso deutlich war die Zunahme sowohl der Zahl der Fälle als auch der beteiligten Beschäftigten in „kollektiven Arbeitskonflikten". Offiziell werden so Konflikte bezeichnet, an denen mehr als drei Beschäftigte beteiligt sind. Im Jahr 1992 nahmen im Durchschnitt 16,5 ArbeiterInnen an kollek-

Tabelle 1: Gesamtzahl der Schlichtungen von Arbeitskonflikten in China 1994–2007

Jahr	Fälle von Arbeitsschlichtung	Fälle von Schlichtung kollektiver Konflikte	Beteiligte Beschäftigte
1994	19.098	1.482	77.794
1995	33.030	2.588	122.512
1996	47.951	3.150	189.120
1997	71.524	4.109	221.115
1998	93.649	6.767	358.531
1999	120.191	9.043	473.957
2000	135.206	8.247	422.617
2001	154.621	9.847	467.150
2002	184.116	11.024	608.396
2003	226.391	10.823	801.042
2004	314.000	19.000	740.000
2005	447.000	14.000	680.000
2006	500.000	13.000	650.000

Quelle: Labor and Social Security Statistical Yearbooks (Statistisches Jahrbuch zur Arbeit und sozialer Sicherheit), verschiedene Jahrgänge (2005 und 2006 sind aus zusammenfassenden Statistiken, die vom Ministerium für Arbeit und soziale Sicherheit herausgeben wurden). Die erste Spalte zeigt die Gesamtzahl von individuellen und kollektiven Konflikten. Kollektive Konflikte sind Fälle, an denen drei oder mehr ArbeiterInnen beteiligt sind.

tiven Konflikten teil; 1998 lag die Zahl bei durchschnittlich 37,1, mit Spitzen von 45,1, abhängig von der Art des Unternehmens (Harper-Ho 2001: 40).

Hinter diesem Gesamtanstieg geschlichteter Konflikte können wir bestimmte Muster erkennen, die die Schwerpunkte und die Verteilung der Arbeitskonflikte zeigen. Erstens sind die Provinzen mit den meisten Auseinandersetzungen – Guangdong, Chongqing, Shanghai, Fujian und Jiangsu – die Regionen mit dem schnellsten Wirtschaftswachstum. Im Jahr 1999 entfielen allein auf Shenzhen mit seinem enormen Anteil an ArbeitsmigrantInnen, die im Jahr 2000 mehr als sechs Millionen zählten, ein Zehntel aller landesweiten Fälle von Arbeitsschlichtungen. Auf der anderen Seite waren im Jahr 1995 die Zuwachsraten bei Schlichtungsfällen in Sichuan, der Inneren Mongolei, Tianjin, Gansu, Shanxi und Xinjiang allesamt dreistellig, was wohl die rapide Verschlechterung der Beschäftigungsbedingungen von ArbeiterInnen im staatlichen Sektor wiedergibt. Wenn wir uns zweitens die Art der Unternehmen anschauen, fanden zum Beispiel im Jahr 1996 34 Prozent der Schlichtungsfälle in staatlichen Unternehmen statt, während ausländische, private und kooperative Unternehmen 21, 26 und 10 Prozent aller 42.121 Fälle ausmachten, an denen 189.120 Beschäftigte beteiligt waren. Drittens waren die meisten Konflikte wirtschaftlicher Natur. 50 Prozent drehten sich um Löhne, Sozialleistungen und Sozialversicherungszahlungen, etwa 30 Prozent um Vertragsbeendigungen und Entlassungen. Lohnrückstände gab es besonders in privaten und ausländischen Firmen.[3]

Die meisten dieser Konflikte begannen mit Petitionen der Beschäftigten. In 50 bis 80 Prozent der Fälle, abhängig vom Ort, erreichten sie die Lösung der Missstände. Der Schutz der Arbeiterrechte lässt jedoch weiter zu wünschen übrig. Anschluss-Studien zeigen viele Beispiele von Diskriminierung der Antragsteller nach der formalen Regelung der Konflikte. In einem Kreis in Beijing wurden zum Beispiel von 441 Beschäftigten, die 1993 und 1994 an Konflikten beteiligt waren, 66 Prozent später von ihren Arbeitgebern entlassen. Das Prinzip der Dreigliedrigkeit bei der Zusammenstellung der betrieblichen Schlichtungskomitees wird oft verletzt. In betrieblichen Komitees in Hubei übertraf zum Beispiel die Zahl der Management- und Gewerkschaftsrepräsentanten immer die der ArbeitervertreterInnen, die meistens eher berufen als gewählt wurden. Trotz dieser Unzulänglichkeiten nehmen sowohl die Regierung als auch die arbeitende Bevölkerung diese Institution ernst. Im Jahr 2007 wurde ein neues Gesetz zu Schlichtungs- und Schiedsgerichtsverfahren beschlossen, das die Verfahren vereinheitlichte, Gebühren aufhob und die Fristen für die Beantragung von Schlichtungsverfahren durch betroffene ArbeiterInnen verlängerte. In den ersten drei Quartalen des Jahres 2008 nahmen Chinas Arbeitsschlichtungskomitees 520.000 neue Fälle an, ein Anstieg von 50 Prozent im Vergleich zum selben Zeitraum des Vorjahres. Es wird erwartet, dass diese Zahl in den kommenden Jahren als Reaktion auf die Zunahme von Fabrikschließungen und Massenentlassungen in der südöstlichen Küstenregion deutlich ansteigen wird (China Labour Bulletin 2009).

Arbeitsniederlegungen und Streiks

Die dreißig Jahre der Reformen waren im ganzen Land gespickt mit Arbeitsniederlegungen und Streiks unterschiedlicher Dauer. Als die Reformen in den 1990er Jahren angezogen wurden, kam es noch häufiger zu Streiks. An diesen waren mehr ArbeiterInnen beteiligt, und sie betrafen Unternehmen mit unterschiedlichen Eigentumsverhältnissen. Es gab zwar Anlässe, an denen die wirtschaftlichen Missstände in eine politische Kritik des Regimes übergingen und seine Legitimation in Frage stellten, aber die meisten Arbeiterforderungen blieben materieller Natur. Ein dauerhaftes Merkmal der Arbeiterproteste war ihr zellularer und lokaler Rahmen. Wenn wir uns den Umfang und das Ausmaß der Unruhen anschauen, kam es bemerkenswerterweise selbst während der wütenden Streiks von ArbeitsmigrantInnen in den Export-Städten Südchinas, die durch den globalen wirtschaftlichen Abschwung Ende 2008 ausgelöst wurden, zu keiner Eskalation.

Die erste Streikwelle unter dem Regime von Deng Xiaoping rollte schon im Herbst 1980 heran. Die ArbeiterInnen waren nach Jahren der Lohnstagnation und Wohnungsnot unzufrieden, und der Aufstieg der polnischen Solidarność-Bewegung ermutigte sie, selbst in Aktion zu treten. Im letzten Quartal des Jahres kam es Berichten zufolge in den zentralchinesischen Städten Wuhan und Taiyuan zu 20 bis 30 Streiks. Weitere wurden 1980 und 1981 aus Shanghai, Tianjin, Kunming, der Mandschurei und Städten in Hubei und Shanxi gemeldet. Beteiligt waren Bergarbeiter, Stahlarbeiter, Werkzeugmacher und ArbeiterInnen in Maschinenbau- und Elektronikfabriken. Bemerkenswert war ein Vorfall in der Stahlhütte von Tianjin im Dezember 1980. Auslöser waren Forderungen nach besseren Wohnungen, das Recht auf Familienzusammenführung für ArbeiterInnen, die von ihren EhepartnerInnen getrennt lebten, und die Wahl von ArbeitervertreterInnen für die Betriebsleitungskomitees. Mehr und mehr StahlarbeiterInnen beteiligten sich, und die Forderungen wurden politischer. Die Lokalpresse berichtete, dass eine „‚Minderheit der ArbeiterInnen'… sich selbst als ‚die ärmsten ArbeiterInnen der Welt' bezeichnete und das ‚Eintreten der rostigen Tür des Sozialismus', das Recht, selbst über ihr Schicksal zu bestimmen, ein Ende der Diktatur und den Sturz des Systems der politischen Bürokratie forderte" (Liu 1996: 105; Wilson 1990: 263; Chiang 1990: 92–3). Am meisten Eindruck schien die polnische Solidarność in Shanghai zu hinterlassen, wo 1981 in einer Reihe von Bummelstreiks und Arbeitsniederlegungen immer wieder der Ruf nach unabhängigen Gewerkschaften laut wurde. Als solche Forderungen im ganzen Land – und sogar im entfernten Xinjiang – auftauchten, reagierte die chinesischen Regierung mit der Streichung des Streikrechts aus der revidierten Verfassung von 1982. Trotz der juristischen Problematik beharrten die chinesischen ArbeiterInnen in der Zeit der Reformen auf den Einsatz von Streiks zur Verteidigung ihrer Interessen und Rechte. In den letzten Jahren haben sich Rechts- und ArbeitswissenschaftlerInnen darauf geeinigt, dass die Gesetze Streiks weder erlauben noch verbieten und

Chinas Beitritt zur WTO (Welthandelsorganisation) die Regierung bald dazu bringen sollte, das Streikrecht, das in allen wichtigen internationalen Übereinkommen bekräftigt wird, ausdrücklich anzuerkennen (Chang 2001).

Auch in den späten 1980er Jahren waren die Arbeitsbeziehungen angespannt. Die Unzufriedenheit staatlicher ArbeiterInnen nahm zu, da sie die steigende Arbeitslosigkeit, die wachsende Einkommensungleichheit zwischen Managern und ArbeiterInnen und die Korruption beunruhigte. Diese Missstände waren das Ergebnis von Reformmaßnahmen, die auf die Erhöhung der Effektivität und der Wettbewerbsfähigkeit der staatlichen Unternehmen abzielten. Zwischen 1986 und 1988 traten nacheinander die Reform der Arbeitsverträge, das Konkursrecht und die Verordnung zur Reoptimierung der Arbeit in Kraft und bedrohten Beschäftigungssicherheit und Existenzgrundlagen der ArbeiterInnen. Da auch die Inflationsraten auf Rekordniveau lagen – sie stiegen von 18,5 Prozent im Jahr 1988 auf 25,5 Prozent im Jahr 1989 – erreichte die Frustration der ArbeiterInnen einen Höhepunkt (Wang Shaoguang 1992). Der offizielle Gewerkschaftsverband ACFTU[4] zählte 97 Streiks für 1987 und über 100 für 1988. Der größte Streik – mit 1.500 beteiligten ArbeiterInnen – fand in einer Baumwollspinnerei in der Provinz Zhejiang statt, der längste im Werk der *Nordwest Medizinische Instrumente* in Xi'an dauerte 1987 und 1988 mehr als drei Monate an. Im ersten Quartal 1989 hatte es die offizielle Gewerkschaft allein in Shanghai mit 15 Streiks zu tun, ausgelöst durch die Unzufriedenheit der ArbeiterInnen mit der Prämienverteilung und durch Entlassungen. Berichten zufolge wurden tausende Soldaten der Volksbefreiungsarmee zur Besetzung der Ölfelder von Daqing entsandt, um eine Arbeitsniederlegung zu beenden, bei der es um höhere Löhne und eine bessere Behandlung ging (Perry 1995: 315). Im Mai und Juni 1989 ließen ArbeiterInnen in Beijing, Shanghai und anderen Städten dann die Fabrikmauern hinter sich und beteiligten sich an kollektiven Aktionen wie öffentlichen Protesten, der Gründung unabhängiger Gewerkschaften und politischen Mobilisierungen. Trotz der blutigen Niederschlagung der Tian'anmen-Bewegung, bei der die ArbeiterInnen die härtesten Strafen erhielten, wurden Streiks zu einer immer geläufigeren Form des Arbeiterwiderstands. Interne Berichte der Behörde für öffentliche Sicherheit sprechen zum Beispiel von landesweit 480 Streiks im Jahr 1992, 1.870 im Jahr 1995 und 1.740 in den ersten neun Monaten des Jahres 1996 (Cheng Ming März 1993: 19; Cheng Ming April 1994: 21; Cheng Ming Dezember 1996: 11; FBIS-CHI-96-077, 29, 19. April 1996). Ab Mitte der 1990er Jahre, als Werke schlossen und es zu Massenentlassungen und Verspätungen bei der Rentenauszahlung kam, machten die Streiks öffentlichen

Protesten Platz, da arbeitslose und pensionierte ArbeiterInnen nicht mehr mit der Niederlegung der Arbeit drohen konnten.

Neben den altgedienten ArbeiterInnen, die von der Umstrukturierung des staatlichen Industriesektors betroffen waren, wurden die Arbeiteraktionen in den 1980er und 1990er Jahren auch von einer neuen Generation von FabrikarbeiterInnen getragen, die ihre eigenen Kämpfe gegen die Ausbeutung in privaten und ausländischen Unternehmen führten. Die meisten fanden in den Sonderwirtschaftszonen der südlichen Küstenprovinzen statt, in denen die schlechten Arbeits- und Lebensbedingungen, niedrige Löhne, Lohnrückstände und entwürdigende Managementmethoden die Unzufriedenheit der ArbeitsmigrantInnen anfachten (Chan 2001). Bereits 1986 und 1987 erlebte Shenzhen (die erste Sonderwirtschaftszone Chinas) mindestens 21 Streiks in ausländischen Unternehmen, und die lokale Gewerkschaft erhielt etwa 1.000 Beschwerden von ArbeiterInnen. Die Vorfälle wurden durch grobe Behandlung, niedrige Löhne, Lohnrückstände, extrem lange Arbeitszeiten und willkürliche Disziplinierungsmethoden ausgelöst, bei denen es um Essenszeiten, Toilettenpausen und Urlaub ging. Bei einem typischen Vorfall, über den in der chinesischen Presse berichtet wurde, zwangen die Hongkonger Besitzer einer Spielzeugfabrik junge Arbeiterinnen, sieben Tage die Woche bis zu 18 Stunden täglich zu arbeiten, ohne angemessene Überstundenentlohnung und ohne Freizeit am Sonntag. Dreißig Frauen traten in Streik, nachdem eine schwangere Arbeiterin aus Erschöpfung zusammengebrochen war (Leung 1988: 155-8). Auch wenn Statistiken über Arbeitsniederlegungen und Streiks immer unvollständig sind und zu geringe Zahlen ausweisen, eine Zunahme ist unverkennbar. Allein in Shenzhen, wo von Juni 1989 bis Ende 1990 69 Arbeitsniederlegungen und Streiks gezählt wurden, gab es 1992 250 solcher Fälle. In der ganzen Provinz Guangdong fanden zwischen 1994 und 1995 182 Streiks mit mehr als 400 beteiligten ArbeiterInnen statt. Das waren 28 Prozent aller offiziell wahrgenommenen Streiks in der Provinz in diesem Zeitraum. Chinesische ArbeitswissenschaftlerInnen beobachteten, wie sich an einem Ort Streiks von einem Unternehmen auf andere ausbreiteten (Shi 2000). In den Jahren 1993 bis 1995 organisierten zum Beispiel die ArbeiterInnen japanischer Werke von Canon, Mitsumi, Sanmei und Panasonic in den Sonderwirtschaftszonen von Shenzhen und Zhuhai eine Serie von Streiks. Die galoppierende Inflation, die in den Städten 20 bis 27 Prozent erreichte, führte zu wirtschaftlicher Not der ArbeitsmigrantInnen, die Lohnerhöhungen von 30 bis 35 Prozent forderten, um ihre Lebensbedingungen halten zu können. Diese Arbeitsniederlegungen und Streiks waren von unterschiedlicher Dauer, von einigen

Stunden bis zu mehreren Tagen, und in großen Fabriken beteiligten sich bis zu 1.000 oder 2.000 ArbeiterInnen. Das Gespenst sich ausbreitender Aktionen tauchte Ende 2008 wieder auf, als die globale Rezession chinesische Fabriken hart traf und nach offiziellen Schätzungen 26 Millionen ArbeitsmigrantInnen ihren Job verloren. Berichte deuteten allerdings darauf hin, dass dies Aktionen auf Betriebsebene waren, bei denen ArbeiterInnen nach Werkschließungen die Auszahlung von Lohnrückständen verlangten. Lokale Funktionäre, die von der Zentralregierung gedrängt wurden, jede Eskalation sozialer Unruhe zu verhindern, beglichen die Lohnrückstände (Wong 2008; Fan 2009).

Zwei Beamte der Arbeitsbehörde fassten ihre Erfahrungen in der Handhabung von 14 Streiks in der Sonderwirtschaftszone Xiamen (Provinz Fujian) zusammen. Sie charakterisieren diese Vorfälle als kurzlebige und ökonomisch motivierte Episoden. Wie spontan sie auch immer sein mögen, „sehr schnell traten Aktivisten und Anführer aus den Reihen der Vorarbeiter, Linienführer und Abteilungsleiter" hervor. Sie weisen auch auf die Bedeutung der Beziehungen aus den Herkunftsorten hin und stellen fest, dass acht von vierzehn Streiks in Fabriken mit einem hohen Anteil an ArbeiterInnen aus derselben Gegend stattfanden, die regionale Cliquen bildeten. „Als Verwandte oder Leute aus denselben Herkunftsorten grenzen sie sich nach außen ab und verhalten sich solidarisch, was gemeinsame Rebellionen erleichtert" (Lin/Chen 1993). Berichte über ähnliche Vorfälle anderswo zeigten die widersprüchlichen Auswirkungen des Lokalismus auf den Arbeiterwiderstand. Während eines Bummelstreiks in der Fabrik eines koreanischen Besitzers bemerkten die ArbeiterInnen, dass die regionalen Spaltungen unter ihnen die Einigkeit verhinderte, die sie für einen Streik brauchten. Sie sagten, „ohne ArbeitsmigrantInnen wären wir schon im Streik" (China Labor Education and Information Center 1996: 11).

Streikende ArbeiterInnen zeigten ein gewisses Maß an organisatorischen Fähigkeiten, denn in Darstellungen dieser Vorfälle werden AktivistInnen erwähnt, die offene Briefe schrieben und Flugblätter und Flyer druckten, um ArbeiterInnen zu mobilisieren. Eine häufig angewandte Taktik bestand darin, bei Aktionen Journalisten und Nachrichtenagenturen anzurufen, um öffentliche Aufmerksamkeit zu erregen und Sympathien zu gewinnen.

Eine bemerkenswert zwiespältige und beschwichtigende Rolle spielten in den meisten Streiks die lokale ACFTU-Gewerkschaft und Beamte der Arbeitsbehörde. Gewerkschaftsfunktionäre gaben zu, dass ihre Doppelrolle darin besteht, „ausländische Investoren zu unterstützen, und gleichzeitig zu kontrollieren, ob das Management die Arbeitsgesetze einhält." Deshalb kritisierte die ACFTU-Sektion in Zhuhai den Streik im Canon-Werk im Jahr 1993. In einer Reihe von Fällen, in denen streikende ArbeiterInnen die Gründung von Betriebsgewerkschaften forderten, drängten die ACFTU-Funktionäre auf Rücksprache mit dem Management, bevor sie ihrem Aufbau zustimmten. In ausländischen Unternehmen holte das Management bei Streiks oft Sicherheitskräfte auf das Firmengelände, um die Streikenden einzuschüchtern, und auch hier erwiesen sich die Gewerkschaftsfunktionäre bei der Verteidigung der ArbeiterInnen als hilflos. Zwar erreichte die Gewerkschaftsmitgliedschaft in ausländischen Unternehmen Ende 1994 in der Provinz Guangdong angeblich 40 Prozent, aber diese von der ACFTU zugelassenen Gewerkschaften wurden von Management-Vertretern besetzt und geführt, die vor allem für das Einsammeln der Gewerkschaftsbeiträge und die Organisierung von Geburtstagsfeiern und Freizeitaktivitäten sorgten. Diese Gewerkschaftsführer waren gleichzeitig angestellte Werkstatt- oder Abteilungsleiter in der Fabrikverwaltung (Chan 1998; China Labor Education and Information Center 1996; Leung 1988: 175).

Proteste, Demonstrationen und Gewalt

Die Straßenproteste von ArbeiterInnen im Frühjahr 1989, viele davon mit Zustimmung und Unterstützung der Kombinatsleitungen und der offiziellen Gewerkschaften, beschworen das Gespenst einer Arbeitermobilisierung gegen den Staat. Mitte Mai 1989 demonstrierten in Beijing ArbeiterInnen mit Transparenten, die den Namen ihrer Firma zeigten. Darunter waren führende Staatsunternehmen wie die Stahlfirma Capitol Steel Corporation, das Hauptwerk der Firma Beijinger Verbrennungsmotoren, die Hebemaschinen-Fabrik Beijing und andere mehr. An einem gewissen Punkt vor Ausrufung des Kriegsrechts nahm die ACFTU mit einem eigenen Transparent an den Demonstrationen teil und übergab den hungerstreikenden StudentInnen sogar eine Spende von 100.000 Yuan (Perry 1995: 318–9; Walder 1992; Lu 1990; Unger 1991). Ein Beobachter bemerkte, dass diese „besondere Form der (Kombinats-)Proteste die besondere chinesische Form der Kombinats-Kontrolle widerspiegelt" (Walder 1992: 116). Im Jahrzehnt nach dem Tian'anmen-Vorfall gingen Arbeiterproteste immer mehr über die Grenzen des Betriebs hinaus. Wenn sie ihre Proteste an die Öffentlichkeit trugen, schlossen sich ihnen oft andere aufgebrachte Segmente der lokalen Bevölkerung an. Die Arbeiteraktionen verstärkten somit nicht nur die Erosion der staatlichen Macht an der Basis und die Verschiebung des Angriffsziels vom Unternehmen zum Staat, sie konnten auch zum Sammelpunkt für Aktionen aus der lokalen Bevölkerung werden.

Im Jahr 1995 stieg die Zahl der Protestmärsche mit mehr als zwanzig Teilnehmern nach offizieller Rechnung auf den Rekordwert von 1.620. Insgesamt nahmen daran mehr als 1,1 Millionen Menschen in mehr als dreißig Städten teil (FBIS-CHI-96-077, 29, 19. April 1996). Ein Wissenschaftler meldete die Vervierfachung der kollektiven Proteste (von ArbeiterInnen und anderen) von einer Gesamtzahl von 8.700 im Jahr 1993 auf 32.000 im Jahr 1999 (Pei 2002: 96). Die Missstände, die diese öffentlichen Proteste auslösten, spiegeln die schwierige Situation wider, in der sich die stark verschuldeten Staatsunternehmen während der Reformen befanden. Der Widerstand richtete sich gegen Lohn- und Rentenrückstände, unzureichende Unterstützung von Arbeitslosen und Kranken, Veruntreuung von Geldern durch Fabrikdirektoren sowie Werksfusionen, Umstrukturierungen und Verlagerungen, die die Lebensgrundlagen der ArbeiterInnen zerstörten. Der große Protest der ArbeiterInnen der Chongqing Strickerei im November 1992 war einer der ersten Fälle dieser Art, erwies sich aber als typisch, wie ähnliche Fälle in Sichuan und anderen verarmten Provinzen im Laufe der 1990er Jahre zeigen. Als dieses große Staatsunternehmen Konkurs anmeldete und die Rentenzahlungen an pensionierte ArbeiterInnen kürzte, gingen die ArbeiterInnen auf die Straße und forderten das „Recht auf Lebensunterhalt". RentnerInnen führten die Prozession an. Unter Tränen rechtfertigten sie sich gegenüber der Bereitschaftspolizei, indem sie darauf hinwiesen, dass die Rentenzahlungen ihr rechtmäßiger Anteil an dem Mehrwert waren, den sie über die Jahre für den Staat geschaffen hatten, und dass der Staat kein Recht habe, diese Zahlungen zu verweigern. Die ArbeiterInnen im Werk verlangten vom Staat ebenfalls eine Anerkennung ihres Grundrechts auf Leben. Nach fünf Tagen der Konfrontation gaben die Behörden den Forderungen der ArbeiterInnen nach: Die Rentenzahlungen sollten nicht gekürzt und die ArbeiterInnen im Werk weitergebildet oder anderweitig im Unternehmen eingesetzt werden (Cheng Ming, April 1993: 37).

Das Recht auf Lebensunterhalt war die wichtigste Parole bei den vielen anderen Demonstrationen, ein Zeichen für die Empörung und Verzweiflung der ArbeiterInnen (Chen 2000; Hurst/O'Brien 2002; Cai 2002): „Wir wollen arbeiten", „Unsere Kinder wollen zur Schule gehen" (Protest in der Chengdu Schuhfabrik, Provinz Sichuan, im Juli 1997), „Wir wollen Arbeit" und „Wir wollen was zu essen" (Protest in einer Textilfabrik in Baicheng, Provinz Jilin, im Oktober 1995), „Wir fordern keinen Fisch und kein Fleisch, nur etwas Brei" und „Keinen Yuan für sechs Monate. Wir wollen Reis zum Essen" (Protest in Changsha, Provinz Hunan, im November 1998). Folgende Parolen gegen die Funktionäre zeigen, dass sich viele Beschwerden auch gegen die Korruption richteten: „Nieder mit dem neu entstandenen Adel" und „Beseitigt die neue bürokratische Bourgeoisie" (Kundgebung von ChemiearbeiterInnen in Shenyang, Provinz Liaoning, im März 1994). Auf einem Protest in Ningxia war auf Transparenten zu lesen: „Wir müssen essen, wir müssen existieren" und „Rettet die Fabrik, rettet die Menschen". Am bemerkenswertesten waren die Parolen eines Protestmarsches mit 5.000 Teilnehmern in Anshan, Provinz Liaoning, der Hauptstadt von Chinas Eisen- und Stahlindustrie: „Die Arbeiter sind die Herren des Staates", „Nieder mit der neu entstandenen Bourgeoisie", „Ja zum Sozialismus. Nein zum Kapitalismus" und „Lang lebe die Arbeiterklasse". Mit der Wiederaneignung der früheren ideologischen Parolen des Parteistaats für ihre eigene politische Kritik gingen die ArbeiterInnen über bloße wirtschaftliche Forderungen hinaus und stellten die Legitimität des selbsternannten sozialistischen Staates in Frage.

Der Vorfall in Nanchong, Provinz Sichuan, Schauplatz eines spontanen großen Arbeiteraufstands, zeigt dies deutlich. Zahlreiche andere Arbeiterproteste wiesen ähnliche Merkmale auf und waren mildere Versionen dieses Vorfalls. Die staatliche Jialihua-Seidenfabrik hatte einmal 10.000 Beschäftigte, die Lohnkürzungen und Entlassungen hinnehmen mussten, als die Unternehmensumsätze ab Anfang der 1990er Jahre zurückgingen. Verärgert über die Extravaganz des Managements in diesen harten Zeiten, hielten ArbeiterInnen den Generaldirektor als Geisel, als er mit seiner Ehefrau auf eine offizielle „Besichtigungsreise" nach Thailand aufbrechen wollte.

> „Sie setzten Huang (den Direktor) auf die Ladefläche eines Pritschenwagens und zwangen ihn, die schmerzhafte und erniedrigende ‚Flugzeug-Haltung' einzunehmen – vorgebeugt und mit den Armen zur Seite ausgestreckt. Dann marschierten sie zehn Kilometer durch den Regen ins Zentrum von Nanchong und stellten ihn auf den Straßen zur Schau… genau wie in der Kulturrevolution… ArbeiterInnen von anderen Fabriken schlossen sich der spontanen Demonstration an… 20.000 Leute nahmen teil… Die Parade dauerte den ganzen Tag und endete am Gebäude der Stadtregierung... ArbeiterInnen blockierten die Tore des Gebäudes und ließen die Beamten nicht raus. Abwechselnd hielten sie Reden. Die Konfrontation dauerte dreißig Stunden und endete friedlich mit dem Versprechen der Auszahlung… Die Regierung wies die lokale Filiale der staatlichen Industrial and Commerce Bank of China an, Jialihua genug Geld zur leihen, damit diese die Lohnrückstände ausgleichen konnte" (Far Eastern Economic Review, 26. Juni 1997: 15).

Viele Arbeiteraktionen waren von Racheakten bestimmt, wie der in Nanchong, und es kam auch zur Anwendung von Gewalt. Aufgebrachte entlassene ArbeiterInnen und RentnerInnen warfen Managern Korruption, Schiebergeschäfte, Machtmissbrauch und die Plünderung von Staatseigentum vor. In verschiedenen Provinzen gab es tätliche Angriffe und Entführungen von Managern durch wütende ArbeiterInnen. Berichten zufolge wurden zwischen Januar und Juli 1998 in Liaoning in 276 Fällen Manager verprügelt und dabei insgesamt 297 Manager verletzt. Eine Untersuchung zeigte, dass in der Provinzhauptstadt Shenyang 54 Prozent aller Manager mit Gewalt bedroht oder erpresst worden waren (Wang Shaoguang 1988: 187). Es gab auch Berichte von Selbstmord oder versuchtem Mord: In Fujian übergoss sich ein arbeitsloser Arbeiter mit Benzin und setzte sich in Brand, nachdem er zwei Beamte gepackt hatte, die verantwortlich waren für die Verhängung von Geldstrafen für seinen Straßenhandel. Der Arbeiter starb, die Beamten erlitten schwere Verbrennungen. Bei vielen anderen Demonstrationen und Sitzblockaden durchbrachen ArbeiterInnen Polizeisperren oder besetzten Hauptstraßen und Eisenbahnschienen und brachten damit den Verkehr im Ort oder zwischen den Provinzen zum Erliegen. Die Funktionäre waren ebenso beunruhigt über den Anstieg an Gewaltverbrechen von entlassenen und migrantischen ArbeiterInnen, vor allem in den Provinzen mit hoher Arbeitslosigkeit. Staatliche Sicherheitsbeamte stellten fest, dass entlassene ArbeiterInnen sich in Banden zusammenschlossen und bewaffnete Raubüberfälle und andere Verbrechen wie Mord, Sprengstoffanschläge und Diebstahl begingen. Große Fabriken, Stahlhütten und Bergwerke waren vom Anstieg der Kriminalität besonders betroffen. So wurden etwa 1.900 Hehlerzentren entdeckt, betrieben von mehr als 300 Banden, die Stahl, Metallprodukte und Rohstoffe aufkauften, die von ArbeiterInnen gestohlen worden waren.

Ende der 1990er und Anfang der 2000er Jahre hatten viele ArbeiterInnen die wirkungslose staatliche Politik und die mangelhafte Durchsetzung von Gesetzen und Verordnungen als Ursache ihrer Not ausgemacht. Das wachsende Selbstbewusstsein der ArbeiterInnen im staatlichen Sektor zeigte sich am entstandenen Diskurs über Rechte. Dieser Diskurs bezieht sich auf das vom Regime selbst propagierte „Regieren des Landes mittels Gesetzen“ (Lee 2000). Viele ArbeiterInnen bekamen aufgrund von Unregelmäßigkeiten bei der Handhabung von Unternehmenskonkursen – Folge zügelloser Korruption von Funktionären auf lokaler Ebene – keine vorgeschriebenen Abfindungszahlungen oder Renten. Die Protestwelle in den alten Industriestandorten im Frühjahr 2002 war eine Reaktion der ArbeiterInnen auf die

Politik der Zentralregierung zur Bekämpfung der hohen Arbeitslosigkeit. Im Jahr 1998 waren landesweit Wiederbeschäftigungszentren eingerichtet worden, um entlassene ArbeiterInnen für einen Zeitraum von drei Jahren, in denen sie „im Zentrum" betreut wurden, Unterhalt zu zahlen. Als dieses Programm Ende 2001 auslief, wurden ganze 22,3 Millionen ArbeiterInnen „in die Gesellschaft entlassen", ohne viel Aussicht auf einen Job zu haben. Im November 2001 bestimmte Premierminister Zhu Rongji die Provinz Liaoning als Testgebiet für eine erneute Reform der sozialen Sicherheit. Der umstrittenste Teil dieses Programms war, dass es Unternehmen erlaubt wurde, ArbeiterInnen, die für überflüssig gehalten wurden, mit einmaligen Abfindungen loszuwerden. Die Unternehmen waren dann nicht weiter finanziell verantwortlich für die Sozialleistungen und Renten dieser ArbeiterInnen. Viele ArbeiterInnen waren aufgebracht und wütend, weil die Abfindungen gering waren oder gar ganz ausblieben.

Die verfügbaren Informationen legen nahe, dass die meisten Proteste und Mobilisierungen auf betrieblicher Ebene begannen. Das hatte mehrere Gründe: der Blick der ArbeiterInnen auf firmenspezifische Interessen und mögliche Lösungen, die vereinfachte Kommunikation unter den ArbeiterInnen, die im selben Betrieb arbeiten und in denselben firmeneigenen Quartieren wohnen, und die Furcht der ArbeiterInnen vor behördlichen Vergeltungsschlägen, falls sie sich über die Kombinatsgrenzen hinaus organisierten (Lee 2007a: Kapitel 3). Es gab aber auch Fälle in denen sich die Unruhe in einer Fabrik auf andere Betriebe und aufgebrachte Belegschaften am selben Ort ausweitete, und es kam sogar zu Sympathieprotesten im selben Sektor in anderen Teilen des Landes. Die Serie von Arbeiterprotesten im Nordosten und in der petrochemischen Industrie im Frühjahr 2002 zeigte, dass lokale und verstreute Aktionen in koordinierte Unruhen münden können. Der Vorfall in Liaoyang begann in der Liaoyang Ferrolegierungsfabrik, die im November 2001 bankrott gegangen war. ArbeiterInnen griffen das Management und örtliche Funktionäre wegen Korruption, illegalem Vorgehen beim Konkursverfahren und seit zwei Jahren ausbleibenden Lohnzahlungen scharf an. Die Arbeitslosigkeit lag nach Angaben von BewohnerInnen bei erschütternden siebzig Prozent. ArbeiterInnen verschiedener Fabriken hatten ähnliche Probleme und lernten sich während ihrer Vorsprachen bei der Stadtregierung kennen. Anfang März 2002 trat der frühere Bürgermeister und damalige Vorsitzende der örtlichen Legislative Gong Shangwu, der allgemein als Schuldiger angesehen wurde, im Fernsehen auf und erklärte, dass „es keine Arbeitslosen" in der Stadt gäbe. Wütende ArbeiterInnen von zunächst sechs, später von nicht weniger als zwanzig Fabriken gingen auf die Straße und skandierten „Hooligan-Regierung“, „Setzt Gong Shangwu ab“ und „Wir wollen essen“. Nachdem vier Arbeitervertreter verhaftet und der „illegalen Versammlung und Demonstration“ beschuldigt wurden, forderten sie außerdem noch die Freilassung ihrer Kollegen (Pomfret 2002; Eckholm 2002; Becker 2002; Ming Pao China Team 2002). Das Ausmaß der Liaoyang-Proteste, die Mobilisierung über Betriebsgrenzen und die politischen Forderungen waren ernste und erschreckende Zeichen für die Behörden und zeigten, dass Marktreformen und Korruption zusammen genommen strukturell benachteiligte Gruppen schaffen können, die der Regierung die politische Verantwortung für die enormen wirtschaftlichen Verwerfungen geben. Nachdem die Arbeiteranführer verhaftet worden waren und die Regierung fünfzig Prozent der Lohnrückstände sowie einen Abschlag auf die Abfindungen gezahlt hatte, die sie den ArbeiterInnen schuldete, ließen die Proteste nach. Die Regierung setzt mittlerweile oft auf diese Strategien von „Zuckerbrot und Peitsche“ oder „Teile und Herrsche“, um mit den Arbeiterunruhen fertig zu werden. Im selben Monat begannen auf dem Daqing-Ölfeld in der nordöstlichen Provinz Heilongjiang dreiwöchige Straßenproteste, an denen nicht weniger als 50.000 entlassene ArbeiterInnen beteiligt waren. Sie wandten sich gegen Manager, die die ArbeiterInnen mit „unfairen Abfindungspaketen“ getäuscht hatten. Die Stadt wurde von Tausenden bewaffneten Sicherheitskräften abgeriegelt, aber die Arbeiterproteste hielten zwei Monate lang an. Besonders bemerkenswert ist, dass im April Hunderte ÖlarbeiterInnen in Lanzhou, in der Provinz Gansu im Nordwesten Chinas, Straßen blockierten, um gegen ein niedriges Abfindungsangebot von 1.000 Yuan pro gearbeitetem Jahr zu protestieren. Berichten zufolge waren sie von den Unruhen in Daqing inspiriert und ermutigt worden. Ausländische AktivistInnen gingen davon aus, dass die ArbeiterInnen in der Ölindustrie persönliche und verwandtschaftliche Beziehungen im Land hatten, weil die Regierung Versetzungen zwischen den Ölfeldern organisierte. Nach den Vorkommnissen in Daqing brachen kleinere Proteste in diesem alten Sektor im Osten der Provinz Hebei und in Shandong aus, aber unter dem Druck der Regierung brachen diese schnell zusammen (Pan 2002).

Obwohl ArbeiterInnen keine formalen und lateralen Organisationsstrukturen haben um ihre Aktionen zu koordinieren, entwickelt sich aufgrund der ihnen gemeinsamen Missstände und der geographischen Konzentration von Arbeitslosigkeit und Werkschließungen die für Massenrebellionen notwendige soziale und räumliche Einheit. Lokale Funktionäre, die Zielscheibe vieler Proteste waren, wurden in manchen Fällen zu Unterstützern oder gar Organisatoren kollektiver Aktionen. Als eine Munitionsfabrik in Sichuan die Löhne nicht zahlte, führten Manager einen Marsch von 300 bis 400 älteren, pensionierten ArbeiterInnen ins Stadtzentrum und zwangen die Behörden, die Rentenrückstände auszuzahlen. Führer und Kader der verarmten Provinzen im Inland und im Nordosten versuchten die Verbreitung der Arbeiterunruhen als Druckmittel gegenüber der Regierung in Beijing einzusetzen, um von der Zentrale mehr Mittel für die wirtschaftliche Entwicklung und die Sozialversicherungszahlungen zu bekommen. Im Jahr 1998 wurden diesen Provinzen zusätzlich drei Milliarden Yuan als Notfallmittel zugestanden (South China Morning Post, 6. Dezember 1995; Ming Pao, 24. Juli 1998.). In den meisten Fällen schauten die staatlichen Sicherheitskräfte zu und sperrten das Gebiet der Proteste ab, die Zahl der Verhaftungen blieb aber gering. Ein Grund für diese offizielle Tolerierung könnte die Absicht der zentralen Regierungsstellen sein, „Sicherheitsventile" zu schaffen, die es den Protestierenden ermöglichen, Dampf abzulassen, und damit die politische Führungsspitze aus der Schusslinie zu nehmen. Infolgedessen machte die Regierung so oft Zugeständnisse, dass die ArbeiterInnen in einen fast schon „ritualisierten" Austausch mit lokalen Funktionären traten: Mit Demonstrationen, vor allem vor wichtigen Ferientagen wie dem Nationalfeiertag oder dem chinesischen Neujahrsfest, wurde die Regierung unter Druck gesetzt, damit sie die Not-Auszahlung von Löhnen übernahm.

Die geographische Verteilung der Proteste war unterschiedlich, was mit den regional ungleichen Auswirkungen der Reformen auf die chinesischen ArbeiterInnen zusammenhängt. Ein Kommentator bemerkte, dass die Provinzen mit dem meisten Aufruhr in Zentralchina liegen, darunter Sichuan, Hunan, Shaanxi und Henan (Liu 1996: 124). Diese Provinzen haben eine hohe Konzentration von strategischen Sektoren und der Schwerindustrie, eine Folge der „Dritten Front"-Industrialisierung[5] in den 1960er und 1970er Jahren, als die Schwerindustrie ins Landesinnere verlegt wurde, um sie vor möglichen Angriffen durch die USA oder die Sowjetunion zu schützen. Heute haben „von den Provinzen, die bei der Häufigkeit von Aufständen die ersten dreizehn Ränge einnehmen, elf … mehr Firmen in der Schwer- als in der Leichtindustrie … Diese Firmen haben einiges gemein: Produktionsgüterindustrien, veraltete Anlagen, exzessiver Verbrauch an Energie, Autarkie und eine unterbeschäftigte und schlecht ausgebildete Belegschaft" (ebd.). Abgesehen davon sind die drei nordöstlichen Provinzen – Liaoning, Jilin und Heilongjiang – ebenfalls anfällig für Arbeiterunruhen, weil die lokalen Ökonomien sehr stark von staatlichen Unternehmen, Bergwerken und der Stahlproduktion abhängig sind, Sektoren, die am meisten unter der wirtschaftlichen Liberalisierung gelitten haben.

Arbeiterproteste fanden vermehrt in Kohlebergwerken, der Stahl- und der Textilindustrie statt, aber auch ArbeiterInnen anderer Wirtschaftsbereiche waren zu kollektiven öffentlichen Aktionen bereit. StadtreinigungsarbeiterInnen in Beijing, StraßenhändlerInnen in Shenzhen und TaxifahrerInnen in Lushou (Sichuan), Changsha, Zhuhai, Shenzhen, Shaoguan (Guangdong) und Beijing protestierten gegen niedrige Löhne, unverhältnismäßige Erhöhungen von Lizenzgebühren und Geldstrafen sowie die willkürliche Bestrafung durch die Polizei. Viele dieser DienstleistungsarbeiterInnen sind von staatlichen Betrieben entlassene ArbeiterInnen oder ArbeitsmigrantInnen aus verarmten Landgegenden. Die schwersten Ausschreitungen gab es im April 1998, als Direktverkaufsagenten im ganzen Land randalierten, nachdem die Regierung Direktverkaufsfirmen verboten hatte und die VerkäuferInnen daraufhin Entschädigungen verlangten. Mindestens zehn Menschen wurden getötet und mehr als einhundert verletzt. Viele der zehn Millionen Direktverkaufsagenten waren entlassene ArbeiterInnen, die ihre Ersparnisse für die Schulung und die Kaution eingesetzt hatten, bevor sie sich den Firmen anschlossen. In einem ähnlichen Fall marschierten Hunderte ArbeiterInnen durch die Straßen von Beijing, Zhengzhou und Xinhui, nachdem die Regierung im November 1998 eine Reihe von Finanzdienstleistungsfirmen wegen betrügerischer Praktiken geschlossen hatte. Diese Arbeiter-InvestorInnen, einige davon arbeitslos, waren durch das Versprechen von Zinszahlungen von bis zu dreißig Prozent im Monat angelockt worden, und einige hatten ihre Lebensersparnisse in die Firmen investiert.

Nur wenige dieser kollektiven Proteste, Demonstrationen und Streiks waren bei der Durchsetzung konkreter Verbesserungen der Lebensbedingungen der ArbeiterInnen erfolgreich, und wenige, wenn überhaupt, schufen strukturelle Verbesserungen. Wie schon erwähnt reagierten die zentralen und lokalen Behörden auf die Arbeiterforderungen gelegentlich mit der Bereitstellung von Notfallmitteln, oder sie verschoben – und revidierten zuweilen – schon beschlossene Werkschließungen und Verlagerungen. Am meisten Erfolg in der Form wohlmeinender Reaktionen seitens der Regierung hatten bisher RentnerInnen und arbeitslose ArbeiterInnen aus dem staatlichen Sektor mit ihren lokal begrenzten ökonomischen Forderungen (Perry 2002: Einleitung). Wenn politische Forderungen gestellt wurden, sorgte die internationale Berichterstattung für deren Verbreitung, und es kam zu Mobilisierungen über die Fabrikgrenzen hinaus, wie in der Welle von Protesten im Jahr 2002. Das Regime antwortete mit der schnellen und entschlossenen Niederschlagung und der Verhaftung und Inhaftierung von AktivistInnen. Ein bedeutender Teil der Arbeiterklasse wird wahrscheinlich im weiteren Verlauf von Marktreformen und Unternehmensumstrukturierung – auch angesichts des riesigen Überschusses an Arbeitskräften in China – eine umfassende Kommodifizierung ihrer Arbeitskraft erfahren, lange bevor ein gesellschaftliches System der Absicherung und Arbeitsregulierung wirksam wird, das ihre Rechte schützt.

Unabhängige Gewerkschaften

Beim Schutz der Arbeiterrechte und gegenüber dem Angriff durch Wirtschaftsreformen und Regierungsentscheidungen zur Privatisierung großer Teile der verbliebenen staatlichen Unternehmen erweist sich die von allen Seiten belagerte offizielle Gewerkschaft ACFTU weiterhin als schwache, bürokratische Organisation. Auch wenn einige ihrer progressiveren Kader eine Reform für dringlich notwendig halten, das Ausscheren aus der institutionellen Unterordnung trifft auf schwere Hindernisse. Das Gewerkschaftsgesetz von 1992 mag den gesetzlichen Status der ACFTU verbessert haben und zeigte, dass hohe Gewerkschaftsführer für eine vom Parteistaat unabhängigere Rolle eintraten. Aber zahlreiche, von der ACFTU betriebene Erhebungen zeigen die verbreitete Ernüchterung an der Basis: Mehr als 64 Prozent der ArbeiterInnen im staatlichen Sektor, einer Bastion der ACFTU, wenden sich nicht an die Gewerkschaft sondern an informelle Netzwerke, wenn ihre Rechte missachtet werden und sie Hilfe brauchen. Die offiziellen Gewerkschaften werden in den meisten Fällen direkt vom Management kontrolliert. Darüber hinaus wurde die Weitergabe von Mitteln von niedrigeren Gewerkschaftsebenen an die ACFTU immer wieder aufgrund finanzieller Probleme oder der Entfremdung der unteren Ebenen der Betriebsgewerkschaften blockiert. Im Jahr 1993 konnte die ACFTU-Zentrale zum Beispiel nur 38 Prozent der erwarteten Beiträge einsammeln (Feng 1996). Schließlich verlor die Gewerkschaft mit der Entlassung von mehreren zehn Millionen staatlicher ArbeiterInnen ihre Kernmitgliedschaft.

Einige Betriebsgewerkschaften mussten schon vor der Finanzkrise im Jahr 2008 an der Basis auf die schlechten Bedingungen reagieren, die mit der Unterwerfung der ArbeiterInnen unter den Innovationskurs zusammenhingen. Es gibt Anzeichen dafür, dass einige Leiter von Gewerkschaften auf Betriebsebene begonnen haben, sich aktiv, wenn auch in hohem Maße legalistisch, für die Verteidigung der Interessen ihrer Mitglieder einzusetzen. Besonders beachtenswert war der ernsthafte Versuch von Gewerkschaftsführern der Wal-Mart-Geschäfte in Nanchang und Shenzhen, die Geschäftsleitung zu Tarifverhandlungen zu zwingen. Die Führungen von ACFTU und Partei forderten die Gewerkschaften auf, Tarifverhandlungen durchzuführen, in der Hoffnung, radikaleren Aktionsformen zuvorzukommen. Wal-Mart und andere Fälle zeigen jedoch, dass höhere Gewerkschaftsebenen den Aktivismus an der Basis nur bis zu einem gewissen Punkt gutheißen; betriebliche Gewerkschaftsführer, die das Management zu stark unter Druck setzen, gelten als nicht „harmonisch" und verlieren die notwendige Unterstützung vom Staat.

Für ein Regime, das immer noch für sich in Anspruch nimmt, die Verkörperung der Diktatur des Proletariats zu sein, sind die Entstehung unabhängiger Gewerkschaften und ihr Bündnis mit Intellektuellen und MenschenrechtsaktivistInnen politisch äußerst beunruhigend. Die Reformphase war – erstmalig in der Geschichte Chinas nach 1949 – von der Gärung organisierten Arbeiterdissenses geprägt. Höhepunkt der politischen Herausforderung war die Demokratiebewegung von 1989, auch wenn es Mobilisierungen von unabhängigen Gewerkschaften und klassenübergreifenden politischen Bündnissen vorher wie nachher gegeben hat. Forderungen nach der Bildung unabhängiger Gewerkschaften nach dem Muster der Solidarność in Polen tauchten zum ersten Mal im Jahr 1981 in Shanghai, Hangzhou, Tianjin, Wuhan, Xinjiang, Anshan, Nanchong und Zhengzhou auf. In Chongqing wurde die ACFTU-Sektion der Provinz in einem mit Matrizen vervielfältigten Pamphlet mit dem Titel „Die demokratische Gewerkschaft Chongqings" beschuldigt, „ein gefügiges Werkzeug der Partei" zu sein. Die chinesische Regierung reagierte, indem sie mehr Demokratie am Arbeitsplatz zuließ und in den Staatsunternehmen Arbeiterkongresse aufbaute (Chiang 1990: 92-3). Die nächste Runde im Kampf für unabhängige Gewerkschaften fand im April 1989 statt. Mehrere Dutzend junger ArbeiterInnen nutzten die Unruhe unter den StudentInnen und BürgerInnen und das rebellische soziale Klima. Sie versammelten sich am Tian'anmen-Platz, um über Politik zu diskutieren, und gründeten die Unabhängige Arbeiterföderation Beijing, auch *gongzilian*. Nach eigenen Angaben hatte die *gongzilian* vor der militärischen Niederschlagung 20.000 registrierte Mitglieder. Nach ihrem Vorbild gründeten sich in den zwei Monaten zwischen April und Juni 1989 fünfzehn weitere unabhängige Gewerkschaften in anderen Großstädten: Tianjin, Harbin, Shenyang, Hohhot, Xi'an, Wuhan, Nanjing, Shanghai, Jinan, Hangzhou, Suzhou, Changsha, Shaoyang, Fuzhou und Guangzhou (Lu 1990). Das politische Bewusstsein der AnführerInnen dieser Gewerkschaften und die Tradition demokratischer Bewegungen, auf die sie sich beziehen und die sie am Leben halten, könnte von bleibender Bedeutung sein. Walder und Gong streichen den starken Zug zum „Arbeiterklassen-Populismus" in der Rhetorik und kollektiven Denkweise der *gongzilian* in Beijing heraus – respektlos gegenüber intellektueller Autorität, hartnäckig unabhängig, einfache BürgerInnen einschließend und ihnen gegenüber offen sowie in der Lage, gedanklich und sprachlich den Klassenkampf der ArbeiterInnen mit der demokratischen Opposition gegen die politische Oligarchie zu verbinden. So verlangte die unabhängige Gewerkschaftsbewegung nicht nur stabile Preise, das Recht, die Arbeitsstelle wechseln zu können, ein Ende der Diskriminierung weiblicher Arbeitskräfte und die Untersuchung der Einkommen und Privilegien von Funktionären und Beamten, sondern engagierte sich auch bewusst für den „Kampf für Demokratie" und für das Recht, die „Kommunistische Partei überwachen" und die offiziellen Vertreter staatlicher und kollektiver Unternehmen kontrollieren zu können (ebd.). Elizabeth Perry hat an anderer Stelle eine Tradition demokratischer Bewegungen ausgemacht, angetrieben vom Nationalismus von StudentInnen und ArbeiterInnen, die mit der Bewegung vom 4. Mai 1919 begann und sich in den Jahren des Bürgerkriegs 1945 bis 1949 fortsetzte. Im Jahr 1989 schmälerte allerdings die ausgrenzende und elitäre Haltung der StudentInnen gegenüber einfachen ArbeiterInnen die Chancen auf ein städtisches Bürgerbündnis (Perry 1994b).[6] Nach der blutigen Niederschlagung im Juni wurde mit den ArbeiterInnen so unbarmherzig verfahren wie mit keiner anderen Gruppe. Viele wurden schnell wegen „konterrevolutionärer Sabotage" exekutiert oder zu lebenslangen Haftstrafen verurteilt (Lu 1990: 19).

Seit dieser Zeit traf die gnadenlose Unterdrückung der unabhängigen Gewerkschaften durch den chinesischen Staat auf eine gleichermaßen beständige Entschlossenheit einiger ArbeiteraktivistInnen, die die Tradition des Aufstands von 1989 am Leben halten. Im Jahr 1991 gab es allein für Beijing Berichte über die Zerschlagung ganzer vierzehn im Untergrund operierender Arbeiterorganisationen mit einer Mitgliedschaft zwischen 20 und 300 ArbeiterInnen. Im Jahrzehnt nach Tian'anmen tauchten mehrere im Untergrund arbeitende Gewerkschaften und Initiativen auf, die zum Teil auf internationale Kontakte und Beziehungen bauten, darunter die Freien Gewerkschaften Chinas, die Liga für den Schutz der Rechte arbeitender Menschen, die Föderation der LohnarbeiterInnen und Chinas Union für Entwicklung. In der Kernmitgliedschaft dieser Gruppen gab es zwar auch ArbeiterInnen, aber die Mehrheit der AktivistInnen stellten regimekritische Intellektuelle, vor allem StudentInnen und UniversitätsdozentInnen. Viele von ihnen waren an der Demokratiemauer-Bewegung von 1979 und an der Mobilisierung von 1989 beteiligt und wollen gemeinsam als unabhängige Gewerkschaftsbewegung an einer auf breiter Basis stehenden politischen

Opposition gegen das Regime der Kommunistischen Partei teilnehmen (Leung 1998; South China Morning Post, 9. Oktober 1998). Im Jahr 1997 nutzten Dissidenten Chinas Unterschrift unter den Pakt über wirtschaftliche, soziale und kulturelle Rechte für einen offenen Brief, in dem sie die chinesischen ArbeiterInnen aufforderten, ihr Recht auf Vereinigungsfreiheit auszuüben und sich gegen die Massenentlassungen zusammenzuschließen. Sie verteilten auch Flugblätter an ArbeiterInnen, gaben Petitionen zu Arbeiterrechten heraus, schufen ein landesweites Netzwerk von AktivistInnen und versuchten sogar, ihre Organisationen beim Ministerium für zivile Angelegenheiten zu registrieren. Die AktivistInnen dieser wachsenden Vereinigungen fanden unter Arbeitslosen und ArbeitsmigrantInnen (in einigen Fällen auch unter Bauern) Anklang und wurden von im Ausland lebenden Gruppen chinesischer Dissidenten unterstützt, fassten die Arbeiterinteressen aber immer mehr als Frage der Menschenrechte. Als das Ausmaß der Proteste zunahm, gab es Berichte über Untergrundnetzwerke von ArbeitsaktivistInnen, die als „Berater" protestierender ArbeiterInnen auftraten und in einigen Fällen erfolgreich die Verschiebung von bereits von lokalen Regierungen beschlossenen Fabrikschließungen durchsetzten. Im Verlauf der Proteste von Liaoyang und Daqing schufen ArbeiterInnen vorübergehend ihre eigenen Gewerkschaften, um ihre Interessen zu vertreten (Lee 2007b). Bis heute erwiesen sich jedoch alle diese Anstrengungen als kurzlebig, und sie haben deutlich weniger am Leben der ArbeiterInnen geändert als die rechtliche Mobilisierung.

Neue Herausforderungen: Gesetze und Informalisierung

Viele ArbeiterInnen, die an den Protesten und Streiks teilnahmen, zogen auch vor Gericht und nutzten dabei ihre neu entdeckten Rechte, die in bedeutenden Arbeitsgesetzen festgeschrieben worden waren, besonders im Arbeitsgesetz (1995) und im Arbeitsvertragsgesetz (2008). Diese Gesetze und die im Zuge der letzten globalen Finanzkrise 2009 stattfindenden massiven Fabrikschließungen führten zwischen 2007 und 2008 zu einem dramatischen Anstieg der arbeitsrechtlichen Klagen von 95 Prozent. Chinas Oberstes Volksgericht verzeichnete dabei den größten jährlichen Anstieg jeder Art von Klage (Wall Street Journal, 3. März 2009). Die Kanalisierung von Arbeitskonflikten in juristische Bahnen ist Teil der Strategie der chinesischen Regierung, die die Marktwirtschaft steuern will. Die Regierungsausübung auf Grundlage von Gesetzen soll die Legitimation des Regimes der Kommunistischen Partei auf eine neue Basis stellen, eines Regimes, das nach dem Bankrott der offiziellen kommunistischen Ideologie, die im Widerspruch steht zur von der Partei verfolgten Reformagenda, entschlossen an der Ein-Parteien-Herrschaft festhält. In den Augen der internationalen Gemeinschaft mag sich – angesichts der sich außerhalb Chinas über die letzten Jahrzehnte rasch entwickelnden Globalisierung von Rechtsnormen und -bräuchen – die praktische Notwendigkeit und legitimierende Funktion einer Gesetzesreform in China verstärkt haben. Aber die Gesetzesreform stößt sich mit einer anderen Strategie des chinesischen Staats, der dezentralisierten Akkumulation, die auch die Dezentralisierung der Fiskalpolitik und der sozialstaatlichen Zuständigkeit mit sich bringt. In Folge dessen ergeben sich Probleme bei der lokalen Durchsetzung der Gesetze. Die meisten lokalen Funktionäre genießen in ökonomischen Fragen uneingeschränkte Macht und profitieren persönlich und als Gruppe, wenn sie für Investitionen und wirtschaftliches Wachstum sorgen. Ihr vordergründiges Interesse besteht in der Akkumulation, und sie halten den Schutz der ArbeiterInnen und sozialstaatliche Reformen für kostenträchtige Maßgaben, die ihnen von der Zentrale aufgezwungen werden. Die schwache Durchsetzung der Gesetze hängt darüber hinaus mit dem Mangel an institutioneller Unabhängigkeit der Gerichte gegenüber den lokalen Regierungsbehörden zusammen.

Trotz all der Schwächen sehen sich betroffene ArbeiterInnen aus mehreren Gründen veranlasst, die Gerichte anzurufen. Erstens reichen BürgerInnen Klagen ein, obwohl die dezentralisierten Gerichte nur in wenigen Fällen gerechte Urteile fällen, weil sie – wie in vielen anderen Ländern – keine Alternative sehen. Zweitens ist der juristische Berufsstand in den letzten dreißig Jahren schnell gewachsen, und die Anwälte haben eigene finanzielle Interessen entwickelt. Das hat BürgerInnen darin bestärkt, in Arbeitskonflikten den juristischen Weg einzuschlagen. In der Mao-Ära wurden Anwälte als Rechtsabweichler denunziert, und am Anfang der Reformphase gab es gerade mal 3.000. Aber die chinesische Anwaltschaft hat sich seitdem vom Staat gelöst, und die Zahl der Anwälte ist in den letzten beiden Jahrzehnten sprunghaft gestiegen. Heute ist die Anwaltschaft ein fast vollständig privater Berufsstand mit 150.000 Anwälten. Dazu kommen weitere 100.000 „Barfuß-Anwälte“, die ohne formale Zulassung die wirtschaftlich Schwachen unterstützen. Weniger wettbewerbsfähige, junge und frischgebackene Anwälte ohne Kundenstamm sowie „Barfuß“-Anwälte ohne offizielle Registrierung erschließen sich den Markt arbeitsrechtlicher Fälle deshalb, weil diese von großen Firmen und etablierteren Anwälten gemieden werden, die sich auf lukrative wirtschafts- und kriminalrechtliche Fälle konzentrieren. Schließlich trägt auch der kleine aber wachsende Sektor von Arbeits-NGOs zur Verbreitung der Rechtskultur bei. Unter dem Einfluss transnationaler

Interessengruppen haben chinesische Arbeits-NGOs sich denen in anderen Ländern angepasst und bieten nun Rechtsberatungen, Hotlines und Seminare zum Arbeitsrecht an. Dieses Angebot wird von internationalen Sponsoren und Unterstützern oft zur Bedingung für die Gewährung von Fördermitteln gemacht. Gemäß der Vorgaben für international geförderte Projekte müssen diese Organisationen oft jährliche Quoten von Arbeitsgerichtsfällen erfüllen, in denen sie juristischen Beistand leisten. Sie wählen in der Regel Fälle mit „paradigmatischer" Bedeutung und Vorzeigeeffekten, entweder für das Gericht oder für die ArbeiterInnen. Medienberichte über erfolgreiche Gerichtsverfahren können soziale Auswirkungen haben, die umfangreicher sind, als die Größe des NGO-Sektors erwarten lässt (Lee/Shen 2008).

Kann rechtliche *Ermächtigung* (in Form staatlicher Kanalisierung und Förderung der Schlichtung von Arbeitskonflikten und arbeitsrechtlicher Gerichtsverfahren) zur Verbesserung der Arbeitsbedingungen und Arbeiterrechte beitragen, trotz der fortgesetzten *Entmachtung* am Arbeitsplatz? Die Antwort auf diese Frage hängt zum Teil davon ab, ob die Unabhängigkeit der Justiz erreicht werden kann und wie die schädlichen Auswirkungen der unerbittlichen Informalisierung der Wirtschaft und Beschäftigung, in China wie im Rest der Welt, durch Gesetze und durch Massenbewegungen begrenzt werden können. Viel Hoffnung liegt auf dem Arbeitsvertragsgesetz, das als unterster Standard zum Schutz der ArbeiterInnen wirken soll, die der weltweiten Suche des Kapitals nach „flexiblen" Arbeitskräften ausgeliefert sind.[7] Der Ausgang ist ungewiss, aber die Gesetzgebung ist zu einem Schlüsselterrain der Arbeiterpolitik geworden.[8]

Aus dem Englischen von Ralf Ruckus

Endnoten

1 Anm. d. Übers.: *xiangzhen qiye: township and village enterprises*; siehe: http://en.wikipedia.org/wiki/Township_and_Village_Enterprises

2 Zu den verschiedenen Arten von „arbeitslosen" ArbeiterInnen siehe Solinger (2001).

3 Siehe verschiedene Beiträge in Laodong Zhengyi Chuli Yu Yanjiu (1995–97) und Ministry of Labor and Social Security (1995–2001).

4 Anm. d. Übers.: ACFTU: All China Federation of Trade Unions, Gesamtchinesischer Gewerkschaftsbund.

5 Anm. d. Übers.: Die drei Fronten sind die Küste, das Zentrum und der Westen. Der Dritte-Front-Aufbau von industriell-militärischen Einrichtungen und Infrastruktur fand insbesondere im Westen statt.

6 David Strand (1990) verfolgt die Spuren einer Tradition öffentlicher Kritik bis in die Zeit nach der Taiping-Rebellion im 19. Jahrhundert.
7 Für eine erste Einschätzung siehe Harper-Ho (2009).
8 Zur weiteren Lektüre empfiehlt die Autorin Hurst (2009), Zheng (2009), Yan (2008), Hanser (2008) Lee (2007a).

Literatur

Becker, Jasper (2002): „Workers in a State of Disunion". *South China Morning Post*, 23. März 2002.

Buck, Daniel (2007): „The Subsumption of Space and the Spatiality of Subsumption: Primitive Accumulation and the Transition to Capitalism in Shanghai, China". *Antipode* 39(4): 757–74.

Cai, Yongshun (2002): „The Resistance of Chinese Laid-off Workers in the Reform Period". *The China Quarterly* 170: 327–44.

Chan, Anita (2001): *China's Workers Under Assault: The Exploitation of Labor in a Globalizing Economy*. Armonk.

Chan, Anita (1998): „Labor Relations in Foreign-funded Ventures, Chinese Trade Unions and the Prospects for Collective Bargaining". In: O'Leary, Greg, Hg. (1998): *Adjusting to Capitalism*. Armonk: 122–49

Chang Kai (2001): „China's Entry into WTO and Legislation on Labor Standards". *Hong Kong Journal of Social Sciences* 21: 41–65.

Chen Feng (2000): „Subsistence Crisis, Managerial Corruption and Labor Protests in China". *The China Journal* 44: 41–63.

Chiang Chen-chang (1990): „The Role of the Trade Unions in Mainland China". *Issues and Studies* 26: 92–3.

China Labour Bulletin (2009): „Government proposals to speed up labour dispute arbitration lack clout". 12. Januar 2009 (http://www.clb.org.hk/en/node/100366, aufgerufen am 10. April 2009).

China Labor Education and Information Center (1996): *The Flip-Side of Success: The Situation of Workers and Organizing in Foreign-invested Electronics Enterprises in Guangdong*. Hongkong.

Department of Population and Employment Statistics, Department of Planning and Finance, Ministry of Labor and Social Security (1997): *China Labor Statistical Yearbook 1997*. Beijing.

Eckholm, Erik (2002): „Leaner Factories, Fewer Workers Bring More Labor Unrest to China“. *The New York Times*, 19. März 2002.

Fan, Maureen (2009): „China Outlines Principles for Halting Unrest in Downturn“. *The Washington Post*, 3. Februar 2009.

Feng Tongqing (1996): „Workers and Trade Unions Under the Market Economy: Perspectives From Grassroots Union Cadres“. *Chinese Sociology and Anthropology* 28.3.

Giles, John/Park, Albert/Zhang, Juwei (2005): „What's China's True Unemployment Rate?“. *China Economic Review* 16(2): 149–70.

Hanser, Amy (2008): *Service Encounters: Class, Gender and the Market for Social Distinction in Urban China*. Stanford.

Harper-Ho, Virginia (2009): „From Contract to Compliance? An Early Look at Implementation Under China's New Labor Legislation“. *Columbia Journal of Asian Law* 23,1: 35-108.

Harper-Ho, Virgina (2001): „Labor Dispute Resolution in China: Implications for Labor Rights and Legal Reform.“ J.D. Thesis, Harvard Law School.

Heilmann, Sebastian (1993): „The Social Context of Mobilization in China: Factions, Work Units, and Activists During the 1976 April Fifth Movement“. *China Information* 8: 1–19.

Hoffmann, Charles (1974): *The Chinese Worker*. Albany.

Hurst, William (2009): *The Chinese Worker After Socialism*. Cambridge.

Hurst, William/O'Brien, Kevin J. (2002): „China's Contentious Pensioners“. *The China Quarterly* 170: 345–60.

Laodong Zhengyi Chuli Yu Yanjiu *(1995–97)*. (Arbeitskonflikte: Handhabung und Forschung) Beijing.

Lee, Ching Kwan (2007a): *Against the Law: Labor Protests in China's Rustbelt and Sunbelt*. Berkeley.

Lee, Ching Kwan (2007b): „Is Labor a Political Force in China?“ In: Perry, Elizabeth/Goldman, Merle, Hg. (2007): *Grassroots Political Reform in China*. Cambridge.

Lee, Ching Kwan (2000): „The Revenge of History: Collective Memories and Labor Protests in Northeastern China“. *Ethnography* 1(2): 217–37.

Lee, Ching Kwan (1999): „From Organized Dependence to Disorganized Despotism: Changing Labor Regime in Chinese Factories“. *The China Quarterly* 157: 44–71.

Lee, Ching Kwan/Shen Yuan (2008): „Anti-Solidarity Machine: Labor NGOs in China“. Cornell-ILR-Konferenz zu Arbeitsbeziehungen in China (26. bis 28. September 2008).

Leung Wing-yue (1998): „Labor Fights for Its Rights“. *China Perspectives* 19.

LEUNG WING-YUE (1988): *Smashing the Iron Rice Pot: Workers and Unions in China's Market Socialism*. Hongkong.

LIN ZHENGONG/CHEN YULIN (1993): „Sanziqiye gongren daigongbagong de tedian he duize" (Merkmale und Handhabung von Bummelstreiks und Streiks von ArbeiterInnen in ausländischen Unternehmen). In: *Zhongguo Laodong Kexue* (Chinese Labor Science): 33–35.

LIU, ALAN (1996): *Mass Politics in the People's Republic*. Boulder.

LU PING (1990): *A Moment of Truth: Workers' Participation in China's 1989 Democracy Movement and the Emergence of Independent Unions*. Hongkong.

MING PAO CHINA TEAM (2002): „Signs of Emerging Independent Trade Unions". *Ming Pao, 28. März 2002.*

MINISTRY OF LABOR AND SOCIAL SECURITY (1995–2001): *Chinese Labor and Social Security Yearbook* (Jahrbuch zu Arbeit und sozialer Sicherheit in China). Beijing.

NAUGHTON, BARRY (2007): *The Chinese Economy: Transition and Growth*. Cambridge.

PEI MINXIN (2002): „China's Governance Crisis". *Foreign Affairs*.

PAN, PHILIP P. (2002): „China's Seething Workers: Oil Industry Lay-offs Spark Widespread Demonstrations". *The Washington Post*, 24. April 2002.

PERRY, ELIZABETH J. (2002): *Challenging the Mandate of Heaven*. Armonk.

PERRY, ELIZABETH J. (1996): „Labor's Love Lost: Worker Militancy in Communist China". *International Labor and Working-Class History* 50: 64–76

PERRY, ELIZABETH J. (1995): „Labor's Battle for Political Space: the Role of Worker Associations in Contemporary China". In: Davis, Deborah, *et al.*, Hg. (1995): *Urban Spaces in Contemporary China*. Cambridge.

PERRY, ELIZABETH J. (1994a): „Shanghai's Strike Wave of 1957". *The China Quarterly* 137: 1–27.

PERRY, ELIZABETH J. (1994b): „Casting a Chinese 'Democracy' Movement: The Role of Students, Workers, and Entrepreneurs". In: Wasserstrom, Jeffrey N./Perry, Elizabeth J., Hg. 8 (1994): *Popular Protest and Political Culture in Modern China (second edition)*. Boulder: 74–92.

PERRY, ELIZABETH J./LI XUN (1997): *Proletarian Power: Shanghai in the Cultural Revolution*. Boulder.

POMFRET, JOHN (2002): „With Carrots and Sticks, China Quiets Protesters". *The Washington Post*, 22. März 2002.

Shi Meixia *et al.* (2000): „Causes and Policies Regarding Spontaneous Incidents in Labor Relations“. In: Labor Science Institute of the Labor and Social Security Bureau, Hg. (2000): *Report of Chinese Labor Science Studies 1997–1999*, Beijing: 166–216.

Solinger, Dorothy (2001): „Why We Cannot Count the ‘Unemployed’“. *The China Quarterly* 167: 671–88.

Solinger, Dorothy (1995): „The Chinese Work Unit and Transient Labor in the Transition from Socialism“. *Modern China* 21, April 1995: 155–83.

State Statistical Bureau (1998): *A Statistical Survey of China 1998*. Beijing.

Strand, David (1990): „Protest in Beijing: Civil Society and Public Sphere in China“. *Problems of Communism*: 1–19.

Unger, Jonathan, Hg. (1991): *The Pro-Democracy Protests in China: Reports from the Provinces*. Armonk.

Walder, Andrew G. (1996): „The Chinese Cultural Revolution in the Factories: Party-State Structures and Patterns of Conflict“. In: Perry, Elizabeth J., Hg. (1996): *Putting Class in Its Place: Worker Identities in East Asia*. Berkeley: 167–98.

Walder, Andrew G. (1992): „Urban Industrial Workers: Some Observations on the 1980s“. In: Rosenbaum, Arthur Lewis, Hg. (1992): *State and Society in China: The Consequences of Reform*. Boulder: 103–20.

Walder, Andrew G. (1986): *Communist Neo-traditionalism*. Berkeley.

Wang Fei ling (1998): „Floaters, Moonlighters, and the Underemployed: A National Labor Market With Chinese Characteristics“. *Journal of Contemporary China* 7 (19): 459–75.

Wang Shaoguang (1992): „Deng Xiaoping's Reform and the Chinese Workers. Participation in the Protest Movement of 1989“. *Research in Political Economy* 13: 163–97.

Wilson, Jeanne L. (1990): „The Polish Lesson“: China and Poland, 1980–90. *Studies in Comparative Communism*, 23.

Wong, Edward (2008): „Factories Shut, China Workers Are Suffering“. *The New York Times*, 13. November 2008.

Wu Renhong (1998): „China's Macroeconomy: Review and Perspective“. *Journal of Contemporary China* 7 (19): 443–58.

Xinhua (2009): „Economists: rising unemployment becomes China's top challenge“. *Xinhua*, 7. Februar 2009 (http://news.xinhuanet.com/english/2009-02/07/content_10778188.htm).

Yan Hairong (2008): *New Masters, New Servants: Migration, Development and Women Workers in China*. Durham.

Zheng Tiantian (2009): *Red Lights: the Lives of Sex Workers in Postsocialist China*. Minneapolis.

FreundInnen von gongchao

„Sie haben das selbst organisiert“[1] – Die Streikwelle von Mai bis Juli 2010 in China

Zwischen Mai und Juli 2010 rollte eine Streikwelle durch die Fabriken ausländischer Automobilhersteller und anderer Unternehmen in China. Ausgangspunkt war der Streik im Getriebewerk von Honda in Foshan (Guangdong). Er stoppte die gesamte Autoproduktion von Honda und führte zu deutlichen Lohnerhöhungen. Von diesem Erfolg inspiriert, traten weitere Honda-Belegschaften in den Streik, gefolgt von ArbeiterInnen in anderen Unternehmen und Sektoren. Es ging ihnen nicht nur um Löhne und Arbeitsbedingungen. Immer wieder forderten sie auch das Recht, ihre eigenen VertreterInnen wählen zu dürfen. Die Regierung reagierte vorsichtig. Erst erlaubte sie den chinesischen Medien, über die Streiks zu berichten, aber als sie sich ausbreiteten fürchtete sie eine soziale Destabilisierung und verbot die Berichterstattung wieder. In ausländischen Medien wurde vor allem die zunehmende Verhandlungsmacht der chinesischen ArbeiterInnen diskutiert, die möglicherweise das Ende des Billiglohnmodells in China einläuten.

In diesem Beitrag zeichnen wir zunächst den Ablauf der Streiks bei Honda und anderswo nach. Anschließend diskutieren wir, welche besonderen Bedingungen die Streikwelle bestimmt haben, gefolgt von einer Darstellung wichtiger Hintergründe: die Lohnfrage, die Arbeitskräfteknappheit, der Generationenwechsel und die Rolle der Gewerkschaften. Am Schluss stellen wir Fragen zur weiteren Entwicklung.[2]

Arbeiterunruhen

Der Streik im Getriebewerk von Honda

Es geht um unsere Würde. Was sie uns anbieten, reicht nicht zum Leben.

ARBEITER VON HONDA, Mai 2010

Am 17. Mai 2010 traten einige Dutzend ArbeiterInnen der *Honda Auto Parts Manufacturing*, dem Getriebewerk von Honda in Foshan in den Streik. Die Fabrik war erst 2007 eröffnet worden und stellt mit fast 2.000 Beschäftigten Getriebe für alle vier Honda-Montagewerke in China her. Die meisten Beschäftigten sind WanderarbeiterInnen, der größte Teil ist männlich. Die Festangestellten sind qualifiziert und bekamen im Schnitt mit Zulagen auf 1.200 Yuan Lohn, einige auf bis zu 1.500 Yuan, je nach Ausbildung und Betriebszugehörigkeit. Über ein Drittel der Belegschaft sind PraktikantInnen von Berufsschulen. Sie sind unter 20 Jahre alt und verbringen das dritte und letzte Jahr ihrer Ausbildung zu technischen Berufen an den Bändern von Honda – eine unqualifizierte Arbeit, bei der sie ihre erlernten Fähigkeiten nicht einsetzen können. Inklusive Zulagen verdienten sie gerade mal den örtlichen Mindestlohn von 920 Yuan, und sie sind nicht sozialversichert.

Auslöser des Streiks waren die niedrigen Löhne der BandarbeiterInnen. Einige hatten schon vorher über interne Kanäle ihre Forderungen nach mehr Lohn beim Management vorgebracht, was aber ignoriert wurde. Zwei Arbeiter aus Hunan, der monotonen Arbeit und niedrigen Löhne überdrüssig, hatten dann den Streik wochenlang vorbereitet und etwa 20 ArbeiterInnen gefunden, die sie unterstützten.[3] Als am Morgen des 17. Mai das Band in der Montageabteilung des Getriebewerks anlief, brüllte einer der beiden: „Der Lohn ist so niedrig. Hört auf zu arbeiten!" 50 ArbeiterInnen folgten seinem Aufruf und liefen durch die anderen vier Abteilungen des Werkes, wo sich aber nur wenige ArbeiterInnen anschlossen. Die Streikenden setzten sich vor den Werkhallen auf ein Basketball-Feld, eine stille Sitz-Demonstration. Über SMS machte die Neuigkeit im ganzen Werk die Runde, und vor allem PraktikantInnen kamen und schlossen sich dem Streik an. Nach kurzer Zeit standen wegen der lückenhaften Besetzung alle Bänder still. Die Mehrheit der Belegschaft hatte bis dahin gar nicht am Streik teil genommen, wurde aber aufgrund der Produktionsorganisation mit in den Ausstand hineingezogen. Der Firmenchef forderte die ArbeiterInnen über Lautsprecher auf, an die Arbeitsplätze zurückzukehren. Draußen vor dem Tor zogen Einheiten der Aufstandsbekämpfungspolizei auf. Als die etwa 100 Streikenden am Mittag in die Kantine gingen, hatte die Firmenleitung bereits sechs weiße Tafeln aufgestellt, auf die die ArbeiterInnen ihre Vorschläge schreiben sollten. Nach kurzer Zeit waren die Tafeln komplett vollgekritzelt. Die Unternehmensleitung versprach, innerhalb einer Woche eine Lösung zu finden, und die Streikenden nahmen am Nachmittag zögernd die Arbeit wieder auf.

In den folgenden Tagen gab es Verhandlungen zwischen der Betriebsleitung und ArbeitervertreterInnen, die in den fünf Abteilungen aus den Reihen der BandarbeiterInnen und Gruppenleiter gewählt worden waren. Vertreter der Betriebsgewerkschaft waren ebenfalls anwesend. In dieser Zeit wurde an den Bändern gearbeitet, aber in manchen Abteilungen sank die Produktion um 50 Prozent. Die ArbeiterInnen verlangten dieselben Löhne, die die ArbeiterInnen in anderen Honda-Werken in China bekommen (etwa 2.000 bis 2.500 Yuan). Sie beschwerten sich auch darüber, dass aus Japan geschickte japanische Arbeiter das 50-fache ihres Lohnes verdienen. Die staatliche Gewerkschaft im Betrieb erkannten sie nicht als Vertretung an. Sie organisierten sich unabhängig und entschieden gemeinsam und nach Konsens-Prinzip. Honda wollte mit PraktikantInnen und Festangestellten gesondert verhandeln, aber die ArbeiterInnen wandten sich dagegen und verlangten dieselbe Lohnsteigerung für beide Gruppen. Honda bot zunächst 55 Yuan Lohnerhöhung für alle an, was die ArbeiterInnen ablehnten.

Als am 21. Mai Gerüchte die Runde machten, Honda wolle die Löhne nicht erhöhen und versuche, neue Leute anzuwerben, beschlossen die ArbeiterInnen, wieder in den Streik zu treten. Am 22.5. legten 300 ArbeiterInnen die Arbeit nieder und der Basketballplatz war überfüllt. Mittags wurden die beidenArbeiter aus Hunan entlassen, die den Streik angezettelt hatten. Als dies über die Lautsprecheranlage bekannt gegeben wurde, schloss sich ein Großteil der bisher passiven ArbeiterInnen dem Streik an. Viele von ihnen trugen von da an weiße Masken, um nicht erkannt zu werden.

Die Produktion in den vier Montagewerken Hondas in Guangzhou (Guangdong) und Wuhan (Hubei) stand nun still. Zu diesem Zeitpunkt verkündete Honda noch, dass spätere Sonderschichten und Überstunden Produktionsausfälle wettmachen würden. Doch die Zeit spielte den ArbeiterInnen in die Hände. Der Streik soll Honda täglich 30 Millionen Euro gekostet haben.[4] Am 24. Mail bot Honda eine Lohnerhöhung von 120 bis 155 Yuan an, was die ArbeiterInnen zurückwiesen. Auch Angebote zur Erhöhung der Sonderleistungen lehnten sie ab, weil diese jederzeit zurückgenommen werden können. Am 26. Mai lehnten die ArbeiterInnen ein weiteres Angebot der Firma ab, das diese über die Lautsprecheranlage im Werk machte: 355 Yuan mehr für Festangestellte und 477 Yuan mehr für PraktikantInnen. Mittlerweile waren die Streikenden auch wütend auf die Betriebsgewerkschaft, die sich an die Seite des Managements stellte. Am 27. Mai forderten die ArbeiterInnen, alle (Festangestellte und PraktikantInnen) sollten 800 Yuan mehr bekommen, dazu für jedes Jahr Betriebszugehörigkeit 100 Yuan mehr im Monat und garantierte Lohnsteigerungen von 15 Prozent im Jahr. Außerdem wollten sie in Zukunft ihre Gewerkschaftsvertreter selbst wählen.

Honda übte nun mehr Druck auf die PraktikantInnen aus. Diese gehörten zu den Entschlossensten im Streik. Vertreter der örtlichen Behörden und Berufsschullehrer kamen nach Foshan, um die PraktikantInnen zu bedrängen, und ihnen wurde angedroht, dass sie ihren Abschluss nicht machen könnten, wenn sie nicht an die Arbeit zurückkehrten. Sie sollten Mini-Verträge unterschreiben, in denen sie versichern, „Chinas Arbeitsgesetze einzuhalten“ und jedem Streik fernzubleiben. Der Boden im Wohnheim der PraktikantInnen war übersät mit den zerrissenen Verträgen.

Honda bot nun 24 Prozent Lohnerhöhung an. Die ArbeiterInnen waren unentschlossen. Bis zum 30. Mai hatten die meisten das Angebot akzeptiert, aber es gab immer noch Gruppen von ArbeiterInnen, die sich weigerten. Am 31. Mai griffen über 100 Vertreter der örtlichen Gewerkschaftssektion einige Dutzend Streikende an und versuchten, sie zu filmen und in die Werkhalle zu drängen. Polizei und Journalisten schauten zu. Streikende versuchten, die Kamera zu erwischen, wurden aber an den Haaren gezogen und umgestoßen. Sie hatten die Gewerkschaftsvertreter nach eigenen Angaben noch nie gesehen.

Am 1. Juni kam die Wende. Mit Zeng Qinghong erschien der Vorstandsvorsitzende der Guangzhou Automobile Industry Group (GAIG), des Mitbetreibers zweier Honda-Montagewerke, im Getriebewerk. Zeng erklärte aber, als Delegierter des Nationalen Volkskongresses gekommen zu sein. Er setzte das Management und die Betriebsgewerkschaft unter Druck und drängte die ArbeiterInnen an den Verhandlungstisch. Ein neu gewähltes Vertretungskomitee einigte sich dann mit der Geschäftsleitung (in Anwesenheit von Zeng, Gewerkschaftsfunktionären und Chang Kai, Professor für Industrielle Beziehungen aus Beijing). Die Arbeit wurde wieder aufgenommen, aber die ArbeiterInnen bestanden darauf, dass auf Abteilungsversammlungen über das Ergebnis abgestimmt wird.

Die örtliche Gewerkschaft „entschuldigte“ sich in einem offenen Brief für den Angriff auf die Streikenden, spielte ihre Verantwortung herunter und sprach von Missverständnissen – Ausdruck des Drucks, der auf der Gewerkschaft nach dem Angriff lastete. Das Vertretungskomitee der ArbeiterInnen betonte in einer öffentlichen Stellungnahme, dass der Streik von den ArbeiterInnen und nicht von der Gewerkschaft geführt worden war und die Betriebsgewerkschaftsvertretung von den ArbeiterInnen direkt gewählt werden sollte.

Am 4. Juni nahmen die Versammlungen der ArbeiterInnen das Verhandlungsergebnis an, und die Auseinandersetzung war beendet. Die ArbeiterInnen hatten 500 Yuan mehr für alle und weitere Zulagen durchgesetzt (etwa 33 Prozent Lohnerhöhung). Zudem sollte es keine Entlassungen am Streik Beteiligter geben. Die Frage der direkten Wahl der Gewerkschaftsvertreter durch die ArbeiterInnen wurde nicht geklärt, aber der staatliche Gewerkschaftsverband ACFTU (Gesamtchinesischer Gewerkschaftsbund) in Guangdong kündigte später an, dass die Betriebsgewerkschaften reformiert und die Gewerkschaftsvertreter in Zukunft von den Beschäftigten demokratisch gewählt werden.

Honda in China

2009 ist der Automarkt in China im Vergleich zum Vorjahr um 40 Prozent gewachsen und mit 13 Millionen verkauften Einheiten zum größten der Welt geworden (vor den USA). Die chinesische Regierung hat die Automobilindustrie massiv unterstützt, zuletzt auch durch ein Stimulus-Paket gegen die Krisenauswirkungen. Jetzt drohen Überkapazitäten, und die Verkaufszahlen sind im Mai und Juni 2010 bereits zurückgegangen. Die Automobilindustrie plant, die Kapazitäten bis 2015 auf über 32 Millionen auszubauen, während gleichzeitig mit Verkäufen von 22 Millionen gerechnet wird. Honda, Japans zweitgrößter Automobilhersteller, hatte erst kurz vor dem Streik die Ausweitung seiner Produktion in China verkündet, von 650.000 Einheiten in diesem Jahr auf 830.000 im Jahr 2012.

Seit 1992 produziert Honda in China und macht dort mittlerweile 17 Prozent seines Umsatzes. Nach den Verkaufszahlen steht Honda in China nur auf Rang 5. Honda arbeitet in vorgeschriebenen 50/50-Joint Ventures mit staatlichen chinesischen Unternehmen zusammen und produziert Motorräder, Automobile sowie Einzelteile. Ein Großteil der Produktion findet in der Provinz Guangdong statt, weitere Anlagen befinden sich in Tianjin, Shanghai und der Provinz Hubei. Für Automobile hat Honda in China vier Montagewerke, die in erster Linie für den chinesischen Markt und in geringerem Maße für den Export produzieren. Die zwei Werke von Guangqi Honda Automobile Co. werden als Joint Venture mit der staatlichen Guangzhou Automobile Industry Group in Guangzhou (Huangpu und Zengcheng) betrieben, das Werk von Dongfeng Honda Automobile ist ein als Joint Venture mit dem staatlichen Unternehmen Dongfeng Motor in Wuhan (Hubei), und dazu kommt noch ein Werk der Honda Automobile (China) in Guangzhou.

Um die staatliche Auflage von 40 Prozent lokaler Beschaffung (in China) zu erfüllen, sorgte Honda dafür, dass seine wichtigsten Zulieferer in der Nähe der Honda-

Montagewerke eigene Produktionskapazitäten aufbauten. 65 Prozent aller Honda-Zulieferer in China sind japanische Unternehmen oder japanisch-chinesische Joint Ventures, 15 Prozent europäische oder amerikanische Firmen und 20 Prozent chinesische. Honda hat heute einen der höchsten Anteile lokaler Beschaffung, bei einigen Fahrzeugmodellen beträgt er bis zu 78 Prozent. Dazu gehören auch Motoren und Getriebe, die Honda von seinen eigenen Firmentöchtern in China kauft.

Honda und sein chinesischer Partner Guangzhou Automobile Industry Group (GAIG) erzielen in China im Vergleich zu anderen Herstellern den höchsten Gewinn pro Fahrzeug. Dabei profitieren sie vor allem von den Margen, die sie in der Beschaffung von Einzelteilen über ihre Zulieferkette einfahren. Nach Schätzungen entfallen bei Honda immerhin 80 Prozent der gesamten Produktionskosten auf die Einzelteilbeschaffung. Dazu gehören auch Motoren und Getriebe, die Honda von eigenen Firmentöchtern in China kauft.

Im Jahr 2005 wurde Honda Auto Parts Manufacturing in Foshan (Guangdong) gegründet. Das Unternehmen ist zu 100 Prozent in Honda-Besitz und eröffnete 2007 ein neues Werk im Stadtteil Shishan, der erst in den letzten Jahren zum Automobilcluster geworden ist. Dort werden Getriebe produziert, die vorher alle aus Japan importiert werden mussten. Heute kommen 80 Prozent der in China verbauten Getriebe aus dem Werk in Shishan, nur noch 20 Prozent werden aus Japan geliefert. Honda konnte durch das neue Getriebewerk in Foshan die Produktionskosten erheblich senken, weil die Kosten für lokal produzierte Getriebe 30 Prozent unter denen der importierten liegen und Getriebe zu den wertvollsten Autoteilen gehören (ILHO 2010).

Weitere Streiks in den Fabriken von Honda und anderen Automobilfirmen

Das hier hätte nicht passieren können, wenn wir nicht von den Sachen in Foshan gehört hätten. Wir sind ihnen gefolgt.

HONDA-ARBEITERIN in Zhongshan über den vorangegangenen Streik im Honda-Getriebewerk in Foshan, Juni 2010

Der Streik in Hondas Getriebewerk löste eine Welle weiterer Arbeiterproteste aus. Am 7. Juni traten ArbeiterInnen von *Foshan Fengfu Autoparts* in Foshan (Guangdong), einem japanisch-taiwanesischen Joint Venture, in den Streik. Dort produzieren 460 Beschäftigte unter anderem Auspuffanlagen und Bremsen für zwei Honda-Werke in Guangzhou. Sie waren während des Streiks im Getriebewerk gezwungen worden, erst Urlaub zu nehmen und später unbezahlte Überstunden zu leisten. 20 ArbeiterInnen begannen den Streik für Lohnerhöhungen und eine Verbesserung der Arbeitsbedingungen, insbesondere wegen Hitze und Dämpfen in den Werkshallen. Später beteiligten sich 250 ArbeiterInnen. Einige erzählten, sie seien von dem Streik im Getriebewerk inspiriert worden. Ihr Streik dauerte drei Tage und stoppte die Produktion in zwei der vier Montagewerke Hondas, die nach dem Ende des Streiks im Getriebewerk gerade erst wieder angefahren worden waren. Die ArbeiterInnen erreichten eine Lohnerhöhung von 1.200 auf 1.500 Yuan (25 Prozent), aber an der Hitze und den Dämpfen in den Werkshallen änderte sich nichts.

Am 9. Juni begann der Streik bei *Honda Lock* in Zhongshan (Guangdong). Die 1.700 ArbeiterInnen sind zur Hälfte Frauen, und die meisten haben eine geringe Schulbildung und arbeiten als Ungelernte. Sie stellen Spiegel, Schlösser und andere Autoteile für Honda-Montagewerke auf der ganzen Welt her. Auslöser des Streiks war, dass der Werkschutz einer Arbeiterin den Zutritt verweigerte, weil ihre Identitätskarte nicht ordnungsgemäß befestigt war, und sie zu Boden stieß, als sie protestierte. Andere ArbeiterInnen wurden vom Werkschutz geschlagen, als sie den Streik vorbereiteten. ArbeiterInnen erzählten, dass sie im Internet von dem Streik im Getriebewerk in Foshan und der Lohnerhöhung von 500 Yuan gelesen hätten und davon inspiriert worden waren. Bis zu 500 ArbeiterInnen beteiligten sich am Streik. Sie verlangten eine Lohnerhöhung von 800 Yuan, 89 Prozent mehr als die vorherigen 900 Yuan, die dem örtlichen Mindestlohn entsprechen. Die Betriebsleitung bot zunächst an, die während des Getriebewerk-Streiks angesammelten Ausfallzeiten zu vergüten, die vorher als unbezahlter Urlaub gelten sollten. Schon am ersten Streiktag bildeten die ArbeiterInnen ein Fabrikkomitee, das aus Abteilungsdelegierten bestand, die demokratisch gewählt wurden. Die Firma versuchte in der Nähe der Fabrik StreikbrecherInnen anzuheuern. Am 11. Juni wollten 500 Streikende auf der Straße demonstrieren, wurden aber von der Bereitschaftspolizei zwei Stunden lang eingekesselt. In den darauffolgenden Tagen hielten die ArbeiterInnen vor der Fabrik mehrere Versammlungen ab. Die Betriebsleitung bot zunächst nur Lohnerhöhungen um 100 Yuan an, gewährte den ArbeiterInnen aber schließlich 200 Yuan, also etwa 20 Prozent mehr, und 80 Yuan Zuschuss für die Unterkunft.

Weitere Streiks bei Honda-Töchtern und -Zulieferern schlossen sich an. Bei *Wuhan Auto Parts Alliance* in Wuhan (Hubei), die für Honda Karosserieteile herstellt, traten am 17. Juni 240 SchweißerInnen in den Streik und forderten eine Erhöhung der Löhne und Zulagen von insgesamt 800 Yuan im Monat. Ebenfalls am 17. Juni streikten 600 ArbeiterInnen bei *Nihon Plast* in Zhongshan (Guangdong) und forderten Lohnerhöhungen. Die Firma stellt Airbags und Lenkräder für Honda und Nissan her. Nach drei Tagen Streik bekamen sie 400 Yuan mehr. Am 18. Juni begann ein eintägiger Streik bei *Miyasaka Fuji* in Zhongshan (Guangdong). Die Firma liefert Kabel, Gummiteile und Schlösser an Honda. Die Betriebsleitung stimmte einer Lohnerhöhung von 600 Yuan auf 1.800 Yuan zu. Vom 22. bis 24. Juni wurde bei *NHK-UNI Spring* in Guangzhou (Guangdong) gestreikt. Die Firma gehört einer japanischen und einer taiwanesischen Firma und produziert unter anderem Federaufhängungen für Honda und Nissan. Die ArbeiterInnen verlangten die Erhöhung der Löhne von 1.200 Yuan auf 1.700 Yuan und Jahresprämien von 1.200 bis 6.800 Yuan. Zwei Montagewerke von Honda und eines von Nissan – alle in Guangzhou – mussten vorübergehend die Produktion einstellen. Nach einem Tag sicherte die Betriebsleitung die Lohnerhöhung zu. Am 7. und 8. Juli streikten dann einige Dutzend ArbeiterInnen im Montagewerk von *Honda Automobile Guangzhou* aus Protest gegen die Arbeitsbedingungen. 1.000 ArbeiterInnen bauen dort Autos für den Export nach Europa. Nach zwei Tagen einigten sich die Streikenden mit der Betriebsleitung. Am 12. Juli fand ein Ausstand bei *Atsumitec* in Foshan (Guangdong) statt. Die 200 ArbeiterInnen stellen Schaltknüppel für Honda in Guangzhou her. Beim Streik ging es um 60 Prozent Lohnerhöhung – bisher verdienen sie 900 Yuan – und bessere Bedingungen. 90 ArbeiterInnen begannen den Streik und sollten entlassen werden. Alle anderen ArbeiterInnen legten daraufhin ebenfalls die Arbeit nieder. Die Firma heuerte StreikbrecherInnen an, gewährte den ArbeiterInnen nach zehn Tagen aber eine Lohnerhöhung von etwa 50 Prozent. Am 21. Juli trat die Hälfte der etwa 500 ArbeiterInnen des japanischen Zulieferers *Omron* in Guangzhou in den Streik. Die Firma produziert Elektronikbauteile für Honda, Ford und BMW. Die ArbeiterInnen verdienten bisher 1.275 Yuan und forderten Lohnerhöhungen um 40 Prozent. Nach einem Tag Streik gab das Management nach und sicherte die Erhöhung zu.

Außer Honda waren noch andere Autohersteller von den Streiks betroffen. Bereits am 29. Mai streikten ArbeiterInnen einer Zulieferfirma des südkoreanischen Autoherstellers *Hyundai Motor* nahe Beijing. Die 1.000 ArbeiterInnen nahmen nach einigen Stunden die Arbeit wieder auf, weil die Betriebsleitung Lohnerhöhungen zusagte. Am 15. Juni begann ein Streik beim Toyota-Zulieferer *Tianjin Starlight Rubber and Plastic* in Tianjin, der zur Toyota-Tochter Toyoda Gosei gehört und Lenkräder herstellt. Der Streik dauerte zwei Tage. Die Produktion im Montagewerk von Toyota in Tianjin musste an allen drei Linien gestoppt werden. Die ArbeiterInnen forderten, dass die Löhne wieder an das Niveau von 2009 angepasst werden. Damals hatten sie doppelt so viel verdient, aber Anfang 2010 waren die Löhne gesenkt worden. Die Firma versprach, die Lohnstruktur seiner 800 Beschäftigten zu überdenken. Am 21. Juni folgte der Streik bei *Denso* in Guangzhou. Denso gehört einer Toyota-Tochter, beschäftigt 1.200 ArbeiterInnen und produziert elektronische Komponenten, Benzineinspritzer und andere Autoteile für Toyota, Honda und Volkswagen. Der Streik wurde von der Hälfte der ArbeiterInnen getragen und zwang Toyota, die Produktion im Montagewerk in Guangzhou einzustellen. Die ArbeiterInnen forderten 800 Yuan mehr Lohn, das Recht, eine unabhängige Gewerkschaftsvertretung zu wählen und Straffreiheit nach dem Streik. Bis dahin hatten sie zwischen 1.100 und 1.300 Yuan verdient. Die Betriebsleitung gab nach und sicherte die Lohnerhöhungen zu. Am 29. Juni begann ein Streik bei *Mitsumi Electric*, Tianjin, – im selben Industriegebiet angesiedelt wie vorher bestreikte Honda- und Toyota-Zulieferer. Die japanische Firma, die Toyoda Gosei und Mitsumi gehört, produziert Autotüren und Plastikdichtungen. Die 2.800 Beschäftigten, vor allem Frauen, verdienten etwa 1.500 Yuan für sechs Tage die Woche Arbeit in 10 Stunden-Schichten. Sie streikten für höhere Löhne und bessere Arbeitsbedingungen. Das Management gab den Forderungen am 3. Juli nach.

Streiks in anderen Sektoren

Macht liegt in Einigkeit und Hoffnung liegt im Widerstand

ARBEITERINNEN einer Gummifabrik im Streik, Juni 2010

Die Streiks setzten sich in anderen Sektoren fort, insbesondere in der Elektronikindustrie. Unter anderem gab es Arbeitsniederlegungen bei *Merry Electronics*, Shenzhen (Guangdong), für Lohnerhöhungen, ausgelöst durch Nachrichten über die Selbstmorde bei Foxconn (siehe unten), bei *Flextronics*, Zhuhai (Guangdong), wo die ArbeiterInnen die gleiche Lohnerhöhung wie bei Foxconn verlangten, und bei *TPO Displays*, Shanghai, gegen die angeblich geplante Verlagerung nach Nanjing.

Weitere Berichte über Streiks kamen aus einer Gummifabrik in Kunshan (Jiangsu), gegen unbezahlte Überstunden und für bessere Bedingungen; einer Nähmaschinenfabrik in Xi'an (Shanxi), für höhere Löhne und bessere Arbeitsbedingungen; einer staatlichen Textilfabrik in Suizhou (Hubei) gegen die Privatisierung; einer taiwanesischen Sportartikelfirma in Jiujiang (Jiangxi) gegen die miese Behandlung einer Arbeiterin; hier wurde die Fabrik beschädigt und die Polizei eingesetzt; einer Getriebefabrik in Chongqing, nachdem mehrere ArbeiterInnen wegen totaler Erschöpfung nach extrem langen Arbeitszeiten gestorben waren; einer Möbelfabrik in Dongguan (Guangdong), gegen Arbeitsstress und niedrige Bezahlung; einer Textilfaserfabrik in Lanzhou (Gansu), gegen niedrige Löhne; einer staatlichen pharmazeutischen Fabrik in Datong (Shanxi), mit Sit-in von 10.000 ehemaligen ArbeiterInnen, die nach dem Bankrott der Firma entlassen worden waren; einer vormals staatlichen und 2006 privatisierten Baumwollspinnerei in Pingdingshan (Henan), für Lohnerhöhungen und Teilhabe an den Gewinnen aus dem Verkauf der Firma, mit Einsatz der Polizei gegen die Streikenden; und einer Fabrik für Klimaanlagen und Lüftungssysteme Zhongshan (Guangdong). Da viele Streiks gar nicht publik werden, wird das tatsächliche Ausmaß der Streikwelle wesentlich größer sein.

Der Fall Foxconn

Das ist kein sweatshop, *die haben Restaurants und Schwimmbäder.*

STEVE JOBS, Chef des IT-Herstellers Apple,
über die Fabrikstadt seines Auftragsfertigers Foxconn in Shenzhen

Noch vor der Streikwelle ab Mai begann die Auseinandersetzung um die Bedingungen beim taiwanesischen Auftragsfertiger Foxconn in Shenzhen (Guangdong). Foxconn hat in China 800.000 Beschäftigte an mehr als 20 Standorten, davon 430.000 im stadtartigen Fabrikkomplex in Shenzhen. Die Arbeitsbedingungen sind hart, die Löhne niedrig, und die Firma übt ein militärisches Fabrikregime aus.[5] Nachdem in Shenzhen allein 2010 mehr als zehn Foxconn-ArbeiterInnen Selbstmord begangen hatten, indem sie von Fabrikgebäuden in den Tod sprangen, begannen ArbeitsaktivistInnen in China, Hongkong, Taiwan und anderen Ländern eine Kampagne gegen die schlechten Arbeitsbedingungen. Chinesische wie ausländische Medien griffen die Selbstmorde und die Kampagne auf und berichteten ausführlich. Da Foxconn für viele bekannte IT-Hersteller produziert, unter anderem für Dell, Hewlett Packard und Apple, stand das Unternehmen stark unter Druck. Apple hatte gerade einige neue Produkte auf den Markt gebracht und konnte keine schlechte Publicity gebrauchen. Foxconns taiwanesische Muttergesellschaft *Hai Hon* wies die

Verantwortung erst von sich, sprach von psychologischen Problemen der betroffenen ArbeiterInnen, ließ ihre Beschäftigten Abmachungen unterschreiben, dass sie sich nicht umbringen dürfen, und installierte Fangnetze für herunterspringende ArbeiterInnen an den Fabrik- und Wohnheimgebäuden. Anfang Juni verkündete Foxconn dann innerhalb weniger Tage zwei Lohnerhöhungen. Zunächst sollten sie um 30 Prozent steigen. Ab Oktober ist dann ein Monatslohn von insgesamt 2.000 Yuan vorgesehen – mehr als das Doppelte des heutigen Lohns von 900 Yuan, der sich am örtlichen Mindestlohn orientiert.

Die Lohnerhöhungen bei Foxconn waren nicht nur durch die Selbstmorde und die anschließende Medienberichterstattung motiviert, sie haben die Erhöhungen aber beschleunigt. Foxconn leidet – wie viele andere Unternehmen im Perlfluss-Delta auch – unter Arbeitskräftemangel. Da die Fluktuation bei fünf Prozent monatlich liegt, müssen in Shenzhen jeden Monat 20.000 neue ArbeiterInnen eingestellt werden, die sich aber kaum mehr finden lassen. Die drastischen Lohnerhöhungen sollen hier helfen. Die Lohnkosten werden durch die Erhöhung steigen, allerdings hofft Foxconn auch auf Einsparungen aufgrund der erwarteten geringeren Fluktuation. Mit weiteren Maßnahmen will Foxconn Probleme und Kosten auslagern. Das Fabrikstadt-Konzept soll überprüft werden, insbesondere ob den ArbeiterInnen weiterhin Essen und Unterkunft zur Verfügung gestellt werden soll. Die Verwaltung einiger Wohnheime soll lokalen Behörden übertragen werden. Weiter ist geplant, die höheren Arbeitskosten an die Kunden weiterzugeben und Produktionsbereiche in automatisierte Fabriken in Taiwan zu verlegen. Foxconn will zudem einen schon lange gehegten Plan umsetzen und einen Großteil der Kapazitäten in die Nähe von Zhengzhou (Henan) im Landesinneren verlagern, wo der Mindestlohn niedriger ist. Dort soll eine Fabrik für 300.000 ArbeiterInnen entstehen, und Foxconn will ArbeiterInnen aus Shenzhen dorthin mitnehmen. Andere ArbeiterInnen sollen in die Foxconn-Werke in Tianjin, Chongqing und in anderen Inlandsstädten versetzt werden, während die Produktionskapazitäten in Shenzhen zurückgefahren werden sollen.

Schon jetzt versucht Foxconn die Lohnerhöhungen zu unterlaufen. Die ArbeiterInnen müssen sich für den für Oktober zugesagten 2.000 Yuan-Lohn durch Leistung qualifizieren, und einige verdienten aufgrund der Beschränkung der Überstunden schon jetzt weniger als vorher. Ein Foxconn-Arbeiter berichtete, dass er bisher mit Überstunden auf 1.900 Yuan im Monat kam, nach den Änderungen und versprochenen Lohnerhöhungen aber nur 1.300 Yuan verdiente – und das bei verschärftem Arbeitstempo.[6] Es gibt auch keine Anzeichen, dass sich an dem militärischen Fabrikregime bei Foxconn etwas ändert.

Eine interessante Frage ist, warum die ArbeiterInnen bei Foxconn und bei Honda so unterschiedlich auf die Probleme reagieren: tragische Akte individueller Verzweiflung bei Foxconn, kollektive und mutige Aktionen bei Honda. Ein Vertreter der NGO China Labour Bulletin in Hongkong führt das zum einen auf die Zahl der Beschäftigten zurück (knapp 2.000 bei Honda, 400.000 bei Foxconn). Die meisten Streiks würden von Belegschaften mit weniger als 3.000 ArbeiterInnen geführt, weil es dann relativ einfach ist, eigene Organisationsstrukturen aufzubauen. Als zweiten Grund weist er auf das strenge Fabrikregime bei Foxconn hin. Die Firma halte die ArbeiterInnen von sozialen Kontakten ab. Sie leiden unter Stress und Einsamkeit, die mit der geringen Bezahlung, den vielen Überstunden, der strikten Betriebsführung und dem Mangel an sozialen Beziehungen zusammenhängen. Bei Honda ist das Regime nicht so streng und die ArbeiterInnen stehen miteinander in Kontakt. Sie leben nicht in der Fabrik und haben Zeit, sich zu erholen und unter Leute zu kommen.[7]

Besonderheiten

Die neuen Kämpfe

Wir fordern alle ArbeiterInnen auf, fest zusammenzustehen und den Kapitalisten nicht zu erlauben, uns zu spalten.

Erklärung von HONDA-ARBEITERINNEN in Foshan vom 3. Juni 2010

Die Streiks der ArbeiterInnen gegen ihre konkreten Arbeits- und Lebensbedingungen in den industriellen Arbeitshäusern müssen als Symptome einer tieferliegenden Rebellion gegen das Arbeitsregime gelesen werden. Es handelt sich um die größte zusammenhängende Protestwelle seit den Mobilisierungen der StaatsarbeiterInnen Anfang der 2000er Jahre.[8] Es gab Streiks in ausländischen und inländischen, privaten und staatlichen Unternehmen, in den Küstenregionen im Perlfluss-Delta, im Yangtse-Delta und um Beijing/Tianjin, aber auch im Landesinneren. Das genaue Ausmaß der Streiks ist unklar, weil viele schnell beendet oder unterdrückt, andere von den Medien nicht erwähnt wurden.

Arbeiterunruhen sind in China viel alltäglicher, als oft angenommen wird. Auch vorher schon kam es zu Streiks, die „ansteckend“ waren und sich ausbreiteten (*copy-*

cats), so zum Beispiel bei den Protesten von TaxifahrerInnen und LehrerInnen (2008), und dann jeweils nach einer Weile abebbten. ArbeitsaktivistInnen im Perlfluss-Delta berichteten auch schon von der Ausbreitung von Streiks in einem Industriegebiet und darüber hinaus (Chan, Chris King-Chi 2008). Ansonsten konnten wir die üblichen Muster erkennen: vorsichtiges Taktieren, Domino-Effekte, Verhandlungen, Lohnerhöhungen und gleichzeitige Rationalisierung und Verlagerung.

Die jetzigen Streikenden sind in der Regel sehr jung und gehören zur neuen Generation der WanderarbeiterInnen, die in den 1980er und 1990er Jahren geboren wurden. Sie schafften sich eigene temporäre Kampfstrukturen, in einigen Fällen gewählte Fabrikräte wie bei *Honda Lock* in Zhongshan oder *Toyota* in Tianjin, und ließen die staatlichen Gewerkschaften des ACFTU rechts liegen. In mehreren Betrieben gründeten die ArbeiterInnen allerdings erst Vertretungskomitees, nachdem sie vom Management dazu aufgefordert worden waren. Der Trick ist alt: Einerseits hat das Management erst dann einen Ansprechpartner für Verhandlungen, den die ArbeiterInnen auch als Vertretung akzeptieren. Andererseits werden in der Regel die aktivsten und militantesten ArbeiterInnen in die Komitees gewählt und können dann gezielt vom Management unter Druck gesetzt, bestochen oder rausgeschmissen werden.

Die Streiks wurden in ausländischen Medien und von NGO-Vertretern mehrfach als Kämpfe für „unabhängige Gewerkschaften" dargestellt. Die chinesische Presse verschwieg dagegen, dass die ArbeiterInnen unabhängige Vertretungen verlangten. Hier lohnt es sich genau zu sehen, was die Streikenden forderten. Einige zeigten gar kein Interesse an gewerkschaftlicher Organisierung, andere verlangten eigene Vertretungen außerhalb der ACFTU, wieder andere wollten demokratische organisierte Strukturen, die von der ACFTU anerkannt werden. Offenbar ging es den ArbeiterInnen vor allem darum, dass nicht mehr über ihren Kopf hinweg verhandelt und entschieden wird.[9]

In den Streiks entstanden neue Kerne von Arbeitermilitanten und informelle Netzwerke. Die ArbeiterInnen nutzten das Internet und Handys für die Organisation der Kämpfe. Bei *Honda Auto Parts Manufacturing* in Foshan setzten sie Berichte auf Internetforen und Online Bulletin Boards, um über ihren Streik zu informieren. StreikführerInnen berichteten, sie hätten die Informationen über Chinas Arbeitsgesetze aus dem Internet. Während der Auseinandersetzungen standen sie in eigenen Chat-Rooms mit 600 ArbeiterInnen in Kontakt. *Foxconn*-ArbeiterInnen beschrieben ihre Bedingungen online und posteten ihre Lohnabrechnungen, die zeigten, dass ihre Überstunden weit über dem rechtlich zulässigen Rahmen lagen. *Honda Lock*-ArbeiterInnen in Zhongshan verschickten SMS, in denen sie andere Arbeiterinnen aufforderten, sich dem Druck der Fabrikbosse nicht zu beugen. Sie posteten detaillierte Berichte über ihren Ausstand online und veröffentlichten Videos, die zeigen, wie der Wachschutz die ArbeiterInnen herumschubst. Die öffentliche Darstellung und Kommentierung von Streiks und ihren Hintergründen gab es schon vorher, aber sie musste weitgehend verborgen von AktivistInnen vorbereitet und organisiert werden. Jetzt laufen diese Darstellungen zunehmend offen, nehmen immer mehr zu und werden von ArbeiterInnen selbst geschrieben, gefilmt und verbreitet. So schafften es die ArbeiterInnen, trotz Medien-Zensur über die Streiks informiert zu sein und Erfahrungen auszutauschen. Die zirkulierenden Informationen über Bedingungen und Kämpfe inspirierten andere ArbeiterInnen, ebenfalls zu kämpfen.[10]

Der Streik im Getriebewerk von Honda war für chinesische Verhältnisse ungewöhnlich lang, was die Entschlossenheit der ArbeiterInnen zeigt, sich gegen die starre Haltung eines transnationalen Unternehmens, dem Behörden und Gewerkschaften zur Seite stehen, durchzusetzen. Ansonsten dauern Streiks in China gewöhnlich wenige Stunden oder Tage und werden dann nach Zugeständnissen der Unternehmen oder nach dem Einschreiten von Polizei oder Behörden beendet. Diesmal waren die meisten Streiks einigermaßen erfolgreich, was die Durchsetzung der Lohnforderungen angeht, aber die Kapitalisten versuchten nach den Lohn- und Mindestlohnerhöhungen, die Löhne mit Tricks und Kniffen wieder zu senken: höherer Arbeitsdruck, Streichung von Überstunden, Streichung von Sonderzulagen, Strafen, und so weiter.

Die Automobilindustrie

Bemerkenswert an den Streiks im Frühsommer 2010 ist, dass die treibenden Auseinandersetzungen in der Automobilindustrie stattfanden. Dort hatte es, anders als in anderen Sektoren, wenige Arbeitermobilisierungen gegeben (Zhang 2010b) – bis 2009: Von Juni 2009 bis Mai 2010 kam es zu mindestens 13 Streiks in den Zulieferketten japanischer Automobilhersteller im Raum Guangzhou und in Wuhan (ILHO 2010: 19). Der Streik im Getriebewerk in Foshan Ende Mai 2010 war also nicht der Anfang. Die massive Expansion der Industrie, die schlechten Bedingungen vor allem in den Zulieferbetrieben und die Beschäftigung einer neuen Arbeitergeneration (siehe unten) haben eine Wende gebracht.

Die besondere Macht von ArbeiterInnen bei Honda und der Automobilindustrie insgesamt geht auf die Organisation der Produktion zurück. Der integrierte Produktionsprozess mit seiner Just-in-Time-Anlieferung von Zuliefer-Teilen für die Montagezentren macht die Autohersteller extrem anfällig für Streiks (Silver 2003). Getriebewerke wie das in Foshan gehören zu den neuralgischen Punkten der Produktionskette.[11] Sie sind die teuersten Automobilfabriken, meist sehr groß, in hohem Maße automatisiert und beliefern in der Regel mehrere Montagewerke. In der Streikwelle spielte eine Rolle, dass Autohersteller auf Industrie-Agglomerationen und verlässliche Zuliefernetze angewiesen sind. Sie können nicht schnell den Zulieferer wechseln oder in andere Länder wie Indien ausweichen, weil dort entweder die nötigen Arbeitskräfte oder die Infrastruktur fehlt.[12] So konnten während der Streiks in China die ArbeiterInnen von Zulieferwerken mehrfach Teile der Produktionskette eines Autoherstellers lahmlegen – und damit großen Druck ausüben.

Die Konzernleitungen setzen mehrere Spaltungsstrategien ein, um diese Macht der ArbeiterInnen zu unterlaufen. Die in den Montagewerken beschäftigten ArbeiterInnen werden in der Regel besser entlohnt und bekommen mehr Zulagen und Sozialleistungen als die ArbeiterInnen in der Zulieferindustrie. In den Montagewerken von GAIG-Honda in Guangzhou verdienen festangestellte BandarbeiterInnen etwa 3.000 Yuan und kommen mit Zulagen und Prämien auf 50.000 bis 60.000 Yuan im Jahr. Die ArbeiterInnen im Getriebewerk in Foshan – also in einem Zulieferer der ersten Stufe – verdienen im Monat im Schnitt 1.200 Yuan und kommen im Jahr auf weniger als 15.000 Yuan (ILHO 2010).

Innerhalb der Betriebe – sowohl der zentralen Montagewerke als auch der Fabriken der Zulieferer – werden die Belegschaften durch ein duales Arbeitssystem gespalten. Der Einsatz einer großen Zahl von PraktikantInnen und befristeten ArbeiterInnen im Getriebewerk von Honda in Foshan ist ein Beispiel dafür. Dieses System wurde nach dem Zweiten Weltkrieg in Japan entwickelt und bietet nur einem Teil der ArbeiterInnen eine feste Anstellung und Sozialleistungen, während der andere Teil prekär beschäftigt und schlecht entlohnt wird. Ziel dieser Organisation war und ist eine Senkung der Arbeitskosten und die Möglichkeit, die Belegschaft nach Auftragslage erweitern und verkleinern zu können, sowie die Spaltung und Schwächung der ArbeiterInnen zur Verhinderung gemeinsamer Kämpfe. In der Automobilindustrie in China ist das schon länger Usus (Zhang 2010b), in anderen Bereichen nimmt der Anteil von PraktikantInnen oder LeiharbeiterInnen ebenfalls zu. Beschleunigend wirkte hier das Arbeitsvertragsgesetz von 2008, das engere Grenzen für die mehrmalige Befristung von Arbeitsverträgen vorsieht und viele Unternehmen veranlasste,

LeiharbeiterInnen einsetzten. So können sie den Vorschriften legal entgehen und kostenträchtige Festanstellungen verhindern.[13] Der Streik im Getriebewerk von Foshan hat aber gezeigt, dass ArbeiterInnen unter Umständen in der Lage sind, diese Spaltung im Kampf zu überwinden.

Die ausländischen Unternehmen

Auffällig ist, dass viele Streikberichte aus ausländischen Unternehmen kamen.[14] Es ist auch in der Vergangenheit immer wieder zu Streiks in ausländischen – und oft als Joint Ventures mit chinesischen Firmen geführten – Fabriken gekommen, wie bei Toshiba in Dalian 2005 oder bei Maersk in Dongguan 2008, obwohl die Bedingungen in japanischen, europäischen und US-amerikanischen Unternehmen in China in der Regel besser sind als die in chinesischen, taiwanesischen oder Hongkonger Firmen. Hier ist allerdings zu beachten, dass Streiks in chinesischen Betrieben wegen des geringeren Medieninteresses, der Zensur und der Informationspolitik der chinesischen Betriebsleitungen selten publik werden.

Die Streiks in japanischen Unternehmen wurden diesmal aus Regimekreisen wohlwollend kommentiert, und auch die Medien hatten mehr Raum für die Berichterstattung. Aufgrund der Greueltaten der japanischen Armee während der Besetzung eines Teils von China in den 1930er und 1940er Jahren gibt es weiterhin eine latente Ablehnung gegenüber Japan. Diese zeigt sich von Zeit zu Zeit in Mobilisierungen und wird vom Regime benutzt und geduldet. ArbeiterInnen setzen diese „besonderen Beziehungen“ ab und zu gezielt ein, verweisen auf die japanische Herkunft der Chefs und verlangen, dass die „Chinesen“ sich gemeinsam zur Wehr setzen und nicht mit den „Japanern“ kollaborieren.[15] Während die internationale Presse die Tatsache, dass es sich um ein japanisches Unternehmen handelte, herunterspielte, wurde es in den chinesischen Medien immer wieder erwähnt. Die Regierung konnte sich in den Medien so auch als nationale Verteidigerin der Interessen der ArbeiterInnen gegenüber den ausländischen Managern darstellen. Auch die Polizei griff nicht so entschlossen ein, weil ein gewalttätiges Vorgehen gegen Streikende in einem japanischen Unternehmen in der Bevölkerung schlecht ankäme.

Das Vorgehen des Staates

Der autoritäre Staat[16] hat in den Streiks die bisherige Rolle weitergespielt, seine Strategie allerdings neu ausgerichtet. Die lokalen Behörden greifen in Arbeitskonflikte ein, um sie schnell zu beenden. Sie stellen sich meist auf die Seite der Unternehmer, aber ein Teil der Forderungen der Streikenden wird in der Regel erfüllt und StreikführerInnen werden bestraft. Mitunter greift die Polizei ArbeiterInnen massiv an, wenn eine Ausbreitung des Streiks droht.

Chinas Regierung war diesmal allerdings vorsichtig, da es um Fabriken großer Firmen geht, für die sich die globalen Medien interessieren. Auch deswegen gab es diesmal relativ wenig offene Gewaltanwendung gegen die Streikenden. Bisher ist es zu keiner Verhaftungswelle gegen StreikführerInnen dieser Streikwelle gekommen. Bei mehreren Streiks waren Anti-Aufstandseinheiten der Polizei in und vor der Fabrik präsent oder griffen ein, wenn die ArbeiterInnen auf die Straße wollten. Bei *Honda Lock* wurde einer der Streikführer von der Betriebsführung, den Vertretern der örtlichen Behörden und der Gewerkschaft so eingeschüchtert, dass er sofort aus der Streikführung austrat und untertauchte. Auch mit Arbeitslager wurde gedroht. Die Streikenden waren sich der Risiken bewusst, die sie eingingen. Ein Arbeiter bei *Honda Lock* wies darauf hin, dass sich das Streikkomitee nicht mit der Betriebsleitung und den lokalen Behörden traf, weil das für die Mitglieder gefährlich sein könnte. ArbeiterInnen des Getriebewerks von Honda trugen nach dem Rauswurf der Streikinitiatoren in der Regel Masken und gaben den Medien bei Interviews nicht ihren (vollen) Namen. Im Internet hat die Regierung Einträge, die sich mit den Streiks beschäftigten, gelöscht. Einer der Streikführer von Honda meinte, sie würden den Messanger-Dienst QQ nicht mehr nutzen, weil sich zu viele Spione eingeloggt hatten. „Wir benutzen nun mehr unsere Mobiltelefone" (Barboza/Bradsher 2010).

Es gibt allerdings keine Hinweise darauf, dass die ArbeiterInnen der Honda-Fabriken ihre Aktionen über direkte Kontakte koordinierten. Isolierte Streiks nehmen die Behörden in der Regel hin, offensive Organisierungsversuche dagegen nicht. Die Regierung wird härter eingreifen, wenn die Proteste sich nicht nur ausbreiten und Protestierende voneinander lernen sondern wenn ArbeiterInnen anfangen, organisatorische Verbindungen aufzubauen (wie bei den Protesten der StaatsarbeiterInnen 2002).

Zeitweise wurde eine relativ offene Medienberichterstattung in China selbst zugelassen. Über den Streik im Getriebewerk von Honda durften die chinesischen Reporter ein paar Tage lang berichten, dann verschwanden sie alle von den Fabriktoren, weil die Behörden die weitere Berichterstattung verboten. Die Regierung hatte erkannt, dass die Streiks „ansteckend" waren und wollte eine weitere Ausweitung verhindern.

Die Lohnfrage

Die Welle von Streiks zeigt die Bedeutung der Lohnfrage. Für die ArbeiterInnen in China war das Wirtschaftswunder der Reformjahre seit 1978 viel weniger wunderbar, als es von außen erscheinen mag. Seit seiner Einführung 2004 haben die meisten Fabrikbosse den lokalen Mindestlohn als Grundlohn ihrer Arbeiterinnen übernommen. Nach den Richtlinien der Regierung sollte der Mindestlohn bei 40 Prozent des örtlichen Durchschnittslohns liegen, in vielen Städten beträgt er aber nur zwischen 20 und 30 Prozent. Nach einer Studie hat fast ein Viertel der chinesischen Arbeiter in den vergangenen fünf Jahren keine Lohnerhöhung erhalten (Kolo 2010). In den Fabrikzonen der Ostküste haben sich die Mindestlöhne in den letzten fünf Jahren zwar fast verdoppelt, und auch in diesem Jahr haben viele Provinzen den Mindestlohn schon um 10 bis 20 Prozent erhöht.[17] Insgesamt sind die Löhne der WanderarbeiterInnen im Schnitt im Jahr 2008 um 19 Prozent, im Jahr 2009 um 16 Prozent gestiegen. Die Inflation hat aber einen Teil der nominalen Lohnerhöhungen der letzten Jahre immer wieder aufgefressen. In manchen Sektoren sind die Löhne von WanderarbeiterInnen sogar gefallen, aufgrund von Umstrukturierungen und Dequalifizierung, wie in den Montagewerken der Automobilindustrie (Zhang Lu 2010b), oder vor dem Hintergrund von Krise, Betriebsschließungen und Entlassungen ab 2008. 2009 lag der Durchschnittslohn der WanderarbeiterInnen bei 1.348 Yuan, aber selbst Löhne von 2.000 Yuan reichen nicht, um sich in Städten wie Shenzhen niederzulassen, geschweige denn, sich Träume zu erfüllen wie ein Auto oder eine eigene Wohnung.[18] WanderarbeiterInnen sind zudem aufgrund ihres ländlichen *hukou*-Status weiter von vielen Sozialleistungen in der Stadt ausgenommen, und die Einkommensunterschiede sind enorm. Schon seit zwei Jahrzehnten ist der Lohnanteil am BIP stark gefallen, und zwar von 57 Prozent 1983 auf 37 Prozent 2005.[19] Seitdem ist der Anteil in etwa gleich geblieben. Während sich eine kleine Oberschicht hemmungslos bereichert und eine urbane Mittelschicht ihren Konsum stetig steigern konnte, blieb das Leben der meisten ArbeiterInnen spartanisch.[20]

Der Arbeitskräftemangel

Wenn Arbeitern ihre Arbeit nicht passte, wussten sie, dass zehn andere darauf warteten, ihren Job zu übernehmen. Jetzt wartet niemand mehr darauf, ihren Job zu kriegen.

WIRTSCHAFTSBERATER in Beijing, Mai 2010

Die Lage wird sich möglicherweise ändern. Momentan gibt es in manchen Regionen Chinas, vor allem in den Industriezonen, einen Arbeitskräftemangel, Ausdruck dessen, dass das Kapital an gewissen Orten keine ArbeiterInnen mehr findet, die zu den schlechten Bedingungen (schlechte Löhne, schlechte Absicherung, weitgehend rechtlos, weit weg von zu Hause) noch arbeiten wollen. So suchen etwa 90 Prozent der Unternehmen im Perlfluss-Delta Arbeitskräfte, und insgesamt fehlen ihnen etwa 2 Millionen ArbeiterInnen. Erschwerend kommt hinzu, dass die Fluktuation hoch ist. In manchen Fabriken liegt sie bei 25 Prozent im Monat.

Der Arbeitskräftemangel geht auf verschiedene Faktoren zurück, darunter auf die demographische Entwicklung. Die Zahl der chinesischen EinwohnerInnen im Alter zwischen 15 und 24 hat in den letzten 20 Jahren um die 200 bis 225 Millionen gelegen. In den nächsten 12 Jahren soll sie um ein Drittel zurückgehen. Dahinter steht insbesondere die seit 30 Jahren wirksame Ein-Kind-Politik. Die Einschulungen in Grundschulen erreichten schon 1994 ihren Höhepunkt, die der Mittelschulen 2003, und die Zugangsprüfungen für die Universität (*gaokao*) im Jahr 2008, seitdem gehen die Zahlen zurück. Einige Analysten sind der Meinung, dass der Arbeitskräfteüberschuss vom Land mehr oder weniger aufgebraucht ist. Das würde bedeuten, dass China den „Lewis'schen Wendepunkt" erreicht hat. Arthur Lewis schrieb 1954, dass Entwicklungsländer bei ihrer Industrialisierung zunächst von dem ländlichen Arbeitskräfteüberschuss profitieren und die Löhne niedrig halten können. Sobald der Überschuss absorbiert ist und der Arbeitsmarkt sich vereinheitlicht, steigen die Löhne stark an.[21] Andere haben da Zweifel. Sie sind der Meinung, dass in den chinesischen Dörfern weiter eine Überschussarbeitskraft von 70 Millionen Menschen bereit zur Wanderarbeit ist. Der Arbeitsmarkt werde weiterhin „segmentiert" sein, mit einem Überschuss auf dem Land und einem Mangel in den Küstenprovinzen.

Der Generationenwechsel

Jeder Arbeiter ist selbst ein Arbeitsrechtler. Die wissen mehr über ihre Rechte als mein Personalchef.

Deutscher FABRIKBESITZER in Dongguan, Guangdong, Juni 2010

Ein weiterer Grund für den Arbeitskräftemangel – und gleichzeitig entscheidend für die gestiegene Militanz der ArbeiterInnen – ist der Generationenwechsel der WanderarbeiterInnen. Die „zweite" oder „neue" Generation von WanderarbeiterInnen sind die nach 1980 geborenen Arbeiterinnen. Sie sind noch auf dem Land gemeldet (*hukou*), aber viele sind in der Stadt geboren und zum Teil dort aufgewachsen. Sie haben oft kein Ackerland oder keine Erfahrung mit Landarbeit mehr. In der Zeit des Aufschwungs groß geworden, weigern sie sich zunehmend, schlechte Löhne und überlange Arbeitszeiten hinzunehmen, oder „Bitternis zu essen" (*chiku*), wie es noch die vorherige Generation getan hat. Sie wollen oft gar nicht mehr am Fließband stehen oder weit wandern, um Arbeit zu finden. Mehr und mehr von ihnen arbeiten in Städten im Inland, näher an ihren Heimatorten. Aufgrund den jahrelangen staatlichen Förderung, zuletzt durch das Stimulus-Paket der Regierung gegen die Krise, finden sie dort leichter Jobs.

Bei einer im Juli 2010 veröffentlichten Befragung von 5.000 WanderarbeiterInnen der zweiten Generation in Shenzhen gaben 99 Prozent an, dass sie nicht wieder aufs Land ziehen wollen, um dort als Bauern zu arbeiten. Sie wollen in der Stadt bleiben. Die Umfrage ergab weiter, dass 57 Prozent Geld sparen, 87 Prozent im Schnitt 4.244 Yuan pro Jahr nach Hause schicken, die meisten nur einmal pro Jahr aufs Land fahren und sie wenig Erfahrungen mit Landarbeit haben. Die Arbeits- und Lebensbedingungen der WanderarbeiterInnen haben sich kaum verbessert. Die Hälfte der Befragten lebt immer noch in Wohnheimen, 79 Prozent haben einen Arbeitsvertrag, 55 Prozent aber mit Befristungen von bis zu zwei Jahren. Die drängendsten Probleme sind die niedrigen Löhne und die institutionelle Diskriminierung aufgrund ihres *hukou*-Status.[22]

Diese jungen ArbeiterInnen vergleichen ihre Leben nicht mehr mit dem der Leute auf dem Land, sondern richten sich nach dem Lebensstandard in den Städten. Anders gesagt: Sie sind weniger von der Armut als von den Gelegenheiten motiviert, die die Stadt bietet. Sie wollen auch nicht mehr in den beengten und kontrollierten Wohnheimen wohnen. „Zu eng, zu unpersönlich, ständig wechseln die Mitbewohner, es wird geklaut", erzählt ein Foxconn-Arbeiter. Sie wollen in Wohnungen in der Stadt leben und unabhängig sein.

So entsteht eine neue Arbeiterschicht, die höhere Löhne und den Aufstieg in die Mittelschicht erwartet (ähnlich wie vorher in Europa, den USA, Japan und Südkorea). Die jungen ArbeiterInnen wissen sehr viel mehr über die weltweiten Entwicklungen als ihre Eltern, dank Internet und Handys. Der Boom der letzten zwei Jahrzehnte hat ihre Erwartungen erhöht, aber die Kluft zwischen Erwartung und Realität wird immer größer. Bisher hatten WanderarbeiterInnen vor allem dann gekämpft, wenn die Arbeit sie an ihre physischen Grenzen brachte, ihre Rechte verletzt oder die Löhne nicht bezahlt wurden. Bei Honda und anderen Firmen haben sie aktiv für ihre Interessen gekämpft, nicht nur für die Einhaltung von Mindeststandards.[23] Die chinesischen ArbeiterInnen waren nie besonders gefügig. Die Beteiligung an Streiks und Demonstrationen ist riskant, das hindert sie aber nicht daran, ihre Vorgesetzten immer wieder herauszufordern. Vor allem sind chinesische ArbeiterInnen aber pragmatisch, und ihre häufigste Reaktion auf Unzufriedenheit ist, den Betrieb zu verlassen.

Wenn sie auch noch keine Revolution anzetteln, die jungen chinesischen ArbeiterInnen sind dabei, China grundlegend zu verändern. Überraschend ist das alles nicht. In einem Kommentar zu den aktuellen Streiks unterstreicht Zhang Lu, dass die erste Generation von migrantischen AutomobilarbeiterInnen in den USA in der ersten Hälfte des 20. Jahrhunderts und in Europa in den 1950er und 1960er Jahren kaum gegen die harten Bedingungen protestiert habe, die zweite Generation danach jedoch die Hauptkraft der militanten ArbeiterInnenkämpfe gewesen sei und die sozialen Beziehungen in den Fabriken und in der Gesellschaft verändert habe. Auch die jungen chinesischen AutomobilarbeiterInnen zeigten jetzt ihre zunehmende Verhandlungsmacht und ihr gewachsenes Selbstbewusstsein.

Die Gewerkschaften

Wir organisieren das selber. Die [offizielle] Gewerkschaft vertritt uns nicht und ist nie aufgetaucht [bei den Verhandlungen]. Wir wissen nicht einmal, wer der Gewerkschaftsvorsitzende ist. Wir wollten unsere eigenen Vorsitzenden wählen, aber diese Forderung wurde abgelehnt.

HONDA-ARBEITER, Mai 2010

Bisher sind in China nur Gewerkschaften innerhalb des staatlichen Gewerkschaftsverbandes ACFTU zugelassen, einem Relikt des sozialistischen Machtgefüges. Der ACFTU ist eine Massenorganisation der Kommunistischen Partei. Ihm geht es um die Erhaltung der Stabilität in der Gesellschaft und den Aufbau „harmonischer" Arbeitsbeziehungen. In den meisten Staatsbetrieben gibt es Gewerkschaftsvertretungen, aber nur in einem Teil der privaten chinesischen und ausländischen Unternehmen. Die Gewerkschaften wenden sich gegen unabhängige Arbeiteraktionen, stellen sich auf die Seite der Unternehmer und bedrohen Streikende wie beim Honda-Getriebewerk in Foshan. Die betrieblichen Gewerkschaftsstrukturen werden oft in Absprache mit den Unternehmensleitungen bestimmt – auch in den ausländischen Betrieben (Wang Kan 2008) – und finanzieren sich aus zwei Prozent der Lohnsumme eines Unternehmens. Die örtlichen Gewerkschaftsfunktionäre sind Staatsangestellte, die von den lokalen Verwaltungen bestimmt und bezahlt werden. Sie haben vor allem ein Interesse an der Anwerbung (ausländischer) Investoren, da die lokalen Behörden Industriegelände an Firmen verpachten. Selbst aus der ACFTU-Hierarchie heraus werden die lokalen Strukturen als „Pseudo-Gewerkschaft“ bezeichnet.

Die Zunahme der Arbeitskonflikte in den neuen Industrien ab 2003 verlangten nach einer aktiveren Rolle der Gewerkschaft. Die Einführung von Tarifverhandlungen unter Einbeziehung der ACFTU-Gewerkschaften war eigentlich schon bis Ende 2011 geplant, aber diese Pläne wurden mit der Wirtschaftskrise ab 2008 auf Eis gelegt. Bisher gab es nur vereinzelte Fälle, in denen die ACFTU die Direktwahl von Gewerkschaftsvertretern zugelassen hat (Howell 2008). Das passierte vor allem in weniger wichtigen Industrien wie bei Schuhen und Textilien.

Von ArbeiterInnenseite drückt die Kritik an den staatlichen Gewerkschaften und die Forderung nach „unabhängigen Gewerkschaftsvertretungen“ vor allem aus, dass sie Kontrolle darüber haben wollen, wer für sie wie mit wem verhandelt und was vereinbart wird (siehe oben). Für das Regime geht es dagegen darum, funktionierende Vermittlungsinstanzen aufzubauen, die eine Kontrolle über die ArbeiterInnen ermöglichen. Die Gewerkschaft wird Verbesserungen für die ArbeiterInnen absichern müssen, sonst funktioniert sie nicht als Vertretung und integrative Institution. Der Umbau der staatlichen Gewerkschaften soll geordnet ablaufen und erst einmal nur dort stattfinden, wo es Unruhe gibt und schnell funktionierende Vertretungsinstanzen gebraucht werden.

Die Ankündigung eines neuen Gewerkschaftsgesetzes für die Provinz Guangdong Ende Juli2010, das Wahlen und Leistungsüberprüfungen der betrieblichen Gewerkschaftsvertreter, die Minderung des Einflusses von lokalen Behörden und Betriebsleitungen auf die Gewerkschaften und möglicherweise gar ein eingeschränktes Streikrecht vorsieht, deutet darauf hin, dass die KPCh im industriellen Kernland Chinas ausprobieren will, ob sie so einen geordneten Ablauf von Arbeitskämpfen garantieren kann. Das Gesetz sieht unter anderem vor, dass die Gewerkschaften im Betrieb für Verhandlungen mit der Betriebsleitung demokratische Wahlen von ArbeitnehmervertreterInnen abhalten müssen, sobald 20 Prozent einer Belegschaft höhere Löhne fordern. Sollte es keine Gewerkschaft im Betrieb geben, muss die örtliche Gewerkschaftsorganisation die Wahlen ansetzen. Des weiteren kündigte die ACFTU-Führung an, dass Gewerkschaftsvertreter in Zukunft von höheren ACFTU-Ebenen bezahlt werden sollen, nicht mehr vom Betrieb. Es bleibt aber fraglich, ob das Regime geschmeidig genug ist, den Prozess der Reorganisation der Gewerkschaft zu orchestrieren. Der Druck durch weitere Arbeiterkämpfe wird entscheiden, ob es tatsächlich zu einer grundlegenden Änderung der Gewerkschaftsstrukturen und damit zur Integration der sozialen Unruhe kommt.[24]

Auswirkungen

Das Ende des Billiglohnlands?

Chinas ArbeiterInnen befinden sich nicht auf dem Wettlauf nach unten, sie sind dabei, nach oben aufzusteigen. Kommentar der Financial Times, 11. Juni 2010

Der Streik bei Honda wurde zu einem Symbol für den Kampf der chinesischen WanderarbeiterInnen um bessere Löhne und Bedingungen – und das Ende des chinesischen Billiglohnmodells.[25] China scheint dem Pfad der Tiger-Staaten Südkorea, Taiwan, Hongkong und Singapur zu folgen. Die Regierung will eine Erhöhung der Löhne, um die Einkommensschere etwas zu schließen und so soziale Unruhen zu vermeiden, die angesichts stark steigender Preise für Lebensmittel und Wohnraum drohen. Außerdem will sie die Binnennachfrage ankurbeln, um die Abhängigkeit von den Exporten und damit die Anfälligkeit gegenüber der globalen Krise zu mindern und China in eine neue Phase kapitalistischer Entwicklung zu führen. Ein koreanischer Vertreter der ILO erinnerte daran, dass Südkorea denselben Prozess durchlaufen habe, von Billiglöhnen zu einer größeren Teilhabe der ArbeiterInnen am geschaffenen Reichtum. „China scheint jetzt in diese Phase zu kommen." Südkoreanische Automobilhersteller hätten 1985 zum ersten Mal Tarifverhandlungen aufgenommen. Vorher hätten wenige AutomobilarbeiterInnen die Autos, die sie herstellten, kaufen können. Danach stiegen die Löhne dramatisch an. „Das war so in den USA in den 1940ern, in Japan in den 1960ern, und es wird schlussendlich auch in China so sein."[26]

Das Kapital weicht aus

Möglicherweise werden die Lohnerhöhungen, die Verbesserung der Arbeitsbedingungen und die damit steigenden Arbeitskosten zu einer Verlagerung der Produktion führen. Eine Fluchtwelle aus China ist aber nicht zu erwarten. Die Kostensteigerung bringt etablierte Geschäftsformen und Kostenstrukturen in den Zulieferketten durcheinander. Hersteller in bestimmten Sektoren wie für Spielzeug, Schuhe, Textilien und Haushaltsgeräte können die starken Lohnerhöhungen kaum verkraften. Diese Sektoren, in denen die Profitabilität gering und die Konkurrenz groß ist, werden auf einen räumlichen *fix* setzen und ins chinesische Inland, nach Vietnam oder Bangladesch gehen.[27] Dieser Prozess hat schon eingesetzt. Allerdings sind in der letzten Zeit die Löhne (und Kosten) im chinesischen Inland gestiegen, und auch dort gab es Arbeiterkämpfe. Die Verlagerung in andere Regionen in Südost- und Südasien ist ebenfalls problematisch, weil ArbeiterInnen in Bangladesch, Vietnam und Kambodscha schon zeigen, dass sie kämpfen können, und dort die Löhne ebenfalls steigen. Dazu kommt, dass ihr anzapfbarer Arbeitskräftepool jeweils gerade mal dem einzelner chinesischer Provinzen entspricht.

Die *highend* Branchen, in denen es erwartungsgemäß zu den meisten Streiks und Lohnerhöhungen kam, werden kaum in andere Länder abwandern, weil die Profitmargen höher sind und sie auf Industrie-Cluster, Infrastruktur, hohe Qualität und gelernte ArbeiterInnen angewiesen sind. Möglicherweise zieht es sie mehr ins chinesische Inland, sofern dort die notwendige Infrastruktur bereitgestellt wird. Ein Teil der staatlichen Förderprogramme sind genau darauf ausgerichtet. Die räumliche Kapitalzusammensetzung wird sich also verändern. Viele Firmen werden eher in neue Produktionstechniken (technologischer *fix)* oder die Produktion hochwertigerer Güter (Produkt-*fix*) investieren. Da treffen sie sich mit den Zielen der Regierung. Unternehmen werden ihre Produktivität erhöhen, geringere Profitmargen hinnehmen oder gestiegene Kosten an Kunden weitergeben müssen. Schon zwischen 1994 und 2008 ist die Produktivität in der Industrie um jährlich 21 Prozent gestiegen, während die Löhne nur um 13 Prozent zulegten. Die Arbeitskosten sind gefallen und die chinesische Industrie wurde wettbewerbsfähiger. Lebendige Arbeit wird durch Maschinen ersetzt. Unternehmen aus der Automobil- und Elektronikindustrie (wie Nissan, Foxconn, Vtech) wollen ihre Produktion wegen der Lohnerhöhungen und des Arbeitskräftemangels weiter automatisieren.

Der Staat hilft dabei

Die Regierung benutzt immer schöne Worte, aber sie arbeitet immer gegen unsere Interessen.

ARBEITER VON HONDA, Foshan, im Juni 2010

Die Streikwelle hat das chinesische Regime beunruhigt, es kann den Druck von unten aber möglicherweise nutzen, um die Konflikte, die sich aus der zunehmenden sozialen Ungleichheit ergeben, zu entschärfen, zum Beispiel durch die Orchestrierung langsamer aber stetiger Lohnerhöhungen. Sie hat lokale Regierungen aufgefordert, die Mindestlöhne zu erhöhen (und die Unternehmen, die WanderarbeiterInnen besser zu behandeln). In vielen Städten und Provinzen sind sie dieses Jahr schon um 10 oder 20 Prozent angehoben worden. Die Regierung webt an einem sozialen Absicherungsnetz auch für die Bauern, bestehend aus Renten, Krankenversicherung, Arbeitslosenversicherung und Sozialhilfe für die Ärmsten. Als Sozialhilfe (*dibao*), direkte Hilfszahlungen, sind 2009 neun Milliarden US-Dollar ausgezahlt worden, 70 Prozent mehr als 2008. Insgesamt ist das immer noch viel zu wenig. Wirtschaftsexperten sagen, China braucht dringend ein funktionierendes Sozialsystem, wegen der Zunahme des Altersschnitts, der sinkenden Zahl an Kindern, die ihre Eltern versorgen können, und der Migration der jungen LandbewohnerInnen in die Städte.

Ein weiteres Ziel ist die wirtschaftliche Entwicklung der bisher weit zurückgebliebenen Inlandsprovinzen in Zentral- und Westchina (staatlich geförderter Aufbau) und die Ersetzung der Industrien mit geringer Wertschöpfung in den Küstenprovinzen durch solche mit hoher Wertschöpfung (staatlich geförderter Umbau). Schon seit 2000 gibt es zur Abschwächung der wirtschaftlichen und sozialen Unterschiede ein Förderprogramm für den Anschub der Entwicklung in Chinas Westen. Ein räumlicher *fix* innerhalb Chinas, der neue Beschäftigungsmöglichkeiten für Wanderarbeiterinnen schafft, ist vom Regime durchaus gewünscht,[29] genauso wie der technologische *fix*: In den Küstenprovinzen soll eine neue Produktionsstruktur entstehen. Manche sehen die Fabrikstädte und Wohnheimkomplexe schon verschwinden. Seit Jahren versuchen die dortigen Provinzregierungen bereits eine Upgrade der Industrien durchzuführen, aber für *high-value* Industrien und die Erhöhung der Produktivität werden mehr gelernte Arbeitskräfte gebraucht. Der Anteil von Arbeitskräften mit höherer Bildung soll von 9,2 Prozent 2008 auf 20 Prozent 2020 gesteigert werden. Diese müssen aber längerfristig beschäftigt werden, damit sich die Investitionen in ihre Ausbildung für die Betriebe lohnen, also brauchen sie das Recht, sich in der Stadt niederzulassen. Das verlangt eine Änderung des *hukou*-Systems. Auch hier setzt das Regime auf eine langsame Reform (Wang Feiling 2010).

Fragen

Die wirtschaftliche Entwicklung

Was wird passieren, wenn die Stimulus-Pakete der Regierung in China sowie die in anderen Ländern auslaufen und damit die staatlich gestützte Nachfrage zurückgeht? Aus der Perspektive des Regimes geht es darum, einerseits für Lohnsteigerungen und einen höheren privaten Konsum (Binnennachfrage) zu sorgen und damit die Abhängigkeit von den Billigexporten zu verringern, andererseits Investoren nicht abzuschrecken und die Exportmaschine am Laufen zu halten, die hinter dem immensen Wirtschaftswachstum der letzten Jahrzehnte steht. Die Ausweitung des Binnenmarktes und die Senkung der Abhängigkeit von Exporten ist nur möglich, wenn die Löhne in China so weit erhöht werden, dass sich die ArbeiterInnen die Dinge, die sie produzieren, auch leisten können. Solange die Wirtschaft in China wächst, könnte es zu graduellen Zugeständnissen der Kapitalisten und einer allmählichen Verbesserung der Lage der ArbeiterInnen kommen, und die Regierung könnte weiter die Lösung einzelner Konflikte und Streiks erzwingen. Sollten sich die wirtschaftlichen Bedingungen aber verschlechtern (zum Beispiel durch hohe Inflation, die Lohnerhöhungen zunichte macht, einen Exporteinbruch und Fabrikschließungen, eine Kreditklemme nach dem Platzen der Immobilienblase, oder die generelle Verschärfung der globalen Krise), könnte es zu einer Destabilisierung kommen. Immerhin gründet die relative soziale Stabilität Chinas seit Anfang der 1990er Jahre auf schnellem Wirtschaftswachstum.

Die sozialen Kämpfe

Wenn diese Streiks weitergehen, muss China kommunistisch werden.

BLOOMBERG-KOMMENTAR, Juni 2010

Wenn die Regierung Lohnerhöhungen unterstützt, um den Binnenkonsum anzuheizen, ist das riskant: Die sozialen Auseinandersetzungen könnten sich mit anderen Problemen vermischen und zu Demonstrationen und Unruhen gegen die derzeitige gesellschaftliche Ordnung führen und damit die gesellschaftliche Stabilität gefährden. Die Mittelklasse ist bisher mit der wirtschaftlichen Prosperität zufriedengestellt worden, und es ist fraglich, ob sie sich im Boom gegen das Regime wenden wird. Anders sieht es aus, wenn sie von der Krise erfasst werden sollten. Aber werden die Kämpfe dem Regime aus dem Ruder laufen? Die anfälligen Produktions- und Just-in-Time-Lieferketten, die höhere organische Zusammensetzung des Kapitals, der Arbeitskräftemangel – all das hat die Verhandlungsmacht der ArbeiterInnen erhöht. Die Streikenden des Frühsommers 2010 verlangten nicht nur Lohnerhöhungen, sondern auch bessere Arbeitsbedingungen und mehr Kontrolle über ihr Schicksal. Zeigt sich beim Honda-Streik und den nachfolgenden Arbeiterunruhen schon eine wachsende Selbstaktivität einer neuen Arbeiterklasse in China?

Der Staat zwischen Öffnung und Repression

Je mehr Spaltungen und Probleme sich in der chinesischen Gesellschaft entwickeln, desto lauter besingen die Parteiführer die Stabilität, die sie erhalten wollen. Sowohl staatliche Repression und eine zu starre Haltung des Regimes als auch lockere Zügel und staatliche Mediation als Antwort auf Kämpfe könnten das Regime destabilisieren. Ein Vertreter der NGO Livelihood Watch kommentierte: „[Die Streiks] werden die Gesellschaft nicht destabilisieren. Im Gegenteil, sie sind Ablassventile für die Wut der ArbeiterInnen. Die soziale Stabilität ist nur dann gefährdet, wenn die Regierung versucht, diese Aktionen einzudämmen" (Mitchell 2010). Die Streiks für bessere Arbeitsbedingungen könnten, von militanten ArbeiterInnen geführt, aber auch eskalieren, sodass die Herrschaft der KP in Gefahr geriete. Wenn es zu einer sozialen Eskalation kommen sollte, könnten die Staats- und Parteiführer schnell wieder die Samthandschuhe von ihren eisernen Fäusten ziehen. Bisher ist es aber nicht so weit. Noch geht es in den Streiks vor allem um Löhne und Arbeitsbedingungen. Damit bleiben sie womöglich durch eine funktionierende Gewerkschaft beherrschbar.

Die „Linke" bietet sich an

Die „Linke" schreibt viel, um die Regierung davon zu überzeugen, dass sie den Gewerkschaften mehr Raum für unabhängige Organisierung lässt. Die Professorin Anita Chan durfte im Regierungsblatt China Daily fordern, dass die ACFTU sich öffnet, mit ausländischen Gewerkschaften austauscht und „lernt, wie man effektiv Tarifverhandlungen führt." Sie will, dass die Gewerkschaften die ArbeiterInnen vertreten „oder wenigstens die soziale Stabilität erhalten". Ihrer Meinung nach verstoßen die Forderungen nicht gegen die chinesischen Gewerkschaftsgesetze, da sie auf demokratische Wahlen von Gewerkschaftsvertretern abzielen und nicht mit Forderungen nach „unabhängigen Gewerkschaften" verwechselt werden dürfen. Demokratisch gewählte Gewerkschaftsvertretungen, die von den ArbeiterInnen anerkannt würden, seien eine Voraussetzung für erfolgreiche Tarifverhandlungen (Chan, Anita 2010). Ein Sprecher der NGO China Labour Bulletin in Hongkong sagte: „Ich glaube, das Problem ist einfach, dass die ArbeiterInnen keinen Ausdrucksform für ihre Unzufriedenheit haben." Seiner Meinung nach hätte eine funktionsfähige Gewerkschaft bei Honda zu geordneten Verhandlungen mit dem Management geführt, womit der Streik verhindert worden wäre.[30] So werden schon mal Angebote für die Unterstützung einer reformistischen Strategie gemacht. Aber wird diese Strategie auch funktionieren, wenn die Konfrontation der neuen chinesischen Arbeiterklasse mit dem chinesischen Polizeistaat eskaliert? Die Ereignisse des Frühsommers 2010 lassen noch keine Schlüsse zu, aber möglicherweise werden wir sie in einigen Jahren als wichtige Schritte einer neuen Klassenbewegung erkennen, die den Anfang vom Ende des sozialistischen Kapitalismus in China markieren.

Endnoten

1 Gewerkschaftsvertreter in Foshan (Guangdong) zu den Aktionen der ArbeiterInnen im Getriebewerk von Honda, Mai 2010 (Financial Times, 27. Mai 2010).

2 Dieser Bericht beruht auf Informationen aus Tageszeitungen, insbesondere New York Times, Financial Times, South China Morning Post, Economist und Wall Street Journal, auf Beiträgen von IHLO, China Labour Bulletin, China Study Group, Welt in Umwälzung sowie Informationen von AktivistInnen und NGOs in China.

3 Zhou und Liu schreiben, dass die beiden Arbeiter aus Hunan den Betrieb wegen der schlechten Löhne und Arbeitsbedingungen verlassen wollten und Ende April kündigten. Sie mussten noch bis Ende Mai arbeiten, wollten aber vorher einen Streik ausrufen. „Da ich sowieso kündigen wollte, dachte ich, sollte ich wenigstens noch was machen, was meinen KollegInnen zugute kommt", sagte einer der beiden (Zhou/Liu 2010).

4 Später wurde bekannt, dass die Produktion von Honda in China im Mai um 37 Prozent einbrach (im Vergleich zum April), die Verkaufszahlen in China um 10 Prozent (im Vergleich zu Mai 2009), während gleichzeitig der Autoverkauf insgesamt in China um 33 Prozent zunahm (http://www.asianews.it/news-en/Honda-sees-Chinese-sales-plunge-by-37-per-cent-because-of-strikes-18779.html).

5 Andy Xie weist darauf hin, dass das despotische Fabrikregime auf die japanische Industrie zurückgeht, die schon in ihrer Frühphase stark vom Militarismus geprägt war: Fabrikuniformen, Morgenübungen, Einimpfen der Loyalität zum Unternehmen, und so weiter. Später hätten die japanischen Unternehmen diese Form der Arbeitskontrolle nach Taiwan exportiert, und von dort sei sie nach China gelangt. Taiwanesische Unternehmen hätten diese Form der militärischen Kontrolle in riesigen Fabrikkomplexen umgesetzt, Beispiel: Foxconn (http://english.caing.com/2010-06-07/100150460.html).

6 „Foxconn ist gerissen. Sie reden von Lohnerhöhung, aber wir verdienen tatsächlich weniger. Das macht doch keinen Sinn. Sie erhöhen die tägliche Arbeitsnorm, um die verlorene Zeit aufzuholen. Es ist immer dasselbe!" Foxconn-Arbeiter, Juli 2010.

7 China Labour Bulletin: http://www.clb.org.hk/en/node/100775. Diese Position widerspricht der Analyse von Pun/Smith (2007), die die Wohnheime als Terrain nicht nur der Kontrolle der ArbeiterInnen, sondern auch der Organisierung kollektiven Widerstands ausmachen. Es wäre genauer zu untersuchen, welche Faktoren dazu beitragen, dass Ar-

beiterInnen die Wohnheime tatsächlich für ihre Organisierung nutzen können und welche Faktoren dies erschweren.

8 Nachdem das Regime Ende der 1990er Jahre die Umstrukturierung und Schließung unrentabler staatlicher Kombinate beschlossen hatte, verloren über 50 Millionen ArbeiterInnen ihren „lebenslangen" Job und viele damit zusammenhängende soziale Garantien. Das führte zu einer Protestwelle, die 2002 im „Rostgürtel" der staatlichen Schwerindustrie im Nordosten Chinas gipfelte. Mehr Informationen dazu in Wildcat (2007).

9 Die Kommentare auswärtiger BerichterstatterInnen verrieten meist mehr über ihre eigene politische Gesinnung: Liberale sahen die Forderung in der Tradition der antikommunistischen Solidarność in Polen in den 1980ern, Maoisten und „Linke" wollten „wahre Organisationen der ArbeiterInnen gegen das Kapital".

10 Die staatlichen Internet-Zensoren haben die meisten Einträge im Internet allerdings immer wieder gelöscht.

11 Die Autohersteller bauen Getriebewerke in der Regel nur in besonders ruhigen und streikfreien Gebieten und Ländern, weil jede Produktionsunterbrechung teuer wird. China galt bisher als sicher. Ein Vertreter von Honda sagte, dass das Unternehmen in China nur ein Getriebewerk (und nicht zwei) gebaut hätte, weil es dort bisher so wenige Streiks gab (Zhou/Liu 2010).

12 Das gilt in gewissem Maße auch für Elektronikhersteller, wo insbesondere die großen Zulieferer eine Maschine in Gang halten müssen, die nicht nur das Anwerben, die Unterbringung, die Ausbildung und die Verwaltung von ArbeiterInnen beinhaltet, sondern auch die Etablierung eines Zuliefernetzes (allerdings sind die Teile kleiner und leichter zu produzieren und zu transportieren).

13 Aus Kostengründen werden mittlerweile auch zehntausende illegale ImmigrantInnen aus Vietnam, Kambodscha und Burma beschäftigt, die in Fabriken des Perlfluss-Deltas unter noch schlechteren Bedingungen arbeiten als die chinesischen WanderarbeiterInnen (http://www.forbes.com/global/2010/0719/opinions-guangxi-illegal-aliens-china-immigration-problem.html).

14 Ausländische Unternehmen haben nach UNCTAD-Zahlen in China insgesamt fast 500 Milliarden US-Dollar investiert. Ihre Tochterfirmen beschäftigen dort 16 Millionen Menschen. Von den 200 größten Exportfirmen waren 153 (teilweise) in ausländischen Besitz (http://www.economist.com/node/16693397).

15 Hier gibt es eine Parallele zu den Auseinandersetzungen im Mai 1925, als chinesische ArbeiterInnen in Shanghai japanische Unternehmen bestreikten und am 30. Mai bei einer Demonstration StudentInnen und ArbeiterInnen erschossen wurden, was zu einer

Welle von Protesten und Boykottaufrufen in anderen chinesischen Städten gegen japanische und westliche Unternehmen führte („Bewegung des 30. Mai"). Die Honda-Streikenden haben sich nicht direkt darauf bezogen, aber die Regierung hätte möglicherweise eine Welle von Protesten losgetreten, wenn sie die Streikenden härter angegriffen hätte (Wasserstrom 2010).

16 Regierungen und Unternehmer im Westen verkünden seit langem, der Kapitalismus würde Demokratie nach China bringen – und dies wird bis heute von vielen AkademikerInnen, JournalistInnen und anderen nachgeplappert. Diese „Vorhersage" dient vor allem dem Zweck, dort in Ruhe Geschäfte machen zu können. Die Regierungen und Unternehmer schätzen die „Stabilität" in China, und es reicht ihnen, wenn China eine gewisse Rechtsstaatlichkeit (*rule of law*) garantiert, mit der ihre Geschäfte juristisch abgesichert werden. Die autoritäre Herrschaft hat sich derweil in China kaum gelockert, vielmehr wurden ihre Methoden und Instrumente modernisiert (Erweiterung der Gesetzgebung, Aufrüstung der Polizei, Schärfung der Zensur, Überwachung und Repression von Dissidenz).

17 Die starken Lohnerhöhungen 2010 können auch als Ausgleich für die ausbleibenden Erhöhungen in der Krisenzeit nach 2008 gesehen werden, als die Mindestlöhne vom Staat eingefroren wurden, allein im Perlfluss-Delta 670.000 Fabriken dichtmachten und 25 Millionen WanderarbeiterInnen ihren Job verloren.

18 Die Autopreise der ausländischen Hersteller in China liegen in etwa im selben Bereich wie in anderen Ländern, das bedeutet, dass die allermeisten ArbeiterInnen sich kein Auto leisten können.

19 Siehe: http://roomfordebate.blogs.nytimes.com/2010/06/13/what-do-chinas-workers-want/#huang.

20 Mittlerweile gibt es auch eine „Angestellten-Unterklasse" (*white-collar underclass*), die sich aus an Universitäten und Fachschulen ausgebildeten ArbeiterInnen zusammensetzt. Diese finden keine Jobs mehr, die ihren Qualifikationen entsprechen. Oft kommen sie aus dem Hinterland, haben dort ihre Ausbildung an zweit- und drittklassigen Instituten gemacht, und versuchen dann, in den Großstädten der Küstenprovinzen einen guten Job zu finden. Sie werden „Ameisen" genannt, und leben in Vorstädten und Slums der Großstädte. Die Löhne für Angestelltenarbeit sind in den letzten Jahren gesunken, auch Folge des Überangebots an Arbeitskräften. Die Zahl arbeitsloser Universitätsabsolventen hat zugenommen (http://services.newsweek.com/id/238749).

21 Siehe: http://www.bloomberg.com/news/2010-06-10/china-reaching-a-lewis-turning-point-as-inflation-overtakes-low-cost-labor.html; zu Arthur Lewis siehe: http://en.wikipedia.org/wiki/Arthur_Lewis_%28economist%29.

22 http://www.china-labour.org.hk/en/node/100830.

23 Die neue Generation ist durch die neuen Arbeitsgesetze, wie das Arbeitsvertragsgesetz von 2008, ermutigt worden. Ein Ziel des Gesetzes ist, die Arbeiterunzufriedenheit in ein System von Schlichtungen und Gerichtsverfahren umzuleiten und so breitere Protestbewegungen zu verhindern, die die soziale Stabilität gefährden würden. Tatsächlich hat es aber zu einer Flut von Arbeitsgerichtsprozessen geführt, die die Gerichte kaum bewältigen können. Gleichzeitig sollen im Perlfluss-Delta 500 „inoffizielle Anwälte" aktiv sein, die ArbeiterInnen in Arbeitsrechtsfragen beraten (Wong 2010).

24 Zhang Lu vermutet, dass die ACFTU-Gewerkschaften nun offener und kämpferischer werden, weil sie sonst sowohl für die staatlichen Bürokraten als auch die ArbeiterInnen überflüssig werden und „ihre historische Rolle der Eindämmung von Arbeiterunruhe nicht mehr erfüllen würden". Die ACFTU werde sich nichtsdestotrotz mit einer Veränderung von innen schwer tun, aber die unteren Ebenen in den Betrieben und Industriegebieten könnten „repräsentativer" werden und durch die Kämpfe der Arbeiterinnen von unten zu Reformen gezwungen werden. Das würde allerdings auch die Gefahr eines Gegenschlages des „Pro-Kapital"-Lagers in der Kommunistischen Partei heraufbeschwören (Zhang 2010a).

25 China war der Garant einer globalen Desinflation, die es vielen Unternehmen ermöglichte, die Produktionskosten zu senken. Das könnte nun vorbei sein. Ob die Preise im Ausland steigen und in welchem Maße, hängt vom Sektor ab. Die Preise von Konsumgütern bei Billigdiscountern und IT-Herstellern im Ausland könnten steigen. Allerdings beträgt der Lohnanteil an den Verkaufspreisen bei Elektronikgütern in den USA nur 5 Prozent, sodass sich Lohnerhöhungen nicht so stark auswirken.

26 Siehe: http://english.people.com.cn/90001/90776/90882/7010231.html. Eine allgemeine Anhebung des Lebensstandards und eine Angleichung an ein westliches Niveau wie in Südkorea ist im bevölkerungsmäßig 25-mal so großen China allerdings unwahrscheinlich, da der Kapitalismus in seiner jetzigen Form an seine Grenzen stieße.

27 Zum Begriff der *fixes* siehe Silver (2005).

28 http://www.clb.org.hk/en/node/100776 und http://www.clb.org.hk/en/node/100775.

Literatur

Barboza, David/Bradsher, Keith (2010): „In China, Labor Movement Enabled by Technology“. *New York Times*, 16. Juni 2010 (http://www.nytimes.com/2010/06/17/business/global/17strike.html, aufgerufen am 18. Juli 2010).

Chan, Anita (2010): „Labor unrest and the role of unions“. *China Daily*, 18. Juni 2010 (http://www.chinadaily.com.cn/opinion/2010-06/18/content_9987347.htm, aufgerufen am 18. Juli 2010).

Chan, Chris King-Chi (2008): *The Challenge of Labour in China. Strikes and the Changing Labour Regime in Global Factories*. Dissertation. Universität von Warwick.

Howell, Jude (2008): „All-China Federation of Trade Unions beyond Reform? The Slow March of Direct Elections“. *The China Quarterly* 196: 845–63.

ILHO (2010): „A Political Economic Analysis of the Strike in Honda and the auto parts industry in China. Juli 2010“. *ilho.org* (http://www.ihlo.org/LRC/W/000710.pdf, aufgerufen am 7. August 2010).

Kolo, Vincent (2010): „The China Fantasy. Why capitalism will not bring democracy to China“, Besprechung des Buches von James Mann. *chinaworker.info*, 21. Juni 2010 (http://chinaworker.info/en/content/news/1097, aufgerufen am 25. Juli 2010).

Mitchell, Tom (2010): „Strike Force“. *Financial Times*, 11. Juni 2010.

Pun Ngai/Smith, Chris (2007): „Putting Transnational Labour Process in Its Place: The Dormitory Labour Regime in Post-Socialist China“. *Work, Employment and Society* 21: 27–46.

Silver, Beverly J. (2003): *Forces of Labor. Arbeiterbewegungen und Globalisierung seit 1870*. Berlin.

Wang Feiling (2010): „Conflict, resistance and the transformation of the *hukou*-system“. In: Perry, Elizabeth J./Selden, Mark: *Chinese Society – Change, conflict and resistance. 3rd Edition*. New York. 2010.

Wang Kan (2008): „A changing arena of industrial relations in China. What is happening after 1978“. *Employee Relations* 30, 2: 190–226.

Wasserstrom, Jeffrey (2010): „Strike out. What the foreign media misses in covering China's labor unrest“. *foreignpolicy.com*, 18. Juni 2010 (http://www.foreignpolicy.com/articles/2010/06/18/strike_out, aufgerufen am 20. Juli 2010).

Wildcat (2007): „Die unglückliche Arbeitergeneration – Lage und Proteste der städtischen ArbeiterInnen und Arbeitslosen“. In: *Wildcat* #80, Beilage „Unruhen in China“ (online unter: http://www.gongchao.org/de/unruhen-heft/Kombinate).

Wong, Edward (2010): „As China Aids Labor, Unrest Is Still Rising“. *New York Times*, 20. Juni 2010 (http://www.nytimes.com/2010/06/21/world/asia/21chinalabor.html, aufgerufen am 20. Juli 2010).

Zhang Lu (2010a): „Do Spreading Auto Strikes Mean Hope for a Workers' Movement in China?“. *labornotes.org*, 13. Juli 2010 (http://www.labornotes.org/2010/06/do-spreading-auto-strikes-mean-hope-workers-movement-china, aufgerufen am 20. Juli 2010).

Zhang Lu (2010b): „Chinas Automobilindustrie – Schlanke Produktion und Kontrolle der ArbeiterInnen in einem Zeitalter der Globalisierung“. In: Pun Ngai/Lee, Ching Kwan u.a.: *Aufbruch der zweiten Generation. Wanderarbeit, Gender und Klassenzusammensetzung in China*. Berlin.

Zhou Zhenghua/Liu Ziqian (2010): „Avid Young Reader of Mao Zedong's Poetry from the Post-1980s Generation Leads the Honda Strike“. *China News Weekly* (Zhongguo Xinwen Zhoukan), 2. Juni 2010 (englische Fassung unter: http://www.clntranslations.org/article/56/honda, aufgerufen am 19. Juli 2010).

Webseiten

China Study Group: Untersuchungen und Berichte zu China, http://chinastudygroup.net.

Welt in Umwälzung: Berichte über Arbeiterkämpfe in Asien, http://www.umwaelzung.de/aaktuell.html

Pun Ngai • Chris King-Chi Chan

Die Subsumtion des Klassendiskurses in China

Die Arbeiterin wollte nicht mehr leben und sprang vom Wohnheimgebäude. Drei Jahre lang hatte sie in der Stadt gearbeitet. Sie starb ohne eine Erklärung zu hinterlassen, nicht mal einen Abschiedsbrief schrieb sie.

(Erzählung einer WANDERARBEITERIN
aus einer Kleinstadt im Perlfluss-Delta, 4. Juli 2004)

Am Morgen des 23. Dezember 2004 wurden fünf zwischen 14 und 17 Jahre alte Wanderarbeiterinnen im Wohnheim ihrer Textilfabrik tot aufgefunden. Sie waren am Rauch der Holzkohle gestorben, die sie in einem Metalleimer verbrannt hatten.

(Bericht von HUMAN RIGHTS IN CHINA, 22. März 2005)

Diese Geschichten vom Tod in Chinas Arbeiterwohnheimen künden von einer epochalen Neuigkeit: von der Existenz und den Schreien eines neuen Arbeitersubjekts, den BauernarbeiterInnen oder *dagongmei/zai*. Sie werden im heutigen China stark unterdrückt, aber ihre Subjektivität als Klasse muss noch geboren werden. Der Tod als Schicksal des Lebens steht für die eigene Kapitulation – die Aufgabe jeden Versuchs zu leben, um nicht zu sagen, für einen Akt des Widerstandes. Nun sind wir nicht sicher, ob die ländlichen WanderarbeiterInnen eine Chance auf Reinkarnation haben oder *ren* bleiben, menschliche Wesen (Yan 2003). Der Neoliberalismus ist in China heute die vorherrschende politische Ideologie und hat die „Klassenanalyse" zum Tode verurteilt. Er leugnet die materielle Tatsache der Formierung einer neuen Klasse, obwohl China 120 Millionen ländliche ArbeiterInnen für die Weltmarktproduktion bereitstellt und die „Fabrik der Welt" sein will. Die Schreie und Selbstmorde sind körperliche Akte des Widerstandes des neuen Arbeitersubjekts und Reaktionen auf seine Subsumtion unter die Macht- und Herrschaftsverhältnisse, die im Prozess der Einbindung Chinas in die globale Ökonomie wirken.

Wir versuchen in diesem Aufsatz ein Paradox aufzulösen: Während sich China anschickt, zur „Fabrik der Welt" zu werden, erkennen wir den Versuch einer Klassensubsumtion, mit dem der Aufstieg der neuen Klasse der *dagongmei* und *dagongzai*[1] verhindert werden soll. Diese werden enteignet, damit sie der globalen Produktion zur Verfügung stehen. Wir wollen die Komponenten des hegemonialen Projektes herausdestillieren, das von einem „Streben nach Globalität" und von neoliberalen Ideologien angetrieben wird, und das Ziel, die neue Klasse aufzulösen (*unmake*).[2] Dieser paradoxe Prozess spielt sich jedoch vor dem Hintergrund einer Historizität von „Klasse und Revolution" ab, der besonderen maoistischen Praxis des Klassenkampfes in der sozialistischen Periode Chinas. Die schroffe Verurteilung von Maos Klassenkampf ebnete den Weg für eine verdrehte Subsumtion des Klassendiskurses in der Zeit der Globalisierung. So können wir die doppelte Entfremdung – wenn nicht Traumata – der Klassenformierung in China beobachten: im maoistischen China die Artikulation von „Klasse" und „Klassenkampf" von oben, und in der Reformperiode die jähe Subsumtion des „Klassen"-Diskurses. Diese doppelte Entfremdung ist Ergebnis politischer Willkür und einer Entkörperlichung der Strukturalität – eine Negation der in einer sich rapide wandelnden chinesischen Gesellschaft geschaffenen Verhältnisse. Der jüngste Diskurs über soziale Schichtung und Ungleichheit wirkt als Negation des maoistischen „Klassenkampf"-Konzepts, indem er den Diskurs über Klasse weiter unterdrückt. Er ist aber auch ein Echo auf das seit den 1980er verkündete Ableben der Klassenanalyse im Westen. Die Wahl der Weber'schen Analyse erscheint logisch und neutral. Sie impliziert eine Sensibilität für die dem heutigen politischen Regime immanenten „sozialen Probleme" und „sozialen Spannungen" und bestätigt gleichzeitig den Reformkurs als adäquates Mittel, um diese anzugehen. Hinter der „natürlichen" Umkehr von einer marxistischen zu einer Weber'schen Analyse steht die aufrichtige Angst vor einer Wiederkehr des chinesischen Sozialismus, der für „allgemeine Armut, politischen Tumult und Totalitarismus" steht. Die neue Arbeiterklasse, gerade geboren, kämpft um Leben und Tod. Sie ist ein Gespenst, hin und her getrieben, ohne Stimme, Identität und Bestimmungsort.

Die Aushöhlung von „Klasse"

Es ist der Tod – nicht das Leben – der Fabrikarbeiterin, welcher der Ansicht widerspricht, die chinesischen ArbeiterInnen seien die Profiteure der neuen globalen Ökonomie und internationalen Arbeitsteilung. Er zwingt uns, der Formierung der neuen Klasse und ihren Kämpfen auf den Grund zu gehen. Wir stoßen jedoch sofort auf eine gewisse Ironie: Die „Klassen"-Sprache ist auf paradoxe Weise entleert worden;

sie ist ein Phantom der Vergangenheit, tot, aber nach Leben lechzend. Irritiert lernen wir die befremdlichen und bitteren Erfahrungen der chinesischen ArbeiterInnen verstehen: Sie erleben sich akut als Klasse, doch jeder Diskurs über Klasse wird scharf unterdrückt. Nicht nur, dass dieser Diskurs durch das hegemoniale Projekt des neoliberalen Chinas verdrängt wurde – auch weite Teile der einfachen Bevölkerung verabscheuen ihn, darunter die neu entstandene städtische Mittelklasse und zuweilen auch die Arbeiterklasse selbst. Ein Klassendiskurs könnte die Artikulation von Klassenidentität und Kollektivität fördern, aber die Selbst-Denunziation der Klassensubjekte erstickt ihn.

Wir folgen hier der kurzen Genealogie der Klasse, von Maos China bis zur postsozialistischen Phase, und stellen ihr die Kämpfe der BauernarbeiterInnen in den industrialisierten Städten gegenüber, um die Konturen „der Auflösung" (*unmaking*) der chinesischen Arbeiterklasse und ihrer eigenen Schaffung (*making*) im globalen Zeitalter erkennen zu können. Wir behaupten, dass die diskursive Dyslexie der „Klassen"-Sprache enorme Auswirkungen auf die Handhabung und institutionelle Kontrolle von Bevölkerungs- und Arbeitsfragen in China hat. Sie beschränkt nicht nur Arbeitsmobilität, Arbeitschancen und Niederlassungsmöglichkeiten, sondern auch die Formierung der Arbeiterklasse selbst. Die aus den neuen Arbeitersubjekten zusammengesetzte „unvollendete" Klasse, die offiziell – und aus politischen Gründen – als BauernarbeiterInnen (*mingong*) bezeichnet wird, ist Ergebnis eines Proletarisierungsprozesses, der nie abgeschlossen werden konnte. Die neue chinesische Arbeiterklasse kämpft um ihre Geburt in dem Moment, in dem die „Klassen"-Sprache zum Verstummen gebracht wird. Diese diskursiven und institutionellen Zusammenhänge setzen der Formierung der neuen Arbeiterklasse im heutigen China enge Grenzen.

Das Besondere an der „Proletarisierung" im maoistischen China war, dass nicht Marktkräfte sondern politische Kräfte den gesamten Prozess bestimmten. Der Maoismus lieferte in erster Linie eine Reinterpretation der Marx'schen Klassenanalyse für die chinesische Gesellschaft, indem er die Klassenkämpfe auf dem Land ebenso hervorhob wie die in den Städten. Schon 1926 schrieb Mao Zedong in seinem berühmten Artikel „Über die Klassen in der chinesischen Gesellschaft", der Zweck der Klassenanalyse in China sei, Freunde und Feinde der kommunistischen Revolution zu erkennen: „Wer sind unsere Feinde? Wer sind unsere Freunde? Das ist eine Frage, die für die Revolution erstrangige Bedeutung hat" (Mao 1965: 13). Mao erklärte: „Das Industrieproletariat ist die führende Kraft unserer Revolution", aber im China des frühen 20. Jahrhunderts zählte das moderne industrielle Proletariat gerade mal zwei Millionen, und „diese etwa zwei Millionen Arbeiter sind in der Hauptsache in fünf Zweigen – bei der Eisenbahn, im Bergbau, in der Seeschifffahrt, in der Textilindustrie und im Schiffbau – beschäftigt, und ein großer Teil von ihnen schuftet unter dem Joch ausländischer Unternehmer" (Mao 1965: 18–19). Mao erkannte, dass das industrielle Proletariat im Vorkriegs-China zahlenmäßig noch gering war, knüpfte aber hohe Erwartungen an die Teilnahme dieser Klasse an der Revolution. Die dann folgende Revolution – ebenso wie die Kriege gegen Japan und gegen die Guomindang – wurde aber von der großen Bauernschaft getragen, die Mao als Semi-Proletariat und zuverlässigste Verbündete des Proletariats einstufte.[3]

Nach der Befreiung wurden jedoch die städtischen Subjekte, und nicht die ländlichen Massen, zur Avantgarde des chinesischen Proletariats erklärt. Damit waren sie die „Besitzer" des Neuen China. Eines der revolutionären Ziele des neuen chinesischen Proletariats war die Fortsetzung des Klassenkampfs, um die sozialistische Revolution abzusichern. In der Zeit des Maoismus formierte sich die Arbeiterklasse innerhalb kurzer Zeit, anders als in ihrer embryonalen Form in den 1920er Jahren. Unter der staatlichen Kommandowirtschaft dauerte dieser Prozess nur wenige Jahre – ganz im Gegensatz zu den Arbeiterklassen in England und anderen europäischen Ländern, in denen die Entstehung der Arbeiterklasse von der Marktwirtschaft bestimmt worden war und wenigstens ein halbes Jahrhundert dauerte (Schram 1969: 236–7).

In China wurden in rasantem Tempo staatliche und kollektive Unternehmen aufgebaut und insbesondere die Schwerindustrie entwickelt, um das Land vor dem Westen schützen zu können. ArbeiterInnen mit städtischem *hukou* (Haushaltsregistrierung) wurden ihre Jobs zugewiesen, und staatliche und kollektive Unternehmen wurden als „Einheiten" (*danwei*) konzipiert, als umfassende soziale Institutionen, die der neuen Arbeiterklasse Beschäftigung, Wohnungen, Bildung und medizinische Versorgungsleistungen garantierten. Die Rolle des Parteistaats – allmächtig, wie er war – lag darin, Produktion, Reproduktion und Konsumtion zu lenken. Mit „Vollendung" der Planwirtschaft war somit auch die „Proletarisierung" abgeschlossen. Die Ironie liegt darin, dass China beim Eintritt in das Zeitalter des Sozialismus, dessen höchstes Ziel die Abschaffung der „Klassen" ist, erst noch eine Arbeiterklasse schaffen musste. Nur so konnte die Kommunistische Partei ihre politische Macht legitimieren, da sie behauptete, die Avantgarde des chinesischen Proletariats zu sein. Die Parteimaschine verfing sich bei der Realisierung des sozialistischen Aufbaus in den

Widersprüchen der Schaffung (*making*) und Neuschaffung (*remaking*) der Arbeiterklasse. Die maoistische Ideologie rief die chinesischen Subjekte mit einer „Klassenidentität" an und wies ihnen einen „Status" zu. Das wurde so stark artikuliert, dass es keine Probleme machte, die offensichtliche „Missdeutung" der *Klasse an sich* als *Klasse für sich* vorzunehmen.

Wang Hui schreibt zu recht, dass das Klassenkonzept in der maoistischen Ideologie eine doppelte Bedeutung hatte: die einer radikalisierten Bildsymbolik, mit der die sozialistische Utopie in einem fortgesetzten Klassenkampf wiederbelebt werden sollte; und die eines Zeichens für den Klassenstatus eines jeden chinesischen Subjekts, was zu einer Entpolitisierung führte (Wang 2006). Diese politische Artikulation, wenn nicht Willkür von Maos Klassenkonzept führte zu „einem essentialistischen Diskurs über Kassenidentität und erwies sich als unfähig, politische Veränderungen von unten anzuschieben. Es wurde vielmehr zur repressivsten Form der Machtlogik, zur Grundlage der Gnadenlosigkeit der folgenden Fraktionskämpfe. Die wachsende Dominanz eines Klassendiskurses des Identitarismus, der ‚Familienherkunft' oder ‚Abstammung' verriet und negierte den subjektivistischen und aktivistischen Ansatz, welcher den Kern der chinesischen Revolution ausmachte" (Wang 2006: 37). Nach der chinesischen Befreiung 1949 wurde der gesamten Bevölkerung eine Klassenidentität/ein Klassenstatus zugewiesen – der Klassifizierung ihres „Klassen"-Hintergrundes vor der Befreiung folgend. Auf dem Land waren das Grundbesitzer, reiche Bauern, Mittelbauern, arme Bauern und LandarbeiterInnen; in den Städten waren es revolutionäre Kader, revolutionäre Soldaten, Techniker, ArbeiterInnen, VerkäuferInnen, Bürgertum, Industrie- und Handelskapitalisten, kleine Händler, Handwerker, Arme, Vagabunden und andere mehr. Nach den sozialistischen Reformen von 1955 und 1956 wurden diese Klassenkategorien radikal vereinfacht. In den Städten gab es fortan zwei wichtige Klassenidentitäten: Kader und ArbeiterInnen (Sun 2004). Bis zum Ende der Kulturrevolution existierten offiziell zwei zentrale Klassenkategorien (Arbeiterklasse und Bauern) und eine Schicht (die Intellektuellen). Die Bedeutung von Klasse und Schicht war nicht klar definiert.

Für viele ChinesInnen, vor allem die Intellektuellen, die als „Rechtsabweichler" eingestuft worden waren, war die „radikale" Seite des Klassenkonzepts – der fortgesetzte Klassenkampf, dessen Keime in den Anti-Rechts-Bewegungen 1957 und der anschließenden Kulturrevolution 1966 aufgingen – für das unvorstellbare und unkontrollierbare Chaos der gnadenlosen Fraktionskämpfe verantwortlich, die beschönigend als „Klassenkampf" bezeichnet wurden. Der „radikale" Teil des Klassenkampfs entsprang dem Glauben an eine Selbsttransformation, die dem sozialistischen Aufbauprojekt gerecht wird, eine subjektive Begründung radikaler sozialer Veränderung. Die „konservative" Seite des Klassenkonzepts legte die Opfer des Klassenkampfes auf eine verdinglichte Klasseneinteilung fest, die mit einem identitären Diskurs über Herkunft und Abstammung zusammenwirkte und ein Gefühl des Fatalismus schuf. Es ist nicht schwer, sich die Zerstörungskraft des maoistischen Gebrauchs des Klassenbegriffs vorzustellen. Die doppelte Artikulation von „Klasse", ob im Sinne von „Klassenkampf" oder „Klassenidentität", führte in der Summe zu einer Ablösung der strukturellen Textualität von Klasse und zu einer Negation ihrer Materialität: Die *Klasse an sich* wurde eine *Klasse für sich*. „Klasse" war in China nur noch ein Gespenst, abgelöst von ihrem Kampf, aber sie nutzte die „Politik" als Mittel und Ort. Der Abstand zwischen Bezeichner (*Signifikant)* und Bezeichnetem (*Signifikat*) wurde einfach zu groß. Das Gespenst der Klasse war ohne eine ihr eigene Verkörperung und konnte nicht mal seinen eigenen Schatten erkennen.

Als Deng Xiaoping die Reformen in Gang setzte und Anfang der 1980er Jahre mit der Politik der Offenen Tür begann, wurde Maos Textualität von „Klasse" schnell zertrümmert. Nach der *Bewegung des 4. Juni* [1989] und vor allem nach seiner *Reise in den Süden* nach Shenzhen 1992, bei der er seinen Reformkurs bestätigte, erklärte Deng offen, dass der Parteistaat sich mehr gegen den Radikalismus der Linken schützen müsse als gegen den der Rechten. Die chinesische Arbeiterklasse, einst durch „Politik" geschaffen und dann über die Zuweisung eines Arbeitsplatzes und einer Klassenposition durch die staatlichen und kollektiven Unternehmen strukturell abgesichert, musste nun abtreten (Walder 1999; Sargeson 1999). Die Staatsbürokraten, das neu entstehende Bürgertum und die städtischen Mittelklassen folgten fortan einem neoliberalen Modernitätsdiskurs, um dieser Arbeiterklasse einen „Abgang" zu verschaffen. Die maoistische Sprache des „Klassenkampfs" wurde endgültig über Bord geworfen und die privilegierte Position der chinesischen Arbeiterklasse angeprangert. Das Paradox der Klassengeschichte Chinas ist, dass sich in diesem Moment rasant eine neue Arbeiterschaft ländlicher WanderarbeiterInnen herausbildete, die in die neu industrialisierten Entwicklungszonen strömte. Das globale Kapital stieß in diese Regionen vor, um die unerschöpfliche Quelle billiger Arbeitskraft in China anzuzapfen. Damit stand die Geburt einer neuen Arbeiterklasse – bestehend aus den ländlichen Massen der BauernarbeiterInnen Chinas – bevor. Diese stieß aber, noch im Moment ihrer Geburt als Klassenmacht, auf Hindernisse. Die hegemonialen Blöcke kannten keine Gnade mit der neuen *Klasse an sich* und griffen auf diverse Machtinstrumente zurück, um sie einzudämmen. Wieder drehte sich der Klassenkampf um die Schaffung einer *Klasse für sich*.

Das Gespenst der Klasse

Wenn es Maos revolutionäre Ideen waren, die den „Klassenkampf" und damit die „Klasse" in China erzeugten, so waren es Dengs Reformen, die den Tod der Klasse ankündigten, indem sie den Diskurs über „Modernität" mit einem Versprechen ersetzten: „Einige werden zuerst reich" – nämlich die Schicht, die in der Lage war, die soziale Leiter hinaufzusteigen. Das „Sprechen über das Trauma" der frühen 1980er Jahre, zunächst ein Projekt der zum Opfer gemachten „Rechtsabweichler", um die „Übel der Kulturrevolution" offenzulegen, half bei der Denunzierung Maos und seines Glaubens an die Kraft des „Klassenkampfs", Geschichte zu machen. Der Abschied von „Mao" – und damit auch von „Marx" – wurde schnell zum Motto der neu gruppierten Elite und ihrer politischen Machtideologie. Zweifellos hat die postsozialistische Parteimaschine ihre Hegemonie auf den Kopf gestellt. Sie nahm die „Klassen"-Sprache in dem Moment ins Visier, als die Gesellschaft rapide kapitalisiert wurde und sich rasant eine „Klasse" – nun nicht länger eine leere Bezeichnung – erschuf und neu schuf (*making* und *remaking*). Das historische Paradox ist offensichtlich: Die Kommunistische Partei Chinas, die sich einmal zur Avantgarde der Arbeiterklasse erklärt hatte, richtete ihr Schwert jetzt gegen ihre eigene Basis. Anfang des 21. Jahrhunderts rief die Parteimaschine offen und „ernsthaft" Kapitalisten, Geschäftsleute und Manager – die in der Reformperiode neu entstandenen soziale Schichten – auf, ihr beizutreten und Teil der Arbeiterklasse zu werden (Volkszeitung, 2. Juli 2002).

Neue hegemoniale Blöcke entstanden, die bewusst gegen die Sprache von „Marx" im Allgemeinen und von „Klassenkampf" im Besonderen in Stellung gebracht wurden, welche die allgemeine Erinnerung an die Geschichte des chinesischen Sozialismus noch bestimmen könnten. Ende der 1990er Jahre zeigte sich der gesamte Kreis chinesischer Intellektueller von einer verdrehten Klassenanalyse überwältigt. Eine Arbeitsgruppe der Chinesischen Akademie der Sozialwissenschaften hatte ein großes Untersuchungsprojekt mit dem Titel „Die Entstehung der heutigen Sozialstruktur" durchgeführt, mit dem politischen Auftrag, Grundlagen für einen neuen Diskurs über die Sozialstruktur zu schaffen. Das Projekt wandte sich offen gegen die marxistische Klassenanalyse und ersetzte sie durch eine Weber'sche Analyse der „Struktur sozialer Schichten". Die Arbeitsgruppe behauptete, dass „der Begriff ‚Klasse' (*jieji*) meistens auf das traditionelle marxistische Klassenkonzept verweist, das heißt Gruppen, die sich darin unterscheiden, ob sie Produktionsmittel besitzen oder nicht, deren Interessen sich widersprechen und deren Verhältnis durch Gegensätze und Auseinandersetzungen bestimmt ist. Der Begriff erinnert an heftige soziale Konflikte, Tumulte und Kämpfe zwischen Mensch und Mensch, und einige WissenschaftlerInnen und andere lehnen den Begriff vehement ab oder weisen ihn zurück" (Li Minqi 2003). Die Arbeitsgruppe befand anschließend, dass die heutige chinesische Gesellschaft in zehn wichtige soziale Schichten geteilt sei – staatliche und gesellschaftliche Führungskräfte, Wirtschaftsmanager, private Unternehmer, Fachleute und Techniker, Büroangestellte, Selbständige, VerkäuferInnen und DienstleistungsarbeiterInnen, IndustriearbeiterInnen, LandarbeiterInnen, Arbeitslose und Unterbeschäftigte. Alle könnten sich glücklich schätzen, dass eine moderne Sozialstruktur entstanden ist, denn „anders als die traditionelle Gesellschaft ist die moderne Struktur sozialer Schichten nicht pyramiden- sondern olivenförmig, weil die meisten Gesellschaftsmitglieder Mittelschicht- und Obere-Mittelschicht-Positionen einnehmen, und nur eine Minderheit zu den niedrigsten Positionen gehört." (CASS 2002: 124)

Der Begriff *Klasse* taucht in dem Bericht nicht ein einziges Mal auf. Die chinesische Gesellschaft wird als olivenförmig-wohlhabende Gesellschaft stilisiert, die immer weiter wachsende Arbeiterklasse dagegen, entstanden durch die Rolle Chinas als Fabrik der Welt, nicht wahrgenommen. Kooptiert von einem neoliberalen Modernitätsdiskurs ist die neue hegemoniale Maschine darauf ausgerichtet, „Klasse" als relevanten sozialen Diskurs zu verabschieden und den Maoismus – und besonders seine Lehre vom „fortgesetzten Klassenkampf" – als obsolete und schädliche Denkweise zu brandmarken. Nicht alle chinesischen SoziologInnen stimmten der Einschätzung zu, dass China schon eine olivenförmige Gesellschaft geworden sei und sich in einen wohlhabenden, harmonischen Staat verwandelt habe. Im Rahmen des Schichtenmodells waren viele SoziologInnen der Meinung, dass sich in China im Zuge der Reformen eine pyramidenförmige Gesellschaftsschichtung herausgebildet habe und Mittelschichten noch weitgehend fehlen. Dies habe zwangsläufig zu sozialen Ungleichheiten und Spannungen geführt, weil es keine Mittelschichten gebe, die als politisches Ausgleichsgewicht fungieren und die Gesellschaft mit ihren großen sozialen Unterschieden und einer neu entstehenden Arbeiterklasse ausbalancieren könnten. Der führende Soziologe Li Qiang schreibt dazu: „Da die Mittelschichten schon seit langem fehlen, können die ‚sozialen Spannungen' nicht innerhalb einer bestimmten Zeit einfach beseitigt werden. Wir müssen uns aktiv um soziale Bedingungen bemühen, die ein Anwachsen der Mittelschichten ermöglichen" (Li Qiang 2006). Li geht es letzten Endes darum, soziale Stabilität zu schaffen, damit der Reformprozess in China nicht durch soziale Konflikte – besonders nicht durch Klassenkonflikte – gestört wird.

Als der Westen Ende des 20. Jahrhunderts wieder auf den Osten traf, musste die Klasse gleich zwei Mal „sterben". Im Westen galt in den Sozialwissenschaften seit den 1970er Jahren das Todesurteil für die „Klassen"-Analyse, und sie ging unmittelbar und wie selbstverständlich zur Weber'schen Schichtenanalyse über. Karl Marx' Klassentheorie war also nicht nur im postsozialistischen China gestorben, sondern auch in den postindustriellen westlichen Gesellschaften. WissenschaftlerInnen stellten von da an Konsum, Freizeit, Sport, Geschlecht, „Rasse" und so weiter ins Zentrum der Sozialforschung. Untersuchungen von Klasse und Arbeiterbewegung galt in akademischen Kreisen in den USA und Großbritannien in den 1980er und 1990er Jahren als überholt; wer daran festhielt wurde zwangsläufig als ewiggestriger Marxist bezeichnet, als weltfremder Intellektueller, unfähig den Verlauf der Geschichte zu verstehen. Wenn Gesellschaften im Westen nicht über eine gewisse Anzahl industrieller ArbeiterInnen verfügen, könne es dort wohl auch keine Klasse und keine Arbeiterbewegung geben. Klasse sei nie ein für die Gesellschaft relevantes Problem gewesen. Die Strömungen des Poststrukturalismus und Postmodernismus verschoben den Fokus noch weiter weg von den Produktionsverhältnissen hin zur den Sphären von Zivil- und Konsumgesellschaft. Bestenfalls gab es noch Untersuchungen der Mittelschichten und ihrer Konsumgewohnheiten. Zwar ist es ein offensichtlicher Irrtum zu meinen, dass poststrukturalistische Analysen unser Verständnis von Klasse und Arbeiterbewegung nicht verbessern können, vor allem in Fragen der Handlungsfähigkeit und Subjektivität. Die „Klassenanalyse" war jedoch überall im Westen dem Tode geweiht (Lichtenstein 2006). Immer weniger Untersuchungen von Klasse und Arbeiterbewegung wurden veröffentlicht. An den Fakultäten für Geschichte, Soziologie und Politikwissenschaften, die Klasse einst ins Zentrum ihrer Analysen gestellt hatten, fanden Ende des 20. Jahrhunderts kaum noch Seminare der Klassen- oder Arbeiterforschung statt. Es machte natürlich keinen Sinn, darüber zu jammern. Chinesische WissenschaftlerInnen des *mainstreams* waren glücklich, als sie von dieser „Tatsache" erfuhren. Sie griffen auf das Ableben der Klassenanalyse im Westen zurück, um das Projekt der reformistischen Transformation in China zu rechtfertigen.

Stark beeinflusst von der westlichen Wissenschaft erlebte die Schichtenanalyse der chinesischen Gesellschaft mit Beginn des neuen Jahrtausends einen Aufschwung

– vor allem unter chinesischen SoziologInnen. Nach dem doppelten Tod der Klasse im Osten und Westen wurde das Konzept „Klasse“ durch zwei Begriffe ersetzt: *soziale Ungleichheit* und *soziale Schichten*. Dafür stehen vier Diskurse: die *Zerrissene Gesellschaft* von Sun Liping, die *Mittelschichtengesellschaft* von Lu Xueyi, die *Fragmentierungstendenz* in der chinesischen Gesellschaft von Li Qiang und Li Peilin sowie die *Strukturationstheorie* von Li Lulu. Lu Xueyis Diskurs der Mittelschichtengesellschaft bildet hier eine Ausnahme. Für das Projekt „Die Entstehung der heutigen Sozialstruktur“ formulierte er konzeptionelle Leitlinien der sozialen Mobilität und Harmonie. Die drei anderen Soziologen artikulieren in ihren Diskursen die strukturellen Defizite und die Aufspaltung oder Fragmentierung der reformierten Gesellschaft, die zu einer unlösbaren sozialen Ungleichheit zwischen Arm und Reich führten. Im Gewand progressiver Diskurse konzentrieren sie sich auf die Marktreformen und ihre Folgen, eine ungleiche Reichtumsverteilung und soziale Konflikte. All diese Diskurse suchen nach Lösungen von oben. Sie richten ihr Hauptaugenmerk auf die Rolle des Staates bei der Bewältigung sozialer Konflikte, da der Staat immer noch die mächtigsten und wirksamsten Mechanismen zur Kontrolle des Marktes besitzt, der, so die chinesischen WissenschaftlerInnen, politisch und rechtlich reguliert werden muss.

In einem Interview für die *Far Eastern Economic Review* sagte der bekannte Politikwissenschaftler Wang Shaoguang, den westliche JournalistInnen als renommierten Vertreter der Neuen Linken in China bezeichnen: „Ich nenne sie [die Reformen] die ‚*Great Transformation*‘. Neben der Wirtschaftspolitik hat China nun zum ersten Mal auch eine Sozialpolitik... Wirtschaft und Gesellschaft waren in sozialistischen Zeiten eingebettet. Dann wurden sie entbettet und nun werden sie wieder eingebettet.[4] Das kann man besonders in der Gesundheitsversorgung und im Bildungswesen sehen.“ Wang freut sich über die erneute Intervention der Zentralregierung in soziale Angelegenheiten, weil „der Rückzug des Staates aus Gebieten wie der Gesundheitsversorgung und dem Bildungswesen während der ungestümen Wirtschaftsreformen der 1980er und 1990er Jahre riesige Ungerechtigkeiten hinterlassen hat, die nun langsam wieder ausgeglichen werden“ (Hook 2007: 8).

Begriffe von „Gesellschaft“ und „sozialem Widerstand“ fehlen gänzlich in diesen Beschreibungen des aus der Marktwirtschaft hervorgegangen „problembehafteten“ China. Als Gegengewicht zu den Wirtschaftsreformen bringen chinesische SoziologInnen und Intellektuelle die Sozialpolitik in Anschlag. In ihren Diskursen geben sie der sozialen Ungleichheit eine Stimme, was in den letzten Jahren zur Schaffung einer sogenannten Öffentlichen Soziologie (*public sociology*) geführt hat. Unserer Meinung nach ist sie bereits fester Bestandteil der Geschichte der chinesischen Soziologie. Seit der Parteistaat die Soziologen aufforderte, sich an den Reformen zu beteiligen, wird die Soziologie in China von der Öffentlichen Soziologie bestimmt (Pun 2006).[5] Paradox ist, dass sie „öffentlich", aber ohne Gesellschaft ist, so wie eine „Republik" ohne Volk. Wenn es um Wirtschaftsreformen und Globalisierung geht, sprechen die meisten chinesischen SoziologInnen und Intellektuellen „öffentlich" nur über Macht und die Hoffnung auf eine gute Regierung (nicht einmal über eine gute Regierungsführung). Das Konzept „Klasse" wird in der Praxis der Öffentlichen Soziologie bei der Beschreibung sozialer Ungleichheit natürlich oft subsumiert.[6]

Gegen diesen paradoxen historischen Zusammenhang kehren jedoch, in den Worten von Jacques Derrida, die Gespenster von Marx zurück. Sie müssen kommen. Derrida schreibt: „Der Einwand scheint unwiderlegbar. Aber das Unwiderlegbare unterstellt selbst, dass diese Gerechtigkeit das Leben über das gegenwärtige Leben oder sein faktisches Dasein, seine empirische oder ontologische Faktizität, hinausträgt: nicht auf den Tod, sondern auf ein *Über-Leben* zu" (Derrida 1996: 13). Dies führte zum „Visier-Effekt: Wir sehen nicht, wer uns erblickt", aber „dieser gespenstische *jemand anders* erblickt uns" (ebd.: 21). Eine neue chinesische Arbeiterklasse kämpft um ihre Entstehung in genau dem Moment, in dem jede „Klassen"-Sprache abgewürgt oder „Klasse" gar nicht mehr artikuliert wird. Der gespenstische Andere geistert herum und betrachtet sich selbst, erwartet aber, dass niemand anderer ihn sehen kann.

Eine historische Farce? Die Wiederkehr des Klassendiskurses in der Ära Hu

Unter der neuen Führung von Hu und Wen ab 2002 verschob sich der politische Diskurs auf die Schaffung der neuen Hegemonie einer „Harmonischen Gesellschaft" im nun extrem polarisierten China. Die neue Führung wurde geplagt von einer Kakophonie sozialer Auseinandersetzungen um die soziale Polarisierung und einem starken Anstieg kollektiver Aktionen sowohl auf dem Land als auch in den neu entstandenen urbanen Exportzonen. Sie konnte sich nicht weiter auf den neoliberalen Diskurs berufen, um ihre Wirtschafts- und Entwicklungspolitik, die soziale Kosten vernachlässigte, voranzutreiben. Politisches Gebot war nun, einen Ausgleich zwischen wirtschaftlicher Entwicklung und sozialer Gleichheit zu finden; andernfalls wäre die Legitimation des Parteistaats ernsthaft gefährdet. Ein politisches Showgeschäft, wie Besuche revolutionärer Stätten oder entlegener Dörfer und Besichtigungen von Kohlebergwerken, sollte den Parteistaat, der lange als elitär und korrupt galt, wieder attraktiv machen. Die Partei, wurde verkündet, könne ihre Legitimation bei der Arbeiterklasse und den ländlichen Armen wiedergewinnen. Der Aufbau einer „harmonischen Gesellschaft" verlangte das erneute „*imagineering*"[7] der städtischen und ländlichen Gemeinschaften und die Versöhnung des Parteistaats mit der verzweifelten Arbeiterklasse aus abgewickelten städtischen ArbeiterInnen und ländlichen WanderarbeiterInnen. Die soziale Stabilität ist letztendlich Rückgrat der wirtschaftlichen Entwicklung Chinas, der einzigen Rechtfertigung für den ungezügelten Markt und den autoritären Staat.

Genau mit dieser Wende im hegemonialen Diskurs konnten wir in letzter Zeit auch die Wiederkehr des Klassendiskurses beobachten. Das schuf eine weitere Ironie: Der Parteistaat erklärte, dass die Masse ländlicher WanderarbeiterInnen nun Teil des Heeres von ProduktionsarbeiterInnen sei und gestand somit in den Jahren 2003 und 2004 zum ersten Mal offiziell ein, dass WanderarbeiterInnen ein Teil der Arbeiterklasse sind. Anfang 2004 erließen das Zentralkomitee der Kommunistischen Partei und der Staatsrat Chinas das „Dokument Nr. 1" mit dem Titel „Maßnahmen zur Förderung des Anstiegs der Bauerneinkommen". Hu und sein Regime erklärten darin öffentlich, dass „BauernarbeiterInnen ein wichtiger Teil der Produktionsarbeiterschaft sind" und deshalb staatlichen Schutz und bürgerliche Grundrechte genießen (ZK KPCh/Staatsrat VR China 2004). Eine *Harmonische Gesellschaft*, die die Existenz der neuen Arbeiterklasse anerkennt, riecht nach Selbstwiderspruch, doch der Parteistaat versucht nun die lange unterdrückte Arbeiterklasse mithilfe staatlicher Schutzmaßnahmen und einem Bürgerrechtsdiskurs zu umgarnen und zu besänftigen (Lee 2007).

Die wenigen und lange überfälligen chinesischen Untersuchungen zur Formierung der neuen Arbeiterklasse fielen – eine weitere Ironie – mit dieser hegemonialen Wende zusammen. Wu Qingjun stellt in seinem Artikel „Theoretische Erörterung der Formierung der Arbeiterklasse im Westen: Eine Neubetrachtung der chinesischen Gesellschaft im Übergang" zunächst einige Fragen: Kann sich in einem sozialistischen Land im Übergang ähnlich wie in England und Frankreich im 19. und 20. Jahrhundert eine neue Arbeiterklasse herausbilden? Falls sich eine neue Arbeiterklasse formiert, welche langfristigen Folgen wird das für die chinesische Gesellschaft haben? Zur Beantwortung dieser Fragen formuliert Shen Yuan einen Makro-Diskurs über die Herausbildung zweier Typen von Arbeiterklasse im heutigen China. Den ersten Typus beschrieb Karl Polanyi in seiner These von der Tyrannei des *entbetteten* Marktes über die Gesellschaft und der umfassenden Kommodifizierung der Arbeitskraft, der zweite Typus entspricht Marx' Klassentheorie des Kapitalismus und bildet sich durch die Enteignung von Produktionsmitteln und -verhältnissen und die damit zwangsläufige Ausbeutung der Arbeitskraft. Der erste Typus hilft, die Kämpfe der ArbeiterInnen staatlicher Unternehmen zu verstehen, deren Lebensbedingungen durch einen zunehmend *entbetteten* Markt und die rasante Kommodifizierung der Arbeitskraft in China angegriffen wurden. Der zweite Typus passt auf die ländlichen WanderarbeiterInnen, die nun in den ausländischen und privaten chinesischen Unternehmen in den Küstenregionen Chinas arbeiten und im Marx'schen Sinne eine Arbeiterklasse bilden. Ihr Leben wird vom neuen Wohnheim-Fabrikregime[8] diktiert und sie haben nichts als ihre Arbeitskraft, die sie dem Kapital verkaufen.

Das Jahr 2006 markiert die Wiederkehr der Klassenanalyse in der Volksrepublik China. Während Wu und Shen den erneuten Aufstieg einer Arbeiterklasse in China betonten, sprachen andere schon von der Auflösung (*unmaking*) dieser neuen Arbeiterklasse. Besonders zu nennen ist hier der Text „Die Lage der chinesischen Arbeiterklasse: Eine Analyse von Anyuan“ von Yu Jianrong. Yu erklärt, dass die historisch und politisch geformte chinesische Arbeiterklasse verloren sei. Mehr als vier Jahre lang führte er eine historische und ethnografische Untersuchung der ArbeiterInnen von Anyuan durch. Auf dieser Grundlage stellt er die provozierende Behauptung auf, dass die Proteste der dortigen Bergarbeiter nicht entlang von Klassenlinien organisiert worden seien und deshalb als „nicht klassenbasierte kollektive Aktionen“ bezeichnet werden müssen (Yu 2006).

Yu Jianrong sympathisiert mit den chinesischen ArbeiterInnen, plädiert für ihre politische Anerkennung und fordert sie auf, sich als Klasse zu artikulieren und legal zu organisieren, damit sie sich selbständig von einer *Klasse an sich* zu einer *Klasse für sich* wandeln. Er unterschätzt jedoch die Fähigkeit der chinesischen Arbeiterklasse, sich ihres Klassenstandpunktes bewusst zu werden gegenüber Kapital, Staat und deren Repräsentanten – in diesem Fall der neu entstandenen Mittelklasse und den städtischen Eliten. Nach einer gründlichen empirischen Untersuchung der Bergarbeiterkämpfe in Anyuan zieht er die – nach seinem Verständnis wissenschaftliche – Schlussfolgerung, dass die Klasse in der heutigen chinesischen Gesellschaft „verloren“ sei. Seine gute Absicht, die Reifung der chinesischen Arbeiterklasse zu verteidigen und sich nicht durch irgendein utopisch-intellektuelles Projekt verführen zu lassen, leitet ihn theoretisch und empirisch in eine Sackgasse, aus der heraus er behauptet, die chinesische Arbeiterklasse sei ontologisch gesehen verloren und ihre gegenwärtigen Kämpfe seien nicht klassenorientiert. Das führt im Ergebnis zu einer

Entpolitisierung, die wahrscheinlich nicht in Yu Jianrongs Absicht liegt, schließlich bemüht er sich um die Verteidigung der selbstständigen, „authentischen" Formierung der Arbeiterklasse.

Zwei andere Wissenschaftler aus der Volksrepublik China, Xu Yeping und Shi Xiuying, wiesen unverhohlen darauf hin, dass die neue chinesische Arbeiterklasse aufgelöst (*unmake*) werden kann, wenn ihre Organisierung und ihre kollektiven Aktionen im bestehenden politischen System kooptiert werden. Sie erklären:

„Die Arbeiterklasse kann sich formieren, sie muss aber nicht. Ihre Formierung oder Nicht-Formierung hängt davon, ob die Gesellschaft die ArbeiterInnen in das existierende System kooptieren kann und den ArbeiterInnen eine gewisse, anderen Schichten vergleichbare Gerechtigkeit zugesteht, indem die regulativen Normen des existierenden Systems umgesetzt werden. Wenn die ArbeiterInnen nicht oder nur formal kooptiert werden, ohne tatsächlich das zu erreichen, was sie als gerecht empfinden, dann ist die Formierung einer Arbeiterklasse im marxistischen Sinne unvermeidbar" (Xu/Shi 2006).

Obwohl Xu und Shi scheinbar mit den Arbeiterforderungen sympathisieren und ihr Recht auf legale Organisierung anerkennen, rechtfertigen sie letztendlich mit ihrem Abstecher zum Schutz der Arbeiterrechte doch das existierende System und entziehen den ArbeiterInnen das Recht, sich als eigene Klasse zu formieren.

Abschließende Diskussion: Ein neues Klassensubjekt?

In diesem Beitrag haben wir uns historische Paradoxien der Klassenpolitik und des Klassendiskurses in China angeschaut und sind Zeugen der Dyslexie der „Klassen"-Sprache in den 1980er und 1990er Jahren gewesen, als die Struktur der neuen Arbeiterklasse geschaffen wurde. Die chinesische Wissenschaft verwarf das Klassenkonzept und ersetzte es durch das Schichtenmodell, das in den 1990er Jahren an Popularität gewann und in diesem Jahrtausend zwangsläufig eine Entpolitisierung nach sich zog. Wir haben auch versucht, die Subsumtion der Klasse historisch zu begreifen und die in der maoistischen Phase von „Klasse und Revolution" wurzelnden Kontinuitäten und Brüche in allen Feinheiten sichtbar zu machen. Die heutigen Methoden chinesischer Intellektueller und ihre Untersuchungen zu sozialer Schichtung und Ungleichheit würgen den Klassendiskurs weiter ab und verhindern damit ein neues Verständnis der Klassenkonflikte, die in der sich rasant verändernden chinesischen Gesellschaft entstehen. Die Absage an das Klassenkonzept in China – die sich mit der Totenstarre der Klassenanalyse im Westen seit den 1970er Jahren überschnitt

– diente der Ideologie der Reformen. Die dann zurückgekehrte Klassenanalyse verlängerte den entpolitisierten Diskurs, von Ausnahmen abgesehen, weiter, weil sie mögliche Kritik an der Überführung Chinas in den globalen Kapitalismus unterdrückt. Der Maoismus strich die große Bedeutung menschlicher Handlungsmacht und Kreativität heraus und war damit die Antithese zur orthodoxen marxistischen Analyse von Klasse und Gesellschaft. Das Konzept von „Klasse" war der chinesischen Bauernschaft, der wichtigsten Akteurin der kommunistischen Revolution in China, jedoch ohne Zweifel fremd, und trotzdem erklärte sich die Kommunistische Partei beharrlich zur Avantgarde des „chinesischen Proletariats". Die willkürliche Beziehung zwischen dem politischen Symbolismus und den Klassensubjekten war nicht zu übersehen und ließ die kommunistische Revolution in China wie ein „postmodernes Projekt" aussehen, lange bevor der Postmodernismus das Spielfeld sozialer Analysen betrat. Der Abstand zwischen Bezeichner (*Signifikant)* und Bezeichnetem (*Signifikat*) war zu groß geworden. Diese Diskrepanz bestand fort, stellte aber gleichzeitig den Sinn und Zweck der „Klassen"-Sprache als Bezeichnung (*Signifikation*) in Frage. Gleichwohl wirkte sich diese Sprache permanent und deutlich auf die Status-Konfiguration der chinesischen Subjekte aus. Es ist kein Wunder, dass die politische Signifikation des sozialistischen China von Zeit zu Zeit Massenmobilisierungen verlangte, um die genannte Diskrepanz zu verschleiern. Das chinesische Subjekt mit seiner „Klassen"-Identität wurde zwar nicht als Fälschung angesehen. Trotzdem verlangte die Anrufung von Subjektpositionen nach einer Kraft, die größer sein musste als das Wirtschaftliche oder Materielle. Die Dialektik der Klassenbeziehungen, so glaubte Mao, erforderte eine Kulturrevolution.

Die Formation des neuen chinesischen Arbeitersubjekts, der *dagongmei* und *dagongzai* – mit seinen Kämpfen, seiner Einzigartigkeit und Lebendigkeit, mit seinen vielen Orten – kann nicht länger als bloßer maoistischer „Klassenkampf" beschrieben oder politisch verstanden werden, denn die Subjekte erfahren, verstehen, reagieren und planen auch ihre Lebenswege im heutigen China. Auch wenn die „Klassen"-Sprache durch die hegemonialen Diskurse von Kapital und Staat, die nach einem globalisierten China streben, verwässert wurde, die Klassenanalyse ist dennoch nicht überholt. So einfach ist es nicht. Die Kapitalisten und neu entstandenen Eliten der chinesischen Gesellschaft wollen heute die Neuordnung der Klassenstrukturen und -beziehungen. Die politische Strategie des neuen Hegemons ist gar die *Subsumtion* der Klassenanalyse zur Verbergung von Klassenpositionen und sozialen Privilegien. Die „Klassen"-Sprache wird so weit subsumiert, dass der Weg frei ist für einen neoliberalen Diskurs, der Individualismus, Professionalismus, Chancengleichheit und offene Märkte propagiert. Somit ist die Geschichte der „Klasse“ in China zweimal verdreht worden, zuerst durch den chinesischen Parteistaat und später durch den Markt. Die halluzinierte Klasse als „Bezeichner“ (*Signifikant*) ist sehr politisch, weil sie hilft, die Bedeutung der Klassenerfahrungen in der sich rasant verändernden heutigen chinesischen Gesellschaft herunterzuspielen. Die Wiederkehr der Klassenanalyse in den letzten Jahren – immer noch begrenzt und auf akademische Kreise beschränkt – erscheint als historische Farce, denn der Begriff Klasse taucht als Teil des hegemonialen Projektes der neuen Führung des Parteistaats auf. Politisches Ziel dieses Parteistaats ist es, der Arbeiterklasse staatlichen und juristischen Schutz zu gewähren, um im Gegenzug, seinem politischen Slogan entsprechend, die „harmonische Gesellschaft“ zu verwirklichen.

Als Waffe im Klassenkampf kann die Klassenanalyse nur dann sinnvoll reaktiviert werden, wenn sie an der Klassenerfahrung von unten ansetzt, an der täglichen Mikropolitik des Wohnheim-Arbeitsregimes, in dem die chinesischen ArbeiterInnen selbst Kapital und Markt die Stirn bieten.[9] Die neuen *dagong*-Subjekte müssen ihre eigenen Klassenerfahrungen machen, als Teil ihrer Kämpfe in konkreten, gelebten Räumen. Auch wenn die chinesischen Subjekte einst durch eine äußerliche „Klassen“-Sprache von oben angerufen und traumatisiert wurden, die *dagongmei* und *dagongzai* als neue Subjekte, an der Schnittstelle von globalem Kapitalismus und dem chinesischen Projekt der Modernität entstanden, beschwören die Rückkehr der „Klassenanalyse“ – einer Klassenanalyse in den Arbeiterwohnheimen, dem Raum, in dem die ArbeiterInnen ihre komplexen und zwiespältigen Lebenserfahrungen machen (Pun/Smith 2007; Smith/Pun 2006). Uns ist wichtig zu betonen, dass nicht „Klassenanalyse“ an sich den chinesischen Subjekten den hegemonialen Diskurs aufzwang, sondern die politische Willkür von oben. Auch wenn „Klassenanalyse“ im heutigen China eine tote Sprache ist, die Artikulation der *„dagong“*-Subjektivität ist überfällig. Wir hoffen, dass die Arbeiterwohnheime als Mikroräume der Dominanz und des Widerstandes auch Raum schaffen können für die Alterität dieser neuen Arbeiterklasse.

Aus dem Englischen von Ralf Ruckus

Endnoten

1 Anm. d. Übers.: *dagongmei*: arbeitende Schwester, *dagongzai*: arbeitender Sohn, Begriffe für die jungen WanderarbeiterInnen.

2 Wir benutzen den Begriff Klasse in diesem Aufsatz als Substantiv-Singular. Wir dürfen

die Komplexität und die Variationen der neuen Arbeiterklasse, die in verschiedenen Regionen Chinas entsteht, nicht vernachlässigen, aber ländliche WanderarbeiterInnen in China haben nicht nur in der „Produktionsweise“, sondern auch in der „Lebensweise“ vieles gemeinsam.

3 Zur Kontroverse über die Rolle der Bauernschaft und der Arbeiterklasse als Führer der Revolution siehe Schram (1969: 236–7).

4 Anm. d. Übers.: Hier nimmt Wang Bezug auf Karl Polanyi, der von der *eingebetteten* und der *entbetteten* Wirtschaft (*embedded and disembedded economy*) spricht. Er meint damit die Einbettung der Wirtschaft in die gesellschaftlichen Verhältnisse, und ihre Entbettung, die gleichbedeutend ist mit der Einbettung der gesellschaftlichen Verhältnisse im ökonomischen System. Siehe Polanyi (1979: 141) und Polanyi (1995).

5 Anm. d. Übers.: „Public Sociology“ ist der von Michael Burawoy und anderen initiierte Versuch, die Soziologie aus der Isolation im Hochschulbetrieb zu lösen und zu einer in das gesellschaftspolitische Geschehen eingreifenden Wissenschaft zu transformieren. Aufgabe der Soziologie solle sein, soziale Missstände zu analysieren und sich einer Arbeits- und Darstellungsweise zu bedienen, die eine breitere Öffentlichkeit verstehen und aufgreifen kann.

6 Eine Ausnahme bildet der Artikel von Shen (2006).

7 Anm. d. Übers.: *imagineering* (gebildet aus engl. *image* und *engineering*) bezeichnet den planmäßigen Einsatz von Bildern, Zeichen und erzählerischen Elementen, um gewünschte Wirkungen auf das Erleben, das Bewusstsein oder das Verhalten von Menschen zu erzielen. Der Begriff betont das aktive Eingreifen einer „technokratischen Phantasie“. Siehe auch Pun (2005) und Pun/Li (2008: Kapitel aus *Made in China*).

8 Anm. d. Übers.: Pun Ngai benutzt diesen Begriff – wie auch Wohnheim-Arbeitsregime oder Wohnheim-Fabriksystem – zur Beschreibung des umfassenden Einsatzes von Wohnheimen in den chinesischen Industriezonen zur Unterbringung und Kontrolle der migrantischen Arbeitskräfte, die zwar in den Fabriken und auf dem Bau arbeiten, sich aufgrund der Haushaltsregistrierungsgesetze (*hukou*) aber nicht dauerhaft in den Städten niederlassen können. Siehe Pun/Smith (2006) und Smith/Pun (2007).

9 Bei Elizabeth Perry heißt es zurecht: „Arbeiterpolitik beginnt bei den ArbeiterInnen selbst: ihrer geografischen Herkunft, ihrem Geschlecht, ihrer Volkskultur, ihrem Bildungsniveau, ihren Arbeitserfahrungen und Ähnlichem.“ (Perry 1993: 4–5).

Literatur

CASS (2002): *Dangdai Zhongguo Shehui Jieceng Yanjiu Baogao* (Untersuchungsgruppe der Chinesischen Akademie der Sozialwissenschaften: Bericht über die Untersuchung der heutigen sozialen Schichten Chinas). Beijing.

DERRIDA, JACQUES (1996): *Marx' Gespenster. Der Staat der Schuld, die Trauerarbeit und die neue Internationale*. Frankfurt am Main.

HOOK, LESLIE (2007): „The Rise of China's New Left". *Far Eastern Economic Review* 170, 3: 8-14.

LEE, CHING KWAN (2007): *Against the Law: Labor Protests in China's Rustbelt and Sunbelt*. Berkeley.

LI MINQI (2003): „China's Class Structure in the World System Perspective" (Vortrag auf der *Socialist Scholars Conference*). New York, 16. März 2003.

LI QIANG (2006): „Dangqian zhongguo shehui jiegou bianhua de xinqueshi" (Neue Tendenzen der Veränderung der heutigen Sozialstrukturen in China). *Jingji Jie* 1: 35–42.

LICHTENSTEIN, NELSON, Hg. (2006): *American Capitalism: Social Thought and Political Economy in the Twentieth Century*. Philadelphia.

MAO ZEDONG (1965): *Selected Works of Mao Tse-Tung, vol. 1*. Beijing. Online unter: http://www.marxists.org/reference/archive/mao/selected-works/volume-1/mswv1_1.htm; deutsche Fassung zitiert nach: http://www.marxists.org/deutsch/referenz/mao/1926/03/klassen.html.

PERRY, ELIZABETH (1993): *Shanghai on Strike: The Politics of Chinese Labor*. Stanford.

POLANYI, KARL (1979): *Ökonomie und Gesellschaft*. Frankfurt am Main.

POLANYI, KARL (1995): *The Great Transformation*. Frankfurt.

PUN NGAI (2006): „Public Sociology in China" Vortrag beim von Michael Burawoy organisierten thematischen Forum: „Public Sociology on the Global Scale". *International Sociology Association*, Durban, South Africa, 23. bis 29. Juli 2006.

PUN NGAI (2005): *Made in China. Women Factory Workers in a Global Workplace*. Durham.

PUN NGAI/LI WANWEI (2008): *dagongmei – ArbeiterInnen aus Chinas Weltmarktfabriken erzählen*, Berlin.

PUN NGAI/SMITH, CHRIS (2007): „Putting Transnational Labour Process in Its Place: The Dormitory Labour Regime in Post-Socialist China". *Work, Employment and Society* 21, 1: 27–46.

SARGESON, SALLY (1999): *Reworking China's Proletariat*. New York.

SCHRAM, STUART R. (1969): *The Political Thought of Mao Tse Tung*. New York.

Shen Yuan (2006): „Shehui zhuanxing yu gongren jieji de zai xingcheng“ (Soziale Transformation und die Neuformierung der chinesischen Arbeiterklasse). *Shehuixue Yanjiu* 2: 13–36.

Smith, Chris/Pun Ngai (2006): „The Dormitory Labor Regime in China as a Site for Control and Resistance“. *International Journal of Human Resource Management* 17: 1456–70.

Sun Liping (2004): *Duanlie: Ershi shiji jiushi niandai yilai de zhongguo shehui* (Spaltung: Die chinesische Gesellschaft seit den 90er Jahren des 20. Jahrhunderts). Beijing.

Walder, Andrew (1999): „Factory and Manager in an Era of Reform“. *The China Quarterly* 118: 242–64

Wang Hui (2006): „Depoliticized Politics, from East to West“. *New Left Review* 41: 29–45.

Xu Yeping/Shi Xiuying (2006): „Gongren jieji xingcheng: tizhi nei yu tizhi wai de zhuanhuan“ (Die Formierung der Arbeiterklasse: Innerhalb und außerhalb des Systems). *Xue Hai* 4: 27–39.

Yan Hairong (2003): „Specialization of the Rural: Reinterpreting the Labor Mobility of Rural Young Women in Post-Mao China“. *American Ethnologist* 30, 4: 578–96.

Yu Jianrong (2006): *Zhongguo gongren jieji zhuangkuang: Anyuan shilu* (Die Lage der chinesischen Arbeiterklasse: Eine Analyse von Anyuan). Hongkong.

ZK KPCh/Staatsrat VR China (2004): *Guanyu Cujing Nongmin Zengjia Shouru Ruogan Zhengce de Yijian – Yihao Wenjian* (Zentralkomitee der Kommunistischen Partei Chinas und Staatsrat der Volksrepublik China: Zu Maßnahmen zur Förderung des Anstiegs der Bauerneinkommen – Dokument Nr. 1). Beijing.

Die AutorInnen

Chris King-Chi Chan ist Dozent am Institut für angewandte Sozialwissenschaften der Polytechnischen Universität Hongkong und aktives Mitglied von Arbeits-NGOs in Hongkong und in der Volksrepublik China. Er erhielt seinen Ph.D. an der Universität von Warwick. Seine Dissertation hat den Titel: *The Challenge of Labour in China. Strikes and the Changing Labour Regime in Global Factories* (2008).

Ching Kwan Lee ist Professorin an der Universität von Kalifornien in Berkeley. Ihre Forschungsfelder umfassen Arbeit, Bürgerrechte, Entwicklung, globale/vergleichende Ethnografie und China. Derzeit befasst sie sich mit dem Wandel des Bürgerrechtsregimes in China und den chinesischen Investitionen in Afrika. Zu ihren wichtigsten Publikationen gehören: *Against the Law: Protests in China's Rustbelt and Sunbelt* (Berkeley, 2007), *Working in China: Ethnographies of Labor and Workplace Transformation* (als Herausgeberin; New York, 2007), und *Gender and the South China Miracle: Two Worlds of Factory Women* (Berkeley, 1998).

Lu Huilin ist Soziologe an der Peking Universität. Er erhielt seinen Ph.D. an der Chinesischen Universität von Hongkong und war von 2002 bis 2003 als Gaststipendiat am Harvard-Yenching Institut. Sein Forschungsinteresse gilt der ländlichen Entwicklung und den WanderarbeiterInnen in China. Er ist Mitautor von „A Culture of Violence: The Labor Subcontracting System and Collective Actions by Construction Workers in Post-Socialist China“ (mit Pun Ngai, *The China Journal* 64, Juli 2010).

Pun Ngai ist Professorin am Institut für angewandte Sozialwissenschaften der Polytechnischen Universität Hongkong und stellvertretende Direktorin des Forschungszentrums für Sozialarbeit in China, einem Gemeinschaftsprojekt der Polytechnischen Universität Hongkong mit der Peking Universität. Sie ist Autorin von *Made in China: Women Factory Workers in a Global Workplace* (Durham, 2005) und zusammen mit Li Wanwei von *dagongmei. Arbeiterinnen aus Chinas Weltmarktfabriken erzählen* (Berlin, 2008).

Xue Hong ist Dozentin am Institut für Soziologie der Pädagogischen Hochschule Ost-China in Shanghai. Ihr Forschungsinteresse umfasst Fragen der Arbeit, Migration, Zivilgesellschaft und globaler Produktionsnetzwerke. Sie erhielt ihren Ph.D. in Soziologie an der Chinesischen Universität in Hongkong. Ihre Dissertation trägt den Titel: *Manufacturing Uncertainty: The Politics of Flexible Production in China's High-Tech Electronics Industry in the Age of Globalization* (2009).

Yan Hairong ist Anthropologin an der Polytechnischen Universität Hongkong. Ihr Forschungsinteresse gilt unter anderem Arbeit, Gender, Ruralität und Land-Stadt-Beziehung, Sozialismus und Postsozialismus. Gegenwärtig befasst sie sich mit den chinesisch-afrikanischen Beziehungen und ländlichen Kooperativen in China. Sie ist Autorin von *New Masters, New Servants: Migration, Development, and Women Workers in China* (Durham, 2008) und Mitautorin von *East Mountain Tiger, West Mountain Tiger: China, Africa, the West and „Colonialism"* (Baltimore, 2006).

Zhang Lu erhielt ihren Ph.D. in Soziologie an der Johns Hopkins Universität, Baltimore. Der Titel ihrer Dissertation lautet: *From Detroit to Shanghai? Globalization, Market Reform, and Dynamics of Labor Unrest in the Chinese Automobile Industry, 1980 to the Present* (2010). Gegenwärtig ist sie post-doktorale Stipendiatin am Forschungszentrum für Chinesische Politik und Wirtschaft an der Universität von Indiana in Bloomington. Ihre Forschungsschwerpunkte sind Arbeiterbewegungen, soziale Bewegungen, Globalisierung, Entwicklung, vergleichende/historische Soziologie, politische Ökonomie in Übergangsgesellschaften und Chinastudien.

Zhang Xia ist Ph.D.-Kandidatin am Institut für Anthropologie an der Universität von Pittsburgh. Ihre Forschungsschwerpunkte sind Migration, Arbeiterpolitik, Maskulinität, Land-Stadt-Beziehungen, Subjektivität, Globalisierung und Modernität im heutigen China. Ihre Dissertation *Carrying out Modernity: Migration, Work, and Masculinity in China* ist eine auf historischen und politischen Fragen basierende ethnologische Studie über chinesische Männer, die vom Land in die Stadt Chongqing migrieren und dort als Lastenträger arbeiten.

Zheng Tiantian erhielt ihren Ph.D. in Anthropologie im Jahr 2003 an der Yale Universität. Sie lehrt gegenwärtig als Professorin für Anthropologie am Institut für Soziologie und Anthropologie der Staatlichen Universität von New York (SUNY) in Cortland. Sie ist Autorin von mehreren Büchern über Sex, Gender, Migration, HIV/AIDS und den Staat, darunter: *Red Lights: The Lives of Sex Workers in Postsocialist*

China (Minneapolis, 2009), *Ethnographies of Prostitution in Contemporary China: Gender Relations, HIV/AIDS, and Nationalism* (New York, 2009), und *HIV/AIDS Through an Anthropological Lens* (Dubuque, 2009).

Index

Pun Ngai | Li Wanwei

Dagongmei

Arbeiterinnen aus Chinas Weltmarktfabriken erzählen

Mit Chinas rasanter Entwicklung vom maoistischen Armenhaus zum »Fließband der Welt« entstehen neue Arbeitersubjekte, darunter die Dagongmei, wörtlich: arbeitende Schwestern. Millionen junge Frauen migrieren vom Land in die Städte, um dort in den Weltmarktfabriken zu arbeiten. Sie kommen als Teenager und die meisten kehren mit 25, von der Arbeit ausgelaugt, aufs Land zurück. Pun Ngai und Li Wanwei haben in der Industriestadt Shenzhen im Rahmen eines Unterstützungsprojektes Dagongmei interviewt und ihre Geschichten aufgeschrieben.

ISBN 978-3-935936-73-6 | 260 Seiten

Beverly J. Silver

Forces of Labor

Arbeiterbewegungen und Globalisierung seit 1870

»Forces of Labor« ist der erste umfassende Versuch, die Dynamiken und Muster des Klassenkonflikts auf dem gesamten Globus zu untersuchen. Beverly Silver untersucht die Entwicklung und räumliche Verlagerung von »Arbeiterunruhen« und Arbeiterkämpfen im Kontext der beiden großen kapitalistischen Produktzyklen der Textil- und der Automobilindustrie. Oftmals unsichtbare Verbindungen, ökonomische und (welt-)politische Zusammenhänge zwischen einzelnen Kampfzyklen in verschiedenen Regionen werden greifbar gemacht.

ISBN 978-3-935936-32-3 | 284 Seiten

Linebaugh | Rediker

Die vielköpfige Hydra

Die verborgene Geschichte des revolutionären Atlantiks

In ihrem im Jahr 2000 in den Vereinigten Staaten erschienenen Buch »The Many-Headed Hydra« stellen die amerikanischen Historiker Peter Linebaugh und Marcus Rediker die Herausbildung des »atlantischen Kapitalismus« dar.
Sie beleuchten die Ursprünge und den atemberaubenden Aufstieg des frühen globalen Kapitalismus im Gebiet des »englischsprechenden Atlantiks« vom Ende des 16. bis zum Beginn des 19. Jahrhunderts, ohne den die Welt, wie sie heute ist, nicht gedacht werden kann.

ISBN 978-3-935936-65-1 | 432 Seiten

M. v. d. Linden | K. H. Roth (Hrsg.)

Über Marx hinaus

Arbeitsgeschichte und Arbeitsbegriff in der Konfrontation mit den globalen Arbeitsverhältnissen des 21. Jahrhunderts

Die kapitalistische Weltökonomie befindet sich in einer Krise, deren Ausmaß an die 1930er Jahre erinnert und gesellschaftliche Umbrüche von großer Tragweite erwarten lässt. Nicht wenige greifen wieder zu den blauen Bänden des „Kapital". Doch wie steht es heute um die Marxschen Geschichtsprognosen, und wie um sein Verständnis von Arbeit? Ist es nicht an der Zeit, die Beziehungen zwischen Arbeitsgeschichte und Arbeitsbegriff neu zu durchdenken und das begriffliche Instrumentarium zu erweitern?

ISBN 978-3-935936-80-4 | 608 Seiten